컴퓨터등사용사기죄

-이론과 적용-

컴퓨터등사용사기죄

-이론과 적용-

이 정 훈

한국학술정보(주)

책머리에

1995년 12월 형법일부개정에 의하여 삽입된 컴퓨디등사용사기죄 규정은 컴퓨터를 악용한 재산범죄에 대처하기 위하여 사기죄의 보충적 구성요건으로 신설되었다. 1995년의 컴퓨터등사용사기죄는 그 당시 우리나라와 비슷한 조문체계를 가지고 있었던 1986년의 독일 형법상 컴퓨터사기죄와 1987년 일본 형법상 전자계산기사용사기죄를 참고로 하였다. 그런데 입법과정을 살펴보면 본 조문은 일본의 형법조문을 직접적인 모델로 채택하였지만 독일조문을 의식하여 간략화된 것으로 보이고, 아울러 1980년대 당시의 컴퓨터 환경을 염두에 둔 것으로서 앞으로의 기술발전과정을 지켜보면서 필요에 따라 개정할 수 있으리라는 것을 상정하고 있었다.

초기 본 조문을 둘러싼 대표적인 논쟁의 대상이 된 것은 현금자동지급기에서 절취한 타인의 현금카드 혹은 신용카드를 이용하여 현금을 인출한 행위가 본 조의 적용대상이 되느냐 하는 점에 있었다. 이에 대하여 입법자는 현금인출행위는 절도에 해당한다고 보았으나 학설은 이러한 입법자의 의사에도 불구하고 신설된 컴퓨터등사용사기죄, 혹은 무죄설이 주장되었다. 특히 형법개정이유서에서 입법자가 밝힌 '진실한 자료를 부정하게 사용'하는 경우에 컴퓨터등사용사기죄에 있어서 '부정한 명령'의 입력으로 보아 타인의 현금카드나 신용카드를 사용하는 경우에는 컴퓨터등사용사기죄에 의하여 처벌된다고 주장하는 학자들이 다수를 이루게 되었다.

그러나 본 조문이 연혁적으로 독일과 일본의 조문에 영향을 받았다는 점, 특히 일본의 조문과 동일한 조문형식을 취하고 있다는 점에서 '부정한 명령의 입력'의 해석은 특히 프로그램조작을 강조하기 위해 입법자가 특별히 채택한 구성요건요소라고 하지 않을 수 없으며 이 행위유형의 해석도 '프로그램조작'에 한하는 것으로 파악하지 않을 수 없다. 따라서 다수의 학설과는 달리 타인의 현금카드나 신용카드를 부정하게 사용하는 행위는 본 조문의 '부정한 명령'의 입력에 해당하지 않는다고 할 것이다. 그렇다면 입법자가 처음부터 고려한 현금지급기남용행위는 결국 '허위의 정보의 입력'이라는 구성요건요소에서 파악되어야 한다고 생각한다. 즉 컴퓨터등사용사기죄의 신설 당시의 입법연혁과 문언해석, 그리고 조문체계상으로 본 조문이 사기죄의 보충규정이라는 점을 비추어 보면 본 조문의 해석도 사기죄의 해석론을 기준으로 파악하지 않을 수 없다. 그렇다면 '허위의 정보 또는 부정한 명령'의 입력은 사기죄에 있어서 '기망행위'와 동일한 평가가 이루어져야 할 것이다. 컴퓨터는 '착오'를 일으키지 않으므로 사실상 '기망'이라는 요소를 인정할 수 없다. 하지만 입법자는 '타인을 기망하여야' 하는 기존의 사기죄 규정에 더하여 컴퓨터에 정보를 입력하는 행위유형을 신설함으로써 그 흠결을 보충하고자 하는 입법적 결단을 내린 것이라고 볼 수 있다. 그렇다면 사기죄에 있어서 허위의 의사표시에 의하여 타인을 착오에 빠뜨리게 하는 '기망행위'는 본 조문에 있어서 '허위의 정보'를 입력하여 컴퓨터가 입력된 정보에 대한 사실 여부, 즉 신원확인이나 그 정보 자체의 진실 여부에 대한 (가상적인) 착오를 일으켜 정당한 권한자로 받아들이게 하는 행위로 이해할 수 있을 것이다. 즉 은행원이라는 '사람' 대신에 '컴퓨터'라는 정보처리장치에 대한 기망행위로 파악할 수 있다는 것을 의미한다. 이렇게 파악할 때 권한 없이 타인의 정보를 컴퓨터에 입력하여 재산상 이익을 취득하는 행위도 본 조문에 의하여 처벌할 수 있게 된다.

위와 같이 권한 없이 타인의 정보를 입력한 행위에 대한 견해의 대립을 입법적으로 해결하고자 2001년 형법일부개정을 통하여 '권한 없이 정보를 입력·변경'하는 행위구성요건을 추가하게 되었다. 이에 따라 권한 없이 혹은 위임된 권한을 남용하여 정보를 입력함으로써 재산상 이익을 취득한 경우에는 추가된 행위구성요건에 의하여 처벌될 수 있게 되었다. 그러나 '권한 없이 정보를 입력·변경'하는 행위구성요건의 해석 여하에 따라 본 조의 적용범위가 지나치게 확대될 가능성 및 기존 구성요건의 독자적인 의미가 퇴색될 수 있다는 문제점이 있다. 이러한 의미에서 본 조문의 형법체계상의 지위나 입법취지, 기존 구성요건과의 관계에 비추어볼 때 추가된 행위구성요건은 '허위의 정보 또는 부정한 명령의 입력'이라는 기존 구성요건에 해당되지 않는 경우에 보충적으로 적용되는 구성요건으로 이해하는 것이 타당하다고 생각한다.

한편 본 조문은 컴퓨터 등 정보처리장치의 개념에 대해서 아무런 정의규정을 두고 있지 않다. 따라서 컴퓨터 등 정보처리장치는 일본에서의 것과 같이 업무용컴퓨터나 휴대용컴퓨터라는 기술적 개념에 제한되지 않고 정보를 처리할 수 있는 장치라는 일반적 개념으로 파악할 수 있으며, 이러한 장치를 통해 재산권의 변동을 가져오는 전자기록의 작성을 자동적으로 가져오게 한다면 TV나 전화기, 휴대폰 등도 본 조에 있어서 정보처리장치에 해당한다고 할 수 있다. 나아가 본 조의 '정보처리'라는 개념은 일본 형법상의 '재산권의 득상변경에 관한 전자적기록의 작성'이라는 개념과 동일한 것이 아니라 위의 정보처리장치와의 개념적 관련성에서 파악하여야 하며 이에 따라 입력된 정보에 의한 전자기록의 작성과 입력된 정보의 전송을 포함하는 것으로 보아야 한다.

1990년대 중반을 접어들면서 인터넷이라는 새로운 정보통신기술의 발전과 더불어 과거에 예상하지 못했던 새로운 범죄유형들이 등장하게 되었다. 이러한 새로운 범죄유형은 기존 형법상의 해석론으로 그 대처에 한계가 있다는 고려하에 특별법의 신설 등으로 대처하고 있는 실정이다. 하지만 이러한 임기응변식 대처는 정보통신기술의 발전과 더불어 법적 안정성과 예측가능성을 담보하지 못하므로 보다 근본적인 대책방안이 강구되어야 할 것이다. 그러나 현재의 형법해석론으로 이러한 행위유형들에 대한 대처가 가능하다면 새로운 입법은 현행 형법의 해석론의 틀 안에서 고려되어져야 하며, 이러한 컴퓨터 환경에 대한 위험성을 이유로 기존의 법치국가적 형법의 제한을 벗어나는 것은 아직 시기상조라 하지 않을 수 없다. 현재 학계와 실무에서 이러한 새로운 사이버상의 범죄행위에 대하여 기존 형법을 새롭게 해석하려는 논의가 나타나고 있다. 이 중 하나가 '정보'를 재산으로 파악하려는 견해이다.

즉 정보는 과거 재물로서 파악되지 않는 것으로서 기존 형법상 절도죄가 성립하지는 않지만 경제적 재산개념상 '재산상 이익'으로 파악할 수 있다는 견해이다. '정보'를 재산상 이익으로 파악하게 되면 현재의 인터넷환경에서 제공되는 무형의 재산인 소프트웨어나 서비스, 그리고 전자화폐나 사이버머니 등의 부정취득행위를 본 조에 의하여 처벌할 수 있게 된다. 또 사이버범죄의 전형적인 예로 등장하는 해킹에 대해서 과거에 이러한 행위는 정보통신망의 침해 및 비밀침해의 유형으로만 파악하여 해킹을 통한 재산범죄에 대해서 충분히 대처할 수 없었던 것이 사실이다. 그러나 '정보' 등을 재산상 이익으로 파악하게 되면 해킹을 통한 재산취득행위에 대하여 본 조를 적용할 수 있게 된다. 나아가 이러한 해킹행위 그 자체는 과거 가벌성이 없는 것으로 파악되었지만 현재 단순해킹 자체가 처벌의 대상이 되고 있고, 이러한 해킹행위가 재산취득의 실행의 착수행위로 파악하지 않으면 사이버범죄의 특성상 본 조문의 미수규정을 무의미하게 만들게 될 것이다. 따라서 타인의 정보를 이용하는 행위 그 자체가 오늘날 사이버공간에서는 즉각적인 재산권의 침해를 가져오는 행위로 평가할 수 있을 것이다.

컴퓨터등사용사기죄의 규정에서 가장 논란이 된 부분은 본 규정이 사기죄의 보충규정으로서 이해되고는 있지만 사기죄와는 달리 행위객체로서 '재물'이라는 표지를 의도적으로 삭제하고 '재산상 이익'만을 규정하고 있다는 점이다. 이에 따라서 컴퓨터 등의 부정조작을 통해 재물을 취득하는 행위는 본 조문에 의하여 처벌할 수 없게 된다. 물론 이러한 현행 조문의 적용상의 문제에 대해 재물도 크게 보면 재산상 이익에 포함된다고 파악하여 재물의 취득도 본 조문에 의하여 처벌할 수 있다고 보는 견해들이 존재한다. 그러나 우리 형법조문체계상 재물과 재산상 이익을 명확하게 구별하고 있고 본 조문의 입법자의 의사도 '재물'을 본 조문에서 의도적으로 삭제한 것을 밝히고 있는 이상, 본 조문에 재물이 포함된다고 해석하는 것은 유추해석이라고 하지 않을 수 없다. 그러나 컴퓨터 조작을 통해 재물을 취득하는 행위를 기존의 절도죄나 사기죄로만 파악하는 것은 본 조문의 독자적 의미를 되살리지 못하는 것임에는 분명하므로 입법론상 '재물'을 본 조문에 추가하는 것이 타당하다고 생각한다.

이 책은 2001년 필자의 학위논문을 보완한 성격을 가지고 있다. 논문을 작성할 당시에는 1995년 컴퓨터등사용사기죄에 관한 판례와 해석론이 거의 전무한 상황에서 기존의 학설을 정리하고 공간되지 않은 판결들을 조사, 정리하면서 필자 나름의 해석론을 전개하였다. 그러나 2001년 본 조문이 개정된 이후 인터넷의 급속한 발전과 다양한 컴퓨터사기수법이 등장하기 시작하였고, 아울러 본 조문의 적용 여부에 관한 대법원 판결들도 조금씩 나오고 있는 상황에서 다시 한 번 이전의 학위논문을 재검토해 보아야 할 필요성이 있었다. 이에 따라 논문발간 이후의 판결들과 학설들을 추가 보완하였으나 여전히 아쉬운 마음이 드는 것은 필자의 노력이 부족한 탓일 것이다. 하지만 그 당시 필자가 고민했던 많은 문제들이 현재에 와서 더욱 의미가 있음을 다시 한 번 확인할 수 있었던 계기가 되었다.

이 책이 나오기까지 많은 분들의 도움이 있었다. 필자의 은사이신 신동운 교수님, 논문심사와 학문의 동반자 역할을 기꺼이 맡아주신 이용식 교수님, 한인섭 교수님, 손동권 교수님, 심희기 교수님께 이 지면을 빌어 특별히 감사를 드리고자 한다. 언제나 자식을 위해 헌신하신 아버님, 어머님께 감사드리며, 항상 곁에서 묵묵히 지켜봐 준 착한 아내 감정혜와 직장과 연구 때문에 많은 시간을 함께 하지 못했던 딸 정연에게 사랑과 감사의 마음을 전한다. 끝으로 이 책이 나오기까지 수고해주신 한국학술정보(주)의 채종준 사장님과 박주선 선생님께 감사드린다.

2006. 11.
이 정 훈

목 차

제1장 서 론

Ⅰ. 연구의 목적

70-80년대에 본격적으로 발생하기 시작한 컴퓨터범죄는 오늘날에 있어서 그 피해의 규모 및 정도가 일반범죄보다 더욱 심각해지고 있으며, 앞으로도 이러한 추세는 계속되리라 예상된다. 이러한 상황에서 각국은 컴퓨터범죄에 대처하기 위한 입법과 국가 간 공조를 통해 이러한 문제를 해결하기 위해 노력하고 있다.

우리나라는 1995년 형법개정과 기타 특별법 규정을 통하여 이러한 컴퓨터범죄에 대하여 대응하고 있지만 이른바 "빛의 속도"로 발전하고 있는 정보통신기술의 발전은 기존의 법률로 적용할 수 있는 범죄현상을 더 이상 유연하게 대처할 수 없도록 하고 있다. 이러한 새로운 범죄현상은 특히 인터넷의 발전과 더불어 소위 '사이버공간'에서 발생하는 무수한 불법행위에 대한 형법상 보호에 대하여 중요한 도전으로 받아들여지고 있다.

이러한 상황에서 기존 70-80년대의 기술수준과 범죄형태를 기준으로 개정된 현행 형법조문은 더 이상 새로운 범죄현상에 대한 규제법률로서 기능하지 못하게 되고 계속해서 새로운 형사특별법의 요구에 처하고 있는 실정이다.

그러나 항상 기존 법률의 개정 및 새로운 법률의 제정만으로 이러한 문제를 해결하려고 하는 태도는 결국 형법에서 규정하고 있는 컴퓨터범죄 관련조문의 사문화 우려가 있음은 물론이고 특별법과는 달리 형법이 시대상황에 맞게 계속해서 개정될 수는 없다는 사실을 돌이켜 보면 이러한 새로운 범죄현상에 대처할 수 있는 형법규정의 재해석을 통하여 처벌의 흠결부분을 메울 수 있어야 하는 역할이 법학자에게 요구된다고 할 수 있겠다. 또 한편으로는 이러한 해석론이 지나치게 편의적이어서는 안 되며, 현재의

20

해석론으로 해결할 수 없는 컴퓨터범죄(특히 사이버범죄) 특유의 범죄현상에 대해서는 결국 입법론으로 갈 수밖에 없다고 할 것이다. 하지만 이러한 입법론이 현행 규정으로서 충분히 포섭할 수 있음에도 불구하고 마치 '사이버공간'이 현실세계인 것처럼 상정하고 또 하나의 법체계를 만드는 것은 경계해야 할 것이다.

이러한 의미에서 컴퓨터범죄에 대한 현행 규정의 적용가능성에 대한 의미를 재고해야만 하는 중대한 가치가 있다고 생각한다.

본 연구는 컴퓨터범죄의 한 유형으로서 컴퓨터사기를 중심으로 고찰하고자 한다. 컴퓨터범죄는 크게 컴퓨터부정조작, 컴퓨터파괴, 컴퓨터스파이, 컴퓨터의 무권한 사용으로 분류되는 데 그중 컴퓨터사기는 컴퓨터부정조작 행위에 속하는 것으로서 컴퓨터범죄의 구성요건 가운데 가장 본질적인 핵심구성요건으로 받아들여지고 있다. 우리나라에서는 1995년 형법개정을 통해 제347조의2에서 [컴퓨터등사용사기]라는 제목하에 컴퓨터등사용사기죄를 신설하였다. 그러나 형법개정 후 현재까지도 본 조의 해석을 둘러싼 많은 문제점들이 해결되고 있지 못하며 특히 정보통신기술의 발전과 더불어 등장하고 있는 새로운 범죄행위들에 대한 충분한 대응규정으로서 기능하고 있는지에 대한 논의조차 별로 없는 것이 사실이다. 특히 정보를 재산으로 파악하려는 현재의 판례의 태도와 해킹을 통하여 타인을 가장하여 재산상 이익을 취득하는 행위에 대하여 본 조가 적용될 수 있는지에 관한 논의는 컴퓨터등사용사기죄의 적용문제에 있어서 가장 핵심적인 논쟁거리가 될 전망이다.

본 연구는 컴퓨터등사용사기에 대하여 독일, 일본의 규정과 해석론을 우리와 비교하여 현행 규정의 문제점을 지적하고 새로운 정보통신환경에서 본 규정이 어떻게 적용가능할 것인가에 대해서 고찰하고자 한다.

Ⅱ. 연구의 범위 및 방법

본 연구는 크게 컴퓨터등사용사기죄(형법 제347조의2) 규정의 해석상 문제점에 대한 검토와 새로운 범죄환경에도 본 규정을 적용할 수 있는지에 대한 모색이라는 두 가지 논의로 서술하고자 한다.

전자에 있어서는 현행 조문의 적용사례와 해석론을 살펴보고 아울러 우리 조문의 도입배경이 된 독일과 일본의 입법례와 해석론과의 비교를 통하여 다른 나라의 컴퓨터사기죄 규정의 적용과의 차이점을 논하고자 한다.

후자에 있어서는 새로운 범죄환경의 등장과 더불어 동 조문의 적용례의 확대경향과 수많은 특별형법조문의 범람, 그리고 이들 특별형법과 형법의 적용상의 문제점을 논한 다음, 궁극적으로 이러한 환경에서 현 조문이 어떠한 역할을 가지고 기능할 수 있으며, 이전의 해석론으로 이를 포섭할 수 있는지, 없다면 이러한 환경에서 해석론이 지향해야 할 점을 찾아본 다음, 입법론적으로 현 조문의 개정방향을 살펴보고자 한다.

제2장에서는 우리 형법상 컴퓨터등사용사기죄 규정의 도입과 관련한 입법배경과 입법 후 컴퓨터등사용사기죄의 해석론에 있어서 앞으로 논의해야 할 점들이 무엇인지를 살펴본다. 우선 우리 형법개정의 입법과정상에 나타난 문헌들을 살펴봄으로써 현재 우리 조문이 어디에서 비롯된 것인지를 먼저 확인하고자 한다. 이러한 문헌들을 살펴보면 우리의 컴퓨터등사용사기죄 조문은 일본 형법상 전자계산기사용사기죄 조문을 모델로 한 것이라고 한다. 따라서 현재 우리 조문의 해석론에 있어서 참고가 될 수 있는 것은 일본의 조문이라고 할 수 있다. 하지만 현재의 조문으로 입법화되는 과정에서 이러한 일본의 조문은 대폭적으로 수정되고, 간략화된다. 그 이유는 그 당시의 입법자료들에서는 나타나지 않는다. 다만 우리 조문의 문언과 체계상 유사한 법체계를 가지고 있는 독일의 조문도 어느 정도 참고로 한 것이 아닌가 하고 추측해 볼 수 있다. 이와 함께 컴퓨터등사용사기죄를 특별히 본 연구의 주제로 삼은 이유를 제시하기 위하여 컴퓨터범죄 전반에

대한 개략적인 설명과 함께 컴퓨터등사용사기죄가 컴퓨터범죄에서 차지하는 위치를 통계를 통하여 살펴보도록 하겠다. 또 현재까지 컴퓨터등사용사기죄가 문제되는 사례를 소개하고 그 사례별 검토사항을 제시하도록 하겠다. 이러한 사례는 앞으로 컴퓨터등사용사기죄의 적용영역이 점점 확대되고 있음을 보여준다고 할 수 있다.

제3장에서는 본 규정이 1995년 형법개정 시에 사기죄에 대한 보충유형으로 삽입될 당시 이미 우리나라와 같은 규정을 두고 있는 독일 및 일본의 컴퓨터사기에 관한 규정들을 살펴보고자 한다. 독일과 일본은 어떠한 역사적, 현실적 맥락에서 본 규정을 두게 되었으며 그리고 그 규정이 어떠한 적용상의 문제와 한계를 지니는지를 살펴보고자 한다. 이를 통해 우리 조문의 해석에 있어서 외국의 해석론을 그대로 받아들일 수 없다는 점을 밝히도록 할 것이다.

먼저 독일에서는 우리 형법과 달리 컴퓨터사기죄 규정에 4가지 행위유형을 규정하고 있다. 이러한 행위유형 중 특히 '데이터의 무권한 사용'이라는 구성요건은 독일 입법자가 현금자동지급기남용행위 등의 처벌에 있어서 해석상 견해의 대립이 있었던 것을 입법적 결단을 통해 해결한 것이라고 할 수 있다. 이러한 독일의 행위유형이 우리 조문의 해석을 통하여 포섭할 수 있는 것인지 살펴볼 수 있다. 만약 가능하다면 독일의 데이터의 무권한 사용에 대한 논의는 우리 형법해석에 있어서도 참고가 될 것이다.

일본의 규정은 우리 형법이 직접적으로 차용하고 있기는 하지만 우리 형법에 추가되는 행위유형을 가지고 있다. 즉 일본 형법조문상 후단의 행위는 우리 조문에는 없지만 해석론상 인정되는 규정이라고 볼 수 있다. 따라서 우리 조문의 해석은 일본의 해석론을 그대로 빌려올 수는 없고 일본의 해석보다 넓게 이해해야 한다는 점을 시사받을 수 있다.

이러한 논의를 위해서 독일과 일본의 형법개정자료들을 살펴보고 각 입법상에서 논의되었던 많은 문제점들에 대해 검토해 볼 것이다. 또 현재 본 규정이 어떠한 범위 내에서 적용되고 있는지를 살펴볼 것이다.

제4장에서는 현행 우리 형법상 컴퓨터사기죄의 해석론의 문제점을 살펴보

고자 한다. 특히 일본 형법 규정을 직접적인 모델로 채택하면서도 조문의 내용에 차이를 둔 이유와 제2장에서 논의한 입법자의 의사에도 불구하고 여전히 다른 해석론을 전개하는 이유는 무엇이며, 결론적으로 우리 형법상 컴퓨터등사용사기죄 조문에 대하여는 새로운 범죄환경에 대한 대응규정으로서의 역할을 다 할 수 있는 해석론이 필요하다는 것을 논증할 것이다.

먼저 우리 형법개정 이전의 해석론을 먼저 살펴보고 이러한 해석론에서 문제된 사례들을 입법을 통해 해결하려고 했다는 점을 밝히도록 할 것이다. 그리고 현재 우리나라 학자들이 컴퓨터등사용사기죄 조문을 어떻게 해석하고 있는지를 살펴본다. 현재 학자들의 해석론은 기존의 컴퓨터환경만을 고려한 해석이며, 본 조문이 어떠한 경우에 문제될 수 있는지에 대한 심도 있는 견해를 제시하지 못하고 있다는 점을 밝히도록 하겠다. 특히 학자들은 현금자동지급기의 부정사용 사례에 있어서 다양한 견해를 제시하고 있는데, 이 문제에 대해서는 본 조문의 신설 이후 상당한 기간이 지났음에도 아직 해결을 보지 못하고 있다. 대부분의 학자들은 현금자동지급기에서 절취한 타인의 카드를 부정하게 사용한 경우를 본 조문에 있어서 '부정한 명령의 입력'으로 보고 있다. 그러나 '부정한 명령의 입력'은 특별히 프로그램조작행위를 처벌하고자 하는 입법자의 결단에 의하여 만들어진 구성요건으로서 타인의 카드를 부정사용하는 행위는 이에 포함되지 않는다고 보아야 한다. 이러한 이유로 위와 같은 사례에 대해서 본 조문을 적용할 수 없다는 견해가 주장되고 있다. 그러나 위와 같은 사례를 본 조문에 포섭하지 못한다는 것은 명백히 입법자의 구상과는 맞지 않는다고 할 수 있다. 따라서 위와 같은 카드의 부정사용행위는 본 조문의 '허위의 정보의 입력'이라는 구성요건에 해당하는 것으로 파악하는 것이 타당하다. 본 조문이 사기죄의 보충규정으로서의 의미를 지니고, 본 조문의 해석도 사기죄의 틀을 벗어나지 않는다고 본다면 '허위의 정보의 입력'행위는 타인의 정보를 입력하여 컴퓨터로 하여금 진정한 처분권한자로 오신케 하는 기망행위와 동일하게 평가되어야 한다. 다만 본 조문이 독일과 같이 '데이터의 무권한 사용'이라는 표지를 사용하고 있지 않으므로, 본 조문의 해석에서 있어서 '무권한'의 문제는 권한 여부가 프로그램상에 전제되어 있는 컴퓨터 등 정보처리장치에 한정해서 고려해야 할 것이다.

한편, 컴퓨터등사용사기죄의 적용영역은 비단 현금자동지급기 부정사례뿐만 아니라 컴퓨터를 악용한 수많은 사례들이 나타나고 있음에도 아직 이러한 사례에 대한 본 조 적용상의 문제점들을 제시하는 견해는 찾아보기 힘들다. 하지만 본 조문 신설 이후 6년이 지난 현재에 와서 컴퓨터등사용사기죄에 대한 판례는 계속 축적되고 있으며, 이러한 판례의 검토를 통해서 본 조문의 적용상의 문제점이 무엇인지를 살펴볼 수 있다.

나아가 기존의 해석론에서 그다지 중요하게 고려되지 않았던 정보의 개념정의와 전자적기록과의 구별문제, 그리고 정보의 재산적 가치 인정 여부를 검토해 보고 이러한 문제들이 본 조문의 해석론에 있어서 핵심적인 의미를 가진다는 것을 제시하고자 한다.

본 장 제5절에서는 2001년 12월 29일 법률 제6543호로 개정된 컴퓨터등사용사기죄에 있어서 본 조문에 추가된 '권한 없이 정보를 입력·변경'하는 행위에 대한 해석론을 제시한다. 추가된 행위구성요건인 '권한 없이 정보를 입력·변경'하는 행위의 해석을 둘러싸고 그 적용범위와 한계에 대해서 앞으로 많은 논의가 이루어질 것이지만, 본 조문의 형법체계상의 지위나 입법취지, 기존 구성요건과의 관계에 비추어볼 때 추가된 행위구성요건은 '허위의 정보 또는 부정한 명령의 입력'이라는 기존 구성요건에 해당되지 않는 경우에 보충적으로 적용되는 구성요건으로 이해하여야 한다는 것을 주장한다.

제5장에서는 정보통신기술의 발전과 더불어 새롭게 등장하고 있는 범죄유형에 대해서 본 조문이 적용가능한지를 살펴보고자 한다. 제4장에서 논의한 바와 같이 정보처리장치의 개념의 확대와 정보에 대한 형법상 보호의 관점에서 본 조문이 이러한 범죄유형에도 대처할 수 있는 규정임을 논증하도록 할 것이다.

이를 위해 새로운 범죄(사이버범죄) 환경에서 본 규정이 어떠한 적용상의 문제가 있으며 해석상 논의되어야 할 점을 무엇인가를 먼저 살펴본다.

그리고 정보를 재산상 이익으로 바라보는 현재의 판례의 입장변화가 재산범죄, 특히 컴퓨터등사용사기죄의 해석에서 어떻게 수용될 수 있으며 그 밖에 많은 유형의 범죄들에 대하여 컴퓨터등사용사기죄의 적용이 가능한지를 검토해 보고자 한다.

먼저 해킹에 있어서는 해킹행위가 단순히 비밀침해행위만을 의미하는 것이 아니라 재산범죄에 있어서도 직접적인 재산침해를 가져올 위험성이 있는 행위로 평가되어야 한다는 것을 살펴본다. 이렇게 평가된다면 컴퓨터등사용사기죄에 있어서 '허위의 정보 또는 부정한 명령'의 입력행위에 포섭할 수 있게 되고 사실상 해킹을 통한 재산범죄에 있어서 본 조문의 적용영역이 확대될 수 있다는 것을 주장한다. 다음으로 최근에 문제가 되고 있는 인터넷상의 게임 아이템에 대한 하급심 판결을 보면 법원은 이러한 아이템을 재산상 이익으로 바라보고 있다는 것을 알 수 있다. 이러한 아이템은 그 자체 전자적 '정보'라고 할 수 있으므로 이러한 정보가 형법상 재산범죄의 영역에서 보호된다고 한다면 본 조문도 당연히 적용가능하다고 할 수 있을 것이다. 나아가 현대사회에 있어서 새로운 지불수단으로 등장하고 있는 전자화폐나 사이버머니의 경우에 있어서도 본 조문의 적용가능성을 모색해 볼 수 있을 것이다.

그리고 인터넷이라는 새로운 정보통신환경에서 타인의 정보를 이용하여 이러한 정보통신서비스를 이용하는 행위도 재산상 이익을 취득하는 행위로 볼 수 있다는 점과 이러한 의미에서 기존에 처벌되지 않았던 컴퓨터의 무권한 사용이라는 의미는 오늘날 재산적 정보의 무권한 사용이라는 의미로 받아들이고 본 조문에 의하여 처벌할 수 있다는 점을 제시하도록 할 것이다.

제6장에서는 이상의 논의를 바탕으로 컴퓨터등사용사기죄의 독자적 의미와 사이버 재산범죄에 대해서도 여전히 본 조문의 해석을 통하여 적용가능하다는 점을 지적하고 입법론으로서 컴퓨터등사용사기죄 규정에 재물을 추가하여야 한다는 점 내지 편의시설부정이용죄와의 관계에서 컴퓨터등사용사기죄의 경감규정으로서 유료자동설비를 악용하는 유형을 신설하는 것이 타당하다는 점을 지적하도록 할 것이다.

제2장 우리 형법상 컴퓨터등사용사기죄의 도입배경 및 현재의 상황

본 장에서는 우리 형법상 컴퓨터등사용사기죄의 도입배경을 살펴보고 본 조의 신설 이후 해석론을 위해 논의해야 할 점들이 무엇인지에 관하여 문제제기를 하고자 한다. 먼저 컴퓨터등사용사기죄가 컴퓨터범죄에 있어서 컴퓨터부정조작행위에 속하는 유형이며, 이러한 컴퓨터부정조작이 어떠한 형태로 이루어지는지를 간단히 소개한다. 그리고 컴퓨터등사용사기죄가 현재의 조문으로 입법화되는 과정을 살펴보고 우리 조문이 일본의 컴퓨터범죄 규정방식을 채택하고 있었다는 점을 밝히도록 한다. 그리고 컴퓨터등사용사기죄가 전체 컴퓨터범죄의 영역에서 가장 핵심적인 규정이라는 점을 통계를 통해 알아보고, 앞으로 컴퓨터등사용사기죄의 해석론에서 전개해야 할 문제점들을 구체적 사실관계의 제시를 통해 소개하고자 한다.

제1절 컴퓨터범죄의 개념 및 컴퓨터부정조작

Ⅰ. 컴퓨터범죄의 개념

1. 컴퓨터범죄의 개념

컴퓨터범죄의 개념에 대해서는 그동안 많은 논의가 계속되었지만 아직까지 학문적으로 정확한 개념이 확립된 것은 없다. 넓은 의미로 컴퓨터를 행위의 수단으로 이용하거나 컴퓨터 자체를 행위의 객체로 하는 모든 유형

28

의 범죄라고 정의하는, 즉 컴퓨터와 관련을 가지는 가벌적 행위의 집합체
라고 파악하는 광의의 개념1)과 컴퓨터가 행위의 수단 또는 목적이 된 고
의의 재산적 피해를 초래하는 범죄행위만을 컴퓨터범죄라고 좁은 개념으로
파악하는 견해2)도 있는 반면, 컴퓨터범죄란 절도, 사기, 손괴 등과 같이 일
반적인 구성요건의 집합체에 불과하므로 독립된, 법적 개념으로 성격 규명
을 할 수 없고 일반적으로 일컬어지는 별칭에 불과하다는 주장3)도 있다.

그러나 컴퓨터범죄를 좁게 파악하는 견해는 컴퓨터범죄를 재산에 대한
침해에 제한함으로써 컴퓨터에 특유한 범죄적 특수성을 파악할 수 있는 장
점이 있기는 하지만 재산적 침해 이외의 사생활영역, 업무영역 등에서의
법익침해를 컴퓨터범죄에서 제외시킴으로써 재산과 관련 없이 순수하게 자
료를 변조하는 행위 등을 컴퓨터범죄에서 제외시키는 문제가 제기된다.4)

컴퓨터범죄를 넓게 이해하는 견해는 현행 형벌법규에 위반하는 행위뿐
만 아니라 당벌적으로 여겨지는 모든 행위, 즉 재산뿐만 아니라 개인의 권
리·의무 및 문서의 증명력까지도 보호법익으로 하며, 작위뿐만 아니라 부
작위까지도 포함함으로써 보호법익과 범죄행위를 넓게 포괄하는 장점을 갖
는다. 그러나 컴퓨터 자체나 빈 자기테이프 등을 절도, 횡령하는 행위 등
컴퓨터의 특수성이 개재되지 않는 유형의 범죄까지도 컴퓨터범죄에 포함시
키게 되는 문제가 있다.5)

생각건대, 컴퓨터범죄는 컴퓨터와 관련된 형사법적인 제재의 대상이 되

1) 전지연, 컴퓨터범죄에 대한 형법적 대응, Juris Forum 창간호, 충북대 법학연
구소, 1998, 128면; 신각철/김문일, 최신 컴퓨터범죄론, 법영사, 1997, 28면;
최영호, 컴퓨터와 범죄현상, (주)컴퓨터출판, 1995, 26면; 장영민/조영관, 컴퓨
터범죄에 관한 연구, 1993, 한국형사정책연구원, 27면; 이철, 컴퓨터범죄의 법
적 규제에 대한 연구, 경희대 박사학위논문, 1991, 28면.
2) Sieber, Computerkriminalität und Strafrecht, Carl Heymanns Verlag KG,
1980, S. 29.
3) Haft, Das Zweite Gesetz zur Bekämpfung der Wirtschaftskriminalität, NStZ,
1986, 6.
4) 심재무, 컴퓨터해킹과 형법, 경성법학 제6호, 1997, 123면.
5) Lenckner, Computerkriminalität und Vermögensdelikte, 1981, S. 17 ff.

는 일체의 행위라고 포괄적으로 규정함이 가장 일반적인 개념이 되리라고 보지만, 하드웨어나 소프트웨어가 저장된 디스크 자체를 물리적으로 절취, 파괴하는 것과 같이 명백하게 형법상의 범죄행위에 해당하는 경우까지 컴퓨터범죄의 범주에 넣는 것은 타당하지 않다. 따라서 컴퓨터범죄는 적어도 컴퓨터기술에 관한 지식을 전제로 하는 컴퓨터와 관련된 형법상의 불법행위로 그 개념을 정의하는 것이 일응 타당하다고 본다.6)

2. 컴퓨터범죄 개념의 변화

앞의 컴퓨터개념에 대한 정의와는 별도로 컴퓨터개념 자체는 과도기적인 개념으로 더 이상 불필요하다는 주장도 있다.7) 즉 "오늘날 컴퓨터의 사용은 나날이 일반화되어가고 있고, 창작적인 예술의 영역이나 육체적인 활동, 스포츠의 영역에 이르기까지 사실상 오히려 컴퓨터를 이용하지 않는 영역을 찾기가 그리 쉽지 않다고 할 만큼 광범위하게 나타나고 있다. 컴퓨터 자체는 원래 목적상 범죄적인 것이 아니고 컴퓨터와 관련된 법익침해행위가 컴퓨터범죄의 내용이 될 수 있는 것이므로 컴퓨터를 이용한 일체의 유형이 컴퓨터범죄로서 정의될 수 있다고 전제할 때 오늘날 컴퓨터범죄라는 개념은 점차 무의미한 개념이 되어 가는 듯한 느낌이 든다. 다만 컴퓨터를 통해 이루어지는 범행이 전통적인 범죄와 구분되는 몇 가지 특성들, 즉 영속적이고 반복적인 범행, 또한 공간적 제한 없이 광역성을 가지고 있기 때문에 커다란 범죄적 영향력을 가지고 있으면서도 범죄의 적발과 증명이 대단히 곤란하고, 컴퓨터범죄가 대부분 영웅심의 발로나 단순한 유희에서 비롯되어 범죄의식이 희박하다는 점 등이 공통적으로 나타나 있으므로

---

6) 미국 법무성의 개념규정. Michael Hatcher, Jay McDannel and Stacy Ostfeld, Computer Crimes, American Criminal Law Review, Summer 1999 V.36 i3 p.397.
7) 유인모, 가상공간의 범죄와 형법, 비교법학 제9집, 부산외국어대학교 비교법연구소, 1998, 8-9면.

컴퓨터기술의 이용을 전제로 재산권, 인격권, 국가적 법익에 대한 침해행위를 넓게 컴퓨터 관련범죄라고 유형화하는 것은 가능하리라고 생각된다. 그러나 컴퓨터가 전문인의 전유물이 아닌 일반생활의 도구로 전환되는 것에 비례하여 컴퓨터범죄의 전문성도 희석된다고 하지 않을 수 없다. 또한 독립된 법적 개념으로서의 컴퓨터범죄개념은 유형화하기가 사실상 불가능할 정도로 광의적인 개념이 되어 버렸다. 따라서 이는 과도기적인 개념으로 더 이상 불필요한 것으로 보아야 할 것이다."[8]라고 하고 있다.

일응 이러한 견해는 컴퓨터가 모든 생활에 있어서 필수적인 도구로 인식되고 있는 실정에서 굳이 컴퓨터범죄라는 용어의 문제로 논쟁을 벌일 실익은 적어 보일 수도 있다[9]고 생각된다. 이러한 점에서 형법개정 시 컴퓨터범죄라는 제목으로 따로 장을 두지 않고 개별 구성요건에서 컴퓨터범죄에 관한 규정을 추가한 점도 인정할 수 있다.

그러나 컴퓨터범죄가 성립한다는 것과 컴퓨터범죄가 아니라고 말하는 것은 차이가 있다. 컴퓨터범죄란 컴퓨터를 수단으로 하든지 목적으로 하든지 간에 그러한 컴퓨터를 매개로 하여 범해지는 범죄행위는 기존의 행위와는 분명 구별되는 특징들을 가지고 있고 이러한 특징들이 가지는 범죄의 위험성은 개별 구성요건의 해석에 있어서 기존의 해석론과는 차이를 보이고 있다. 예컨대 기존의 문서죄에 있어서 문서의 개념은 컴퓨터의 전자문서에서는 인정될 수 없고, 컴퓨터가 재산상 거래에 있어서 자동적인 처리를 행하는 상황에서 컴퓨터에 허위의 정보 또는 부정한 명령을 입력하는 행위로 인해 재산상 처분이 발생하는 경우 이를 사람을 대상으로 하는 사기라고 말할 수 없게 된다.

만약 컴퓨터를 매개로 하는 특별한 사정들을 고려하지 않는다면 컴퓨터범죄의 가벌성의 한계를 어떻게 포착할 수 있을는지 의문이 들지 않을 수 없다. 또 형사법 전 영역에서의 통일적이고 유기적 해석과 연결될 수 있으

---

8) 유인모, 앞의 논문, 9면.
9) 조병인/정진수/정완/탁희성, 사이버범죄에 관한 연구, 형사정책연구원, 2000. 20면.

려면 그 전제로 컴퓨터범죄에 대한 개념정의는 분명 필요하다라고 하지 않을 수 없다.

이는 컴퓨터 자체에 대한 물리적 손괴가 형법상 재물의 손괴에 해당하는 것이어서 컴퓨터범죄라고 따로 분류할 필요가 없다고 할 수 있어도, 그러한 컴퓨터 자체에 대한 손괴가 결국 전산망의 원활한 이용을 저해하는 행위 및 컴퓨터에 수록된 정보처리를 방해하는 것일 경우에는 컴퓨터 자체의 재물가치를 초과하는 법익침해를 가져다주는 행위로서 단순히 일반 형법상의 손괴죄로만 처단하는 것은 불합리하다고 할 수 있다. 이러한 행위는 결국 컴퓨터범죄라는 특유한 개념속에서 파악되어져야 한다는 것을 의미한다.

결국 컴퓨터범죄란 그것을 유형화하기 어려울 정도로 광의적인 개념이 되어 더 이상 불필요한 개념이 아니라 오히려 그러한 많은 유형들 중에서 컴퓨터범죄 특유의 개념으로 포섭할 수 있는 행위들을 규명하는 것이 더욱 중요하다고 하지 않을 수 없다.10)

따라서 컴퓨터범죄의 개념을 광의적으로 파악하고 기존의 법규정에서 어떠한 행위가 어느 정도 컴퓨터범죄의 개념 속에 포함할 수 있는지를 밝히고 나아가 기존 법규정에서의 컴퓨터범죄에 대한 대응 및 새로운 범죄(사이버범죄)에 대하여 신축적으로 대응할 수 있는 법해석의 모색이 필요한 것이다.

3. 컴퓨터범죄의 유형

컴퓨터범죄의 유형에 대해서는 여러 주장이 제기되고 있다. 즉 범죄객체를 기준으로 하여 컴퓨터파괴, 컴퓨터의 부정사용, 컴퓨터프로그램의 부정

---

10) "컴퓨터기술에 관한 지식을 전제로 하는"이라는 요건은 결국 컴퓨터손괴 자체가 다른 법익의 침해를 전제로 할 때 이는 컴퓨터범죄라는 특유한 개념 속에 포함된다고 할 것이고 단순한 컴퓨터손괴(즉 오직 외형상으로 재물)는 재물손괴죄에 불과할 뿐이라는 것이다.

입수, 프로그램의 변조 및 자기테이프의 전자적기록물의 손괴 등으로 분류하는 입장[11]이 있으며, 다음으로 범행수법을 기준으로 하여 파괴에 의한 침해, 정보나 재산의 사기 또는 절도에 의한 침해, 권한 없는 사용이나 컴퓨터서비스의 절취에 의한 침해로 분류[12]하기도 한다. 그러나 일반적으로는 컴퓨터범죄를 데이터의 처리, 보존기능과의 관련형태를 기준으로 하여 컴퓨터부정조작, 컴퓨터파괴, 컴퓨터스파이 및 컴퓨터의 무권한 사용으로 분류하고 있다.[13]

본 연구의 주제인 컴퓨터등사용사기죄는 이러한 컴퓨터범죄의 유형 중에서 컴퓨터부정조작에 해당하는 것으로 이해되고 있는데 이하에서는 이 부분만을 중심으로 살펴보고자 한다. 컴퓨터부정조작행위를 검토하는 이유는 컴퓨터등사용사기 행위가 구체적으로 어떠한 과정을 통해서 발생하게 되는지를 알아보기 위해서이다.

Ⅱ. 컴퓨터부정조작행위와 유형과 사례

1. 컴퓨터부정조작의 의의

컴퓨터부정조작은 행위자가 컴퓨터의 처리결과 혹은 출력인쇄를 변경시키거나 이로 인하여 타인의 손해하에 자신이나 제3자의 재산적 이익 등을 얻을 의도를 가지고 컴퓨터시스템 자료처리의 영역에 있어서 간섭을 행하는 것이라거나,[14] 컴퓨터에 의하여 처리, 전달, 보존되어야 할 데이터를 입

---

11) 西原春夫, コンピュータの導入と刑事法上の諸問題, ジュリスト 484호, 35면 이하.
12) Donn B. Parker, Computer Abuse Assessment, 1975, pp. 29-31. 강동범, 앞의 책, 41면에서 재인용.
13) 강동범, 컴퓨터범죄시론, 경진사, 1989, 41면 이하; 심재무, 컴퓨터해킹과 형법, 경성법학 제6호, 1997, 124면; 장영민, 조영관, 컴퓨터범죄에 관한 연구, 31면 이하; 전지연, 앞의 논문, 128면 이하; Sieber, a.a.O., S. 39 ff.

력·처리·출력·기억의 모든 단계에서 부정하게 조작함으로써 컴퓨터의 정상적인 작업과정을 방해하거나 정보나 자료를 변조시키는 행위를 말한다[15]고 한다. 컴퓨터등사용사기죄의 대부분은 이 유형의 컴퓨터범죄에 의해서 행해지게 되므로 보다 자세히 고찰해보고자 한다.

2. 유형 및 사례[16]

컴퓨터가 자료를 처리하는 과정을 살펴보자면, 컴퓨터는 일정한 자료를 스스로가 읽을 수 있는 문자 내지 표시로 변환하여 입력장치로 보내고, 이것에 대해 이미 짜여져 있는 프로그램과 콘솔의 지시, 제어를 받아 작업을 수행 완성한 후 요구하는 결과를 출력장치를 통해 산출해낸다. 이를 단계별로 나누어보면 자료의 입력과정, 자료의 처리과정, 자료의 출력과정으로 구분해볼 수 있는데, 컴퓨터의 부정조작은 그러한 각 단계에서 행위자가 컴퓨터의 처리영역에 간섭하여 범행하게 된다. 그러므로 행위자의 조작이 행해지는 업무수행의 단계에 따라 다시 입력조작, 프로그램조작, 콘솔조작, 출력조작의 경우로 세분해볼 수 있다.

(1) 입력조작

입력조작은 불법적인 목적을 달성하려는 의도로, 시스템 내에 여러 가지 입력장치를 통해 입력될 자료를 조작하여 이러한 각종의 부정한 자료를 컴퓨터가 감지케 하여 컴퓨터로 하여금 불법, 부당한 처리결과를 만들어 내게 하는 것이다.

대표적인 경우로서 은행 온라인시스템의 단말기를 조작하는 경우를 들

---

14) 신각철/김문일, 최신 컴퓨터범죄론, 법영사, 1997, 97면.
15) 장영민/조영관, 컴퓨터범죄에 관한 연구, 한국형사정책연구원, 1993, 32면 이하.
16) 보다 구체적 사례유형에 대해서는 이봉준, 컴퓨터범죄에 대한 법률적 대응방안에 대한 연구 -컴퓨터범죄의 분류체계를 중심으로-, 성균관대행정학 석사학위논문, 1994, 103면 이하에서 분석하고 있는 사례들을 참조하기 바람.

34

수 있다.17)

　이러한 입력조작의 과정을 도표로 나타내면 다음과 같다.18) 즉 입력장치를 통하여 컴퓨터시스템 내에 부당한 자료를 입력하면, 그 입력된 자료는 컴퓨터 내의 주기억장치에서 일시 기억하고 있다가 컴퓨터를 작동시키는 프로그램에 의하여 수행되는 명령에 따라 분류, 정렬, 연상, 정리 등의 처리가 이루어진다. 이렇게 처리된 자료는 보조기억장치에 저장되고, 그 저장된 기록에 의하여 부당한 처리결과나 출력이 발생하게 된다.

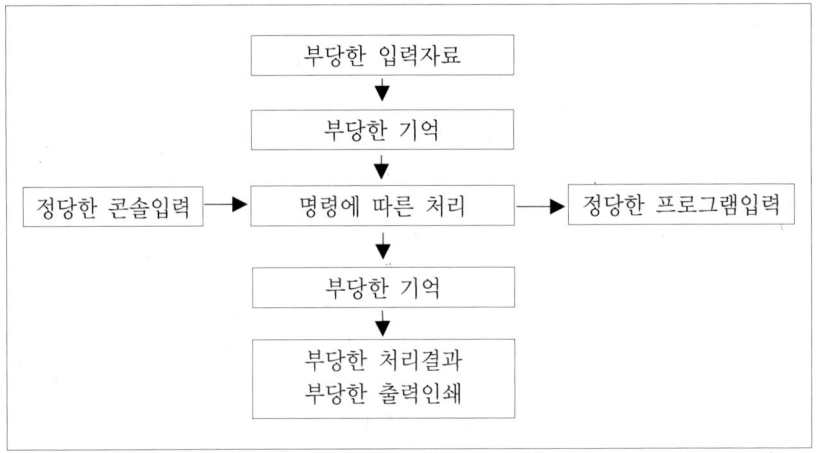

　(2) 프로그램조작

　프로그램이란 컴퓨터를 작동하도록 하거나 어떤 결과를 얻기 위하여 컴퓨터에 주어지는 복합명령의 표현으로서, 컴퓨터프로그램보호법 제2조의1에서는 '특정한 결과를 얻기 위하여 컴퓨터 등 정보처리능력을 가진 장치

---

17) 예컨대 은행원이 사실은 자신의 예금구좌에 돈을 입금한 사실이 없음에도 불구하고 마치 자신의 구좌에 1,000,000원을 입금한 것처럼 은행 단말기에 허위의 예금정보를 입력한 경우를 들 수 있다(부산지법 동부지원 1999. 7. 7. 선고 99고단1983 판결).

18) 강동범, 컴퓨터범죄시론, 1989, 46면 인용.

내에서 직접 또는 간접으로 사용되는 일련의 지시·명령으로 표현된 창작물'이라고 규정하고 있다. 이것은 컴퓨터 자체를 기본적으로 작동케 하는 시스템 프로그램과 시스템 프로그램이 탑재된 상태에서 특정업무를 처리하여 결과를 얻기 위한 응용 프로그램으로 크게 나누어진다.

이러한 프로그램을 부정조작하는 행위유형은 행위자가 의도한 부정한 결과가 나타나도록 하나의 프로그램 전체를 부정하게 작성하여 이를 작동시키거나 일부의 명령 또는 명령군을 삽입, 은닉하여 두는 프로그램 부정작성의 방법, 기존의 프로그램을 고치는 부정수정의 방법, 프로그램의 전부 또는 일부를 삭제, 소거시킴으로써 그 기능을 마비시키거나 행위자가 원하는 결과가 나오도록 하는 부정삭제의 방법[19] 등이 있다.

프로그램 부정조작의 유형은 컴퓨터범죄에서 가장 핵심적인 범죄형태라고 볼 수 있는데, 그 이유는 다른 유형의 범죄는 전문적인 지식없이 단순기능의 수행자 혹은 일반인도 쉽게 범행을 할 수 있지만 프로그램을 조작한다는 것은 컴퓨터에 대한 전문지식을 가진 계층이 아니고서는 곤란하기 때문이다. 또 이러한 전문가에 의해 부정조작된 프로그램으로 업무를 지속적으로 처리 수행할 경우 올바른 자료가 시스템에 투입된다고 하더라도 부당하게 가공된 자료가 계속해서 생성되기 때문에 그 피해는 매우 커지게 된다.

대표적인 예로서 반포 AID 차관아파트 부정추첨사례를 들 수 있다.[20]

이러한 프로그램조작의 과정을 도표로 나타내면 다음과 같다.[21] 즉 정당하게 입력된 자료가 일정한 정보처리를 지시하는 프로그램에 의하여 처리

---

19) 부정삭제에 대해서는 컴퓨터파괴의 유형에 해당하는 것으로 파악되고 있다.

20) 1973. 10. 반포 AID차관 아파트의 입주자 추첨에 컴퓨터를 사용하게 되어 있었던바, 그 사용컴퓨터회사의 프로그래머 갑은 같은 직장에 근무하는 동료들에게 "*과장님, *계장, 이번 아파트 추첨을 우리 회사 컴퓨터로 하니 신청하시오. 문제없이 당첨시키겠소"라고 권유, 이들로부터 뇌물을 받고 25매의 프로그램카드를 정상적인 카드 외에 별도로 펀칭하여 이들을 정상카드 사이에 끼워놓은 다음 이러한 과정이 프린트에 출력되어 나오지 않게끔 다시 빼고 편집시켜 처리함으로써 특정 아홉 세대분을 당첨시킨 사례.

21) 강동범, 앞의 책, 50면에서 인용.

되어야 함에도 불구하고 그 프로그램을 구성하는 개개 명령을 변경하거나, 새로운 명령을 삽입하거나 하여 정규의 기존 프로그램을 변경하거나, 새로운 프로그램을 삽입함으로써 그 입력된 자료를 정상적으로 처리하지 못하게 하여 부당한 처리결과를 가져오게 하는 것이다.

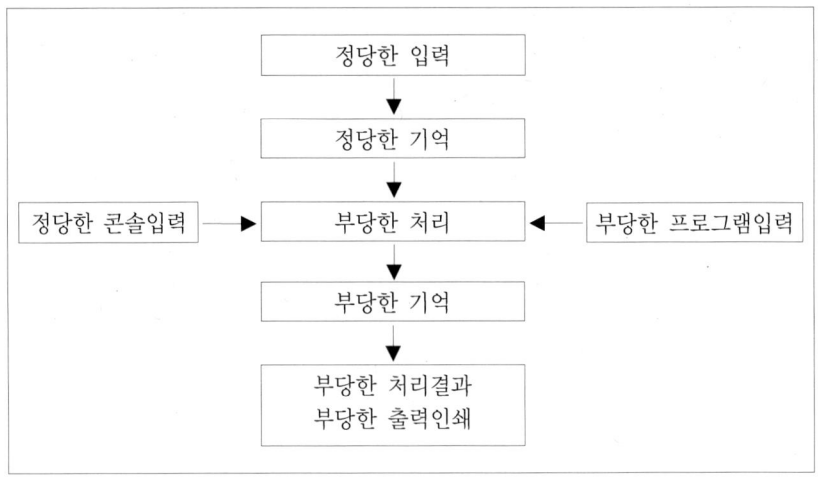

(3) 콘솔조작

콘솔(console)은 인간과 컴퓨터가 의사소통을 하게 되는 창구로서 오퍼레이터가 이를 통해 기계를 조작하는 장치이다. 콘솔은 컴퓨터의 시동, 정지와 작동상태의 감시 및 자료처리의 내용과 방법을 변경, 수정하는 경우에 사용된다. 이는 컴퓨터시스템 전체를 총괄, 조정, 운영하는 조작장치인 것이다. 이를 통해 사람이 원하는 방향으로 조정하기 위해 명령을 전달하기도 하지만 컴퓨터시스템이 필요로 하는 자료나 행위를 요구하는 것도 가능하다.

이 콘솔을 조작하는 행위유형은 정보가 처리되는 동안에 콘솔을 조작하여 부정한 정보나 명령을 넣어 프로그램의 지시나 처리될 정보에 대한 기억정보를 변경시킴으로써 정보처리과정에 직접적으로 간섭하여 부당한 처리결과가 나오게 한다. 그 수법들은 매우 다양하지만 크게 나누어 보자면 콘솔을 통한 허위자료의 입력, 자료의 삭제, 수정, 프로그램 수행 중에 콘솔을 통해 시스템에 명령을 주어 그 수행을 방해하는 행위, 똑같은 프로그램을 반복 수행시켜 그 횟수만큼 결과가 나오게 하는 행위, 프로그램의 일부 또는 전부를 작업수행에서 빠지게 하여 그 결과가 나오지 않게 하는 행위 등이다.[22]

  이러한 콘솔조작의 과정을 도표로 나타내면 다음과 같다.[23] 즉 정당하게 입력된 자료가 정상적인 프로그램의 순서에 따라 처리되는 과정에서 콘솔을 통해 컴퓨터의 동작을 정지시키거나, 일정한 장애를 발생시키면 그 정보처리가 제대로 이루어지지 않게 된다. 이러한 처리결과 부당한 결과가 발생할 수 있다.

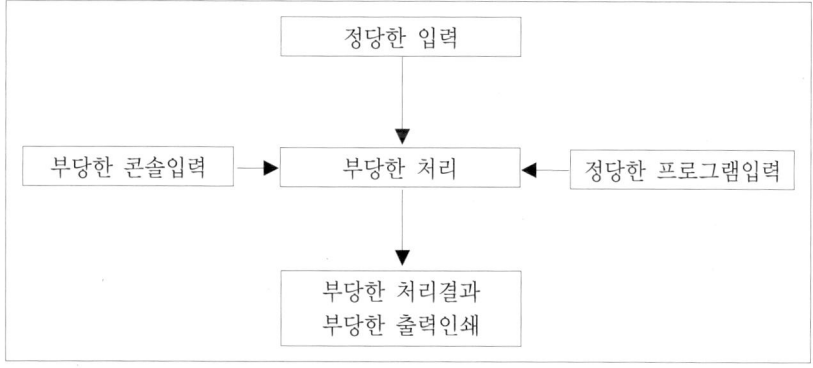

(4) 출력조작

출력은 단말기의 화면을 통해 자료처리의 결과가 나타나거나 프린터를

---

22) 예컨대, 정상적인 급여 프로그램을 실행시켜 작업을 하는 도중 자기 것을 처리할 때 가동을 중지시키고 별도의 명령을 작동시켜 정상적인 자신의 급여보다 많은 액수의 금액을 찍도록 콘솔로 조작하고는 다시 전의 프로그램으로 돌아가게 하여 이득을 보아온 경우를 들 수 있다.
23) 강동범, 앞의 책, 53면에서 인용.

38

통해 인쇄되어 나오는 것이 대표적인 경우이다. 그러나 이 외에도 마그네틱 테입이나 디스크, 최근에는 음성이나 영상 혹은 이들의 복합적인 형태로 출력되기도 한다. 출력조작은 컴퓨터에 의해 원래 올바르게 입력되고 처리, 저장된 정보를 출력하는 과정에 간섭하여 사후에 조작하거나 이미 출력된 결과물의 내용을 조작하는 행위유형이기 때문에 오히려 문서의 위, 변조와 유사한 형태라고 할 수 있다.[24]

이러한 출력조작의 과정을 도표로 나타내면 다음과 같다.[25] 즉 정상적인 입력자료가 컴퓨터의 프로그램에 의하여 정상적으로 처리되어 그 결과 정당한 출력결과를 얻게 되었지만 그 출력결과를 변경한 경우라 할 수 있다.

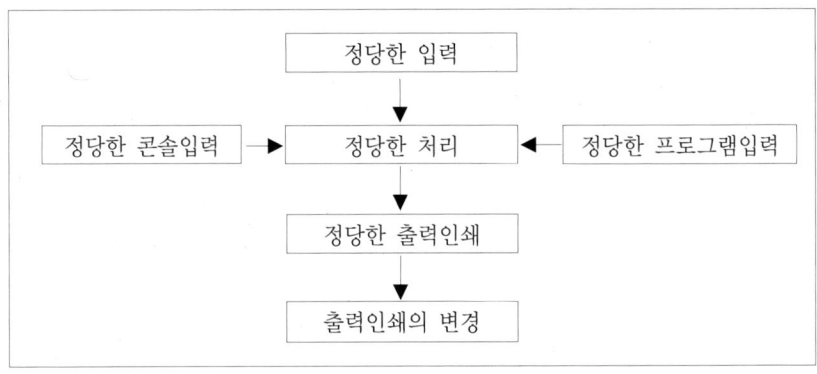

---

24) 예컨대, 독일노동청에 근무하는 한 공무원이 유아보조금의 지급 시 필요한 다른 편집인의 서명을 위조하여 불법으로 5천 내지 1만 마르크 정도의 유아보조금을 장인 및 자신의 수개의 계좌에 이월하는 수법으로 약 10개월 동안 29회에 걸쳐 총 25만 마르크를 사취하였다. 범인은 이러한 행위가 발각되는 것을 방지하기 위하여 컴퓨터에 의하여 설치된 제어출력상에서 이 금액의 첫 번째 란을 삭제하였다. 강동범, 앞의 책, 55면 참조.
25) 강동범, 앞의 책, 55면에서 인용.

제2절 컴퓨터등사용사기죄의 도입배경 및 현재의 상황

I. 컴퓨터범죄규정의 도입

1984년 12월 31일 '형사법개정특별심의위원회규정'에 의거해서 법무부주관으로 1985년 6월 21일 형법전의 전면개정을 위한 '형사법개정특별심의위원회'가 발족되었다. 이 위원회는 다시 형법개정을 위한 기초작업을 위한 '소위원회'(교수 4명, 판사, 검사, 변호사 각 1명)를 구성하였다. 이 소위원회의 작업을 기초로 하여 1992년 5월 27일 제8차 전체회의에서 전문 제405조의 형법개정안이 확정되었다. 이 개정안이 법제처에서 일부 조정되어 동년 6월 국무회의에서 '형법개정법률안'으로 의결되고, 동년 7월 6일 국회에 제출되었다.

이 개정안에는 선진국의 입법례에 따라 컴퓨터범죄에 대한 처벌규정이 신설되어 있었다. 그동안 학계에서는 컴퓨터와 관련한 반사회적 침해행위를 컴퓨터범죄라고 부르면서 이를 범죄화하여야 한다는 주장이 많이 제기되어 왔다. 개정안은 이러한 학계의 논의를 반영하여 컴퓨터범죄를 신종범죄로 인정하고 형법전에 이러한 범죄를 처벌하기 위한 조문을 신설한 것이다.

국회의 법제사법심사위원회는 위 법률안을 심의하기 위하여 1992년 11월 3일 형법심사소위원회를 구성하였다. 이 위원회에서는 1995년 12월 1일 시급히 개정되어야 할 부분을 발췌, 정리한 '형법중개정법률안(대안)'을 제출하기로 합의하였고, 같은 날 법제사법위원회는 소위원회에서 제안한 대안을 위원회안으로 채택하였다. 이에 국회 본회의는 1995년 12월 2일 법제사법위원회에서 마련한 대안을 원심결의하였으며, 이 '형법중개정법률'이 1995년 12월 29일 법률 제5057호로서 공포되고, 1996년 7월 1일부터 시행되기에 이르렀다.[26)

이러한 형법개정법률에서 신설된 컴퓨터범죄규정을 살펴보면 제366조에

서 재물손괴죄의 행위객체에 전자기록 등 특수매체기록을 추가하였고, 문
서에 관한 죄에서 전자기록 위작 변작죄를 신설하였다(형법 제227조의2,
제228조, 제232조의2). 또 컴퓨터에 의한 업무방해죄(제314조 제2항)와 컴
퓨터등사용사기죄(제347조의2)를 신설하였다. 또한 비밀침해죄의 객체에
전자기록 등 특수매체기록을 추가하였다(제316조 제2항).

Ⅱ. 컴퓨터등사용사기죄 규정의 도입

1. 컴퓨터등사용사기죄 규정의 도입과정

위와 같은 형법개정과정 중에서 컴퓨터범죄규정, 특히 컴퓨터등사용사기
죄 규정의 도입 여부를 놓고 초기에는 형법전에 컴퓨터등사용사기죄 규정
을 둘 필요가 없다는 검토결과가 있었다. 1986년에 발간된 형법개정요강심
의자료를 살펴보면 컴퓨터의 악용에 의하여 절도, 사기, 횡령, 배임 등의
재산범죄를 범한 경우에 컴퓨터 등 현대신용사회의 기초를 이루는 기술적
설비의 이용에 대한 중요성이 증대하고 그 악용의 피해가 엄청난 점에 비
추어 컴퓨터를 이용한 재산범죄의 형을 가중하는 규정을 신설할 필요가 있
다는 견해와 컴퓨터에 의한 재산범죄의 형을 가중하는 규정을 신설할 필요
가 없다는 견해로 나누어지고 있었음을 알 수 있다. 그리고 그 검토의견으
로서 첫째, 컴퓨터를 이용한 범죄라 하여 반드시 가중해야 하는 것은 아니
며, 둘째, 증명의 어려움이 형의 가중사유가 되지는 않으며, 셋째, 형의 가
중규정을 어디에 둘 것인가가 쉽지 않고, 넷째, 컴퓨터기술의 발전상황에
비추어 이를 형법에 규정하는 것은 부적절하며 다섯째, 이를 형법에 규정
한 입법례는 찾기 어렵다는 것이 고려되었었다.[27]

---

26) 개정경위에 대하여 자세한 것은 김종원, 형법의 전면개정작업과 일부개정,
　　고시계 1996. 2. 15면 이하 참조.
27) 형법개정요강심의자료 제1·2·3분과위원회 보고서, 형사법개정특별심의위

그러나 1989년에 발간된 형법개정요강 소위원회 심의결과를 보면 이러한 검토의견에도 불구하고 컴퓨터이용 사기죄의 신설 여부에 대하여 신설하자는 데에 위원 모두가 의견일치를 본 것으로 나타난다.[28] 이후 컴퓨터등사용사기죄 조문의 신설과 그 개정경과를 보면 아래의 표와 같다.

그런데 이러한 본 조문의 신설과정을 살펴보면, 1989년 6월에 형법조문화 작업이라는 안건으로 일본의 [전자계산기 사용사기죄]라는 조문을 그대로 차용하고 있음을 알 수 있다. 그리고 이러한 신설 조문은 형법개정시안에 그대로 반영되고 있다.

그러나 1990년에 이르러 이러한 개정시안에 대한 전문위원의 검토를 통하여 1991년까지 단일조정안을 확정하는 과정에서 현재의 조문으로 확정되었는데, 이 과정에서 기존의 일본 형법을 모델로 한 조문이 대폭적으로 간략화되고, 용어도 바뀌게 된다. 그러나 현재 그 과정상의 조문변화를 추측해볼 수 있는 입법자료를 찾아볼 수 없다. 다만 이 조문의 입법에 참가했던 학자들의 개인적인 논문에서 그 이유를 추측해 볼 수 있을 뿐이다. 자세한 논의는 이후 개별 검토에 들어가서 살펴보기로 한다.

원회 소위원회, 1986. 6. 30. 111면.
28) 형법개정요강소위원회 심의결과, 형사법개정자료(Ⅷ), 형사법개정특별심의위원회, 1989, 295-296면.

일 자	내 용
1988. 11. 14.	형법개정요강
1989. 6. 12.	제13차 기초소위원회에서 형법조문화 작업이라는 안건으로 제347조의2(전자계산기 사용사기(신설)) 신설, 형사법개정자료(XⅢ) [형법개정작업 추진경과] 1992. 8. 18. 법무부, 208면
1989. 11. 6.	형법개정시안(제1차시안) 작성
1990. 2.	법무부 자체 내부의견조정
1990. 3. -1990. 5.	개정시안에 대한 전문위원의 검토(검토안 작성)
1990. 6. -1991. 9.	조정위원회(이재상 교수)에서 (제1차시안과 검토안을 두고) 조정안 작성
1991. 8. 26.	제16차 조정소위원회(1991. 8. 26. 사법연수원, 김종원, 이재상, 권광중 검찰2과장외1)에서 시안조정을 안건으로 컴퓨터등사용사기 재검토, 위 XⅢ, 157면
1991. 9. 9.	제21차 조정소위원회(1991. 9. 9) 시안조정을 안건으로 컴퓨터등사용사기죄 규정의 조정안 작성(컴퓨터 등 정보처리장치에 허위의 정보 또는 부정한 명령을 입력하여 정보처리를 하게 함으로써 재산상의 이익을 취득하거나 제3자로 하여금 취득하게 한 자는 10년 이하의 징역 또는 1000만 원 이하의 벌금에 처한다). 위 XⅢ, 208면
1991. 10. 19. -1991. 10. 26.	단일조정안 확정 (형사법개정자료(XI), [형법개정 조정안], 1991. 10. 법무부, 125면.)
1991. 11. 23.	조정안을 대체로 원안대로 형법개정시안을 채택.
1991. 12. -1992. 2.	학회, 대법원, 변협 등 법조단체에 의견조회과정
1992. 3. 30.	법무부의 개정시안 마련
1992. 4. 29. -1992. 4. 30.	공청회 개최
1992. 5. 27.	형법개정안 확정
1992. 10.	형법개정법률안 제안이유서
1995. 12.	형법일부개정

2. 입법취지

이 개정법률은 특히 컴퓨터범죄에 관한 조항을 신설 또는 추가하였는데 이 중 컴퓨터등사용사기죄에 대해서는 다음과 같은 입법취지가 보여진다. 즉 은행업무를 비롯한 여러 거래 분야에서 채권채무의 관리, 결제, 자금의 이동 등 재산권의 득실, 변경의 사무가 컴퓨터 등에 의하여 전자기록을 사용하여 사람의 개입없이 기계적, 자동적으로 처리되는 상황이 증가하고, 재산권이 표창된 전자기록(전화카드나 전철표 등)의 사용이 늘어남에 따라 이를 악용하여 불법한 재산상의 이익을 얻는 행위도 증가하고 있다. 그러나 이들 행위는 사람에 대한 기망행위나 재물의 점유이전을 수반하지 않기 때문에 종래의 사기죄나 절도죄에 위해서는 적절하게 대응할 수 없었다. 본조는 이러한 부정행위를 사기죄의 한 유형으로 파악하여 처벌하고자 한 것이다. 그에 따라서 개정안은 컴퓨터를 이용한 불법이득행위에는 기망, 착오, 처분행위 및 재물취득을 생각하기는 곤란하지만 본질은 사기죄와 유사하다는 점을 고려하여 기망, 착오, 처분행위 대신에 "허위의 정보 또는 부정한 명령을 입력하여 정보처리를 하게 함으로써"라고 규정하였다. 이 규정은 소위 컴퓨터범죄의 대표적인 유형을 규정한 것이라고 할 수 있다.[29]

법무부의 제안이유서에 따르면 "본죄는 컴퓨터 등 정보처리장치에 허위의 정보 또는 부정한 명령을 입력하여 정보처리를 하게 함으로써 재산상의 이익을 취득하거나 제3자로 하여금 취득하게 한 경우에 성립한다. 일본 형법의 예에 따라 정보처리장치를 사무처리에 사용하는 정보처리장치에 제한할 것인가에 관하여도 논의하였으나 이는 사기죄의 본질에 비추어 당연한 규정이므로 별도로 규정할 필요가 없다는 결론을 내렸다. 허위의 정보나 부정한 명령을 입력하는 것은 예컨대 허위의 입금데이터를 입력하여 예금 원장파일의 잔고를 증액시킨 경우와 같이 사실관계와 일치하지 않는 자료를 입력하는 경우와 프로그램을 조작하는 경우를 말하며 진실한 자료를 부

---

29) 법무부, 형법개정법률안 제안이유서, 형사법개정자료(XIV), 1992. 10., 181면.

정하게 사용하는 경우도 부정한 명령을 입력하는 경우에 해당한다고 할 수 있다."[30]

이와 같이 본 규정의 입법제안자의 설명에 따르면 본 규정은 사기죄와 그 본질을 같이 하며, 진실한 자료의 부정사용도 본 규정에 의하여 처벌받게 된다고 한다. 그러나 본 규정의 신설 이후에도 본 규정을 둘러싼 견해대립은 계속되어 왔고, 판례도 위 경우에 본 규정을 적용함에 있어서 일치된 판단을 보이지 않고 있다. 이에 대한 자세한 내용은 제4장에서 논의하도록 한다.

Ⅲ. 현재의 상황

1. 컴퓨터등사용사기범죄의 증가

아래 표[31]를 살펴보면 형법개정 후 1999년까지의 통계에서 컴퓨터사기죄의 적용이 계속적으로 증가하고 있는 것을 알 수 있다. 처음 법 개정 시에 5건에 불과하던 것이 1999년에는 177건으로 급속하게 사건이 증가하였다는 것을 알 수 있다.

연도	총계	기소				불기소							
		소계	구공판		구약식	소계	기소유예	기소중지	혐의없음	죄가안됨	공소권없음	참고인중지	각하
			구속	불구속									
1996	5	4	4			1		1					
1997	65	31	25	3	3	31	4	15	9	1		1	1
1998	143	62	43	2	17	64	10	27	18		2	5	2
1999	177	61	24	9	28	102	46	28	22			2	4

---

30) 위 제안이유서, 182면.
31) 최근 4년간 컴퓨터등사용사기죄처리건수, 검찰연감 1997-2000, 대검찰청, 1998년도부터 '소년부송치'가 '소년보호사건'과 '가정보호사건'으로 나누어짐.

연 도	소년부송치	타관송치	소년보호사건	가정보호사건
1996				
1997	1	2		
1998		16	1	
1999		8	6	

2. 전체 컴퓨터범죄[32]에서 컴퓨터등사용사기죄가 차지하는 비중

그리고 아래 표[33]와 같이 컴퓨터범죄 전반에 있어서 컴퓨터등사용사기죄는 전체 처리건수의 약 26%에 해당하는 수치를 보이는데 이는 정보통신망법을 제외하고 형법상의 컴퓨터범죄로서의 컴퓨터등사용사기죄는 가장 핵심적이고 가장 빈번하게 발생하는 범죄임을 알 수 있다.

다만 2001년도(9월 현재)에 이르러 컴퓨터등사용사기죄의 비중이 조금 줄어들고 있는 반면에 전산망침해(해킹 등)의 사례가 급증하고 있음을 알 수 있는데, 이 두 가지 범죄의 비율을 전체에서 산출하면 약 85.9%에 이르고 있다. 여기에서 전산망침해를 통한 여타 범죄가능성이 있다는 점을 배제할 수 없다면, 결국 전산망침해 그 자체뿐만 아니라 이를 통한 컴퓨터등사

---

32) 대검찰청에서 제시하는 컴퓨터범죄 관련 법령으로는 공공기관의개인정보에관한법률, 공업및에너지기술기반조성에관한법률, 무역업무자동화촉진에관한법률, 산업기술에관한법률, 상표법, 성폭력범죄의처벌및피해자보호등에관한법률, 소프트웨어산업진흥법, 신용정보의이용및보호에관한법률, 외국간행물수입배포에관한법률, 음반비디오물및게임물에관한법률, 저작권법, 전기통신기본법, 전기통신사업법, 전자거래기본법, 전자서명법, 정보통신기반보호법, 정보통신망이용촉진및정보보호등에관한법률, 정보화촉진기본법, 주민등록법, 청소년보호법, 청소년의성보호에관한법률, 컴퓨터프로그램보호법, 통신비밀보호법, 형법, 화물유통촉진법 등을 들 수 있다. http://icic.sppo.go.kr/b__2.htm 참조.

33) 인터넷범죄 유형별 처리현황, 대검찰청 인터넷범죄수사대 홈페이지 (http://icic.sppo.go.kr/statistics/table02.htm)의 통계자료에서 인용(2001. 9. 30. 현재). 2006년 현재의 통계는 대검찰청 인터넷범죄수사센터 홈페이지 (http://www.spo.go.kr/kor/depart/icic/main.jsp) →자료실→통계자료에서 찾아볼 수 있다.

용사기범죄의 비율도 아울러 증가하고 있다는 반증이 되므로 컴퓨터등사용
사기죄의 비중은 표에 나타난 것보다 훨씬 크다고 예상할 수 있을 것이다.

유 형	처 리		
	연 도	건	명(구속)
공용전자기록손상 등	입건사례없음		
전자문서관련죄	1997	10	28(5)
	1998	9	19(5)
	1999	12	15(3)
	2000	15	17(3)
	2001	15	27(7)
	계	61	106(23)
전산업무방해	1997	9	16(12)
	1998	5	9
	1999	7	7(1)
	2000	35	41(8)
	2001	8	8
	계	64	81(21)
전자기록비밀침해	1997	2	4(3)
	1998	2	3
	1999	4	10
	2000	4	4
	2001	4	6
	계	16	27(3)
컴퓨터사용사기	1997	62	88(27)
	1998	131	206(67)
	1999	194	253(49)
	2000	247	325(66)
	2001	50	61(17)
	계	684	933(226)
전자기록손괴	1997	–	–
	1998	3	5
	1999	3	6
	2000	9	9(1)
	2001	1	1(1)
	계	16	21(2)
정보통신망법	1997	21	31(5)
	1998	21	27(2)
	1999	54	96(7)
	2000	447	607(37)
	2001	1,013	1,297(87)
	계	1,556	2,058(138)

유 형	처 리		
	연 도	건	명(구속)
개인정보보호법	2001	58	108(5)
	계	58	108(5)
기타 특별법	1997	29	66(19)
	1998	25	86(9)
	1999	52	113(4)
	2000	45	71(7)
	2001	1	1
	계	152	337(39)
총 계	1997	133	233(71)
	1998	196	355(83)
	1999	326	500(64)
	2000	802	1,074(122)
	2001	1,150	1,509(117)
	계	2,607	3,671(457)

3. 컴퓨터등사용사기죄의 구체적 적용 사례

위와 같이 컴퓨터등사용사기범죄가 증가함에도 불구하고 현재까지 컴퓨터등사용사기죄를 적용한 판례를 찾기는 쉽지 않다. 2001년 현재 공간된 대법원판례 및 하급심판례에는 컴퓨터등사용사기죄로서 판결이 나온 바 없다.[34)35)] 따라서 앞으로 본 연구의 주제인 컴퓨터등사용사기죄의 해석론에 있어서 매우 결정적인 대법원의 입장을 명확하게 알 수 없다는 점에서 아직까지 컴퓨터범죄에 대한 논의는 우리나라에서 초기 단계에 불과하다고 할 수 있다.

하지만 위 통계와 같이 처리되고 있는 건수는 상당히 많은 숫자로 증가하고 있으며 실제 하급심에서 컴퓨터등사용사기죄로 처리되는 사건이 상당히 많으리라 짐작된다. 이하에서는 대검찰청의 사이버범죄 수사대에 접수

---

34) LX 7.8. 판례검색결과.
35) 2001년 12월 본 논문 발행 이후 공간된 판례로는 대법원 2002. 7. 12. 선고 2002도2134 판결; 대법원 2003. 1. 10. 선고 2002도2363 판결; 대법원 2003. 5. 13. 선고 2003도1178 판결; 대법원 2006. 3. 24. 선고 2005도3516 판결 등이 있다.

된 사건, 그리고 신문기사에서 보도된 사건과 학자들이 들고 있는 컴퓨터
등사용사기죄에 대한 적용 사례 및 현재 하급심에서 판단하고 있는 컴퓨터
등사용사기사건의 예를 살펴보고 이를 통해 컴퓨터등사용사기죄의 적용에
있어서 문제되는 영역이 어떠한 것이 있는지 논의하고자 한다.

(1) 현금 및 신용카드 부정사용에 관한 사례

① 사례유형

사례 1-1.

A는 친구 B의 신용카드를 몰래 훔쳐 은행의 현금자동지급기에서 훔친
신용카드를 사용하여 B의 비밀번호를 입력하고 100만 원의 예금을 현금서
비스 받아 인출하였다.

사례 1-2.

위 A는 그 신용카드가 현금인출기능이 함께 내장되어 있는 것을 기화로
현금자동지급기에서 B의 비밀번호를 입력하고 70만 원의 현금을 인출하였
고, 100만 원은 자신의 계좌로 이체시켰다. 그리고 자신의 현금카드로 B의
계좌에서 이체된 100만 원을 현금인출기에서 인출하였다.

사례 1-3.

A는 위조카드발급기를 사용하여 신용카드를 위조하였다. 그 카드를 사
용하여 외국에서 물품을 구매하기 위해 현금자동지급기에서 현금서비스를
받아 현금을 인출하였다.

② 사례의 검토사항

위 사례는 컴퓨터등사용사기죄의 입법에서 가장 핵심적으로 고려된 사
례유형이다. 학설은 현금자동지급기에서 타인의 현금카드나 신용카드를 부

정하게 사용하는 경우, 사기죄나 절도죄의 성립 여부에 대하여 견해가 대립되고 있었다. 이에 형법개정을 통해 본 조를 적용할 수 있는 대표적 사례로 인정되게 되었다.

그러나 사례를 구체적으로 살펴보면 '현금인출행위' 그 자체에 대해서는 아직 견해가 일치하고 있지 못하다. 이를 절도죄로 처벌하자는 견해, 본조의 불가벌적 사후행위로 보면 족하다는 견해, 무죄에 해당한다는 견해로 나뉘고 있다.

또 신용카드의 경우에는 여신전문금융업법의 적용을 받게 되어 본 조의 적용 여지가 있는지에 대한 논의도 검토해볼 사항이다. 본조 신설 이전에는 여신전문금융업법과 절도죄의 성립을 긍정한 판례가 있으나 본 조의 적용 여부에 따라 여신전문금융업법과 본조의 경합문제가 발생한다.

본 사례에 있어서 가장 논란이 되는 부분은 타인의 카드를 현금자동지급기에 삽입하여 현금인출 내지 계좌이체를 하는 행위가 본 조에 있어서 '허위의 정보'를 입력한 것인지, '부정한 명령'을 입력한 것인지에 대한 견해가 일치하고 있지 않다는 점이다. 따라서 이후 논의과정에서 이 점에 대한 검토가 필수적이라고 할 수 있다.

(2) 전화카드 부정이용 사례

① 사례유형

사례 2-1.

A는 카드식 공중전화카드의 전자기록을 조작하여 그 사용금액을 증액시킨 후 공중전화에 그 카드를 삽입하여 공중전화서비스를 이용하였다.

사례 2-2.

A는 타인의 케이티전화카드번호 및 비밀번호를 이용하여 카드식 공중전화기에 부정한 명령을 입력하여 정보처리하게 하여 한국전기통신공사로부터 사용승인을 받은 후 착신번호를 눌러 전기통신역무를 제공받았다.

② 사례의 검토사항

카드의 종류에 따라 본 사례와 같이 선불카드의 경우에 있어 이러한 카드를 부정사용한 행위가 컴퓨터등사용사기죄에 의하여 처벌될 수 있는지 여부에 대한 검토가 필요하다. 이 경우 공중전화를 부정하게 이용한 행위는 편의시설부정이용죄에 의해서도 처벌되는데 이 경우 양 죄의 관계를 검토해 볼 수 있을 것이다.

또 본 사례에서 공중전화의 전기통신역무의 이용을 재산상 이익의 취득으로 파악하고 있으므로 기존의 판례[36]에서 절도죄 및 사기죄의 성립을 인정하지 않은 것과 비교해볼 필요가 있다. 나아가 전기통신역무의 범위에 따라 현재의 인터넷서비스의 이용도 본 조의 적용이 가능하며 아직 컴퓨터의 무권한 사용을 처벌하지 않는 현행의 입법례에서 본 조의 독자적 의미를 되새겨볼 수 있는 여지가 있다.

(3) 은행원 및 전산 입력자의 단말기부정사용 사례

① 사례유형

사례 3-1.

은행 부지점장인 A가 자신이 관리하는 온라인 전산망에 허위의 정보를 입력하여 타행환송금방식으로 자신의 계좌에 입금시킨 후 이를 출금하였다.

사례 3-2.

은행대출계 직원 A가 고객 B로부터 대출금상환을 요청받자 이에 상환된 것처럼 영수증을 발급하고 즉시 은행 전산단말기에 대출금회수 주소를 전산입력한 후 그 전산단말기를 조작하여 자신의 아내 C계좌로 계좌이체시켰다.

---

36) 타인의 일반전화를 무단 사용한 행위에 대하여 사기죄가 성립하지 않는다고 판단한 사례로서 대법원 1999. 6. 25. 선고 98도3891 판결(공1999하, 1552)이 있다. 이러한 행위에 대하여 절도죄가 성립하지 않는다고 판단한 사례는 대법원 1998. 6. 23. 선고 98도700 판결(공1998하, 2037)이다.

사례 3-3.

은행 여신담당 직원 A는 대출계직원 B가 잠시 자리를 비운 사이에 컴퓨터단말기를 조작하여 컴퓨터 대출설정 화면에 자신의 동생 C의 이름으로 대출하는 허위의 정보를 입력하여 미리 개설해둔 동생 C의 계좌로 입금시켰다.

사례 3-4.

은행 직원인 A는 자신의 예금통장에 돈을 입금한 사실이 없음에도 마치 입금한 것처럼 예금출납용 컴퓨터단말기에 허위정보를 입력하였다.

사례 3-5.

신용금고 전산실 업무를 처리하는 A는 고객의 표지어음계좌의 만기일과 결제계좌를 전산단말기를 이용하여 만기일을 앞당기고 결제계좌를 휴면계좌로 입력하였다.

사례 3-6.

은행 직원 A는 B의 자립예탁금 통장을 마이너스통장으로 구좌종류를 변경등록한 다음 금원을 인출하였다.

사례 3-7.

대출금이자를 납입하지 않았음에도 전액 납입한 것처럼 컴퓨터에 허위의 정보를 입력하였다.

사례 3-8.

회사 급여담당 직원 A는 퇴직한 B가 아직 퇴직하지 않은 것처럼 급여집계표 총액을 기재하여 상사의 결재를 받은 다음 컴퓨터에 B의 급여정보를 입력하여 이를 믿은 경리직원이 자신의 처의 계좌로 입금되도록 하였다.

사례 3-9.

공판장에서 경매사로 일하는 A는 농민들이 생산한 농산물을 공판장에 경매로 출하할 경우 경매현장에 직접 오지 아니한 채 계통출하 방식으로 경매사를 통하여 경매에 붙인 후 추후 경락된 금액을 자신의 계좌로 송금 받는 형식으로 경매가 이루어지고 있고 경매현장에서 정해진 낙찰단가에 대하여 추후에 공판장 컴퓨터에 접속하여 낙찰단가를 수정할 수 있다는 점을 이용하여 낙찰단가를 실제 낙찰된 금액보다 낮게 조작하는 방법으로 그 차액만큼의 이익을 중도매인 C로 하여금 얻도록 한 다음 일정한 대가를 취득하였다.

② 사례의 검토사항

본 사례들은 컴퓨터사기의 상당 부분이 금융기관의 직원에 의해서 발생할 가능성이 높다는 것을 보여준다. 직접 은행의 단말기를 조작할 권한 있는 자가 컴퓨터에 허위의 정보나 부정한 명령을 입력하여 재산상 이익을 취득하는 사례가 대표적이다.

이 경우 본 조와 배임죄 및 업무상횡령죄 및 뇌물죄와의 관계가 문제될 수 있다.

(4) 프로그램상에 허위정보를 입력한 사례

① 사례유형

사례 4-1.

한국과학기술원 인사팀 급여담당자 A는 회사 급여작업 프로그램상에 과다계상된 허위내용의 급여내역을 입력한 다음 실제 급여와의 차액분을 자신의 계좌로 입금되도록 하는 방법으로 금원을 편취하였다.

사례 4-2.

A는 B라는 인터넷경매사이트의 프로그램의 오류를 알아내어 허위의 경

매정보를 보낸 뒤 프로그램오류를 악용하여 물품대금을 송금받았다.

② 사례의 검토사항

위 사례 4-1은 직접적으로 프로그램상에 허위정보를 입력한 행위이고 사례 4-2는 프로그램의 오류를 악용한 행위가 이에 해당한다. 이 중 프로그램의 오류를 이용한 행위는 직접적으로 프로그램상에 허위정보를 입력한 행위와는 달리 그 자체는 프로그램에 관여한 바가 없다. 다만 프로그램의 오류를 알고 그 프로그램의 처리과정에 영향을 미치는 정보를 입력한 것뿐이다. 이러한 경우까지 본 조를 적용할 수 있는가 하는 점이다. 본 사례 4-2는 독일의 컴퓨터등사용사기죄의 규정에서 '정보처리과정에 영향'을 미친 경우에 해당한다. 이러한 독일의 규정이 우리 형법에서도 적용가능한지 검토해볼 여지가 있다.

(5) 폰뱅킹을 이용한 사례

① 사례유형

사례 5-1.

A는 신용카드를 위조하여 그 위조한 신용카드로 폰뱅킹 대출 및 현금서비스를 받았다.

사례 5-2.

A는 타인 B의 신용카드 아이디, 비밀번호를 알게 된 것을 기화로 폰뱅킹으로 B의 계좌에서 금원을 이체하였다.

사례 5-3.

A는 도난된 신용카드를 이용하여 전화로 텔레뱅킹서비스를 이용하여 대출을 받고 그 신용카드로 현금자동지급기에서 현금을 인출하였다.

사례 5-4.

A는 타인의 예금통장의 계좌번호, 비밀번호, 텔레뱅킹 비밀번호 등을 알게 된 것을 기화로 휴대폰을 이용하여 텔레뱅킹으로 부정한 명령을 입력하여 자신의 계좌로 이체시켰다.

② 사례의 검토사항

본 사례들은 신용카드 부정사용행위가 현금자동지급기에 직접 입력하는 형태가 아니라 전화나 휴대폰을 이용한 폰뱅킹에서도 본 조가 적용되는 경우에 해당한다. 즉 '컴퓨터 등 정보처리장치'의 개념에 직접 재산적 정보를 처리하는 서버컴퓨터가 아니라 이러한 컴퓨터에 명령을 입력할 수 있는 것이면 전화기, 휴대폰을 통하여 이루어지더라도 본 조를 적용할 수 있다는 의미가 된다. 이 점에 있어서 '컴퓨터 등 정보처리장치'의 개념은 계속해서 확장될 수 있는 개념으로 이해가 되며 본 조 적용의 한계에 있어서 중요한 논점이 되리라 생각된다.

(6) PC 및 인터넷뱅킹을 이용한 사례

① 사례유형

사례 6-1.

A는 B의 ID 및 비밀번호를 이용하여 B의 정보를 변경하고, 그 아이디와 비밀번호를 입력하여 신용카드 홈페이지에 접속한 뒤 신용카드번호와 비밀번호를 입력하여 카드론 대출 및 현금서비스를 받아 자신의 계좌에 입금시키도록 하였다.

사례 6-2.

신용금고의 청산보조인인 A는 금고와 은행 간에 개설된 홈뱅킹서비스를 통해 은행에 연결한 다음, 금고의 계좌번호와 비밀번호를 입력하여 자신의 계좌로 금원을 이체하였다.

② 사례의 검토사항

사례 5와는 달리 이는 직접적으로 컴퓨터에서 정보나 명령의 입력이 이루어지는 유형들이다. 타인의 ID와 비밀번호 등 타인정보를 이용한다는 점에 있어서는 신용카드부정사용의 예와 다를 바 없으나 신용카드부정사용의 유형이 타인의 '카드'라고 하는 유체물의 입력이 존재한다는 점에서 그러한 행위가 권한 없이 이루어지고 있다는 외관을 포착하기 용이한 반면에 본 사례들에 있어서는 단순히 정보만의 입력만으로 족하기 때문에 그 행위의 외관을 인식하기가 쉽지 않다. 이러한 형태의 재산거래에 있어서는 이러한 거래를 중개하는 시스템 자체가 보안성의 면에서 치밀한 준비가 이루어져야 할 것이고 이러한 보안의 문제를 사실상 해결할 수 없다는 점에서 본 조가 단순한 재산만을 보호법익으로 하는 것뿐만 아니라 거래의 신뢰도 보호하는 것이라고 볼 수 있는 여지가 있다. 또 권한 없는 자뿐만 아니라 권한을 위임받은 자도 본 조가 적용될 수 있을 것인가의 문제도 검토해볼 수 있다[37].

본 사례들은 현재의 거래관행에 비추어 앞으로도 가장 빈번하게 발생하는 컴퓨터사기범죄유형이 될 것이며 이러한 점에서 컴퓨터에 권한 없이 접근하는 해킹범죄와 긴밀하게 연결되어 고찰되어질 문제라고 보여진다.

(7) 전자상거래를 악용한 사례

① 사례유형

사례 7-1.

PC방에서 수개월간 채팅을 통해 알게 된 타인의 신용카드번호, 유효기간, 비밀번호, 주민등록번호 등을 입력하여 인터넷 쇼핑몰에서 백화점상품

---

37) 대법원 2006. 3. 24. 선고 2005도3516 판결에서 예금주인 현금카드 소유자로부터 일정액의 현금을 인출해 오라는 부탁과 함께 현금카드를 건네받아 그 위임받은 금액을 초과한 현금을 인출한 행위에 대하여 대법원은 컴퓨터등사용사기죄가 성립한다고 보았다.

권 등 물건을 구입하였다.

사례 7-2.

A는 타인의 신용카드번호 등을 알고 있는 것을 기화로 인터넷 쇼핑몰에서 현금대용으로 통용되는 icash라는 전자화폐를 구입하면서 타인의 카드번호를 이용하여 결제하였다.

② 사례의 검토사항

사례 6의 경우들이 주로 금융거래에 있어서 이루어지는 것이라면 본 사례들은 전자상거래에서 이루어지는 문제들이라고 할 수 있다. 이러한 유형들은 현재 보통 '인터넷사기'라고 일컬어지고 있다. 본 사례들에서 검토해 볼 수 있는 것은 행위자가 취득한 것이 재산상 이익이 아니라 재물일 수도 있고, 또 전자화폐일 수도 있다는 점이다. 즉 본 조가 단순히 재산상 이익의 취득에만 머무는 것이 아니라 재물의 취득에도 적용할 수 있다는 점이다. 여기에서 재물과 재산상 이익의 구별의 문제가 논의될 수 있고, 입법론도 검토될 수 있다. 이는 현금의 인출행위에서 본 바와 같다. 나아가 전자화폐를 구입한 경우에서 전자화폐가 재물인지 재산상 이익인지에 대한 논의가 필요하다. 재산상 이익이라고 한다면 그 전제로 전자화폐의 성질을 고려해야 하고 전자화폐의 종류에 따라 다양한 논의가 전개될 가능성이 있다.

(8) 주식거래를 이용한 사례

① 사례유형

사례 8-1.

타인의 아이디, 비밀번호를 알아내어 타인의 증권계좌와 자신의 증권계좌를 동시에 이용하여 자신의 주식을 타인의 증권계좌에서 고가에 매수하게 하여 재산상 이익을 취득하였다.

사례 8-2.

증권회사직원 A는 차명계좌를 만들어 제3시장 주식을 싼 값에 매수한 후 비싼 값에 매도주문을 입력하고, 그 뒤 비실명계좌 및 휴면계좌명의자로부터 증권매매거래에 대한 위탁을 받지 아니한 채 임의로 전산장치에 동 계좌명의로 부정한 매수주문을 입력하여 매매계약을 체결한 다음 그 계좌의 예탁금이 차명계좌로 입금되면 이를 출금하였다.

② 사례의 검토사항

본 사례들은 주식거래소에서 직접적으로 이루어지는 주식거래가 아니라 인터넷을 이용한 주식거래, 소위 홈트레이딩을 통해 이루어지는 주식거래에 있어서 타인의 계좌를 권한 없이 이용한 경우 본 조를 적용한 사례들이다.

형식적으로 타인들과의 거래이지만 실질적으로 한 사람이 거래를 한다는 점에서 처벌의 필요성이 인정되지만 피이용계좌의 명의인이 실제 손해가 발생하지 않을 수도 있다. 즉 명의인의 의사에 반하여 권한 없이 이루어진 경우이지만 실제 명의인에게 손해가 발생하지 않더라도 본 조가 적용 가능한가 하는 점이다. 이 경우에 있어서 단순히 재산상 이익만을 취득한 경우에는 본조가 적용할 수 없다면 타인의 무권한 사용은 결국 비밀침해범죄에만 해당할 것이어서 본 조의 적용에 있어서 한계로 작용하게 될 것이다. 마찬가지로 재산상 손해발생을 요하지 않는다는 점에서 본 조의 보호법익에 재산뿐만 아니라 거래의 진실성도 아울러 포함하는 것으로 볼 여지가 있다.

(9) 해킹을 이용한 사례

① 사례유형

사례 9-1.

A는 인터넷상에서 다운 받은 IP 스캐너라는 해킹 프로그램을 이용하여 타인의 컴퓨터에 침입한 다음 타인의 은행 홈뱅킹 아이디, 계좌번호, 인증

서번호, 자금이체 비밀번호, 보안카드번호를 훔쳐 타인의 비밀을 도용하여 컴퓨터를 이용하여 은행의 홈뱅킹에 접속한 다음 피해자의 계좌에서 자신의 허위계좌로 계좌이체시켰다.

사례 9-2.

A는 B증권사에서 제공하는 웹(Web)기반 증권거래시스템에 대한 해킹프로그램을 제작한 뒤 200만 번의 접속시도를 통해 B증권사에서 사이버거래를 하는 고객 200여 명의 고객계좌와 비밀번호를 알아냈다. 그리고 A는 10일간 자신의 증권계좌에 미리 매수해 둔 C회사 주식에 대해 해킹한 계좌명의로 매수주문을 내 20억 원 상당의 부당매매가 이뤄지도록 하는 방법으로 시세를 조작, 주가를 상승시킨 뒤 이를 되팔아 4300여 만 원을 챙겼다.

사례 9-3.

A는 미국 도메인(인터넷 주소) 관리업체의 컴퓨터망에 침입, 시가 22억 원 상당의 등록 도메인 8개를 자신의 명의로 이전한 뒤 이를 판매하였다.

② 사례의 검토사항

해킹에 대해서 현재는 정보통신망이용및정보보호등에관한법률에 의하여 대처하고 있다. 형법상 비밀침해죄는 일정한 비밀장치가 필요하고 또 전자기록일 것을 요하므로 이에 해당하지 않는 것은 현재 정보통신망법에 의하여 처벌되게 된다. 그런데 타인의 비밀정보를 이용하여 재산을 취득한 행위가 본 조에 의하여 처벌된다면 타인의 비밀정보를 이용하는 행위 그 자체가 본 조 적용에 있어서 중요한 고려사항이 되지 않을 수 없다. 이와 관련하여 본 조의 실행의 착수시기가 문제될 수 있고, 그러한 정보가 재산적 가치가 있는 재산상 이익으로 파악될 여지가 있다면 해킹행위도 본 조의 적용범위에 들어올 수 있다. 이러한 경우 본 조와 정보통신망법의 관계가 고려되어야 할 것이다.

(10) 인터넷 도박 및 게임의 아이템을 부정취득한 사례

① 사례유형

사례 10-1.

A는 온라인게임 리니지를 하던 중 게임상의 아이템을 부정하게 취득할 목적으로 B의 게임접속 아이디 및 비밀번호를 알고 있는 것을 기화로 B의 아이디로 온라인게임에 참가한 뒤 자신의 계정으로 아이템을 넘겨주었다.

사례 10-2.

A는 인터넷에서 인기있는 B사의 H라는 인터넷 포커게임에 푹 빠져 있었다. 그런데 이 도박에서 이용되는 사이버머니를 다 잃게 되자 해커 두 명을 고용해 B게임사의 사이버머니 생성기에 침입, 1만 9천여 개의 ID를 임의로 만든 뒤 2백조 원씩의 사이버머니를 채워 넣고 이렇게 만들어낸 사이버머니를 ID 한 개당 15만~20만 원씩 C, D 등에게 팔아 9억 8천여 만 원을 챙겼다.

사례 10-3.

A는 D라는 온라인게임의 무기를 온라인으로 판 뒤 로그아웃(서버 접속을 끝내는 것) 하지 않고 다시 자신의 아이디(ID)와 비밀번호로 다른 컴퓨터를 통해 게임 서버에 로그인할 경우 내다판 아이템이 스스로 복제돼 그대로 남아있는 것을 우연히 발견하고 온라인게임에 사용되는 무기를 자신의 서버에 그대로 남겨둔 채 다른 게이머들에게 팔았다.

② 사례의 검토사항

최근에 인터넷상에 개설된 온라인게임이나 온라인 도박에 대한 관심이 높아지고 있다. 이런 와중에 온라인게임의 캐릭터나 아이템을 훔치는 행위, 사이버도박에서 사용되는 사이버머니를 취득하는 행위가 사회적으로 논란이 되고 있다. 이러한 아이템이나 사이버머니는 실제 현금으로 거래되고

있는 실정이어서 그 재산적 가치를 부정하기 어렵다. 이러한 점에서 온라인게임의 아이템이나 사이버머니를 재산상 이익으로 파악하여 본 조를 적용할 수 있는지의 문제가 발생하고 있다. 이러한 문제는 결국 '정보'의 재물성 문제에 대한 논의가 검토되어져야 하며 컴퓨터범죄 조문에 규정되어 있는 '전자기록'과의 비교검토가 이루어져야 할 것이다.

제3장 독일과 일본의 컴퓨터사기죄 규정

제1절 우리 형법상 컴퓨터등사용사기죄 조문의 비교대상

우리나라에서 컴퓨터범죄규정의 도입은 1995년에 이르러 형법개정을 통해 이루어졌다. 그런데 이러한 규정의 도입은 그 당시 컴퓨터범죄에 대한 국제적 대처경향과 우리와 유사한 법제를 가지고 있는 독일과 일본의 형법개정에 시사받은 바 크다. 우리나라의 입법자도 이러한 추세에 발맞추어 새롭게 대두되고 있었던 컴퓨터범죄에 대처할 수 있는 규정을 우리 형법전에 도입하기로 하고 그 당시 컴퓨터범죄 규정을 두고 있었던 외국의 입법례를 참고로 하였다.

형법개정작업에 참가하였던 김종원 교수의 말을 빌리면 "컴퓨터범죄의 도입에는 찬성하면서 일본 것을 모방한 것이 아니냐라는 비판이 있다. 컴퓨터범죄의 입법모델로서 처벌범위가 가장 넓은 것이 미국이고, 보다 좁은 것이 독일이고, 가장 좁은 것이 일본이 아닌가 생각하는데, 이번 입법에서는 가장 좁은 모델을 택하고 장차 필요에 따라 넓은 모델을 택하면 될 것으로 생각한다"라고 글을 발표한 바 있다.[38] 이에 따르면 우리나라에 있어서 컴퓨터범죄 규정의 도입은 일본의 형법조문을 그대로 차용한 것으로 보인다.

그런데 이러한 일본의 조문을 차용하는 과정에서 개정작업 당시 컴퓨터사기죄 규정이 만들어지는 과정을 살펴보면 처음에는 일본의 조문을 그대로 옮겨놓아 제목도 '전자계산기사용사기'라고 하여 일본의 조문과 동일한 형식을 취하고 있었으나 최종 개정안에 이르러서는 일본의 조문과 비교하여 간략화시켜 놓은 현재의 형태로 바뀌게 되었다. 이러한 결과 본 조문의

---

38) 김종원, 마무리 단계에 들어선 형법개정작업을 생각하며, 사법행정 92/5, 3면.

해석을 둘러싸고 일본과는 다른 해석상의 다툼이 이루어지고 있고, 그 해석의 이면에는 독일과 일본의 해석론이 어느 정도 혼재되어 나타나고 있는 것으로 보인다. 특히 일본의 조문이 독일의 컴퓨터사기죄의 규정에 영향을 받은 것으로 설명되고 있는데[39] 일본의 경우는 독일의 조문형식을 그대로 따르고 있지 아니하며 따라서 그 해석도 달리하는 것을 알 수 있다.

그렇다면 일본의 조문을 차용한 우리의 경우 컴퓨터등사용사기죄의 해석론은 이와 같은 독일과 일본과의 조문상의 차이, 그리고 그 해석론의 차이에서 출발하지 않으면 안 될 것이다. 그리고 그 출발점에서 우리 조문의 해석론을 다시 한번 검토해보고 현재 판례의 태도와 비교 검토를 통해 현재 우리 조문의 해석론의 한계를 점검해 볼 수 있을 것이다.

이하에서는 독일과 일본의 컴퓨터사기죄 규정을 살펴보고 우리 조문의 해석과 직접적 관련이 있는 부분을 중심으로 고찰해 보기로 한다.

---

39) 독일의 컴퓨터범죄규정은 사실증명에 관한 데이터 위조, 데이터의 소거 등에 의한 데이터처리의 방해, 컴퓨터사기에 관한 규정이 마련되어 있다는 점에서 일본의 개정법과 동일한 입법형태를 가지고 있다. 的場純男, 河村博, コンピュータ犯罪Q&A, 三協法規出版株式會社, 1988, 40-41면; 독일의 규정이 일본의 형법개정에 영향을 주었다는 점은 Klaus Tiedemann, StGB Leipziger Kommentar, 11.Auflage, 1998, §263a Rn. 8 참조.

제2절 독일에 있어서의 컴퓨터사기죄40)

독일 형법	한국 형법
제263조a[컴퓨터사기] ① 위법한 재산상의 이익을 취득하거나 타인으로 하여금 취득하게 할 의사로 프로그램의 부정한 작성, 부정 혹은 불완전한 데이터의 사용, 권한 없는 데이터의 사용, 기타 정보처리과정에 대하여 권한 없이 영향을 줌으로 인하여 정보처리의 결과에 영향을 미침으로써 타인의 재산에 손해를 가한 자는 5년 이하 자유형 또는 벌금형에 처한다. ② 제263조 제2항 내지 제7항은 이를 준용한다.	제347조의2[컴퓨터 등 사용사기] 컴퓨터 등 정보처리장치에 허위의 정보 또는 부정한 명령을 입력하여 정보처리하게 함으로써 재산상의 이익을 취득하거나 제3자로 하여금 취득하게 한 자는 10년 이하의 징역 또는 2천만 원 이하의 벌금에 처한다.

40) 독일 조문상에서 'unrichtig'라는 용어는 우리나라에서 '허위' 또는 '부정'이라는 용어로 번역되고 있다. 이때 프로그램작성과 데이터사용 모두에 있어서 '허위'라고 번역하는 견해(전지연, 컴퓨터범죄에 대한 형법적 대응방안, 한림법학 Forum 5, 1996)와 양자 모두 '부정'이라고 번역하는 견해(정대관, 컴퓨터등사용사기죄에 대한 고찰, 유일당오선주교수정년기념논문집, 2001: 성낙현, 컴퓨터범죄의 형법적 대처방안, 영남법학, 제1권 제2호, 1994), 프로그램작성에 있어서는 '부정', 데이터사용에 있어서는 '허위'라고 번역하는 견해(강동범, 컴퓨터범죄처벌규정에 대한 비교법적 고찰, 서울시립대 법률행정논집 제7권, 1999)가 있다. 한편 법무부에서 발간한 법무자료 제210집 [독일 신형법], 1997에서는 프로그램작성에 있어서는 '하자있는', 정보사용에 있어서는 '부정확'이라는 용어를 쓰고 있다. 일본에서는 일반적으로 '부정'으로 사용하고 있는 것 같다(井田 良, 西ドイツにおけるコンピュータ犯罪處罰規定とデータの保護, 刑法雜誌 제28권 제4호). 본 연구에서는 일단 'unrichtig'를 '부정한'으로 번역하여 사용하고자 한다.

Ⅰ. 컴퓨터사기죄 규정[41]의 도입배경 및 그 의의

1. 컴퓨터사기죄 규정의 신설과 그 근거

독일에 있어서 컴퓨터사기죄(§263a StGB)는 1986년에 다른 규정들의 개정과 함께 소위 컴퓨터형법을 삽입하는 제2차 경제범죄대책법(2.WiKG)을 통하여 형법전에 들어오게 되었다.[42] §263a StGB는 다른 컴퓨터범죄의 규정과 비교하여 가장 빈번하게 발생하며[43] 가장 핵심적인 규정[44]으로 이해되고 있다.

이러한 독일의 컴퓨터사기죄 조문을 신설해야 할 필요성에 대해서는 다음과 같이 설명되고 있다.

"경제와 행정의 모든 영역, 특히 은행에 있어서 지불유통과 보험회사의 결산과정을 목적으로 한 데이터처리시스템의 특성상 그와 같은 시스템은 인

---

41) 원문: §263 a Computerbetrug (1) Wer in der Absicht, sich oder einem Dritten einen rechtswidrigen Vermögensvorteil zu verschaffen, das Vermögen eines anderen dadurch beschädigt, daß er das Ergebnis eines Datenverarbeitung-svorgangs durch unrichtige Gestaltung des Programms, durch Verwendung unrichtiger oder unvollständiger Daten, durch unbefugte Verwendung von Daten oder sonst durch unbefugte Einwirkung auf den Ablauf beeinflußt, wird mit freiheitsstrfe bis zu fünf Jahren oder mit Geldstrafe bestraft. (2) §263 Abs. 2 bis 7 gilt entsprechend.

42) 2.WiKG의 입법과정에 대하여 상세히는 Achenbach, NJW 1986, S. 1837; Tiedemann, Die Bekämpfung der Wirtschaftskriminalität durch den Gesetzgeber, JZ 1986, 865 참조. 국내 문헌 중 독일의 컴퓨터범죄 입법배경에 대해서 간단히는 전지연, 컴퓨터범죄에 대한 형법적 대응방안, 한림법학 Forum 5, 1996, 151-152면 참조.

43) Tiedemann, StGB Leipziger Kommentar, 11.Auflage, 1998, §263a Rn. 7 참조. 독일의 경찰통계에 따르면 그중 현금지급기남용이 가장 많은 통계적 수치를 보이고 있다고 한다.

44) Tiedemann, Die Bekämpfung der Wirtschaftskriminalität durch den Gesetzgeber, JZ 1986, S. 868.

간의 결정과정을 완전히 혹은 부분적으로 불필요하게 하고 자동적으로 결정하게 되어 있어서 이러한 영역에서는 사기죄의 구성요건을 충족할 수 없게 된다. 왜냐하면 이러한 기망과 인간의 착오, 또한 착오로 인한 재산의 취득은 인과관계가 있어야 한다는 심리적인 사정을 전제로 하기 때문이다.

또한 컴퓨터조작은 종종 비물질적인 행위객체 예컨대 장부상의 돈, 비밀유지, 노하우 혹은 그 밖에 정보와 관련되고 이러한 것은 형법상 재물개념으로 포섭될 수 없으므로 절도죄로 처벌할 수 없게 된다.

그리고 배임(§266)의 구성요건은 전산수, 프로그래머, 오퍼레이터를 모든 규율에서 처분권한이나 의무가 존재하지 않는 외부인과 마찬가지로 제외한다. 왜냐하면 고용과 처분권한과 같은 경제적 행위의 독자성, 개별책임에서 흠결이 있기 때문이다.

또한 기술적 진보의 확장과 더불어 텔레뱅킹, 텔레쇼핑의 확장과 함께 글로벌 네트(인터넷)의 사용은 외부행위자에 의한 범죄가능성의 증대를 가져온다. 이러한 상황에서 이러한 범죄행위에 대처할 수 있는 규정의 신설이 필수적이었고 이에 따라 §263a StGB가 독일 형법전에 신설되어진 것이다."45)

2. 사기죄(§ 263 StGB)와의 관련성 및 외국입법의 영향

이렇게 독일 형법전에 삽입된 컴퓨터사기죄는 기존 사기죄와는 핵심적인 착오요건과 관련하여 인간의 행위와는 부분적으로 다른 해석이 필요하다는 이유로 새로운 조문으로 입법화하였다.46) 그런데 이러한 새로운 조문으로 입법화한 방식에 의문을 표하는 학자도 있었다. 왜냐하면 기존 사기죄에서 보충하는 규정을 신설하면 사기죄와의 관계에서 해석상 문제가 발생하지 않기 때문이라는 것이다. 즉 Sieber 교수는 기존 §263의 제1항 제1호 혹은 제2항으로서 "부정행위에 대하여 보호되는 기술적 장치(부정행위에 대하여 보호되는 자동적 데이터처리장치)에 부정 혹은 권한 없이 영향을 주는 것은 1항에서 말하는 기망행위에 의하여 착오를 발생시키게 하거나 유지시키는 것과 동일하다"는 조항의 삽입으로 충분하다는 견해를 제시하였다.47)

---

45) Tiedemann, StGB Leipziger Kommentar, a.a.O., §263a Rn. 2.
46) Tiedemann, StGB Leipziger Kommentar, a.a.O., §263a Rn. 3.

66

하지만 독일입법자도 신설된 컴퓨터사기조문의 해석에 대해서는 여전히
기존의 사기죄(§263 StGB)의 틀을 벗어나지 않는다고 보고 있다.[48]

물론 이러한 역사적 입법자의 견해, 즉 사기죄와 평행을 이루는 해석은
많은 독일 학자들에 의해서 논란이 되어 왔다. 즉 헌법적인 관점에서는 제
3행위의 불명확성의 문제, 그리고 형사정책적 관점에서는 단순한 민사법적
계약위반(정당한 은행거래자가 초과인출한 경우)에도 적용되어야 하는지,
그리고 시스템관리자의 적절한 안전대책을 요구하는지의 문제, 그리고 도
그마틱의 입장에서는 입법자로부터 역사적으로 형성된 일반적인 사기구성
요건에 대한 연결이 실패로 돌아갔다는 비난을 받고 있다.[49] 또한 컴퓨터
사기는 소유권침해와 배임의 요소를 포함하고 있으므로 사기죄와는 단순히
언어(즉 '사기'라는 점에서)적 사용에 있어서만 유사할 뿐이어서[50] §263a
StGB는 §263 StGB와 근본적으로 구별된다고 하기도 한다.[51]

그런데 독일의 컴퓨터사기죄 조문은 그 당시의 외국의 입법례와 국제적
권고에 많은 암시를 받았다.[52] 특히 입법적 변경을 위해서 무엇보다도 데
이터의 영향이나 사용에 관한 중립적 용어가 국제적 평가와 입장을 고려하
여 사용되어져야 한다는 인식이 있었다.

---

47) 西田典之/山口厚 譯, ウルリッヒ ズイーバー コンピュータ犯罪と刑法, 成文
   堂, 1988, 538-539면.
48) BTDrucks, 10/5058, S. 30.
49) Ranft, NJW 1994, S. 2574. 왜냐하면 그 재산의 변동이 결국 행위자의 컴퓨
   터에 대한 '접근'을 통해서만 문제되기 때문에 사기죄에 있어서의 재산처분
   과 일치시키려는 시도는 입법자의 실책이라고 한다.
50) 전지연 교수는 '표현적 유사성'에 불과하다고 한다. 전지연, 독일 형법에서의
   컴퓨터사기죄, 증봉 김선수 교수 정년퇴임기념논문집, 1996, 302면.
51) Tiedemann, StGB Leipziger Kommentar, a.a.O., §263a Rn. 6.
52) 그 당시 OECD 영역에서는 컴퓨터사기를 기망, 착오, 재산처분, 재산손해의
   요건이 없이 범죄적 형태를 기초로 재원이나 다른 재산상 이익의 위법한 전
   송을 목적으로 컴퓨터데이터나 컴퓨터프로그램의 입력, 변경, 소거, 은닉으
   로 정의하였다. 미국의 모델은 '컴퓨터매체에 대한 무권한 접근'을 기본적인
   불법표지로 정의하고 있고, 스페인형법전 제248조 제2항도 사기구성요건과
   관련하여 권한자의 동의를 요건으로 한다.

예컨대 사기모델에서는 기망행위가 어떻게 대체되어야 하는지, 그리고
부정, 무권한이라는 표지를 사용할 경우 문서형법과 배임형법에 가까워지
는 난점이 있다. 그리고 절도죄 모델로 처벌하기 위해서는 비물질적 대상
에 대한 행위객체의 확대를 필수적으로 전제하게 된다. 또한 추가적인 모
델로 고려되는 것으로 미국법을 들 수 있다. 미국법은 '컴퓨터매체에 대한
무권한 접근'을 기본적으로 불법으로서 처벌하고, 추가적으로 컴퓨터사기로
분류되는 타인의 재산에 대한 행위자접근에 대하여 처벌하고 있다.[53] 이러
한 형태는 결국 컴퓨터설비의 기능과 안전성을 보호법익으로 간주한다는
것을 의미하게 된다.[54]

이러한 모델들은 현재 독일의 컴퓨터사기죄의 신설에 있어서 중요한 고
려사항으로 간주되었고, 이러한 의미에서 독일입법자들에게는 기존의 사기
구성요건을 단순히 보충하는 것은 통신기술의 발전과 더불어 가능한 가벌
적인 조작행위를 포착할 수 없게 만들 수 있다고 판단하였다. 하지만 반대
로 가벌적이지 않은 조작행위를 형법구성요건의 광범위한 확장을 통해 처
벌할 수도 있다는 우려를 낳게 하였다.

---

53) 컴퓨터범죄를 규율하는 미국의 법령 중 가장 핵심적인 것은 1996년 10월
   과거의 Computer Fraud and Abuse Act를 개정한 National Information
   Infrastructure Protection Act라고 할 수 있다. 이 법은 미국 연방법전의
   18 U.S.C §1030 항목에 위치하고 있으며, 국가의 중요기반을 이루는 컴퓨터
   와 정보통신망에 대한 침해행위로서 법률상 금지되는 사항을 상세히 규정하
   고 있다. 이 법률의 특징으로는 위법행위의 대상이 되는 컴퓨터를 정부기관
   에서 독점적으로 사용하는 컴퓨터에 한정하지 않고 그 범위를 폭넓게 인정
   하고 있으며, 그 행위의 태양도 '권한 없이 접속하거나 권한을 초월하여 접
   속한 경우'와 같이 규정함으로써 '접속권한(authority)' 자체를 위법행위를
   가르는 중요한 기준으로 삼고 있다는 점을 들 수 있다. 이 중 컴퓨터사기에
   관련된 조문은 18 U.S.C §1030 (a) (4)에서 "고의로, 사기의 의도로, 권한
   없이 또는 허용된 권한을 초과하여 '이 법률에 의하여 보호의 대상이 되는
   특정한 컴퓨터'에 접속하고, 나아가 의도한 사기행위를 실행함으로써 타인으
   로부터 재산상 이익을 사취한 경우"를 규정하고 있다. 자세한 내용은 김준
   호, 미국법무부의 컴퓨터범죄에 대한 대책, 검찰(통권 제111호), 대검찰청,
   2001, 137면 이하 참조.
54) Tiedemann, StGB Leipziger Kommentar, a.a.O., §263a Rn. 11.

이러한 고려를 통하여 현재 독일의 컴퓨터사기죄 조문이 신설되었고, 이러한 논의는 외국의 컴퓨터범죄에 대한 입법에 많은 영향을 미쳤다고 한다.[55]

Ⅱ. 보호법익

1. 보호법익

독일의 지배적인 견해는 컴퓨터사기죄의 보호법익을 사기죄(§263 StGB)와 동일하게 재산(Vermögen)으로 보고 있다. 그리고 경제와 행정영역에 삽입된 데이터처리시스템(DV-system)의 기능과 안전성에 대한 일반적인 이익은 단순히 반사적 보호로서 이해되고 있다.[56] 이러한 견해에 따르면 신뢰와 믿음과 같은 거래원칙이 재산과 함께 사기죄의 보호법익이 되지 않는다면 컴퓨터사기죄에 있어서도 마찬가지라는 것이 된다.

그러나 이러한 견해는 컴퓨터사기죄 조문이 단순히 데이터처리장치는 착오를 하지 않는다는 사기죄의 흠결뿐만 아니라 소유 내지 재산형법의 영역에서 비물질적 객체와 가치가 절도죄나 횡령죄에서 고려되지 않는다는 제한을 고려해 볼 때 상대적일 수 있다고 한다. 따라서 소유물과 마찬가지로 (비물질적 객체와 가치의) 소지(Gewahrsam)가 법적으로 보호된다는 것이 소유형법상 인정된다고 한다면, 컴퓨터사기죄 규정은 재산형법에서 소유형법에 가까워지게 된다고 한다.[57]

---

55) 예컨대 1987년 일본 형법 제246조의2 규정에 영향을 미쳤다. Tiedemann, StGB Leipziger Kommentar, a.a.O., §263a Rn. 8.

56) Tiedemann, StGB Leipziger Kommentar, a.a.O., §263a Rn. 13.

57) Tiedemann, StGB Leipziger Kommentar, a.a.O., §263a Rn. 14.

2. 손해의 발생 여부

우리나라와 일본에 있어서는 명문으로 손해발생을 요건으로 규정하고 있지 않는 반면에 독일에서는 명문으로 손해의 발생을 규정하고 있다. 따라서 독일의 컴퓨터사기죄(§263a StGB)는 재산상 손해의 발생을 요하는 결과범으로 이해된다. 그리고 이러한 손해와 행위자가 의도하는 이익 사이에 동질성(Stoffgleichheit)을 요건으로 한다.58)

Ⅲ. 행위 주체

본 죄는 신분범이 아니다. 따라서 행위자는 모든 사람이 될 수 있다. 프로그래머, 오퍼레이터, 그리고 데이터처리시스템에 대한 특별한 지식을 가지고 있거나 접근 권한을 가지고 있는 자, 종업원 등으로의 제한은 본 규정에서 전제되어 있지 않다. 따라서 정범의 배후에 있는 제3자도 간접정범으로서 본죄로 처벌할 수 있게 된다.59)

Ⅳ. 객관적 구성요건

1. 데이터와 데이터처리60)

우리나라에서는 '정보', 일본에서는 '정보'와 '전자적기록'라는 표지를 사

---

58) Schönke/Schröder, Strafgesetzbuch Kommentar, 25.Auflage, 1997, §263a Rn. 36.
59) 이 점에 대하여 우리나라는 정범배후의 정범을 인정하고 있지 않다.
60) 법무부에서 발간한 법무자료 제210집 독일 신형법의 번역에 따르면 이 부분은 '정보, 정보처리'라고 번역되고 있다. 그러나 정보와 데이터는 구별되는 것으로서 정확한 번역이라고 하기 어렵다. 자세한 내용은 후술한다.

70

용하고 있지만 독일에서는 '정보'라는 표현 대신에 '데이터'라는 표지를 규
정하고 있다. 이는 우리나라와 독일, 일본의 조문상에 있어서 가장 큰 차이
점이라고 할 수 있다. 따라서 각국에서 사용하고 있는 이러한 표지의 개념
을 먼저 살펴본 다음에야 비로소 각국의 행위유형들에 대한 해석론을 전개
할 수 있으리라 생각한다.

① 데이터

독일의 컴퓨터사기죄에 있어서 '데이터'라는 용어 자체에 대한 개념정의
는 보이지 않는다. 따라서 데이터의 개념에 대해서는 일반적인 개념규정
혹은 법규정의 목적으로부터 추론될 수밖에 없다고 한다.[61]

이와 관련하여 독일 형법 제202조a 제2항,[62] 독일 연방데이터보호법(BDSG)
제3조 제1항,[63] 그리고 독일공업규격규정(DIN-Normen)의 기술적 언어관용[64]
이 이러한 데이터의 개념을 이해하는 데 도움이 될 수 있다고 한다.

이에 따르면 일단 데이터는 정보의 표상이라고 할 수 있다. 그러나 데이
터 자체가 정보와 동일시 될 수는 없다. 컴퓨터가 정보를 이해할 수 있으
려면 데이터는 '컴퓨터에 특유한' 정보의 표상이어야만 한다. 따라서 데이
터는 사실을 표현하거나 적어도 "표상(표시)하는" 기호(부호, 신호)라고
할 수 있다. 즉 데이터는 단순히 코드화된 정보라고 할 수 있다.[65] 하지만

---

61) 전지연, 앞의 논문, 303면.
62) "제1항에 의한 데이터란 전기적, 전자적 또는 기타 직접 지각할 수 없는 상
    태로 입력되어 있거나 전송되는 것만을 의미한다."
63) Bundesdatenschutzgesetz (BDSG) §3 [Weitere Begriffsbestimmungen] (1)
    Personenbezogene Daten sind Einzelangaben über personliche oder sachliche
    Verhaltnisse einer bestimmten oder bestimmbaren natürlichen Person
    (Betroffener).
64) DIN-Norm 44.300 Teil 2-2:1.13 "Gebilde aus Zeichen oder kontinuierlichen
    Funktionen, die aufgrund bekannter oder unterstellter Abmachung und
    vorrangig zum Zwecke der Verarbeitung Informationen darstellen". Schulze-
    Heiming a.a.O., S. 20에서 재인용.
65) Wessels, BT-2, Rn. 575; Achenbach, Jura 1991, S. 227; Bühler S. 102;
    Rengier 1 §14, 2.

그러한 표상의 형태는 중요하지 않고, 데이터저장장치에 저장되어 있어야 하는 것은 아니다.[66] 따라서 정보는 시간적 순서에 따라 그것이 눈으로 식별될 수 있는 것에서 DV 작업방법에 있어서 특징적인 코드화된 형태로 바꾸어질 때 데이터가 된다고 한다.[67]

또 컴퓨터에 대한 작용명령과 같은 컴퓨터프로그램도 데이터와 관계되고 따라서 그 자체 데이터에 포함되는 개념으로 이해된다.[68]

② 데이터처리(장치)

독일에서 데이터처리의 개념은 데이터를 받아들이고 그것이 프로그램에 의하여 프로그램과 결합되어 작업결과로 나아가는 기술적 과정으로 이해된다.[69] 그러나 그것이 전체의 작업영역을 말하는 것은 아니고 무엇보다 전자적 데이터처리, 즉 EDV시스템에서 실질적인 자동적인 데이터처리에 제한된다고 한다.[70]

그리고 이러한 (데이터처리장치의) 개념 속에는 이와 유사한(vergleichbar) (음성적, 시각적, 생물학적) 작업매체도 포함되는 것으로 파악되며, PC와 마이크로프로세서도 독일입법자는 §263a StGB의 채택 시 전제로 하고 있었다.[71] 하지만 구성요건의 표지와 §265a StGB(급부사취)라는 규정의 존재 때문에 순수한 기계적 작동 장치는 제외되고, §263a StGB의 보호영역에 의하여 인간의 데이터처리와도 구별된다고 한다.[72]

---

66) Schulze-Heimnig, Schutz der Computerdaten, Waxmann, 1995, S. 24 ff.
67) Goessel 2 §22, 5; Schmid §2, 17 u. 25.
68) Günter, SK Rn. 7; Tiedemann, JZ, a.a.O., S. 869; Otto, BT, S. 227; Lenckner-Winkelbauer, Computerkriminalität, CR 1986, S. 485. Tiedemann, StGB Leipziger Kommentar, a.a.O., §263a Rn. 20에서 재인용.
69) BTDrucks, 10/318, S. 21.
70) Lenckner/Winkelbauer, a.a.O., S. 658.
71) Altenhain, JZ 1997, S. 755.
72) Tiedemann, StGB Leipziger Kommentar, a.a.O., §263a Rn. 22.

2. 구성요건적 행위유형

독일 형법		한국 형법	
제1행위	프로그램의 부정작성	제1행위	허위의 정보 입력
제2행위	부정 혹은 불완전한 데이터의 사용	제2행위	부정한 명령 입력
제3행위	권한 없는 데이터의 사용		
제4행위	기타 정보처리과정에 대하여 권한 없이 영향을 미침		

위 표에서와 같이 독일에서는 4가지 행위유형을 규정하고 있다.[73] 이에 반해 우리나라는 2가지 행위유형을 규정하고 있다. 말하자면 우리나라에서의 행위유형은 독일에서 규정한 행위유형 중 일부만을 규정한 것이라고 할 수 있다. 그러나 우리의 조문에 규정된 행위유형이 독일에서 규정한 행위유형을 포섭하지 못한다고 할 수는 없다. 왜냐하면 독일 조문상의 권한 없이 데이터를 사용하는 행위도 우리 형법조문의 해석상 인정될 수 있기 때문이다. 따라서 이하의 독일의 행위유형에 대한 검토는 우리 조문의 해석에 있어서도 많은 참고가 될 수 있을 것이다.

(1) 제1행위: 프로그램의 부정작성(Gestaltung des Programms)

① 의 의

독일의 컴퓨터사기죄에 있어서 '프로그램의 부정작성'이라는 제1행위는 입력조작 가운데 프로그램조작만을 특별히 규정한 것이라고 한다.[74] 그 이유는 프로그램이 조작되어 재산상의 손해가 발생하는 경우에 피해자는 자

---

73) 이에 따르면 이 행위유형들은 모든 조작방법을 포함하는 것으로 이해된다. Schönke/Schröder, a.a.O., §263a Rn. 4.
74) 우리 형법상 '부정한 명령의 입력'행위도 프로그램조작행위를 의미한다. 그렇다면 우리 조문의 '부정한 명령'의 입력은 입법자가 프로그램조작의 위험성을 특별히 강조한 조문이라고 파악할 수 있다.

신의 손해를 인식하지 못하므로 범행이 계속적·반복적으로 행하여지고, 또한 이를 적발하기도 어렵기 때문에 프로그램조작으로 구성요건화하였다고 한다.[75]

또한 프로그램[76]은 데이터이고, 따라서 부정한 경우에 있어서 언제나 '부정한 데이터의 사용'이 되지 않을 수 없기 때문에, '프로그램의 부정작성'이 독자적 의미를 가지려면 본 행위유형은 '부정한 데이터의 사용'에 대한 특별법(lex specialis)으로 이해되어야 한다고 본다.[77]

② '작성(Gestaltung)'의 개념

우리나라에서는 정보나 명령에 대해서 모두 '입력'이라는 표지로 단일화되어 있지만, 독일에서는 프로그램의 경우 작성(Gestaltung)이라는 표지를, 데이터의 경우에는 사용(Verwendung)이라는 표지를 사용하고 있다. 따라서 제1행위는 프로그램의 제작자에 대한 일반예방적 차원에서 명시적으로 규정된 것이라고 볼 수 있다.[78]

그러나 이 작성의 개념은 비교적 넓게 이해되고 있다. 예컨대, 프로그램의 전체 또는 일부를 새로 작성하는 것뿐만 아니라 프로그램루틴, 개별프로그램처리문의 변경과 삭제, 시스템제어를 회피하는 연결의 작성, 신뢰성검사 조건의 변경, 기타 잘못된 기능의 삽입 등을 포함한다.[79] 또 여기에는 행위자에게 자동적으로 작용하는 프로그램을 제공하는 것도 가능하다(예컨대 자바, 혹은 Active-X-프로그램, 그것의 사용을 통하여 특정 인터넷급부가 활성화되고 사용자의 재정소프트웨어가 눈치 채지 않도록 실행되어 홈뱅킹에서와 같이 사용자가 원하지 않는 은행계좌송금으로 가도록 하는 것).

---

75) 전지연, 컴퓨터범죄에 대한 형법적 대응방안, 154면; Tiedemann, StGB Leipziger Kommentar, a.a.O., §263a Rn. 27.
76) 프로그램은 개별명령의 결과에서 발생하는 컴퓨터에 대한 작업지침을 의미한다. Schönke/Schröder, a.a.O., §263a Rn. 6.
77) Tiedemann, StGB Leipziger Kommentar, a.a.O., §263a Rn. 27.
78) 전지연, 앞의 논문, 305면.
79) Tiedemann, StGB Leipziger Kommentar, a.a.O., §263a Rn. 28.

③ '부정(unrichtig)'의 해석

그런데 독일에서 프로그램의 작성에 있어서 그것이 '부정'할 것을 요한다. 그러나 그 부정이라는 의미에 대해서는 견해가 대립하고 있다. 크게 주관적 관점에서 파악하는 견해와 객관적 관점에서 파악하는 견해로 나뉜다.

주관적 관점에 의하면 프로그램은 처분권자의 의사를 기준으로 '부정' 여부를 판단한다. 따라서 프로그래머가 처분권자의 의사에 반하여 프로그램을 작성한 경우에 그 행위는 '부정'한 것이 된다. 입법자는 이를 사기 구성요건과 일치하는 해석이라고 보았고,[80] 일부 학자는 이를 컴퓨터사기죄에 있어서 '권한 없이' 행위한 것으로 보고 있다.[81]

그러나 이에 대하여 독일에서의 지배적인 견해는 '부정'을 객관적 관점에서 파악하고 있다. 이러한 견해에 따르면 프로그램을 통하여 그때그때의 데이터처리의 목적에 맞는 객관적인 결과가 발생하는지가 컴퓨터의 "기망"에 대하여 결정적이라고 한다.[82] 즉 프로그램의 임무상 객관적으로 도출해서는 안 되는 결과를 도출케 하는 프로그램을 작성하는 것을 부정하다고 판단한다[83] (예컨대 고용주로부터 작성된 프로그램은 노동자의 임금을 노동자의 급부가 상응하는 것보다 낮게 산출될 때 부정한 것이다).

객관적 관점에서 보면, 부정의 여부를 처분권한자의 의사에 의해 판단할 경우 그 지시를 따른 프로그래머에게는 본죄가 성립하지 않는다는 불합리함, 본죄는 프로그램에 대해 정당한 권한 있는 사람을 보호해야 하지만 동시에 그에 의한 오용 역시 규제해야 할 필요성, 재산상의 손해가 객관적, 규범적인 척도에 의해 판단되므로 이에 대해 기초를 이루는 프로그램의 부정성 역시 객관적 자료와 관련성을 가져야 하는 점 등에서 주관적 관점보다는 객관적 관점이 타당하다고 한다.[84]

---

80) BTDrucks. 10/318, S. 20.
81) Lenckner/Winkelbauer, a.a.O., S. 655.
82) Tiedemann, StGB Leipziger Kommentar, a.a.O., §263a Rn. 30.
83) 전지연, 앞의 논문, 305면.
84) 전지연, 앞의 논문, 306면.

하지만 합법적 테두리 내에서의 유리한 해석은 유지된다고 한다. 왜냐하면 이러한 해석들은 어떻게 (규범적인) 부정의 규정이 일반적인 사기구성요건의 영역에서 명백한 기망과 유사하게 되는지라는 기준을 통하여 보충되거나 제거되기 때문이다.[85]

(2) 제2행위: 부정한 혹은 불완전한 데이터의 사용(Verwendung unrichtiger oder unvollständiger Daten)

우리나라와 일본에서는 '허위의 정보의 입력'이라는 표지를 사용하고 있는 반면에 독일에서는 '부정한 혹은 불완전한 데이터의 사용'이라는 표지를 규정하고 있다. 이때 우리나라와 일본에서의 '허위'라는 개념과 '입력'이라는 개념이 독일에서의 '부정한 혹은 불완전'이라는 개념과 '사용'이라는 개념과 동일한 의미를 가지는 것인지 문제된다.

① '사용'의 의미

제2행위에 있어서 '부정한 혹은 불완전한 데이터의 사용'은 대상에 대한 가장 빈번한 (입력)조작일 뿐만 아니라, 사기에 있어서 기망행위와 가장 비슷한 형태를 나타내고 있다.[86]

이에 따르면 사기죄에 있어서 인간의 사고결정과정에서 영향을 미치는 '기망행위'는 본 조문에서 컴퓨터에 잘못된 데이터가 처리를 위하여 입력되게 되는 것으로 "이전된다"(mitgeteilt). 이러한 의미에서 '사용'은 시작하거나 이미 진행 중인 자료처리과정에 데이터를 입력하는 것뿐만 아니라 데이터의 이용까지 확대된 개념으로 파악된다.[87]

따라서 단순한 '입력'이 아니라 '사용'이라는 표지를 사용함으로 인하여 데이터를 직접적으로 입력하는 것뿐만 아니라 데이터입력을 준비하는 자

---

85) Tiedemann, StGB Leipziger Kommentar, a.a.O., §263a Rn. 31.
86) Schönke/Schröder, a.a.O., §263a Rn. 7.
87) Tiedemann, StGB Leipziger Kommentar, a.a.O., §263a Rn. 38.

(예컨대 데이터기록자) 내지 허위의 데이터나 기계가 아직 읽을 수 없는 계산을 제공하거나 재산상 중요한 데이터처리과정의 결과에 영향을 미치는 제3자의 입력과 같은 간접적 입력도 포함된다.[88]

그러나 우리나라와 일본은 명백히 '입력'이라는 규정만을 두고 있으므로, 독일과 같이 정보의 입력을 위해 자료를 제공하는 행위는 처벌할 수 없다.

② 부정(unrichtig) 또는 불완전(unvollständig)의 해석

본 행위유형에 있어서 '부정'의 의미는 앞의 프로그램의 '부정'작성과는 그 의미를 달리하고 있다. 왜냐하면 프로그램의 부정작성에 있어서 '부정'은 작성이라는 행위가 부정할 것을 의미하는 것이고, 여기에서의 부정은 데이터 자체가 부정할 것을 요하기 때문이다.

독일에서 데이터는 사기죄(§263 StGB)에서의 사실(Tatsachen)과 같이 생활사정을 다르게 재현하는 것처럼 실제와 동일하지 않을 때 부정한 것이 된다. 데이터를 통하여 표현되는 정보는 말하자면 잘못된 (falsch)것임에 틀림없다. 이때 부정의 개념은 사기형법에서와 같이 객관적으로 해석되어지고 사실(Tatsachen)에 제한된다. 예측, 가치판단 등은 현재의 사실의 기초가 문제될 때만 고려된다.[89]

또 데이터는 생활사정을 충분하지 않게, 특별히 생략을 통하여 중요한 사태를 왜곡한다는 의미에서, 인식하도록 할 때 불완전한 것으로 본다.[90] 예컨대 자녀양육보육비를 받는 경우에 자녀가 성인이 되었음에도 불구하고

---

88) Tiedemann, StGB Leipziger Kommentar, a.a.O., §263a Rn. 36.
89) 이러한 독일의 '부정'개념은 현재 우리나라 컴퓨터등사용사기죄의 '허위'의 개념과 일치한다. 그러나 독일의 '부정'개념은 프로그램의 작성과 데이터의 사용에 있어서 구별되는 것으로 파악되고, '무권한'을 독립된 구성요건요소로 받아들이고 있는 반면에, 우리는 정보와 명령의 입력이라는 하나의 행위유형만을 상정하고, '무권한'의 정보사용에 대해서는 따로 구성요건요소로 입법화하지 않았기 때문에 '허위'의 개념 속에 '무권한'을 포함하는 보다 확대된 개념으로 이해해야 할 것이다. 자세한 내용은 제4장에서 후술한다.
90) Tiedemann, StGB Leipziger Kommentar, a.a.O., §263a Rn. 34.

이러한 사실에 대한 보고를 빠뜨리는 경우를 말한다.[91]

③ 권한 여부의 판단

하지만 본 행위유형에 있어서 문제점은 예컨대 카드를 사용할 권한이 없는 자가 현금자동지급기에서 카드를 사용한 행위가 제2행위에 있어서 부정한 데이터의 사용에 해당하느냐에 있다. 이는 데이터의 무권한 사용이라는 조문이 없는 우리나라나 일본의 해석에 있어서도 마찬가지로 중요한 논쟁의 대상이 되고 있다.

그런데 독일에서는 이러한 카드의 무권한 사용행위에 대해서는 제2행위가 아니라 제3행위에 해당한다고 보았다. 즉 제2행위에서의 진정성(Richtigkeit)은 권한에 대하여 표현하는 것이 아니며 "사기접근적 해석(betrugsnahe Auslegung)"[92]이 적어도 여기에서는 확장되지 않는다고 본다. 따라서 이 행위에 대해서는 "컴퓨터에 특유한" 해석으로 이해될 수 있다. 이는 결국 프로그램이 권한 유무를 검사하지 않는 한 컴퓨터프로그램에 적절하지 않은 데이터나 정보를 부정하거나 불완전하다고 간주할 수 없다는 것을 의미하게 된다.[93]

(3) 제3행위: 데이터의 무권한 사용(unbefugte Verwendung von Daten)

① 의 의

독일의 '데이터의 무권한 사용'이라는 구성요건은 우리나라와 일본에서는 채택하고 있지 않다. 따라서 우리나라에서는 데이터의 무권한 사용에 대해서 해석상 처벌할 수 없다는 견해도 존재한다. 하지만 현재 우리나라

---

91) 전지연, 앞의 논문, 307면.
92) 즉 권한이 없는 자가 권한이 있는 것처럼 가장하는 행위가 사기죄의 해석에 있어서 기망으로 이해되는 것을 의미한다.
93) Tiedemann, StGB Leipziger Kommentar, a.a.O., §263a Rn. 36. 이러한 해석은 우리나라의 컴퓨터등사용사기죄의 해석에서도 받아들일 수 있으리라 생각한다.

78

와 일본의 판례와 학설에 따르면 독일에서의 '데이터의 무권한 사용'도 처
벌의 대상으로 하고 있다. 따라서 독일과 같이 명문의 규정이 없음에도 이
러한 행위유형을 처벌할 수 있는 근거는 무엇인가를 살펴보지 않을 수 없
다. 이를 위해 이하에서 소개하는 독일의 무권한 사용에 대한 해석론을 검
토해 보기로 한다.

독일에서도 데이터의 무권한 사용은 컴퓨터사기죄 규정에서 가장 해석
의 논란이 있는 부분에 해당한다. 독일 입법자의 의도에 따르면 이 유형은
무엇보다도 현금자동지급기에서 현금카드의 오용과 영상정보시스템(소위
Btx-system)94)에 권한 없이 접속하는 경우를 파악하려고 하였다.95) 최종

---

94) TV 수상기에 전용 어댑터를 부가한 것이나 개인용 컴퓨터(PC)를 사용자 측의
단말로 하고, 정보 센터의 컴퓨터를 전화 회선으로 접속하여 사용자가 센터의
컴퓨터에 축적되어 있는 정보 중에서 필요한 정보를 검색하여 TV 수상기나
PC 화면에 문자 및 도형으로 표시하는 시스템의 국제적 명칭. 문자와 도형을
화면에 표시하는 방식으로 미국의 나플프스(NAPLPS), 유럽의 셉트(CEPT),
일본의 캡틴(CAPTAIN) 등 3가지 방식이 ITU-T에 의해 국제 표준으로 채택되
었다. 비디오텍스는 1979년 영국에서 개발되어 프레스텔(Prestel)이라는 이름으
로 상용화되었다. 1980년대 초에 각국에서 독자적 이름으로 상용 서비스를 개시
하였다. 프랑스의 텔레텔(Teletel), 독일의 빌트쉬름텍스트(Biltschirmtext), 캐나
다의 텔리던(Telidon), 일본의 캡틴(CAPTAIN) 등이 있으나 프랑스에서 가장
많이 보급되었다. 프랑스에서는 텔레텔을 사용하여 전화번호 안내서비스를 실시
하며, 미니텔(Minitel)이라는 소형 간이 단말을 무료로 전화 가입자에게 공급
하는 등으로 비디오텍스의 적극적 보급에 성공하였다. 최근에는 공중망을 이용
하지 않고 전용선이나 구내 회선, 구내 정보 통신망(LAN)을 사용하여 기업 내
또는 특정 집단 내의 시스템을 구성하는 사설 비디오텍스의 시장이 확대되고
있다. 한편, 문자 정보만을 전송함으로써 저가격화를 꾀하는 아스키(ASCⅡ)
비디오텍스, 비디오디스크와 결합해서 동화(動畵) 정보를 제공하는 고도화 비
디오텍스 시스템도 등장하였다. 이 용어에 대한 자세한 내용은 http://itdic.
empas.com/view.tsp/@12495 참조.
95) BT-Drucksache 10/5058, S. 30. 이러한 새로운 제안은 Lenckner/Winkelbauer
의 "데이터의 권한 없는 사용"이라는 표지의 신설이라는 주장(Lenckner/
Winkelbauer, wistra 1984, Heft 3, S. 87 ff)과 Sieber의 "자동적인 데이터처
리과정에 부정하게 또는 권한 없이 영향을 주는 것"이라는 표지를 통한 간략
화라는 주장(Sieber, Inromationstechnologie und Strafrechtsreform, Carl

안이 확정되기 이전에 일부 학자에 의해서 기존의 사기죄와의 관련성을 보장하기 위하여 §263 StGB(사기죄) 그 자체에서 보충할 수 있는 규정의 신설이 제안되어 왔지만,[96] 입법자는 컴퓨터사기의 경우에 기존 사기죄와는 핵심적인 착오요건과 관련하여 인간의 행위와는 부분적으로 다른 해석이 필요하다는 이유로 이러한 제안을 따르지 않고 새로운 조문으로 입법화하였다.[97] 따라서 독일 형법은 우리 형법과 일본 형법과는 달리 명시적으로 '권한 없는'이라는 구성요건표지를 규정하고 있다는 점에서 진정한 자료의 무권한 사용에 대한 입법적 흠결은 없다고 할 수 있다.

이에 따르면 사용된 데이터는 컴퓨터프로그램에 기초하여 이루어진 정보라는 의미에서 '진정(richtig)'하고 따라서 컴퓨터에의 접근을 열어준다. 그것은 제2행위 즉 '부정한(unrichtig)[98] 데이터의 사용'과는 데이터가 객관적으로 진정하고 권한 없이 사용되게 된다는 의미에서 구별되고, 제2행위에 있어서 권한의 흠결은 '부정한(unrichtig)'의 평가에 따라 나타나는 반면에 제3행위에 있어서는 구성요건에 속한다는 점에서 구별된다고 할 수 있다.

여기에서의 권한 있는 행위는 완전히 불법중립적이다.[99] 그러나 이러한 '권한 없음'을 어떻게 평가하는가에 따라 해석이 나뉘고 있다.

Heymanns Verlag KG, 1985, S. 37 ff)을 입법자가 받아들인 것 같다.

96) Haft Prot. BT-Rechtsausschuß 10/26 v. 6. 6. 1984 s. 26/164; Lenckner, Computerkriminalität, S. 46 ff; Sieber, Informationstechnologie und Strafrechtsreform, S. 37. ; Sieber는 기존 §263의 제1항 제1호 혹은 제2항으로서 "부정행위에 대하여 보호되는 기술적 장치(부정행위에 대하여 보호되는 자동적 데이터처리장치)에 부정 혹은 권한 없이 영향을 주는 것은 1항에서 말하는 기망행위에 의하여 착오를 발생시키게 하거나 유지시키는 것과 동일하다"는 조항의 삽입으로 충분하다는 주장을 하고 있다. 西田典之/山口厚 譯, ウルリッヒ ズイーバー コンピュータ犯罪と刑法, 成文堂, 1988, 538-539면.

97) Tiedemann, StGB Leipziger Kommentar, a.a.O., §263a Rn. 3.

98) unrichtig에 대한 용어의 해석에 있어서 우리나라에서는 허위, 부정, 하자있는, 정확한 등의 용어를 사용하고 있는데 이하에서는 일단 '부정한'이라는 용어로 통일하여 쓰고 있다.

99) Tiedemann, StGB Leipziger Kommentar, a.a.O., §263a Rn. 40.

② 무권한(unbefugte) 사용을 둘러싼 해석의 대립

제3행위에 있어서 '권한 없는' 데이터의 사용이라는 표현은 상당히 광범
위하게 확장해석될 위험이 있고, 그 결과 죄형법정주의의 명확성원칙에 반
할 위험성이 존재한다.[100] 따라서 '권한 없는'이 상세하게 고려하는 것이
무엇인가에 대하여 부분적으로는 일반적인 문언의미에, 부분적으로는 보호
법익과 가벌성의 관점에서 제한적으로 해석해야 한다는 점에서 견해가 나
뉘고 있다.[101]

가. 주관적 해석(subjektivierende Auslegung)

주관적 해석은 모든 계약위반(즉 정보처리장치의 소유자의 현실 혹은
가정적인 의사와 상반된 데이터처리)을 "권한 없는"으로 보는 견해이
다.[102] 즉 계약상 합의된 허가와 관련된다고 볼 수 있다. 따라서 자료가 객
관적으로 올바르고, 그 결과 자동설비의 입구를 여는 경우에도 자료가 이
용자에 의하여 그러한 목적으로 사용되지 말아야 하는 경우에는 그 자료의
사용은 권한 없는 사용인 것이다.[103]

나. 사기 특유의 해석(betrugsspezifische Auslegung)

사기 특유의 해석은 행위자의 행위가 적어도 사기죄에서 말하는 기망행위
와 유사할 것임을 고려하고 있다. 즉 행위자의 권한이 행위자와 관련 당사자

---

100) Vgl. Kleb-Braun, JA 1986, 249; Spahn, Jura 1989, 519. 전지연, 독일 형법
     에서의 컴퓨터사기죄, 증봉김선수교수정년퇴임기념논문집, 1996, 308면에서
     재인용.
101) Tiedemann, StGB Leipziger Kommentar, a.a.O., §263a. S. 25 ff.
102) Maiwald는 데이터사용의 목적위반을 "계약적으로 모순되지 않는 허용"과
     관련지우고, Goessel은 처분권한의 "현실적으로 성립된 의사"와 관련 있다
     고 보았다.
103) Maurach/Schroeder/Maiwald, BT-1, §41 Rn. 229; Otto, BT, S. 228. 전지
     연, 앞의 논문, 308면에서 재인용.

사이를 연결시키는 기초에 속하고, 그 결과 업무거래의 관찰에 따라 참가자가 침묵하는 경우에도 묵시적으로 이를 인정하는 것으로 파악되는 경우에만 행위자의 자료사용은 권한에 따른 사용이고 이를 초과하는 경우에는 권한 없는 사용에 해당한다는 것이다.104) 이것이 독일의 다수설의 입장이다.105)

다. 컴퓨터 특유의 해석(computerspezifische Auslegung)

컴퓨터 특유의 해석은 데이터사용을 소유자의 모순되는 의사로 컴퓨터 프로그램에서 표현되는지, 말하자면 사용된 데이터가 프로그램작성 시 고려되는지 여부에 따라 권한 유무를 판단한다.106) 이러한 견해에 의하면 결국 컴퓨터가 권한 유무를 검사하지 않는 경우에 그 데이터의 사용은 언제나 권한 있는 것으로 파악될 것이고, 본 조의 적용대상이 될 수 없다는 것이 된다.

라. 소 결

이러한 해석론상의 다툼에 대해서는 다음과 같은 비판이 있다고 한다.

"주관적 해석은 모든 계약위반을 권한 없는 것으로 보기 때문에 설령 객관적으로 권한을 가지는 자라 할지라도 법익보유자의 주관적 의사에 합치하지 않는 행위를 하는 경우 권한 없는 것으로 되기 때문에 권한의 범위가 너무 확대되고 행위자의 의사를 간과하는 약점이 있다고 보여진다. 또 계약위반이 결국 배임행위와 연결되어 짐을 설명하지 못한다."107)

---

104) Vgl. Lackner, Tröndle-FS, S. 53; Lampe, JR 1988, S. 437 ff. 전지연, 앞의 논문, 309면에서 재인용.
105) OLG Köln NJW 1992, 125; OLG Zweibrücken CR 1994, 241; Altenhain, JZ 1997, 757; Meier, JuS 1992, 1019; Sch/Schröder/Cramer, Rn. 11; Zielinski, CR 1992, 223 und NStZ 1995, 347. Tiedemann, StGB Leipziger Kommentar, a.a.O., §263a Rn. 44 각주 59에서 재인용.
106) Neumann, JuS 1990, S. 535, 537; Achenbach, JR 1994, S. 295.
107) 처분권한자의 주관적 의사를 중요시하는 경우 §263a는 결국 그 보호대상으로 하는 것이 재산이 아니라 시스템의 안전성까지도 담보하게 되는 약점이 존재한다고 여겨진다.

82

"컴퓨터 특유의 해석은 결국 컴퓨터사기의 제2행위 즉 '부정한 데이터의 사용'이라는 표지에 해당하는 영역과 교차하게 되어[108] 결국 '권한 없는 데이터의 사용'의 적용영역을 과도하게 좁히게 되고 이미 역사적 입법자가 처벌하려고 하였던 은행의 현금자동지급기의 남용에 대하여 명백한 비권리자(카드절도범)를 처벌할 수 없게 하는 약점이 있다."[109]

"사기 특유의 해석은 다수의 지위를 차지하는 견해이기는 하지만 권한이 업무유형이나 거래관행에 따라 독자적으로 존재하는 것을 전제로 하므로 기망행위의 광범위한 규범화가 발생하게 된다."[110]

그러나 이러한 독일의 무권한에 대한 견해들은 일응 우리 형법조문의 해석론에 있어서는 그다지 중요한 고려사항이 아니라고 볼 수도 있다. 왜냐하면 우리 형법조문은 데이터의 무권한 사용이라는 구성요건이 없기 때문이다. 하지만 이러한 데이터의 무권한 사용행위에 대하여 우리의 컴퓨터 등사용사기죄 조문이 전혀 적용될 수 없다고는 볼 수 없다. 우리 조문은 '허위의 정보의 입력' 혹은 '부정한 명령의 입력'이라는 구성요건을 사용하고 있으므로 이 구성요건에 데이터의 무권한 사용이 포함되는지 여부를 검토한 후, 만약 이를 포함하는 것이라면 독일의 무권한 사용에 대한 학설들도 우리 조문의 해석에 있어서 참고가 될 수 있기 때문이다.

③ 독일에서의 무권한 사용과 관련된 사례

독일에서는 무권한 사용을 둘러싼 중요한 문제들이 몇 가지 제시되고 있다. 이러한 문제들에 대해서 우리 형법상으로도 무권한 사용이 처벌될 수 있다고 해석된다면, 아래 제시하는 여러 사례들은 우리 조문의 해석에 있어서도 중요한 시사가 될 수 있다.

---

108) 말하자면 컴퓨터가 접근권한을 완전히 혹은 부분적으로 검사하게 되면 그 입력은 부정한 데이터의 사용으로 이해되게 된다.
109) Tiedemann, StGB Leipziger Kommentar, a.a.O., §263a Rn. 45.
110) Tiedemann, StGB Leipziger Kommentar, a.a.O., §263a Rn. 44.

가. 현금자동지급기 사례[111]

독일에서의 현금자동지급기남용의 사례에 대해서는 크게 권한 있는 자 자신의 신용한도를 초과해서 카드를 사용하는 권한 남용의 경우와 권한 없는 자가 카드를 위조하거나 절취하여 사용하는 경우로 나누어 설명되고 있다.

먼저 정당한 카드 소지인이 현금카드를 악용하여 현금자동지급기에서 자신의 구좌에 남아 있는 예금액보다 초과 인출하는 경우에 있어서, 위의 주관적 해석과 사기 특유의 해석에 의하면 행위자는 은행과 은행원과의 관계에서 권한 없이 행위한 것이라고 볼 수 있다. 그러나 독일의 지배적 견해는 §266b StGB(배임죄)[112] 규정이 적용된다고 한다.[113]

다음으로 위조한 카드를 사용하는 경우, 주관적 해석과 사기 특유의 해석에 의하면 가벌성이 있는 것은 분명하다. 왜냐하면 컴퓨터프로그램에 특별히 포함되어 있는 보안책이 무효화될 때 그러한 조작된 카드의 이용은 은행과 구좌소유자의 의사와 모순되고, 가공적인 행위로의 이전 시 은행원에 대하여 권한 있는 것으로 기망되기 때문이다. 하지만 컴퓨터프로그램에 특수하게 포함되어 있는 안전시스템이 결여되어 있거나 결함이 있을 경우에 "컴퓨터 특유의 해석"에 의하면 그 가벌성은 부인될 것이다. 이러한 경우 카드의 조작은 부정한 데이터의 사용이 아니고,[114] 프로그램의 부정한 작성으로 고려되지 않는다. 왜냐하면 행위자는 은행현금자동지급기에의 접근을 열어주는 진정한 데이터를 마그네틱스트라이프에 지시하였기 때문이다.[115]

---

111) 독일에서는 제2차 경제범죄방지법에 의해서 §263a와 §266b(수표카드및신용카드부정사용죄)가 형법전에 규정되기 전에는 타인의 현금카드를 권한 없이 현금자동지급기에서 인출한 행위에 대하여 절도, 횡령, 무죄로 견해가 나뉘고 있었으나 그 후에는 §263a 컴퓨터사기죄로 처벌된다는 것에 의견이 모아지고 있다. 위의 독일학설에 대한 간략적인 소개는 Mitsch, Rechtsprechung zum Wirtschafsstrafrecht nach dem 2. WiKG, JZ 1994, S. 878 ff.

112) §266b(수표보증카드, 신용카드의 부정사용) ① 수표보증카드 또는 신용카드의 발급에 의하여 인정된 권한을 남용하여 발급자로 하여금 사용대금을 지불하게 하고, 이로 인하여 발급자에게 손해를 가한 자는 3년 이하의 자유형 또는 벌금형에 처한다.

113) Tiedemann, StGB Leipziger Kommentar, a.a.O., §263a Rn. 51.

114) Zielinski, CR 1992, S. 224.

84

위법한 방법(절도 등)을 통하여 타인의 진정한 카드를 사용한 경우에도 위와 마찬가지로 주관적 해석 및 사기 특유의 해석에서는 이를 제3행위에 해당한다고 볼 수 있다. 즉 행위자는 권한 있는 구좌소유자의 의사에 반하여 혹은 은행조건에 반하여 그리고 은행의 의사로서 행위한다고 하는 것 (주관적 해석), 또는 사기 특유의 해석에 따라서 행위는 가공의 행위시 은행직원에 대한 기망을 표현하는 것이라고 할 수 있다. 그러나 컴퓨터 특유의 해석에 따르면 자동지급기 제공자의 동일성과 권한은 컴퓨터프로그램상의 표현에서는 거의 발견할 수 없으므로 그 가벌성은 의심된다고 한다. 왜냐하면 자동지급기로서는 동일성과 권한은 진정한 카드의 입력을 통하여 그리고 거기에 내재되어 있는 개인식별번호(PIN넘버)를 통하여 충분히 확인할 수 있기 때문이다.[116]

나. 온라인시스템에서의 남용사례

본 조문의 신설 당시의 컴퓨터환경에서는 오늘날과 같이 대부분의 거래가 온라인으로 이루어지고 있었던 것은 아니었다. 그러나 현재에 이르러서는 대부분의 자금거래가 온라인상에서 실시간으로 이루어지고 특히 홈뱅킹이나 인터넷서비스의 발달로 인해 과거와는 그 범죄형태가 기존과는 사뭇다르게 전개되고 있다. 이러한 상황은 비단 독일뿐만 아니라 우리나라와 일본에 있어서도 마찬가지라고 할 수 있다. 따라서 독일의 컴퓨터사기죄규정이 이러한 범죄유형에도 여전히 적용될 수 있는지에 대하여 검토해 보면 우리 형법상의 컴퓨터등사용사기죄 조문의 해석에 있어서도 이러한 유형의 범죄에 대한 적용가능성을 가늠해볼 수 있을 것이다.

a) 홈뱅킹의 사례

컴퓨터(PC)를 통하여 현금이 아닌 대금의 지불이 이루어지는 홈뱅킹에서 온라인상의 계좌송금을 실행하는 경우, 사용자의 동일성이 권한 있는

---

115) Tiedemann, StGB Leipziger Kommentar, a.a.O., §263a Rn. 48.
116) Tiedemann, StGB Leipziger Kommentar, a.a.O., §263a Rn. 49.

자에게 불리하도록 위조되거나 은행컴퓨터를 통한 인식을 피하는 것이 문제가 될 때 카드남용행위와 유사한 문제가 발생하게 된다. 하지만 독일에서는 구좌소유자의 승낙없이 동일성을 속임으로써 계좌송금을 실행한 경우는 본 조의 구성요건에 해당한다고 본다.117)

그러나 권한 있는 소유자로부터 원칙적으로 허락된 (외부)접속의 이용은 개별데이터(Codekarte)118)의 양도와 마찬가지로 불가벌이다. 단순한 ID와 거래넘버의 "소지(Besitz)"는 독일 형법상 보호되는 것은 아니기 때문이다.119)

b) 유료의 온라인 급부시스템의 접속의 사례

공동의 온라인시스템, 예컨대 독일의 T-Online(이전의 Btx)120)은 유료의 ID번호의 전달(연결인식)에 따라 소환되어지는 서비스를 제공한다. 행위자가 기술적 혹은 다른 조작을 수단으로 하여 권한데이터를 인지하도록 하고, 그 연결 권한의 비용을 사용하여 급부(서비스)를 제공받게 되면, 이것이 무권한 데이터의 사용행위에 해당한다는 데에 문제가 없다.121) 왜냐하면 이미 계약조건에 따라 원하는 급부를 불러 오기 위해서 일정한 비용을 지불하는 자가 권한 있는 자이므로, 지불무능력 혹은 지불을 원하지 않는 온라인 참가자는 급부의 소환 시 §263a StGB의 의미에서 권한 없이 행위한 것이기 때문이다.122)

---

117) Schönke/Schröder, a.a.O., §263a Rn. 20.
118) 개별데이터(Codekarte)란 마그네틱-테입 또는 마이크로-칩에 내장된 데이터를 개인이 소지하여 기능적으로 사용할 수 있는 것을 의미하며, 통상 신용카드나 지하철승차권 내지 시내버스 승차용 카드상에 부착된 개별적인 데이터를 말한다. 유용봉, POS-지불-시스템상 개별데이터(Codekarte)의 부정사용 -컴퓨터 범죄에 있어서 형법적 고찰 -, 형사법연구 제10호, 1997, 367면.
119) Schönke/Schröder, a.a.O., §263a Rn. 20.
120) 우리나라에서는 하이텔, 천리안, 유니텔 등의 인터넷사업자가 제공하는 서비스를 말한다.
121) Möhrenschlager, wistra 1986, S. 133.
122) Tiedemann, StGB Leipziger Kommentar, a.a.O., §263a Rn. 57.

c) 전기통신망(NetZen der Telekommunikation)의 남용 사례

독일 형법	한국 형법
제265조a[급부사취] ① 대가를 지급하지 아니할 의사로 자동판매기나 공공목적에 공하는 전기통신망의 급부, 교통수단에 의한 운송 또는 기관이나 시설에의 입장을 사취한 자는 그 행위에 관하여 다른 규정에서 더 중한 형을 규정하고 있지 아니한 때에는 1년 이하의 자유형 또는 벌금형에 처한다. ② 미수범은 처벌한다. ③ 제247조 및 제248조a는 이를 준용한다.	제348조의2[편의시설부정이용] 부정한 방법으로 대가를 지급하지 아니하고 자동판매기, 공중전화 기타 유료자동설비를 이용하여 재물 또는 재산상의 이익을 취득한 자는 3년 이하의 징역, 500만 원 이하의 벌금, 구류 또는 과료에 처한다.

우리 형법상 편의시설부정이용죄(제348조의2)와 독일 형법상 급부사취죄(§265a StGB)는 공중전화 내지 전기통신망을 부정하게 이용한 행위를 처벌하고 있다. 따라서 전기통신망을 남용한 사례는 본 조문들에 의하여 처벌된다고 할 수 있다. 그러나 이러한 행위가 무권한 사용이라는 행위로 포섭된다면 우리 형법상 컴퓨터등사용사기죄와 독일 형법상 컴퓨터사기죄(§263a StGB)가 적용될 가능성이 있다.

독일에서 전기통신망의 남용("Phreaking")은 급부사취죄의 관계에 대하여 강조된다. 그것은 부분적으로 넷보유자의 의사에 반하고 또는 전기통신급부의 이용에서 권한 있는 연결소유자의 비용을 요구한다. 그러나 급부사취죄는 단순한 전기통신의 사취에만 해당할 뿐이다. 따라서 컴퓨터사기죄는 전기통신의 내용 그 자체가 재산적 가치가 있는 급부를 표현할 때 포착될 뿐이다.

유사한 근거에서 권한 없이 데이터처리장치의 사용을 통한 시간절도는 구성요건해당성이 없다.[123] 독일의 컴퓨터사기죄는 컴퓨터로부터 얻을 수 있는 (그리고 그 조작을 통하여 고려되는) 재산보호에만 해당하고, 컴퓨터

---

123) Möhreschlager, wistra 1986, S 133; Schulze-Heiming, a.a.O., S. 260 ff.

의 보호 그 자체는 아니다. 그러한 컴퓨터급부의 재산가치는 급부사취죄의 대상이 될 뿐이다.

따라서 컴퓨터의 무권한 사용을 시간절도로 파악하기 위해서는 재산상 손해뿐만 아니라(데이터처리의 급부가 상업화되지 않았을 때) 무엇보다도 권한 있는 자의 재산에 대하여 컴퓨터의 처분이 흠결되어 있어야 한다.

따라서 데이터의 사용 시의 권한의 문제가 아니라 컴퓨터사기죄의 추가적인 구성요건표지가 문제되는 경우에 컴퓨터사기죄가 적용될 가능성이 있게 된다.[124]

다. 도박기계의 사례

한 음식점에서 손님이 돈을 넣고 '모험키(Risikotaste)'를 누르면 여러 숫자 중에서 승리숫자에 정확히 맞아 떨어질 때 배당금을 받을 수 있는 돈놀이 기계가 비치되어 있었는데, 그 안에는 이와 같은 일련의 과정을 제어할 수 있는 프로그램이 내장된 마이크로 칩이 탑재되어 있었다. A는 이 도박기계의 처리순서를 결정할 수 있는 프로그램을 성명불상자로부터 획득하여 잘 알고 있었으므로 그 프로그램을 이용하여 승리숫자를 제대로 겨냥할 수 있었고 105DM을 따게 되었다. 그 한도에서 도박기계는 헛되이 작동(leerspieler)한 것이다.[125]

독일에서는 이러한 문제상황에 대하여 지금까지 많은 논란이 있어왔다. §263a StGB에 의한 가벌성을 인정하는 견해[126]와 가벌성을 부정하는 견해[127]가 있다.

---

124) Tiedemann, StGB Leipziger Kommentar, a.a.O., §263a Rn. 60.
125) Ofrifed Ranft, "Leerspielen" von Glücksspielautomaten-BGHSt 40. 331., JuS 1997, S. 19; Frank Arloth, Computerstrafrecht und Leerspielen von Geldspielautomaten-BGHSt. 40, 331-, Jura 1996, S. 354.
126) BGH 40 331; Zielinski NStZ 95, 345; Schmidt JuS 95, 557; Bay wistra 94, 149; Bühler wistra 94, 256; Achenbach JR 94, 293. Schönke/Schröder, a.a.O., §263a Rn, 20a에서 재인용.
127) LG Aachen JR 88, 436; Lampe, LG Duisburg wistra 88, 278; LG Stuttgart NJW 91, 441; Celle NStZ 89, 367; Hamm RDV 91, 268.

본 사례에 있어서 논의의 출발점은 구성요건의 해석에 있어서 모험키를
누르는 것이 권한 없는 것으로 볼 수 있느냐에 있다.[128] 권한없이를 처분
권자의 의사를 기준으로 판단하면 이를 긍정할 수는 있지만, 컴퓨터 특유
의 해석에 의하면 이를 부정해야 할 것이다.

이에 대하여 본 사례는 데이터의 무권한 사용 및 처리과정에 대한 권한
없는 작용에도 해당하지 않으며 다만 부정경쟁방지법상 권한 없이 비밀을
사용한 행위(§17 Ⅱ Nr.2 UWG)에 해당한다고 보는 견해가 있다.[129]

하지만 우리나라에서는 데이터의 '사용'이 아니라 '입력'을 규정하고 있으
므로, 독일의 도박기계에 대한 사례는 우리 형법상 컴퓨터사기죄에서 문제
되지 않는다고 생각한다.

  (4) 제4행위: 기타 정보처리과정에 대한 권한 없는 작용(sonst durch
      unbefugte Einwirkung auf den Ablauf des Datenverarbei-
      tungsvorgangs)

독일에서 제4행위는 특정한 콘솔조작이나 하드웨어조작, 프로그램의 시
간적 혹은 기계적 처리순서에 대한 영향, 기록과정에 대하여 방해하는 영
향, 출력조작의 경우에 실제적인 의미를 가진다.[130]

그렇지만 제1, 2, 3행위가 제4행위의 예시가 되는 것은 아니다. 데이터처
리를 하는 자가 부정한 혹은 불완전한 데이터를 입력하는 것을 무권한이라
고 할 수 없으며, 이러한 의미에서 확실하고 또 가능한 문언상 의미는 제3
행위가 나머지 행위로 포섭할 수 없는 경우에 있어서 보충구성요건으로서
의 의미를 가질 뿐이라고 본다.[131]

그리고 여기서 구성요건으로 편입된 '무권한'이라는 요소는 제1, 2, 3행위

        Schönke/Schröder, a.a.O., §263a Rn, 20a에서 재인용.
128) Schönke/Schröder, a.a.O., §263a Rn, 20a 참조.
129) Frank Arloth, Leerspielen von Geldspielautomaten, CR 6/1996, S. 365.
130) 전지연, 앞의 논문, 310면.
131) Tiedemann, StGB Leipziger Kommentar, a.a.O., §263a Rn. 24.

이외의 새로운 조작기술을 포함하려는 것을 보장하려고 추가된 것이었다.[132] 하지만 '무권한'의 문제는 부분적으로 제3행위에서와 같이 다루어진다. 그리고 정당하게 입력된 정보의 부정한 처리에 대해서도 제한적으로 고려된다.

그러나 이러한 독일의 행위유형은 우리 형법은 채택하고 있지 않다. 즉 허위의 정보 또는 부정한 명령의 입력 이외에 정보처리과정에 대한 영향을 주는 행위는 우리 형법상 컴퓨터등사용사기죄의 적용대상이 아니라고 할 수 있다. 이러한 점에서 우리 형법의 컴퓨터등사용사기죄 규정은 독일의 컴퓨터사기규정보다는 그 적용 영역이 좁다고 할 수 있다.

3. 부작위

앞에서 설명한 행위들은 또한 부작위를 통하여도 실행될 수 있다. 하지만 이것은 실제로 데이터처리과정이 발생하고 있다는 것을 전제로 한다.[133] 보증인의무에 반하여 데이터처리 장치에 데이터를 입력하지 않는 것은 이러한 전제하에서 사기에 있어서 부작위의 행위와 같이 가벌적이다. 그 밖에 독일의 컴퓨터사기죄는 예컨대 기업주 혹은 다른 보증인(예컨대 상관)이 부정한 데이터의 사용을 자신의 직원(부하)을 통하여 고의적으로 감수하는 것과 같은 방식으로 부작위를 통하여 실행하는 경우에도 적용될 수 있다.[134]

---

132) Schönke/Schröder, a.a.O., §263a Rn, 12.
133) Lenckner/Winkelbauer, a.a.O., S. 657.
134) Tiedemann, StGB Leipziger Kommentar, a.a.O., §263a Rn. 64.

4. 데이터처리과정의 결과에 영향을 줌(Die Beeinflussung des Ergebnisses eines Datenverarbeitungsvorgangs)

이 구성요건은 우리 조문상의 '정보처리', 그리고 일본의 '재산권의 득상, 변경에 관한 불실의 전자적기록을 만들어'라는 구성요건과 동일한 의미를 가진다. 그리고 이 구성요건의 의미에 대해서는 대체로 사기죄에 있어서 착오와 처분의 지위에 있다고 보고 있다.

① 재산처분의 직접성

데이터처리과정의 결과에 영향을 주어야 한다는 것은 구성요건에서 행위의 (중간)결과로서 요구된다. 데이터처리과정과 그 영향은 사기에 있어서 착오와 처분의 지위에 있게 된다. 즉 구성요건이 사기로서 특정되기 위해서는 데이터처리과정이 재산상 중요하여야 한다는 것이 제기된다.[135] 따라서 그것(데이터처리과정)은 사기죄에서와 같이 직접적이어야 한다. 말하자면 즉각적으로 재산감소에 영향을 미치는 행위자의 범죄적 중간행위, 말하자면 재산처분을 표현한다.

또한 전자적 자물쇠와 방화벽이 본 죄에 있어서 데이터처리장치로서 간주되는 경우, 그것이 행위자에게 물건 혹은 자동차의 차단을 위한 가능성만을 열어놓을 때, 그 조작은 구성요건에 해당하지 않는다. 왜냐하면 처분과 차단은 서로 구별된다. 예컨대 현금이 들어 있는 금고와 현금자동지급기를 보면, 금고의 열쇠는 단순히 타인의 접근으로부터 차단하는 장치인 데 반하여 현금자동지급기는 현금의 지불이라는 재산처분을 위해 마련된 장치라고 할 수 있다. 따라서 컴퓨터사기죄와 절도죄는 서로 택일관계(Exklusivität)에 있게 된다.[136]

컴퓨터사보타지(§303b StGB)의 경우에서는 재산상 손해를 가하는 영향

---

135) BTDrucks. 10/318. S. 19; Schönke/Schröder, a.a.O., §263a Rn. 23.
136) Tiedemann, StGB Leipziger Kommentar, a.a.O., §263a Rn. 65.

에도 불구하고, 혹은 컴퓨터처리결과의 사용가능성을 없게 하거나 불충분하게 하는 결과를 가져오는 데이터처리의 장애에도 불구하고, 컴퓨터의 재산처분이 부족하다. 이러한 범주에 따라 이미 위에서 언급한 소위 시간절도(말하자면 요금을 지불하지 않을 목적으로 타인의 데이터처리 시스템의 권한 없는 사용)의 불가벌성이 근거지워진다.[137]

② 영 향

영향을 준다는 것은 결국 그 행위가 데이터처리장치의 처리과정에 시간상의 관점에서 적어도 참여하는 것, 말하자면 적어도 원인이 되어서, 따라서 최소한 컴퓨터의 재산처리를 간접적으로 작동(유발)시키는 것을 전제로 한다.[138]

그리고 영향은 상세하게 데이터처리과정이 행위의 수용 시 이미 진행 중일 것을 요구하지는 않는다. 나아가 은행현금지급기에 대한 데이터사용에서처럼 데이터처리과정이 행위를 통하여 진행되거나 아울러 조종되는 것으로 충분하다.

5. 재산상 손해

재산상 손해라는 구성요건은 우리나라와 일본의 조문에 있어서는 명문으로 규정되어 있지 않다. 하지만 독일에서는 명문의 구성요건으로 규정되어 있다. 따라서 독일에 있어서는 재산상 손해발생이 없다면 본 죄가 성립하지 않게 된다.

독일의 본 조문에 있어서 재산상 손해란 데이터처리과정의 결과의 영향이 야기하는 결과이고, 그 영향을 야기하는 행위가 아니라 행위를 통하여 조작된 컴퓨터의 처리결과가 손해의 결과와 관계를 가져야 한다.

---

137) Tiedemann, StGB Leipziger Kommentar, a.a.O., §263a Rn. 66.
138) Tiedemann, StGB Leipziger Kommentar, a.a.O., §263a Rn. 68.

하지만 컴퓨터, 프로그램, 혹은 하드웨어의 조작을 통하여 발생하는 손해를 제거하기 위하여 필수적인 소비는 재산상 손해에 해당하지 않는다. 왜냐하면 이점에 있어서 추구하는 이익과 발생한 손해 사이의 요건적인 동질성(Stoffgleichheit)이 흠결되기 때문이다.[139]

또 데이터처리장치에 의한 재산처분은 반드시 소유자의 재산이 되어야만 하는 것은 아니고 확실한 전제하에서 제3자의 재산도 가능하다. 지배적인 견해에 따르면 사기죄에서 논의되고 발전된 삼각사기에 대한 원칙이 컴퓨터사기죄에 있어서도 모순없이 적용된다고 할 수 있다.[140]

Ⅴ. 주관적 구성요건

본 죄가 성립하기 위한 주관적 구성요건으로 고의와 목적이 있어야 한다.

고의는 모든 구성요건요소에 대하여, 말하자면 특별히 데이터의 부정 혹은 불완전성과 사용의 무권한 혹은 처리의 영향과 관계가 있어야 한다. '사기 특유'의 해석에서는 무권한은 구성요건에 속한다. 하지만 '주관적 해석'에서는 행위자는 행위의 계약 혹은 목적위반 또는 소유자에게 모순되는 의사를 인식해야 한다.

또 본 죄가 성립하기 위해서는 자기 또는 제3자에게 위법한 재산상 이익을 취득하게 하려는 목적(Absicht)이 있어야 한다. 다만 AGB(Allgemeine Geschäftsbedingungen: 일반거래약관)에 반하여 권한을 위임받은 제3자가 은행 지급기에서 위임된 현금을 인출한 때(주관적 해석에 의하면 §263a의 구성요건을 실현한 것)에는 이러한 목적이 있다고 인정할 수 없다. 왜냐하면 일반적인 사기구성요건에서처럼 객관적 발생한 재산손해와 주관적으로 얻으려

---

139) Lackner/Kühl Rn.25, Tiedemann, StGB Leipziger Kommentar, a.a.O., §263a Rn. 70에서 재인용.
140) Schönke/Schröder, a.a.O., §263a Rn. 25.

는 이익과의 사이의 동질성이 요구되기 때문이다. 행위자의 의지(Wille)는 말하자면 조작되어 손해를 입은 데이터처리과정의 결과를 통하여 이익을 얻기 위하여 나아가야 한다.

Ⅵ. 기수, 완료 그리고 미수

우리나라와 일본은 재산상 손해발생을 명문으로 규정하고 있지 않고, 학설이나 판례상 재산상 이익을 취득할 때 기수에 이른다고 본다.[141]

하지만 독일에서 행위의 기수는 적어도 부분적으로 재산상 손해의 발생 혹은 그에 상응하는 구체적인 재산상 위험이 발생해야 한다고 본다.[142]

시효(§78a StGB)에 결정적인 행위의 완료는 사기죄(§263 StGB)에서와 같이 재산상 이익을 취득할 때이다. 이것은 무엇보다 프로그램조작(제1행위) 시에는 그 조작이 종결된 후의 시점이 된다(프로그램조작의 "지속성").[143]

§263a StGB 제2항에 따라 미수는 처벌된다. 따라서 부정한 혹은 불완전한 데이터를 "사용"하거나 혹은 진정한 데이터를 권한 없이 사용하고 그리고 컴퓨터에 입력되게 될 때 본 죄의 실행의 착수가 있다고 할 수 있다. 예컨대 은행지급기가 행위자에게서 조작되고 자동지급기에서 현금의 획득을 위하여 삽입된 개별데이터(Codekarte)가 수용되지 않기 때문에 재산상 손해의 결과가 발생하지 않는 경우이다.[144]

데이터처리장치에서 입력되기 전에 데이터의 사용은 간접정범의 원칙에 따라 가벌적인 미수가 된다고 할 수 있다.[145]

---

141) 물론 우리나라에서는 사기죄에서와 같이 재산상 손해발생이 있을 때 기수에 이른다는 견해도 있다. 자세한 내용은 후술한다.
142) Schönke/Schröder, a.a.O., §263a Rn. 38.
143) Tiedemann, StGB Leipziger Kommentar, a.a.O., §263a Rn. 78.
144) BayObLGSt. 1993 86, 88; Schönke/Schröder, a.a.O., §263a Rn. 38.
145) 독일에서는 간접정범의 본질을 '정범'으로 보기 때문에 이용자를 기준으로 간접정범의 실행의 착수가 있다고 볼 수 있다. 우리나라에서도 간접정범의 본질을 '정범'으로 파악하고 피이용자에 대한 이용의 시점에 실행의 착수가

Ⅶ. 컴퓨터사기의 예비죄

독일에서는 최근 2003년 12월 22일 제35차 형법개정법(35. StrÄndG)을 통하여 기존의 컴퓨터사기죄 규정인 형법 제263a조에 컴퓨터사기의 예비행위를 처벌하는 규정인 제3항을 추가하여 컴퓨터사기의 예비죄라는 독자적인 형벌구성요건을 입법화하였다. 본 신설규정에 따르면 "컴퓨터사기죄를 범할 목적으로 프로그램을 제작하거나 자기 또는 타인에게 제공, 판매, 보관하거나 타인에게 양도함으로써 제1항의 범죄를 예비한 자는 3년 이하의 징역 또는 벌금형에 처한다"고 규정하고 있다. 나아가 제4항에서는 동조 제3항을 통화위조의 예비 규정인 제149조 제2항과 제3항에 준용하도록 하고 있다.[146)]

본 신설규정에 대해 독일입법자는 그 프로그램이 반드시 컴퓨터사기범행을 위해 제작된 것에 한정할 필요는 없다고 하나[147)], 정상적인 프로그램이라 할 지라도 본 규정에 의하여 처벌될 가능성이 있기 때문에 처벌범위가 무한대로 확대될 수 있는 문제가 있다고 생각된다.

있다고 본다면 허위의 정보를 타인에게 제공할 시점에 실행의 착수가 있다고 보게 된다. 그러나 컴퓨터에 대한 어떠한 정보의 입력도 없는 상황에서 타인에 대한 정보의 제공을 처벌한다는 것은 컴퓨터의 정보처리를 악용한 재산범죄라는 컴퓨터등사용사기죄의 본질에 맞지 않는다. 따라서 우리나라에서는 피이용자를 기준으로 피이용자가 컴퓨터 등 정보처리장치에 정보를 입력할 때 간접정범의 실행의 착수가 있다고 보아야 한다.

146) 제3항 : Wer eine Straftat nach Absatz 1 vorbereitet, indem er Computerprogramme, deren Zweck die Begehung einer solchen Tat ist, herstellt, sich oder einem anderen verschafft, feilhält, verwahrt oder einem anderen überlässt, wird mit Freiheitsstrafe bis zu drei Jahren oder mit Geldstrafe bestraft.

제4항 : In den Fällen des Absatzes 3 gilt § 149 Abs. 2 und 3 entsprechend.

147) BTDrucks 15/1720, S. 11

Ⅷ. 죄수 및 타죄와의 관계

1. 구성요건 내부 행위 사이의 경합

독일에서는 제1행위와 제2행위가 동시에 경합하는 경우에 제1행위(부정한 프로그램의 작성)는 그 특별성을 인정하여 제2행위보다 우선하게 된다. 즉 부정한 데이터를 사용하여 부정한 프로그램을 작성한 행위에 대해서 제1행위만이 적용되게 된다.

처음의 세 가지 행위를 통하여 포섭할 수 없는 경우에 제4행위는 그 문언에 반하여 기본구성요건이 아니라 보충구성요건을 형성한다. 그것은 말하자면 보조적이다. 거기에 대하여 이러한 구성요건행위는 부분적으로 진정한 데이터가 권한 없이, 부분적으로 부정한 데이터 혹은 부정한 프로그램이 사용될 때 상상적 경합 내지 실체적 경합이 동시에 발생하게 된다.148)

2. 사기죄와의 관계

일본에서는 '전조 이외에'라는 문구를 통하여 전자계산기사용사기죄가 사기죄 특히 사기이득죄의 보충규정임을 명문으로 규정하고 있다. 이에 반하여 우리나라와 독일은 명문으로 규정하고 있지는 않다. 하지만 독일 입법자는 컴퓨터사기죄를 기존의 사기죄에 대한 보충규정으로서 이해하고 있고, 컴퓨터사기죄는 사기죄와의 관계에서 보면 사기죄의 흠결을 메우는 단순한 보충구성요건(Auffangtatbestand)일 뿐만 아니라, 인간의 기망을 통해서 일반적인 사기구성요건에 해당하게 되면 그 적용이 배제가 되는 특별규정(Sondervorschrift)이라고 한다.149)

따라서 중간에 통제권한을 지닌 사람을 기망하여 그를 통하여 자료처리

---

148) Tiedemann, StGB Leipziger Kommentar, a.a.O., §263a Rn. 80.
149) Tiedemann, StGB Leipziger Kommentar, a.a.O., §263a Rn. 17.

과정에 조작이 행하여진 경우에, 컴퓨터사기죄는 성립하지 않는다. 그리고 구성요건 중 하나가 기수에 이르고, 다른 것이 아직 미수에 그친다면, 기수는 미수범죄를 포함하게 된다.[150]

3. 절도죄와 횡령죄와의 관계

절도죄(§242 StGB), 횡령죄(§246 StGB)와의 관계에서 행위자가 어차피 현금에 대한 소유권을 획득하지 못하고, 소유권보호형법구성요건이 이러한 근거에서 고려되지 못하는 한 독일의 컴퓨터사기죄는 특별히 현금의 절취를 목적으로 한 개별데이터(Codekarte)의 남용에서 입법역사가 증명하듯이 특별규정(Sondervorschrift)으로서 존재한다. 따라서 그 카드를 절도한 후에 카드의 이용하는 행위에 있어서 절도죄는 불가벌적 사전행위가 된다.[151]

그 뒤의 타인의 현금의 소비는 구성요건을 조각하든가[152] 혹은 불가벌적 사후행위로서 처벌조각이다[153].

그러나 절취하거나 횡령한 현금충전카드(Geldkarte)의 지불시 범해진 컴퓨터사기는 이와 반대로 불가벌적 사후행위로서 감소한다. 왜냐하면 개별데이터(Codekarte)와는 달리 금액(Geldbetrag)은 현금기능있는 현금충전카드에 구체화되어 있기 때문이다.

---

150) Lackner/Kuhl Rn. 27, gegen Lenckner/Winkelbauer, CR 1986, S. 661.
151) 그러나 우리나라에서는 컴퓨터등사용사기죄에서 재산상 이익만을 규정하고 있으므로 카드에 대한 절도와 현금인출의 절도는 구별해서 파악해야 할 것이다.
152) BGHSt. 38 120, 124.
153) Bandekow, S. 255; Ehrlicher, S. 95; Otto, JZ 1993 567. Tiedemann, StGB Leipziger Kommentar, a.a.O., §263a Rn. 84에서 재인용.

4. 기 타

다른 형법구성요건요소와의 관계에서 타인의 영업비밀(컴퓨터프로그램!) 의 획득과 사용에 대하여 §263a StGB는 §202a StGB,[154] §17 UWG[155]와 상상적 경합 내지 실체적 경합이 고려된다.

위법한 데이터변작(§303a[156])과 컴퓨터사보타지(§303b[157])의 관계에서 마찬가지로 §263a StGB의 구성요건이 충족되는 한 상상적 경합이 된다.

증거수집데이터위작(§269[158])과 관련된 데이터에 대해서도 위와 같이 적용되는데 다만 기술매체기록의 위조(§268)와의 관련에서는 §263a에 의한 처리순서조작은 §268 제3항[159]에 의해서 거의 고려되지 못하게 된다.

§266 StGB(배임죄)와는 행위자가(예컨대 은행직원으로서) 구성요건상의 피해 손해에 대한 성실의무가 있을 때 상상적 경합이 된다.

---

154) 제1항 "자신의 사용을 위한 것이 아닌 것으로서 권한 없는 접근으로부터 특별히 보호되고 있는 컴퓨터데이터를 권한 없이 취득하거나 타인으로 하여금 취득하게 한 자는 3년 이하의 자유형 또는 벌금형에 처한다."

155) 부정경쟁방지법 제17조 제2항 제2호 "제1항에 규정된 전달에 의하여 또는 제1호에 따른 자기의 행위나 제3자의 행위에 의하여 획득하거나 그 밖의 방법으로 권한 없이 취득 또는 확보한 영업상 또는 경영상의 비밀을 권한 없이 이용하거나 다른 사람에게 전달하는 행위".

156) 제1항 "컴퓨터데이터를 위법하게 소거, 은닉 또는 사용불능하게 하거나 이를 변작한 자는 2년 이하의 자유형 또는 벌금형에 처한다."

157) 제1항 "다음 각호의 행위로써 타인의 사업체나 기업 또는 관청에 현저히 중요한 정보처리를 방해한 자는 5년 이하의 자유형 또는 벌금형에 처한다. 1. 제303조의 a 제1항의 범죄행위, 2. 정보처리장치 또는 전산자료가 입력된 물체를 파괴, 손상, 사용불능, 제거 또는 변작하는 행위".

158) 제1항 "법적 거래 시의 기망수단으로 증거수집을 내용으로 한 데이터를 위작 또는 변작하여 그 입증과정에서 위조 또는 변조된 문서를 제출하거나 위작 또는 변작된 데이터를 행사한 자는 5년 이하의 자유형 또는 벌금형에 처한다."

159) "행위자가 기록과정을 방해함으로써 기록의 결과에 영향을 미친 경우에도 기술매체기록의 위조로 본다."

제3절 일본에 있어서의 전자계산기사용사기죄

일본 형법	한국 형법
제246조의2[전자계산기사용사기] 전조 이외에 사람의 사무처리에 사용되는 전자계산기에 허위의 정보 혹은 부정한 지령을 주어 재산권의 득상, 변경에 관한 불실의 전자적기록을 작성하거나 또는 재산권의 득상, 변경에 관한 허위의 전자적기록을 사람의 사무처리의 용에 제공하여 재산상 불법의 이득을 취득하거나 타인으로 하여금 취득케 한 자는 10년 이하의 징역에 처한다.	제347조의2[컴퓨터등사용사기] 컴퓨터 등 정보처리장치에 허위의 정보 또는 부정한 명령을 입력하여 정보처리하게 함으로써 재산상의 이익을 취득하거나 제3자로 하여금 취득하게 한 자는 10년 이하의 징역 또는 2천만 원 이하의 벌금에 처한다.

Ⅰ. 입법배경 및 본 죄의 기본적 성격

1. 입법배경

일본은 1987년 5월 27일 제108회 국회에서 형법 등의 일부를 개정하는 법률을 통과시켜 그해 6월 2일 법률 제52호로서 공포하였다. 이 중 컴퓨터 부정행위에 관한 개정규정은 그해 6월 22일부터 시행되게 되었다.[160]

일본의 컴퓨터범죄 규정은 미국과 같은 특별법 제정의 입장을 취하지 않고 독일과 같이 기존 형법을 개별적으로 수정, 보완하는 입장을 취하고 있다.[161] 이 중 일본의 전자계산기사용사기죄 신설의 입법취지에 대해서는

---

160) 자세한 내용은 형사법개정특별심의위원회, 일본 형법개정작업경과와 내용 -형사법개정자료(Ⅸ)-, 1989 참조.
161) 전지연, 컴퓨터범죄에 대한 형법적 대응, Juris Forum, 충북대 법학연구소, 1998, 164면.

그 법안의 입법에 참가했던 米澤慶治(법무대신관방참사관)의 논문에서 살펴볼 수 있다.

"이 개정의 셋째 요점은 전자계산기가 말하자면 사람에 대신하여 자동적으로 각종의 재산권의 득상·변경의 사무를 처리하고 있는 경우에 이와 같은 거래형태를 이용하여 재산상 불법한 이익을 얻는 행위를 새로이 처벌하려는 것이며, 그 요점은 제246조 외에 사람의 사무처리에 사용되는 전자계산기에 허위의 정보 혹은 부정의 지령을 부여하여 재산권의 득상·변경에 관계되는 불실의 전자적기록을 작성하거나 또는 재산권의 득상·변경에 관계되는 허위의 전자적기록을 사람의 사무처리에 사용하여 재산상 불법한 이익을 얻거나 또는 타인으로 하여금 이를 얻게 한 자는 10년 이하의 징역에 처하도록 하는 것이다. 오늘날 은행업무를 비롯한 여러 거래 분야에 있어서 채권·채무의 관리, 결제, 자금이동 등 재산권의 득상변경의 사무가 사람을 개입시키지 않고 전자적기록에 의하여 자동적으로 처리되는 거래형태가 증가하고 있지만 예컨대 은행의 온라인시스템에 있어서 허위의 입금데이터를 입력하여 예금원장파일의 잔고를 멋대로 증액시키는 행위 또는 허위의 잔고가 기록된 IC카드나 프리페이드카드를 사용하여 서비스의 제공을 받는 행위와 같이 이러한 거래형태를 악용하여 재산상 불법한 이익을 얻는 행위는 사기죄의 요건인 사람에 대한 기망행위가 없고 또 절도죄의 요건인 재물의 점유이전을 수반하지 않기 때문에 이들 규정으로 정확히 처벌하기가 곤란하기 때문에 이에 적절히 대처하려는 것이다."[162][163]

2. 본죄의 기본적 성격

위의 입법취지에서 본 바와 같이 본 조는 이제까지의 재산범 규정에서는 어떻게도 대처하지 못한 컴퓨터를 사용한 불법이득행위를 보충하여, 처벌의 간극을 메운다고 하는 한정된 목적을 가지고 있다. 그에 따라 본 조

---

162) 米澤慶治, 刑法等一部改正法の槪要, ジュリスト No. 889, 1987, 69면.
163) 같은 취지로서 鶴田六郎, コンピュータ關聯犯罪と刑法の一部改正, 商事法務 1113호, 18면; 橫鼻裕介, コンピュータ關聯犯罪に對處するための刑法の一部改正の槪要, NBL 382호, 33면; 的場純男, 槪說(5), 88면 참조.

100

는 컴퓨터에 관한 모든 불법이득행위를 처벌대상으로 하는 것은 아니고 한정된 요건에 따른 이득행위만을 대상으로 한다. 이는 우리나라 컴퓨터등사용사기죄에 있어서도 마찬가지이다.

또한 본죄는 재물을 취득하는 유형의 행위를 처벌의 대상으로 하지 않는다. 그것은 재물을 그 점유자의 의사에 반하여 탈취하는 유형의 행위에 있어서는 종래의 판례, 실무(타인의 CD카드 등을 부정하게 사용하여 CD기 등에서 현금을 인출하는 행위의 경우)164)가 절도죄에 의하여 처벌하는 경우가 있으므로 이를 고쳐 처벌하는 규정을 신설할 필요가 없다는 고려 때문이다.

그리고 '전조 이외'의 문언에서 명확한 것처럼 본죄는 사기죄의 유형으로서 구성되고 있다. 이것은 컴퓨터가 말하자면 사람에 대신하여 사무처리를 행하고 있는 경우에 있어서는, 컴퓨터를 악용하여 재산상 불법의 이익을 얻는 행위는 사람을 기망하여 재산상 불법의 이익을 얻는 사기죄에 가까운 것으로 고려하기 때문이다.165)

요컨대 본죄는 2항 사기죄166)의 보충유형이다. 일본에서 전자계산기사용사기죄는 2항 사기죄에 있어서 기망·착오·처분행위의 요건을 생략하고, 기계는 착오에 흠결이 없다고 하는 장해를 입법적으로 제거하여, 앞에서 말한 처벌의 간극에 대처하는 것이다.

따라서 컴퓨터시스템을 이용함에 있어서도, 그 데이터처리과정 어디선가 '사람' 즉 해당 재산의 구체적 처분권한을 가지고 있는 자가 개입하여 거기에 기망·착오·처분행위가 인정되는 경우에는 본 조가 아니라 2항의 사기죄(제246조 제2항)가 적용된다.

---

164) 東京高判 昭和 55. 3.3. 判時 975, 132; 大阪地判 昭和 57. 9. 9 判時 1067, 159; 札幌地判 昭和 59. 3. 27 判時1116, 143 등.
165) 鶴田六郎, 앞의 논문, 18면 참조.
166) 일본 형법 제246조 제2항 "전항의 방법에 의하여 재산상 불법의 이익을 취득하거나 타인에게 취득하도록 한 자도 (10년 이하의 징역에 처한다)."

II. 보호법익

1. 컴퓨터시스템 자체의 안전을 포함하는 것인지 여부

일본 형법개정상의 입법취지 및 조문의 위치에서 보면, 본조의 죄는 재산범(이득죄)이고, 그 보호법익은 개인적 법익인 재산이다. 독일에서와 같이 본죄는 컴퓨터를 이용한 거래의 안전·신의성실성이나 컴퓨터시스템 자체의 존립·안전을 보호법익으로 하는 것은 아니다.

하지만 일부 학자는 컴퓨터범죄의 초개인적 법익성을 강조하여, 본죄에 있어서도 침해범으로서 보다는 위험범으로서 이해하려고 하며, 본죄의 보호법익을 거래의 안전·컴퓨터시스템 자체의 안전으로 파악하는 견해[167]도 있다.

2. 전체재산의 감소인지 여부

본조의 죄가 재산범인 이상, 역시 침해범으로서 무엇인가 재산적 침해가 발생하는 것이 필요하다고 해석된다. 그리고 그 재산적 침해는 당해 재산상의 개별적 이익의 침해·상실 그 자체에 있다고 해석되어 진다.

이 점에 관하여 종래 일본에서는 특히 2항 사기죄에 있어서 재산적 손해를 전체재산의 감소로 받아들이는 견해도 유력하게 주장되고 있다. 그러나 본조가 일본의 배임죄(247조)나 독일 형법의 일반사기죄(§263) 및 컴퓨터사기죄(§263a ①)의 규정과는 달리 명문상 '재산상의 손해'의 발생을 요건으로 하지 않은 점, 또 재물죄(특히 절도죄)와의 관계상 본조의 죄를 전체재산에 대한 죄로 보는 것으로서의 근거가 결핍되어 있는 것, 그리고 본조는 기망·착오·처분행위를 필요로 하지 않기 때문에 2항 사기에 관한 논의는

---

167) 小林敬和, コンピュータ犯罪に關する立法上の問題点, 德山大學總合經濟研究所 紀要 10호, 135면.

말하자면 기망에 의한 처분행위를 끌어내기 위한 피해자에의 대가의 제공이라고 하는 것 자체가 문제가 되지 않는 것 등을 고려해보면, 손해를 전체 재산의 감소로 보는 견해에 따르는 것은 옳지 않다고 보고 있다.168)

Ⅲ. 행위의 주체

독일에서와 마찬가지로 일본에서도 본죄의 주체에는 어떠한 제한도 두지 않고 있다. 따라서 기업 등의 내부자, 외부자를 불문하고 본 조에 규정하는 수단에 의하여 재산상 불법의 이익을 취득하거나 타인으로 하여금 취득하게 하는 자는 본조에 의한 처벌대상이 된다.169)

또한 행위자가 직접 입력하는 경우에 한정하는 것은 아니고, 정을 알지 못하는 제3자를 이용하여 입력하게 하여, 불실의 전자적기록을 작성케 하는 간접정범적인 경우도 포함한다고 본다.170)

Ⅳ. 행위유형

일본 형법		한국 형법	
사람의 사무처리에 사용되는 전자계산기		컴퓨터 등 정보처리장치	
전단의 행위	허위의 정보 입력	제1행위	허위의 정보 입력
	부정한 지령 입력	제2행위	부정한 명령 입력
중간결과	재산권의 득상변경에 관한 불실의 전자적기록을 작성	중간결과	정보처리
후단의 행위	허위의 전자적기록을 사람의 사무처리에 제공		

---

168) 大山 弘, 電子計算機使用詐欺罪, 中山研一, 神山敏雄 編, コンピュータ犯罪
　　等に關する刑法一部改正(注釋), 成文堂, 1989, 121면.
169) 米澤慶治, 刑法等一部改正法の解說, 立花書房, 1988, 117면.
170) 日本辯護士聯合會, 刑法改正對策委員會 編, コンピュータ犯罪と現代刑法, 三
　　省堂, 1990, 161면.

본죄는 재산권의 득상, 변경의 사무가 전자적기록에 의하여 자동적으로 처리되는 경우에 있어서 그에 따른 거래 등 사무처리시스템을 악용하여 사람을 기망하지 않고 재산상 불법의 이익을 취득하는 행위를 처벌의 대상으로 하고 있다.

그 적용에 있어서 중핵적 의미를 가지는 것이 "재산권의 득상, 변경에 관한 전자적기록"이라는 개념이다. 또 재산권의 득상, 변경에 관한 전자적기록에는 온라인화된 은행의 원장파일과 같은 비부형(備付型)의 것, 프리페이드카드와 같은 휴대형의 것이 있고, 그것에 대응한 부정행위의 태양도 다르기 때문에 처벌의 대상이 되는 행위는 다음의 2가지 태양으로 구분하여 규정하고 있는 것이다.[171]

그러나 우리 형법상 컴퓨터등사용사기죄에 있어서는 일본의 '전자적기록'이라는 표지를 의도적으로 배제하고 있다. 따라서 일본이 그 전자적기록의 종류와 그 기록을 부정사용하는 행위태양도 달리 파악하고 있는 반면에 우리는 전자적기록이라는 용어에 크게 구애를 받을 필요도 없다. 하지만 우리 조문의 입법과정을 살펴보면 일본의 조문을 직접적으로 차용한 것을 알 수 있고, 또 일본의 조문에서 '후단의 행위'가 우리 조문의 해석에도 포함되는 것으로 바라보고 있으므로 우리 형법의 본 조문에 대한 해석론은 일본의 해석보다 넓게 바라보고 있는 것이라 할 수 있다. 이하에서는 일본에서의 행위유형에 대한 구체적 해석론을 살펴보기로 한다.

1. 전단의 행위

타인의 컴퓨터시스템 내에 있는 재산권의 득상, 변경에 관한 전자적기록을 진실에 반하여 내용에 개변하는 행위이다. "말하자면 비부형(備付型)의 전자적기록의 부정조작에 따른 불법이득행위이고, 데이터의 입력·처리 단계에서의 부정조작을 보충하는 것"이다.[172] 예컨대, 부정한 예금이체조작을

---

171) 米澤慶治, 앞의 책, 117-118면.

행하는 것에 의하여 온라인화된 은행의 예금원장파일에 가공입금의 기록을 만들거나, 혹은 허위의 변제기록을 작성한다고 하는 경우가 이에 해당한다.

본 조문이 신설된 후 얼마 있지 않아 발생한 第一權業銀行事件,[173] 그리고 靑梅信用金庫事件[174]은 그 대표적 사례에 해당한다.

① "사람의 사무처리에 사용되는 전자계산기에"

일본의 본 구성요건은 우리 조문에 있어서는 단순히 '컴퓨터 등 정보처

---

172) 西田典之, コンピュータの不正操作と財産犯－改正案二四六條ノ二の檢討, ジュリスト No.885, 17면.

173) 이 사건에서 피고인은 예금, 이체업무에 종사하는 은행원이지만, 고객 A가 예금통장 등을 대금고에 맡겨놓고 있는 것을 이용하여, 새로운 A 명의의 보통예금통장을 작성하고, 그것을 사용하여 온라인시스템 단말기를 조작하여, 고객의 구좌에서 자기의 구좌 및 제3자의 구좌에 부정으로 합계 160만 엔을 이체입금시킨 사안이다. 이체입금의 사실이 없는 것임에도 불구하고 이체임금이 있다고 하여 허위의 정보를 준 것을 인정하고 있다. 또한 본건의 피고인은 그 외에도 금액 4500만 엔의 위조의 지불의뢰서를 작성하고, 다른 이체계원 B에 주어서, B에 정규의 이체의뢰서로 오신케 하여, 피고인이 미리 개설한 다른 은행의 구좌에 지불입금처리를 하게 하였지만, 그 점에 대해서는 B가 다른 행위에 따른 조사의 절차를 경유하지 않고 온라인시스템 단말기를 조작하여 송신을 행하고, 소위 직접송신의 권한을 가지고 있기 때문에 B에 처분권한 있음으로써, B를 피기망자로 하는 제246조 제2항 사기이득죄로 기소되어, 동죄의 성립이 인정되고 있다. 西田典之, 金融機關のオンライン システムの不正利用と電子計算機使用詐欺罪 －東京高判 平 5. 6. 29 をめぐって－, 金融法務事情, No.1408, 7-8면.

174) 이 사건에 대하여 피고인은, 신용금고의 爲替계의 직원이지만, X와 공모하여, 온라인시스템 단말기를 부정으로 조작하여, 실제로는 지불의뢰를 받은 사실이 없음에도 불구하고, (1) 소화 60년 6월 12일부터 62년 4월 23일까지 사이에, 2회에서 10회에 나누어서 X가 설정한 다른 금융기관의 예금구좌에 지불입금처리를 행하고, (2) 소화 62년 12월 14일부터 소화 63년 11월 10일까지 사이에 5회에 걸쳐 동양의 행위를 행하고, 합계 9억7000만 엔의 입금처리를 행하였다. 본건범행은 약 3년 5개월에 이루어졌으나, 피고인은 범행의 발견을 방지하기 위해, 부정의 지불발신을 한 후에는 그 발신에 대응하는 여러 가지 가공의 전표류를 위조하고, 이것에 역석자의 검인을 훔쳐 날인하는 등의 은폐공작을 행하였다. 또 (1)의 범행은 제246조의2의 시행 전에 행해졌기 때문에 배임죄로 기소, 처벌되었다.

리장치'라고만 규정되어 있고, '사람의 사무처리에 사용되는'이라는 규정은 포함되어 있지 않다. 하지만 우리의 입법자는 "사기죄의 본질에 비추어 당연한 규정이므로 별도로 규정할 필요가 없다"고 하여 본 구성요건의 해석에 있어서 차이가 나는 것은 아니다.[175]

본 구성요건에 대하여 일본에서는 다음과 같이 해석하고 있다.

"사람이란 타인, 말하자면 범인 이외의 자를 말하고, 자연인 외에 법인, 단체도 포함한다. 사무처리란 재산상, 신분상, 기타 사람의 생활관계에 영향을 미친다고 인정되는 사정의 처리를 말하고, 그 자체가 업무로서 행해지는 사무인가 아닌가, 법률적인 사무인가 아닌가, 재산상의 사무인가 아닌가를 문제삼지 않는다.[176] 그러나 본조의 죄가 재산범이고, 종래의 배임죄에 있어서 "사무를 처리하는"의 해석과 동일하게 해석되어 진다고 한다면, 여기에서는 재산상의 사무, 즉 재산의 보존·이용·개선을 목적으로 하는 사무처리로 해석된다."[177]

일본에서도 우리나라와 같이 "전자계산기"에 대해서는 정의규정을 두고 있지 않다. 그러나 일본의 해석론은 본조의 입법취지나 보호법익 및 본조 전단이 예정하고 있는 행위유형 등을 고려해 보면, 본조 전단에 있어서 "전자계산기"는 금융기관(각종 은행, 우체국, 각종 공고, 신용금고, 농협, 증권회사, 보험회사, 신판회사, 금융회사)의 업무용컴퓨터를 의미하며, 그리고 어느 정도의 보안시스템이 구비되어 있는 업무용컴퓨터에 한정된다고 본다.[178]

그러나 이러한 일본의 전자계산기의 개념정의를 우리나라의 경우에도 동일하게 받아들일 수는 없다. 왜냐하면 우리나라에서 일본과 같이 전자적 기록의 형태에 따라 행위유형을 구별하고 있지 않으므로 컴퓨터 등 정보처리장치를 업무용컴퓨터에 한정되는 것으로 볼 필요는 없기 때문이다.

---

175) 법무부, 형법개정법률안 제안이유서, 182면.
176) 米澤慶治, 參議院法務委員會會議錄 第3号(昭和六十二年五月二十五日), 22면.
177) 大山 弘, 앞의 中山硏一, 神山敏雄 編, 123면.
178) 日本辯護士聯合會, 刑法改正對策委員會 編, コンピュータ犯罪と現代刑法, 三省堂, 1990, 161면.

② "허위의 정보 내지는 부정한 지령을 주어"

본 행위유형은 우리 형법의 조문과 일치하고 있다. 다만 '지령'이라는 표지가 우리나라에서는 '명령'이라는 표지로 바꾸어진 것뿐이다. 따라서 우리나라에 있어서 본 행위유형의 해석론도 일본과 크게 차이가 나는 것은 아니다. 단지 일본에서는 후단의 행위유형도 규정하고 있으므로 우리나라에서는 본 행위유형에 일본의 후단의 행위도 포함하는 것으로 해석할 여지가 있다는 점에서 차이가 난다.

일본 조문에 규정된 전단의 행위 중 "허위의 정보"란 해당 시스템에 있어서 예정되어 있는 사무처리의 목적에 비추어 그 내용이 진실에 반하는 정보를 말한다. 그 예로서는 가공입금 데이터가 그것에 해당한다.[179]

"부정의 지령"이란 당해 시스템에 예정되어 있는 사무처리의 목적에 비추어 본래 예정되어 있지 않는 지령을 말한다: 예컨대 1만 엔을 입금한 경우에 10만 엔이 기록된다고 하는 것에 의하여, 입금처리 프로그램을 개변·조작하거나 프로그램을 개변하여 예금을 인출하여도 잔액이 감소되지 않도록 하는 것[180]이 이에 해당한다고 한다.

"준다"는 것은 컴퓨터에 입력(Input)하는 것을 말한다. 하지만 범인 자신이 스스로 직접 전자계산기에 입력하는 경우 이외에 정을 알지 못하는 제3자를 이용하여 입력하는 간접정범적인 태양도 포함한다.[181]

그런데 현실에서 가장 빈번히 발생하기 쉽고, 또 일본 법무성의 본조법안설명[182]에 있어서도 본조에 보충되는 것으로서 예시되고 있는 사례, 즉, 부정작출, 습득 내지는 절취에 관한 타인의 CD카드를 ATM기에 부정하게

---

179) 名古屋地判平 9. 1. 10. 判時 1627. 158.
180) 大阪地判昭 63. 10. 7. 判時 1295, 151.
181) 米澤慶治, 앞의 책, 123면. 예컨대 신용금고지점장이 입금사실이 없음에도 지점당좌예금계에 동 지점에 설치된 온라인 단말기를 조작하게 하여 2800만 엔의 예금입금이 있었다고 하는 정보를 준 사례(東京高判平 5. 6. 29. 高刑集 46. 2. 189).
182) 米澤慶治, 衆議院法務委員會議錄 第4号(昭和六十二年五月二十二日), 9면.

사용하여 타인의 예금구좌에서 자기 내지는 제3자의 예금구좌에 송금을 행하고 있는 사례에 있어서는 그것이 본조 전단의 행위태양에 해당한다고 해석되는 것은 이론이 없다. 그러나 그것을 "허위의 정보"를 준 경우로 해석하는가, "부정의 지령"을 준 경우로 해석하는가에 있어서 해석은 나누어지고 있다.

a) 허위의 정보에 해당한다는 견해

일본의 다수설의 지위에 있는 견해이다. 그런데 학설상으로 절취한 타인의 CD카드를 사용하여 현금을 인출하거나 예금을 이체시키는 행위가 허위의 정보에 해당한다는 견해는 그 확실한 논거를 대고 있지 않다.[183] 다만 사기죄의 경우에서 타인을 가장하는 것이 결국 허위의 의사표시에 해당하여 기망이라고 보는 측면에서 이를 이해할 수 있다고 생각한다. 일부 학자는 적어도 그 내용이 진실에 반하는 가공의 송금금액을 데이터의 일부로서 반드시 입력(Input)하는 것에 의하기 때문에, 단적으로 "허위의 정보"가 주어진 것이라고 해석하면 족하다고 하기도 한다.[184]

b) 부정한 지령에 해당한다는 견해

이에 반하여 이를 부정한 지령을 준 것에 해당한다고 보는 견해가 있다. 이 견해에 따르면 "일본 정부 측의 설명에 따르면 정상적으로 발급받은 CD카드를 가지고 제멋대로 사용하는 행위는 컴퓨터사기죄에 해당하지 않는다고 하고 있다.[185] 그러한 해석에는 의문이 있으며 해당 CD카드 사용권한자인 A 이외의 B가 권한 없이 사용한 경우, 결과적으로 원장파일에 유형위주의 성격을 가지는 전자적기록을 만들었다고 할 수 있다. 확실히 B는 '허위의 정보'를 준 것이 아니다. 그렇다면 '부정의 지령을 준'것인가가

---

183) 西田典之, コンピュータの不正操作と財産犯－改正案二四六條ノ二の檢討, ジュリスト No. 885, 17면; コンピュータ關聯犯罪と刑法の一部改正(下), 判例ダイムス No. 651, 1988, 32면.

184) 大山弘, 앞의 中山硏一, 神山敏雄 編, 125면.

185) 米澤慶治, 衆議院法務委員會議錄 第4号(昭和六十二年五月二十二日), 25면.

문제될 수 있다. 정부 측 설명에 따르면 '부정의 지령'이란 해당 시스템에 예정하고 있는 사무처리의 목적에 비추어 예정하고 있지 않은 지령을 주는 것이다. 부정의 지령을 준다는 것을 기술적 관점에서 보는 경우, 입력된 데이터가 프로그램 및 콘솔의 부정조작을 의미하는 것이라면 이것에 해당한다고 보는 것은 곤란하게 된다. 그렇다고 해서 위의 사례를 보충할 수 없다고 한다면 컴퓨터사기규정의 진가가 의문시된다. 따라서 '부정의 지령'을 준다는 것은 법률적 관점으로서는 단적으로 권한 없이, 또는 권한남용에 의하여 지령을 주는 것이라고 해석하는 것이 타당하다"[186]고 한다.

위와 같은 일본의 견해대립은 우리나라에 있어서 현금카드를 부정사용하는 행위에 대한 사례에서도 마찬가지로 전개되고 있다. 그러나 일본에서는 '허위의 정보'라고 보는 견해가 다수인데 반하여 우리나라에서는 '부정한 명령의 입력'으로 보는 견해가 다수이다. 우리 학자들이 이러한 견해를 취하는 가장 큰 이유는 우리 입법자가 제안이유서에서 '진실한 자료를 부정하게 사용하는 경우도 부정한 명령의 입력에 해당한다'고 하는 판단 때문이라고 생각한다. 하지만 우리 입법자가 판단한 '부정한'의 의미를 '권한 없음'으로 파악할 필요는 없으며, 또 우리 학자들은 그 이외에 왜 권한 없는 정보의 사용이 부정한 명령의 입력이 되는지에 대한 명확한 근거를 제시하지 못하고 있다. 자세한 내용은 후술한다.

③ "재산권의 득상, 변경에 관한 불실의 전자적기록을 만들어"

일본과 우리나라 조문상의 가장 큰 차이점이라고 할 수 있는 것은 일본에서는 허위의 정보 또는 부정한 지령을 주어 "재산권의 득상, 변경에 관한 불실[187]의 전자적기록"을 작성할 것을 구성요건으로 하고 있다는 점이

---

186) 神山敏雄, コンピュータ犯罪立法の批判的 考察, 法律時報 60巻 1号, 82면.
187) '不實'이라는 용어는 우리나라에서는 '부실' 혹은 '불실'이라는 용어로 사용하고 있다. 그러나 우리나라에서 공정증서원본에 대한 침해에 관한 죄에서 보면 검찰 쪽에서는 '불실'이라고 표현하고 법원에서는 '불실'과 '부실'을 혼

다. 우리나라는 '정보처리'라는 용어만을 규정하고 있다. 따라서 일본의 이 구성요건을 엄격하게 파악한다면 정보의 '저장'만을 의미하게 된다. 즉 허위의 정보 또는 부정한 명령을 입력하더라도 그 정보나 명령이 해당 컴퓨터시스템에 저장되어 있지 않으면 본 조문을 적용할 수 없다는 것이 된다.

일본의 입법자의 설명에 의하면 "재산권의 득상, 변경에 관한 전자적기록"이란 금전적 가치를 내용으로 하는 권리의 득상, 변경의 사실 또는 그 득상, 변경을 생성할 수 있는 사실을 기록한 전자적기록이고, "바로 그 전자적기록의 내용의 변동 그것이 어떤 사람의 재산권의 득상, 변경을 표시한다고 하는 결과를 발생시키는" 전자적기록을 말한다.[188]

여기서 말하는 "관한"이란, 기록내용의 변동과 재산권의 득상, 변경과의 直結性을 의미한다고 해석된다.

그런데 이것에 대하여 "관한"이라고 하는 문언은 "기록의 작출(갱신)과 사실상의 재산권의 득상, 변경과의 사이에 직접적 혹은 필연적인 연관을 표현하기 위함이다"[189]라고 하는 견해가 있다. 이러한 견해에 따르면, 필연적으로 연관되려면, 비록 간접적일 지라도 충분한 것이 되게 된다.

이렇게 파악하면 예컨대 회사의 급여 데이터파일에 대하여, 어떤 회사의 그 파일을 은행에 가지고 들어가서 각 구좌의 급여 불입을 의뢰하는 경우 그 자기파일상의 데이터가 "재산권의 득상, 변경에 관한 전자적기록"에 해당한다고 볼 여지가 있다. 일본의 입법자는 이에 해당한다고 보고 있다.[190]

우리나라 하급심 판결에서도 보면 회사 컴퓨터에 허위의 급여테이터를

용해서 사용하고 있는 것 같다. 그러나 일본의 본 조문을 번역하는 논문에 의하면 대체로 '부실'이라고 표현하고 있다. 우리 일상생활에 있어서 부실과 불실은 거의 동일하게 사용하고는 있지만 우리의 언어 관용상 '부실'이란 '내용이 실속이 없고 충분하지 못하다'는 의미를 가지고 있어서 '내용이 진실과 반한다'는 의미를 충분히 살리지 못한다고 생각하므로 본 연구에서는 일본의 본 조문을 '불실'로 번역하고자 한다.

188) 米澤慶治, 앞의 衆議院錄, 16면.
189) 的場純男, 概說(5), 92면; 米澤慶治, 앞의 책, 118면.
190) 米澤慶治, 앞의 衆議院錄, 16면.

110

입력한 후, 그 데이터를 근거로 경리직원이 은행에서 송금을 행한 사례에 있어서 컴퓨터등사용사기죄를 적용한 판례가 있다.[191]

그러나 그러한 해석기준은 본조 전단의 "재산권의 득상, 변경에 관한 전자적기록"의 개념을 불명확하게 하는 것이 된다고 하지 않을 수 없다. 왜냐하면, 예컨대 회사의 사원급여지불에 있어서 사원명, 연령, 근속연수, 가족구성 등에 관한 기초 데이터도 "재산권의 득상 변경"에 간접적으로 있어서는 "필연적인 연관"을 가지는 "전자적기록"이라고 해석되어질 여지가 있고, 그렇다면 제법 광범한 간접적인 데이터까지 받아들여지는 것에도 가능하기 때문이다.

또 현실에서 각 기업의 각자의 뱅킹시스템의 내용, 즉 계산사무처리과정을 전제로 한다면 "직접적 혹은 필연적인 연관"을 확정하는 것은 불가능하기 때문에, 예컨대 자기파일상의 동일한 내용의 데이터에 있어서도 시스템이 다르다면, 본조 전단의 전자적기록에 해당하는 경우와 해당하지 않는 경우가 있을 수 있게 되고, 더욱이, 후단의 행위유형(휴대형의 전자적기록을 사용하는 경우)과의 구별도 어렵게 되고, 결국 본조의 적용범위의 한계가 불명확하게 되지 않을 수 없고, 미수죄의 성립범위가 넓어지게 된다.[192]

따라서 위 사례에서 개변된 데이터를 입력하는 것에 의하여 반드시 내용의 변동이 발생하는 것에 의한 은행의 고객원장파일상의 데이터가 본조 전단에서 말하는 "재산권의 득상, 변경에 관한 전자적기록"(요컨대 비부형의 전자적기록)이 된다고 하는 것이 타당하며, 또 이렇게 해석하는 것이 전술한 "전자계산기"의 의미와도 조화되는 것이라고 할 수 있다.[193]

---

191) 광주지법 2000. 3. 25. 선고 2000고단445 판결. 그러나 우리나라는 일본과 같이 '재산권의 득실, 변경에 관한 전자기록의 작성'이라는 표지를 사용하지 않고 단순히 '정보처리'라는 표지를 사용하고 있다. 정보처리는 정보처리시스템 내에서 엄격하게 해석하면 '저장'의 전 단계에 위치하게 되므로 반드시 기록으로 존재해야 할 필요는 없다고 할 수 있다. 따라서 그 정보의 상태가 일정한 매체에 기록되어 있는지 아닌지는 정보처리에 있어서 결정적인 문제는 아니라고 할 것이다.
192) 大山 弘, 앞의 中山硏一, 神山敏雄 編, 127면.
193) 大山 弘, 앞의 中山硏一, 神山敏雄 編, 128면.

그리고 본조 전단에는 "불실의" 전자적기록, 후단에는 "허위의" 전자적 기록으로 규정하고 있지만, 동 어구의 사이에 실질적인 차이는 없고, 어느 것이나 그 내용이 진실에 반하는 전자적기록이라는 것을 의미한다. 단지 어구의 표현상의 차이는 공정증서원본등불실기재죄(제157조 제1항)의 어구와 같이, "불실"의 경우가 범인의 행위의 결과로서 특히 타인의 수중에 있는 기록(즉 시스템 내에 있는 전자적기록)에 진실에 반하는 기록이 된다고 하는 상황을 표현하고, "허위"의 경우는 행위의 결과로서 범인의 수중에 있는 기록(즉 시스템 밖에 있는 전자적기록)에 진실에 반하는 기록에 된다고 하는 것을 표현하는 점에 기초하고 있다.[194][195]

2. 후단의 행위

(1) 의 의

이러한 일본의 행위유형은 우리 형법조문에는 규정되어 있지는 않지만 '허위의 정보 또는 부정한 명령'의 입력에 대한 해석론으로서 포섭할 수 있다고 할 수 있다.[196] 그러나 카드의 종류에 따라서 허위의 정보에 해당하는 것인지 부정한 명령에 해당하는 것인지에 대한 견해의 대립이 있다. 이러한 견해 대립은 '정보'의 의미 속에 '전자기록'과 '데이터'라는 개념이 포함되어짐을 인식하지 못하기 때문이라고 생각한다.

일본의 전자계산기사용사기죄에 있어서 행위태양의 두 번째는 재산권의 득상, 변경에 관한 허위의 전자적기록을 사람의 사무처리의 용에 제공하는

---

194) 米澤慶治, 앞의 衆議院錄, 35면; 橫鼻裕介, 앞의 NBL 382호, 34면.
195) 같은 의미로서 "허위와 불실 사이에는, 전자는 행위자가 적극적, 직접적으로 진실에 반하는 것을 작성하는 것, 즉 허구를 행하는 경우에 사용되는 것이 많은 반면에, 후자는 단순히 객관적으로 진실에 반하는 기록이라는 의미로서, 행위자의 직접적인 행위내용은 아니고, 간접적으로 발생하는 것에 있어서 사용되는 것이라는 뉘앙스의 차이가 있다." 米澤慶治, 앞의 책, 124면.
196) 이재상, 형법각론 제4판, 2001, 338면, 각주 2 참조.

것이고, 범인의 수중에 있는 진실에 반하는 전자적기록을 타인의 사무처리를 위해 사용하는 전자계산기에 있어서 사용을 할 수 있는 상태에 두는 경우이다.[197] 예컨대 내용허위의 전화카드를 사용하여 통화하는 행위나, 내용허위의 자기테이프나 디스크를 작성하여 은행의 정규의 고객원장파일을 바꾸어 놓는 행위 등이 여기에 해당한다.[198]

후단에서 말하는 "재산권의 득상, 변경에 관한 전자적기록"에는 시스템 밖에 있는 자기테이프나 디스크에 있어서 은행 등의 금융기관의 고객원장 파일용의 데이터도 당연히 포함되고 더욱이 오로지 휴대하여 사용하는 것이 예정되어 있고, 기록내용의 변동과 재산권의 득상, 변경과의 사이에 직결성을 가지는 전자적기록, 소위 전화카드, 오렌지카드 등의 프리페이드카드나 자기처리된 승차권, 정기권, 마권 및 잔고보유형의 IC카드 등이 여기에 포함된다. 그러나 전술한 바와 같이 CD카드, 급여파일이나 과금파일상의 데이터는 기록내용과 재산권의 득상, 변경과의 사이에 직결성이 있지 않으면, 여기에도 포함되지 않는다고 해석된다.

또한 후단에서는 입력데이터 자체가 "허위의 전자적기록"일 것을 요한다. 따라서 습득한 타인의 진정한 프리페이드카드를 부정사용하는 경우는 본조 후단에 해당하지 않는다고 한다.[199]

(2) 부정작출된 프리페이드카드의 부정이용행위

후단의 행위에서 중요한 점은 부정작출된 프리페이드(prepaid)카드 등의 부정이용행위가 본 죄에 의하여 처벌된다는 점이 중요하다. 예컨대 현재 일본에서는 위화에 의한 공중전화의 부정이용은 이익절도로서 불처벌[200]로 되고 있지만 부정작출된 전화카드를 이용하여 통화한 경우에는 본조 후단에 따라

---

197) 米澤慶治, 앞의 책, 123면.
198) 이러한 행위유형은 우리 형법에서는 규정되어 있지 않다. 그러나 우리 조문의 해석론으로 충분히 이를 포함할 수 있다고 할 것이다.
199) 大山 弘, 앞의 中山硏一, 神山敏雄 編, 129면.
200) 그러나 우리나라에서는 편의시설부정이용죄를 신설하여 이러한 입법상 흠결은 없다 할 수 있다.

처벌된다. 따라서 한정적이긴 하지만 이익절도의 새로운 가벌화가 되고 있다. 또 자기처리된 승차권을 부정작출하여 자동개찰기에 투입하여 부정승차한 경우도, 제161의2(전자적기록부정작출공용)와 함께 본조 후단에 따라 처벌된다.

그런데 이러한 행위는 부분적이긴 하지만 일본의 개정형법초안 제339조에 있어서 자동설비부정이용·무임승차죄로서, 게다가 사기죄 혹은 절도죄의 경감유형으로서 구성요건화되어 있었다.

일본 개정형법초안	한국 형법
제339조[自動設備の不正利用, 無賃乘車] ① 부정의 수단을 사용하여 대가를 지불하지 않고 자동판매기, 공중전화 기타 유료의 자동설비를 이용하여, 재물 또는 불법의 이익을 취득한 자는 3년 이하의 징역, 20만 엔 이하의 벌금, 구류 또는 과료에 처한다. ② 부정의 수단을 사용하여, 대가를 지불하지 않고 공중을 위한 교통기관을 이용한 자도 전항과 같다.	제348조의2[편의시설부정이용] 부정한 방법으로 대가를 지급하지 아니하고 자동판매기, 공중전화 기타 유료자동설비를 이용하여 재물 또는 재산상의 이익을 취득한 자는 3년 이하의 징역, 500만 원 이하의 벌금, 구류 또는 과료에 처한다.

이에 대하여 일본의 西田典之 교수는 "아마 본조 후단은 장래 일상생활에 있어서 모든 기기, 설비의 컴퓨터화가 진행되면, 부정작출된 프리페이드 카드 등의 부정이용행위의 증가가 예상되고, 재산침해와 그 위험성도 일층 커지게 되고, 결코 범정의 가벼운 행위유형으로는 되지 않는다고 전망하는 것이 되고, 말하자면 선취주의, 처벌완전주의로 표현되지 않는 것도 아니다. 특히 종래는 불처벌되었던 경미한 이득행위가 10년 이하의 징역이라고 하는 무거운 법정형에 의하여 처벌되는 점에 있어서는 법정형의 중에 선택형으로서 벌금형을 신설하는 것이나, 자동설비의 부정이용과 같은 특별경감유형을 신설하여, 그것에 대하여 본조의 적용을 배제하는 입법조치를 강구하는 것을 고려할 수 있는 것은 아닌가" 하는 견해[201]를 제시하기도 한다.

위의 西田典之 교수의 견해는 일본에 있어서 재산범죄의 체계상 징역형

---

201) 西田典之, コンピュータの不正操作と財産犯-改正案二四六條ノ二の檢討, ジュ リスト 885호, 19면.

만을 규정하고 있기 때문에 그 행위의 성격상 경미한 범죄를 절도나 사기 죄로 의율할 경우 형사처벌이 지나치게 가혹하다는 문제를 야기할 수 있다는 점에서 긍정적으로 판단할 수 있다. 이러한 의미에서 일본 형법개정초안상의 자동설비부정이용죄가 일본 형법에 삽입되었다면 전자계산기사용사기죄의 특별경감규정으로 이해할 수 있을 것이다.

그러나 우리 형법상에서 이해하게 되면 위의 견해는 전적으로 지지될 수는 없다. 왜냐하면 우리 형법상 재산범죄의 체계로는 일본의 사기죄나 절도죄와 같이 단순히 징역형만을 규정하고 있는 것이 아니라 벌금형도 규정하고 있으므로, 일본과 같이 지나친 형벌이라는 문제는 양형이나 소송 단계에서 적절히 운용하면 충분하다고 생각한다. 이러한 의미에서 우리 조문상 편의시설부정이용죄를 컴퓨터등사용사기죄의 특별규정으로 이해하려는 견해는 일본과 같은 재산범죄체계를 가지고 있지 않은 우리의 실정과는 맞지 않다고 생각한다.[202]

(3) 최근 일본 형법개정[203]

최근 일본에서는 형법 중 일부를 개정하는 법률이 통과하여 2001년 7월 23일부터 시행에 들어갔다. 이에 따르면 형법 중 유가증권위조의 죄에 더하여 '지불용카드전자적기록에 관한 죄'라는 제목으로 제18장의2를 신설하였다. 그 내용은 아래의 표와 같다.

이와 같이 형법을 개정한 이유에 대해서 입법자는 다음과 같이 설명하고 있다.

"최근에 이르러 크레디트카드 기타 대금 또는 요금의 지불용 카드의 보급 상황에서 그러한 카드의 위조 및 남용사례가 빈번하게 발생하고 그 피해액

---

202) 이에 대한 자세한 내용은 제4장과 제5장에서 후술한다.
203) 최근의 일본 형법개정의 입법 회의록자료는 일본의 중의원 사이트에서 찾아볼 수 있다.
   http://www.shugiin.go.jp/itdb__main.nsf/html/index__kaigiroku.htm

도 크레디트카드의 경우 평성 9년에 약 12억 엔, 평성 10년에 28억 엔, 평성 11년에 91억 엔, 평성 12년에 140억 엔 등 계속 급증하고 있고 직불카드나 대금선불카드 등도 그 위조 내지 변조의 피해가 계속 확대되고 있는 실정에서 이러한 카드의 사회적 신뢰를 확보하기 위해 이러한 카드를 구성하는 전사적기록 등의 부정작출, 소지, 그리고 그러한 전자적기록의 부정 취득행위에 대한 처벌규정을 정비하기 위함이다."[204]

"나아가 현재 급속하게 발전 보급되어 지고 있는 IT 정보기술을 활용한 다양한 결제시스템의 안전성이나 신뢰성의 기반을 확립하기 위해서도 그 전제조건의 하나로서 그 중요성이 더해지고 있는 이러한 대금지불용 카드에 대한 법률정비가 필요하다."[205]

제18장의2 지불용카드전자적기록에 관한 죄

제163조의2(지불용카드전자적기록부정작출 등)

① 사람의 재산상의 사무처리를 그르치게 할 목적으로, 그 사무처리의 용에 제공하는 전자적기록에 있는, 크레디트카드 기타 대금 또는 요금의 지불용의 카드를 구성하는 것을 부정하게 작성한 자는 10년 이하의 징역 또는 백만 엔 이하의 벌금에 처한다. 預貯金의 인출용의 카드를 구성하는 전자적기록을 부정하게 작성한 자도 동일하다.

② 부정하게 작성된 전항의 전자적기록을, 동항의 목적으로, 사람의 재산상 사무처리의 용에 제공한 자도 동항과 동일하다.

③ 부정하게 작성된 제1항의 전자적기록을 그 구성부분으로 하는 카드를 동항의 목적으로, 양도하고, 빌려주거나 또는 수입한 자도 동항과 동일하다.

제163조의3(부정전자적기록카드 소지) 전조 제1항의 목적으로, 동조 제3항의 카드를 소지한 자는 5년 이하의 징역 또는 50만 엔 이하의 벌금에 처한다.

제163조의4(지불용카드전자적기록부정작출준비)

① 제163조의2 제1항의 범죄행위의 용에 제공할 목적으로, 동항의 전자적기록의 정보를 취득한 자는, 3년 이하의 징역 또는 50만 엔 이하의 벌금에 처한다. 정을 알고 그 정보를 제공한 자도 동일하다.

② 부정하게 취득한 제163조의2 제1항의 전자적기록의 정보를 전항의 목적으로 보관한 자도 동항과 동일하다.

제163조의5(미수죄) 제163조의2 및 전조 제1항의 죄의 미수는 처벌한다.

---

204) 제151회 衆議院 法務委員會 會議錄 第21号 古田 佑紀 정부 참고인 발언.
205) 제151회 衆議院 法務委員會 會議錄 第21号 横內正明 副大臣, 上田 勇 위원
　　 발언 참조.

116

지금까지 일본에서는 현금자동지급기에서 위조된 신용카드를 사용하여 현금을 인출한 행위에 대하여 문서위조, 전자적기록부정작출죄 내지 행사, 공용죄, 절도죄, 사기죄 등이 성립할 수 있었다. 그러나 문제는 위조된 카드를 소지한 것 자체에 대해서는 아무런 법적용을 할 수 없었다는 것이다. 즉 위조된 카드를 사용하기 전에는 발견하기도 힘들고 그러한 위조범죄가 조직적으로 분업적으로 이루어지고 있는 실정에도 그와 같은 점에 충분히 대응하지 못하고 있었기 때문에 그러한 간극을 메우기 위한 취지에서 이러한 카드범죄를 둘러싼 여러 가지 부정행위에 대하여 처벌할 수 있도록 한 것이라고 볼 수 있다.[206]

이러한 입법과정에서 여기의 대상이 되는 카드에 Point카드도 포함되는가에 대한 논의가 이루어졌는데, 이 부분의 논의에 대해서는 앞으로 카드의 기능의 발전이나 이용상황 등을 감안하여 그 시점에서 고려하기로 하고 현재의 개정에는 반영하지 않았다고 한다.[207]

여기에서 가장 문제되는 것은 이러한 위조범죄를 할 목적으로 정보를 취득하거나 제공하거나 보관한 자를 처벌한다는 규정이다. 이러한 규정 때문에 입법과정에서도 비판이 있었다. 즉 위 입법과정에 참가한 山內 功 위원은 "타인의 크레디트카드에 기재된 정보 예컨대 카드번호, 계좌번호, 비밀번호 등을 취득한 자나 그러한 정보를 알고 제공한 자 내지는 보관한 자를 처벌한다는 규정은 위조카드를 만들기 위해 기계나 원료를 준비하는 것(준비행위) 이전의 준비행위에 해당하는 규정으로서 소위 예비죄의 예비죄 또는 예비죄의 미수죄 등에 해당하지 않는지"라는 질문을 던지고 있다.[208]

생각건대 타인의 카드를 습득하거나 또는 절취하거나 하는 행위도 경우에 따라서 절도죄 이외에 본죄에도 해당하게 되어서 그러한 카드의 부정한 습득 당시의 행위자의 의사에 따라 절도죄 혹은 본 죄를 구성하게 되는 불합리한 점이 있다. 따라서 본 조문이 죄형법정주의의 원칙에 위배되는 규

---

206) 앞의 회의록 古田 佑紀 정부 참고인, 上田 勇 의원 발언.
207) 앞의 회의록 上田 勇, 古田 佑紀 발언 참조.
208) 앞의 회의록 山內 功 위원 발언.

정으로 이해될 우려가 있다. 사실상 타인의 정보를 취득하는 것 자체는 형법상 비밀침해죄를 적용할 수 있겠으나 그러한 정보가 사실상 비밀일 것을 요한다고 할 수 있다. 그런데 이러한 카드의 정보가 과연 형법상 보호해야 할 '비밀정보'인 것인가 하는 점이다.

그리고 위조범행을 위한 비밀정보 습득인 경우 비밀침해와 본죄와의 관계는 어떻게 될 것인가가 문제가 될 수 있다.

결국 이러한 문제는 본 죄가 목적범임을 고려해 볼 때 그러한 목적의 있는지 여부의 입증문제가 가장 중요한 고려사항이 될 것이다. 따라서 현대형 범죄로서의 처벌의 필요성과 피의자의 무죄추정의 원칙과의 긴장관계가 본 조문의 적용과 관련하여 일본에서도 꾸준히 문제제기가 되리라 예상된다.

(4) 사용에 제공하여

"사용에 제공하여"라는 것은 타인의 사무처리에 있어서 사용되는 전자계산기에 있어서 사용할 수 있는 상태에 두는 것을 말한다. 예컨대 허위의 데이터파일을 정규의 고객원장파일과 바꾸어 놓는 행위나 부정작출된 전화카드를 전화기의 입구에 넣는 행위가 이것에 해당한다.[209] 따라서 반드시 당해 기록을 컴퓨터에 입력하여 처리되도록 할 필요는 없다.[210]

또 본 행위유형에 있어서 전자계산기나 컴퓨터의 의미는 전단에 규정되어 있는 "전자계산기"의 그것보다도 넓은 의미를 가진다. 즉 전단의 경우는 비부형의 전자적기록을 염두에 두고 있기 때문에 "금융기관의 업무용컴퓨터"라고 하는 해석에 의하여 한정이 가능하지만, 후단의 경우는 문언상 "전자계산기"는 규정되어 있지 않고, 게다가 휴대형의 전자적기록을 염두에 두고 있기 때

---

209) 的場純男, 河村博, コンピュータ犯罪Q&A, 三協法規出版株式會社, 1988, 161면.
210) 그러나 우리나라에서는 '허위의 정보의 입력'이라는 구성요건에서 이를 포섭해야 할 것이므로, 우리 조문의 해석에 있어서는 반드시 '입력'되는 전자기록이지 않으면 안 된다.

문에 처음부터 규모, 성능에 있어서도 한정이 되지 않고, 카드식 전화기, 자동
권매기, 자동개찰기에 편입되는 컴퓨터도 포함되는 것이라고 본다.[211]

3. 불법이득

① 의 미

일본의 본 조문에서 "재산상 불법의 이익을 얻는"이란 재물 이외의 재
산상의 이익을 불법으로 얻는 것을 말하고, 상대방의 처분행위가 아니라
재산권의 득상, 변경에 관한 불실 혹은 허위의 전자적기록에 의하여, 예컨
대 일정 예금채권이 있는 것으로서 그것을 자유로이 처분할 수 있는 지위
를 가지는 것, 사실상 채무의 지불을 면할 가능성을 얻는 것, 혹은 일정의
용역의 제공을 받는 것 등이 이에 해당한다.[212]

예금잔고를 증액시키는 행위도 이익을 취득한 행위에 해당하게 되는
데,[213] 종래의 재산상 이익을 생각해 보면, 예금잔고가 증가한 것만으로는
'사실상 이익을 취득할 가능성이 있는 상태'가 발생한 것에 지나지 않아서
아직 이익을 취득하였다고 말할 수는 없다고 할 수 있을 것이다. 따라서
본조는 전산시스템의 특수성을 고려하여 이익의 개념을 약간 확대한 것이
라고 말할 수 있다.[214]

한편 전화통화에 대해서 일본 판례는 '블루박스'라는 컴퓨터 소프트웨어
를 이용하여 전화요금의 청구를 받는 일 없이 국제통화를 하여 전화요금
상당액의 지불을 면한 경우, 전자계산기에 부정의 지령을 주어 불실의 전
자적기록을 작출하여 재산상 이익을 취득한 것으로 보아 전자계산기사용사
기죄를 적용하고 있다.[215]

---

211) 大山 弘, 앞의 中山硏一, 神山敏雄 編, 130면.
212) 橫鼻裕介, 앞의 NBL 382호, 34면.
213) 東京地八王子地判平2. 4. 23. 判時 1351, 158.
214) 前田雅英, 刑法各論講義, 東京大學出版會, 1999, 247면.
215) 東京地判平 7. 2. 13. 判時 1529, 158(소위 KDD 국제전화 부정통화사건).

② 재산적 정보의 부정입수 및 타인의 정보를 부정하게 이용하는 행위

그런데 불법이득과 관련하여서, 재산적 가치를 가지는 정보의 부정입수행위 및 타인의 ID번호, 패스워드를 이용하여 유료데이터베이스의 부정이용행위에 관해서도 일응 검토를 해 볼 필요가 있다.

먼저, 전자(재산적 가치를 가지는 정보의 부정입수행위)에 있어서는 본조에 규정된 방식에 따라서 그 자체 자산가치가 있는 기업의 소위 노하우나 유료데이터베이스 중의 유료정보를 입수하는 경우가 고려될 수 있지만, 그러한 노하우나 유료정보를 부정입수하는 것 자체에서 얻어지는 이익과, 피해자 측에 있어서 정보 자체의 가치의 감소는 반드시 대응하는 것은 아니고, 재산상의 이익이 피해자의 불이익에 있어서 범인에 이전되었다고 말할 수 없기 때문에 그러한 정보의 부정입수 그것을 가지고 사기죄나 절도죄와 같은 정보의 당벌성을 가지는 재산상 불법의 이익에 해당한다고 말하기는 곤란하다고 한다.216)

다음으로 후자(타인의 아이디, 패스워드를 이용하여 유료데이터베이스를 부정이용하는 행위)에 있어서는 유료 데이터베이스의 이용요금을 계약자 본인에게 청구하도록 초래하는 것은, 지불을 면탈할 목적으로 타인의 ID번호 및 패스워드를 사용하여 데이터베이스를 부정하게 이용하는 행위(정보의 입수를 포함)는 계약자 본인이 아님에도 타인의 ID번호 및 패스워드라고 하는 허위의 정보를 전자계산기에 주어, 과금파일에 본인이 그것을 이용한 것과 같은 불실의 기록을 작출한 행위이고, 그 결과 재산상 이익도 얻고 있다고 일응 말할 수 있지만, 불실의 기록에 기한 재산상 이익을 얻었다고 말하기는 어려울 것이다. 즉 유료데이터베이스의 이용 내지 유료서비스의 향유라고 하는 의미에서의 재산상 이익에 있어서 말한다면, 이것은 계약자를 가장하여 그 ID번호 및 패스워드를 전자계산기에 입력한 것 자체에 따라 얻어지는 것이고, 불실의 기록에 기하여 얻어지는 것이라고는 말할 수 없다.217)

---

216) 米澤慶治, 앞의 책, 131면.
217) 米澤慶治, 앞의 책, 131-132면.

그러나 우리 형법상 컴퓨터등사용사기죄는 일본에서와 같이 '불실의 전자적기록을 만들어'라는 요건이 규정되어 있지 않으므로 이 점에서 일본형법의 해석론을 그대로 가져올 필요는 없을 것이다. 오히려 우리의 경우에는 그 ID번호 및 패스워드를 입력하는 것 자체에서 얻어지는 유료서비스의 향유를 재산상 이익으로 보는 것이 더 타당하다고 생각한다.

V. 고　의

본죄에 있어서 고의란, 타인의 사무처리에 사용되는 금융기관의 업무용컴퓨터에 허위의 정보 혹은 부정의 지령을 주어서, 재산권의 득상, 변경에 직결하는 비부형의 불실의 전자적기록, 다시 말하면 은행 등의 금융기관의 고객원장파일상에 진실에 반하는 데이터를 만들어 불법하게 이득하려는 의사, 혹은 허위의 재산권의 득상, 변경에 직결하는 휴대형의 전자적기록을 타인의 사무처리에 사용가능한 상태에 두어서 불법으로 이득하는 의사이다.

더욱이 본죄는 재물죄는 아니어서, 소위 불법영득의 의사는 특별히 문제가 되지 않고, 또 사람을 기망하여 이익을 편취하는 의사는 본죄의 고의의 내용에 포함되지 않는다.

VI. 미수·기수

1. 실행의 착수시기

일본의 본조 전단의 행위의 실행의 착수시기는 재산상의 이익을 불법으로 얻을 의사로, "사람의 사무처리에 사용되는 전자계산기에 허위의 정보 내지 부정의 지령을 주"기 시작하는 시점에 있다. 말하자면 은행 등의 금융기관의 업무용컴퓨터(ATM기[218]나 점두창구단말기 등)에 가공입금이나

계좌이체 등의 정보·지령을 입력하기 시작하는 때이다.[219] 또한 장래 홈
뱅킹시스템의 확충에 수반하여, 은행 등의 금융기관과 접속된 행위자 주변
에 있는 컴퓨터에 정보·지령이 입력되는 경우도 있지만 하지만 그 경우도
주어진 당해정보·지령이 통신회선을 통하여 금융기관의 업무용컴퓨터에
송신되기 시작하는 경우가 실행의 착수라고 한다.[220]

후단의 행위의 실행의 착수시점은 재산상의 이익을 불법하게 얻을 목적
으로 "재산권의 득상, 변경에 관한 허위의 전자적기록을 사람의 사무처리
에 용에 제공하"기 시작하는 시점이다. 예컨대 부정작출된 전화카드를 카
드 투입구에 넣기 시작하는 경우이다.

2. 기수시기

일본의 본조 전단의 행위의 경우에는 금융기관의 업무용컴퓨터에 허위
정보·부정지령의 입력에 따라 고객원장파일상에 진실에 반하는 기록이 만
들어지고, 그것에 기하여 적극적 이득형의 경우에는 예금을 인출하거나, 계
좌이체 등의 처분을 하는 것이 사실상 가능한 시점에서, 소극적 이득형의
경우에는 채무의 지불을 면할 가능성이 사실상 발생하는 시점에서, 각각
기수에 달한다. 구체적으로는 어느 쪽이든 금융기관의 고객원장파일상의
기록의 개변이 완성되는 시점[221]이 기수시점이 된다.

---

218) 米澤慶治는 ATM기에 캐시카드를 삽입하는 시점에 실행의 착수가 있다고
　　한다. 米澤慶治, 앞의 책, 133면. 같은 취지 的場純男, 河村博, コンピュータ
　　犯罪Q&A, 三協法規出版株式會社, 1988, 173면.
219) 변조된 팍키카드를 빠징코점 내의 단말의 카드유니트(자동옥대장치)에 삽
　　입하여 허위의 정보를 준 시점에서, 말하자면 회사의 호스트 컴퓨터에 접
　　속되어 있지 않았어도 전자계산기사용사기죄의 실행의 착수를 인정한 사례
　　도 있다.(長野地諏訪地判平8. 7. 5. 判時 1595, 154)
220) 大山 弘, 앞의 中山研一, 神山敏雄 編, 132면.
221) 米澤慶治는 이에 대하여 당해 기록이 개변되는 시점에 실행의 착수가 되고,
　　개변된 결과 채권자의 추급이 사실상 불가능에 가까운 상태를 현출한 시점에
　　재산상 이익을 얻은 것으로 기수가 된다고 한다. 米澤慶治, 앞의 책, 134면.

후단의 행위의 경우에는, 예컨대 부정작출된 전화카드를 카드식 전화기에 사용하여 통화의 이익을 얻는 시점에 기수가 달성된다.

하지만 일반적으로는 본조의 미수범위는 그다지 넓지 않게 될 것이다. 예컨대 타인의 CD카드를 사용하여 은행의 ATM기에 따라 자신의 구좌에 이체송금을 한 경우, ATM기에 허위정보나 부정지령을 입력한다면, 전용회선을 통하여 즉석에서 은행의 중앙컴퓨터에 입력되고, 그것에 기하여 고객원장파일상의 자기의 개인구좌에 새로운 증액기록이 만들어진다. 이때 사실상, 재산상 불법의 이익을 얻었다고 해석된다. 말하자면 내용허위의 자기테이프나 자기디스크를 은행의 고객원장파일의 정규의 것과 바꿔치기 하는 경우, 그 바꿔치기행위(공용행위)의 종료와 동시에 재산상 불법의 이익을 얻는 것으로 해석된다. 이에 따라서 부정작출된 프리페이드카드의 부정사용에 따른 이득의 경우도 포함하게 된다.

실제 본죄의 적용이 가능하게 되는 많은 사례에 있어서는 사실상 실행의 착수에서 기수까지 시간적인 간극은 거의 없다고 말할 수 있을 것이다.

Ⅶ. 죄수 및 타죄와의 관계

1. 죄 수

죄수의 결정기준을 보면 판례·학설이 여러 가지로 나뉘어져 있지만, 이것에는 본죄에 있어서 일죄로 되는 경우를 일반적으로 보여주고 있다. 즉 본죄와 2항 사기죄[222)]는 소위 형식적 보충관계에 있고, 따라서 침해법익이 동일한 한, 2항 사기죄가 성립되지 않는 경우에만 본죄가 성립한다.

또 동일의 재산에 대하여 본죄 전단의 구성요건해당행위와 후단의 구성

---

222) 일본에 있어서 사기죄는 우리 조문체계와는 달리 재물교부에 대해서는 제1
항에서, 재산상 이익을 취득하는 경우는 제2항에 규정하고 있다.

요건해당행위가 되는 경우, 혹은 복수의 그러한 행위가 시간적·장소적으로 근접한 경우에는 포괄하여 일죄가 된다. 그리고 한 개의 본조 구성요건 해당행위에 따라 복수개별의 재산에의 침해가 생긴 경우는 본조의 죄 사이에 관념적 경합, 과형상 일죄가 된다고 본다.[223]

2. 타죄와의 관계

① 절도죄와의 관계

타인의 CD카드를 무단으로 사용하여 은행의 ATM기에 직접, 현금을 타인의 구좌에서 인출한 경우에는, 지금까지의 일본의 판례와 통설에 따라, 현금화의 시점에 재물의 절도를 인정하여 절도죄로 보는 것이 성립한다고 해석된다.[224] 따라서 현금인출행위에 대해서 일본 형법은 전자계산기사용사기에 해당한다고 보지 않았다.[225]

하지만 타인의 CD카드를 무단으로 사용하여 은행의 ATM기에서 우선 자기의 구좌로 이체송금한 후에 자기의 CD카드를 사용하여 현금을 인출한 경우에는 직접적으로 절도죄의 성립을 인정하는 것은 곤란할 것이다. 왜냐하면 그렇지 않으면 행위자가 이체송금한 이전의 구좌잔고 이하를 이체송금 후에 현금화한 경우에는 말하자면 혼동의 결과, 재물의 특정이 곤란하게 되기 때문이다. 그러나 위의 사례에서 현금화할 때까지의 단계는 본조 전단의 행위와 그 이득결과에 해당한다. 따라서 이체송금 이전에 구좌잔고를 넘어서는 이체송금을 한 후 현금화가 된 경우에, 본죄와 절도죄와의 관계가 문제가 된다. 이 점의 경우, "본죄에 따라 재산상 불법의 이익을 얻은 후에 당해 이익의 내용을 이루는 재물을 취득한 경우에는 본죄와 절도죄의 포괄일죄를 구성하는 것이라고 해석할 수 있다"고 하는 견해[226]가 있다.

---

223) 大山 弘, 앞의 中山硏一, 神山敏雄 編, 133면.
224) 河村博, コンピューター犯罪, 特別註釋刑法 補卷(1) I, 42, 49면.
225) 일본의 컴퓨터사기규정은 제2항 사기죄 즉 재산상 이익을 취득하는 행위에 대한 보충규정이다.

124

또한 원칙으로서는 양 죄를 병합죄관계에 해당하는 것으로서, 보통의 경우에 따라서는 결국 행위자의 의도, 목적, 불법이득과 현금인출의 시간적 상호관계, 재산상 불법의 이익을 제공한 은행과 현금의 점유를 상실한 은행의 동일성의 유무 등의 고려에 따라 "불법이익이 오로지 그 후의 현금인출의 수단에 불과하다고 인정되는 경우에는 양 죄는 소위 포괄일죄의 관계"가 된다고 하는 견해227)도 있다. 그렇지만 오히려 "본죄를 상태범으로서 받아들이고, 현금인출하는 행위를 그 금액의 다소를 불문하고 소위 불가벌적 사후행위로 해석한다면, 본죄만이 성립한다고 해석하는 것이 가능하다고 생각할 수 있다"228)고 하는 견해도 있다.

② 사기죄와의 관계

본죄는 2항 사기죄와 보충관계에 있다. 따라서 침해법익이 동일한 한, 2항 사기죄가 성립하지 않는 경우에만, 말하자면 컴퓨터에 의한 사무처리과정에 있어서 전혀 사람이 개입하지 않는 경우, 혹은 사람이 개입한 것으로서도 당해 재산의 구체적 처분권한을 가지고 있지 않은 자(단순히 기계적 작업에 종사하는 오퍼레이터 등)를 이용한 경우에는 본죄가 성립한다.

또 사무처리과정에 있어서 거래 데이터를 출력해서 일정 권한자가 그것을 결제한 후에 재산권의 득상, 변경에 관한 전자적기록을 작성하는 경우에 처음의 거래 데이터를 개변하여 결제를 받아 전자적기록에 기한 재산상 이익을 취득한 경우는 결국 권한자의 착오에 기한 재산적 처분행위가 있기 때문에 사기이득죄만이 성립한다고 할 수 있다.229)

③ 횡령죄와의 관계

---

226) 橫鼻裕介, 앞의 NBL 382호, 34면.
227) 的場純男, 刑法等一部改正法槪說(5), 警察學論集 제40권 제12호, 108면.
228) 大山弘, 앞의 中山硏一, 神山敏雄 編, 134면.
229) 앞에서 설명한 바와 같이 우리나라의 하급심 판결에는 이 경우에 컴퓨터등 사용사기죄가 성립한다고 본다. 이 점에 대하여 후술한다.

예컨대, 은행의 지점장과 같이 수중에 현금을 점유하고 있다고 보여지는 입장에 있는 은행원이, 타인의 예금구좌에 무단으로 지불데이터를 창구단말기에서 입력한 후에 수중에 있는 그 현금을 가지고 나와 소비한 경우, 자기의 점유하에 있는 재물로서 현금을 영득한 때, 그 이외에 새로운 개별의 재산상의 이익을 취득하였다고는 말할 수 없고, 본죄에는 해당하지 않는 업무상횡령죄만(또한 전자적기록부정작출죄, 동공용죄의 성립은 있을 수 있다)이 성립하는데 그친다고 해석된다.230)

다음으로 예컨대 현금 10만 엔의 지불을 의뢰한 타인의 캐시카드를 보관하는 자가 그것을 기화로 당해 타인의 구좌에서 자기의 구좌로 10만 엔을 이체한 경우는 해당 이체를 행할 권한이 범인에게 부여되어 있다고 말할 수는 없기 때문에, 전자계산기에 허위의 정보를 주어 불실의 기록을 작출한 것으로서 은행과의 관계에서 본죄가 성립한다. 다른 면으로 지불을 의뢰하여 캐시카드를 점유하고 있다고 말하기 위해서는 아직 범인이 현금 10만 엔을 점유하고 있다고 말할 수 없기 때문에 의뢰자와의 관계에서 횡령죄가 성립하지 않는다고 볼 수 있다.231)

④ 배임죄와의 관계

본죄에 해당하는 행위가 동시에 동일 피해자에 대하여 배임죄에도 해당하는 경우에는 사기죄와 배임죄와의 관계에 있어서의 판례232)와 같이 해석하여, 본죄만이 성립한다고 해석하는 견해233)와 관념적 경합으로 보는 견해234)로 나뉘고 있다.

그러나 배임죄에 해당하는 행위가 민사법상 유효한 결과, 전자계산기에

230) 的場純男, 앞의 槪說(5), 110면.
231) 的場純男, 河村博, コンピユータ犯罪Q&A, 三協法規出版株式會社, 1988, 183면.
232) 最判昭 28. 5. 8. 刑集 7. 5. 965.
233) 相浦勇二, 警察公論 42권 9호 74면; 藤村博之, 警察時報 42권 44면; 米澤慶治, 앞의 책, 142면.
234) 福田, 註釋刑法〈6〉 262면; 大山 弘, 앞의 中山硏一, 神山敏雄 編, 136면.

주어진 정보가 허위의 것이 아니고, 작출된 전자적기록도 불실의 것이 아
닌 경우, 예컨대 금융기관의 직원이 금융기관명의로 은행의 온라인시스템
을 사용하여 그 대부를 받을 자의 구좌에 대부금을 입금한 행위는 전자계
산기에 허위의 정보를 준 것이라고 말할 수 없고, 불실의 전자적기록을 작
출한 것이라고도 말할 수 없어서 본 죄가 성립하지 않고 다만 배임죄만 성
립한다고 할 수 있다.[235]

⑤ 전자적기록부정작출죄, 공용죄와의 관계

본죄는 불실의 전자적기록의 작출 또는 허위의 전자적기록의 공용에 따
른 불법이득을 처벌하는 것이기 때문에 단적으로 양 죄는 관념적 경합이나
견련범의 관계에 있다고 해석된다.[236] 즉 예컨대, 타인의 CD카드를 부정하
게 사용하여 ATM기에 자기의 예금구좌에 불입송금을 행한 경우나, 오퍼
레이터가 은행의 컴퓨터를 조작하여 고객원장파일상의 자기구좌에 가공입
금의 기록을 만든 경우, 제161조의2의 1항에서 말하는 "사람의 사무처리를
잘못하게 할 목적", 요컨대 은행의 예금관리사무를 잘못하게 하는 목적이
긍정되는 것을 전제로, 결국, 부정작출죄와 본죄와는 관념적 경합의 관계에
있게 된다. 또 사용도수를 속인 전화카드를 만들어 전화기에 투입하여 통
화한 경우, 부정작출죄와 본죄와는 견련범의 관계가 되고, 공용죄와 본죄와
는 관념적 경합의 관계가 된다고 해석된다.[237]

그러나 최근 일본의 형법일부개정으로 신설된 지불용카드전자적기록부
정작출죄 제2항에도 해당하게 되므로 본 조문과 지불용카드전자적기록부
작출공용죄의 관념적 경합이 된다고 보아야 한다. 왜냐하면 지불용카드전
자적기록부정작출죄는 전자적기록부정작출죄와의 관계상 특별관계에 있다
고 볼 수 있기 때문이다.

235) 的場純男, 河村博, コンピュータ犯罪Q&A, 三協法規出版株式會社, 1988, 184면.
236) 藤村, 警察時報 42권 9호 44면; 相浦, 警察公論 42권 9호 74면; 的場, 概説
　　(5) 112면. 이하 西田, 刑法雑誌 28권 4호 522면 참조.
237) 大山 弘, 앞의 中山研一, 神山敏雄 編, 137면.

제4절 독일, 일본의 컴퓨터사기죄와의 비교

1. 입법과정상에 나타난 외국법의 수용

제2장에서도 언급한 바와 같이 우리 형법상 컴퓨터범죄 규정은 일본의 모델을 그대로 차용한 것으로 보인다.[238] 이러한 일본의 컴퓨터범죄 규정은 역시 독일의 컴퓨터범죄 규정에 어느 정도 영향을 받은 것으로 보이는데, 독일과 일본이 1986년과 1987년에 입법을 한 것과 비교해 보면 우리나라에서는 상당한 시일이 경과한 뒤 1995년에 이르러서야 비로소 형법전에 도입되게 된 점에서 외국의 것과 비교하여 상대적으로 우리나라의 컴퓨터범죄에 대한 대처는 그만큼 늦은 감이 없지 않다. 하지만 반면에 새로운 입법 후의 많은 논의들을 충분히 검토해 볼 수 있었다는 장점을 고려해 본다면 현재의 입법은 외국의 것보다는 보다 그 당시의 현실을 충분히 반영할 수 있었다는 점에서 위안을 삼을 수 있다.

우리 형법전의 컴퓨터등사용사기죄 규정은 처음에는 일본의 전자계산기사용사기죄의 규정을 그대로 차용하고 있었다. 즉 형법개정과정에서 1992년 형법개정안이 확정되기 전에 제1차 시안으로서 검토될 때 일본의 규정을 그대로 차용하고 있었다. 제1차 시안에 나타난 규정을 살펴보면 [형법개정시안:[239] 형법 제347조의2(전자계산기사용사기죄) 전자계산기에 허위의 정보 또는 부정한 명령을 부여하고 부실한 전자기록을 작성하거나 허위의 전자적기록을 사용하게 하여 재산상의 이익을 취득하거나 제3자로 하여금 취득하게 한 자는 10년 이하의 징역 또는 500만 원 이하의 벌금에 처한다.]라고 하여 일본의 규정과 크게 차이가 나지 않는다.

그러나 이러한 조문이 개정과정에서 조정안을 작성하는 과정에서 현재

---

238) 김종원, 마무리 단계에 들어선 형법개정작업을 생각하며, 사법행정 92/5, 3면.
239) 이 개정시안의 조문과 내용은 개정심의에 참여하였던 이재상, 컴퓨터범죄에 대한 형법적 대책의 연구, 경희법학 25, 1990, 69면 이하 참조.

의 조문으로 변경되었다. 그러나 이러한 현재의 조문으로 변경된 이유에 대해서는 자세한 내용이 공간된 입법자료나 문헌상으로 나타나지 않는다. 추측컨대 일본의 조문을 그대로 차용하는 것에 대한 비판을 어느 정도 수용하는 과정에서 일본식 용어를 현재의 용어로 변경하거나 간략화시키고 독일의 규정 방식을 어느 정도 차용함으로써 이러한 비판을 피하기 위해 만들어진 것으로 보인다.[240]

2. 우리 조문과 독일, 일본의 조문 비교

구체적으로 독일과 일본의 조문과 우리 조문을 비교해 보면 각 해당 구성요건에서 조금씩 유사점과 차이를 발견할 수 있다.

(1) 객관적 구성요건

① 행　위

독　일	일　본	우리나라
프로그램의 부정작성	허위의 정보 혹은 부정한 지령을 줌	허위의 정보 또는 부정한 명령을 입력
부정 혹은 불완전한 데이터의 사용		
권한 없는 데이터의 사용	허위의 전자적기록을 사람의 사무처리의 용에 제공	
기타 정보처리과정에 권한 없이 영향을 줌		

240) 일본의 '전자계산기'라는 규정이 우리 형법의 '컴퓨터 등 정보처리장치'라는 용어로 변경된 이유를 추측해 보면 우리 형법의 개정입법에 참가하였던 이재상 교수의 논문에서 "다만 컴퓨터범죄에 있어서 전자계산기……라는 용어는 기존 법규의 용어(컴퓨터프로그램보호법 및 전산망보급확장과이용촉진에관한법률)와 유관기관의 의견을 종합하여 "컴퓨터 등 정보처리능력을 갖춘 장치(컴퓨터)로 변경할 것인가를 다시 검토해야 할 것으로 생각한다"라는 취지의 서술을 하고 있는데, 이러한 고려가 현행 우리 형법조정안을 거치면서 반영된 것이라고 보여진다. 이재상, 형법각칙의 개정방향과 전망, 형사법연구 제3호, 1990, 115면.

위의 행위유형들은 컴퓨터범죄의 유형 중에서 컴퓨터부정조작행위를 규정한 것이라고 할 수 있다. 그러나 구체적으로 구성요건화한 행위유형은 각 나라별로 다르게 규정되어 있다.

독일의 경우 위와 같이 4가지 행위를 그 대상으로 하고 있는데 반하여 일본은 2가지 행위유형, 그리고 우리나라의 경우는 하나의 행위만을 대상으로 하고 있다.

즉 우리나라의 경우에는 허위의 정보 또는 부정한 명령을 입력하는 행위를 대상으로 하고 일본 규정은 일본 형법 제246조의2 전단의 행위가 우리 규정과 동일하고 후단의 행위는 우리 형법에 규정되어 있지 않다.

독일의 경우는 제1행위, 제2행위가 이에 해당하며 제3행위는 독일에서 제2행위에 포섭할 수 있는지에 대한 논란이 제기되자 입법적으로 해결을 하기 위해서 구성요건으로 명시한 것이다. 하지만 일본이나 우리 형법에서는 이를 규정하지 않았다. 다만 해석론에서 이를 포섭할 수 있는지에 대하여 논의가 있을 뿐이다.

그리고 독일에서의 제4행위는 이러한 3가지 행위 이외에 적용할 수 있는 보충구성요건으로서의 의미를 가지며 새로운 조작기술에 대해서도 대처할 수 있도록 하기 위하여 규정된 것이다. 이것에 해당하는 것으로 콘솔조작이나 기타 하드웨어조작을 들 수 있다. 그러나 일본이나 우리 형법에서는 이를 규정하지 않고 있다. 이러한 콘솔 조작 내지 하드웨어조작은 오히려 컴퓨터에 일정한 장애를 가져오는 업무방해의 유형에 속하는 것으로 파악하고 있다. 따라서 우리나라와 일본은 프로그램조작과 입력조작만을 규정한 것이라고 보여진다.

결국 조문상의 비교를 통해서 보면 컴퓨터의 부정조작행위에 대해서는 독일의 입법이 가장 넓게 인정하고 있고, 일본이 그 다음, 그리고 우리나라가 가장 좁게 인정하고 있다고 볼 수 있다. 그러나 우리나라 조문의 구체적인 해석을 통해서 그 범위는 좀 더 넓혀질 수 있을 것이다.

② 대 상

독 일	일 본	우리나라
(컴퓨터, 정보처리장치)	전자계산기	컴퓨터 등 정보처리장치

일본에서는 전자계산기라는 용어를 사용하고 있는데, 이는 자동적인 계산이나 데이터처리를 행하는 전자장비를 말하며 소위 컴퓨터와 같은 의미로 쓰이고 있다.[241] 따라서 우리나라에서 컴퓨터 등 정보처리장치와 별반 다를 바 없으나 일본의 경우는 전단의 행위에 있어서의 컴퓨터는 업무용컴퓨터를 염두에 두고 있고 후단의 행위에 있어서는 그 규모나 성능에 있어서 한정을 하지 않고 카드식 전화기나 자동발매기, 자동개찰기에 해당하는 컴퓨터도 포함하는 것으로 본다. 이는 일본에서는 '전자적기록'의 형태에 따라 행위태양을 구분하였기 때문이다.

이에 대하여 우리나라의 컴퓨터 등 정보처리장치는 이러한 구분이 없는 관계로 인하여 모든 정보처리장치를 포함하는 것으로 해석되지만 다만 편의시설부정이용죄와의 관련상 이러한 컴퓨터가 편의시설에 해당하는 것이라면 본조의 정보처리장치에서 제외되는 것으로 이해되고 있다.

독일에서도 명문으로 이를 규정하고 있지는 않지만 마찬가지로 컴퓨터(내지 정보처리장치)를 의미하며 다만 독일 형법 제265조a[242]의 관계 때문에 순수한 기계적 작동장치는 제외된다.

---

241) 米澤慶治 編, 『刑法等一部改正法の解說』, 立花書房, 1988, 66면.

242) 독일 형법 제265조a[급부사취] ① 대가를 지급하지 아니할 의사로 자동판매기나 공공목적에 공하는 전기통신망의 급부, 교통수단에 의한 운송 또는 기관이나 시설에의 입장을 사취한 자는 그 행위에 관하여 다른 규정에서 더 중한 형을 규정하고 있지 아니한 때에는 1년 이하의 자유형 또는 벌금형에 처한다.

③ 결   과

독 일	일 본	우리나라
데이터처리의 결과에 영향을 미침	재산권의 득상, 변경에 관한 불실의 전자적기록을 작성	정보처리하게 함
재산상 손해를 가함	재산상 불법의 이득을 취득	재산상 이득을 취득

위와 같은 행위를 통하여 그 결과 우리나라에서는 '정보처리'를 하게 하여야 하고 일본에서는 '재산권의 득상, 변경에 관한 불실의 전자적기록'을 작성하거나 '허위의 전자적기록'을 제공하여야 한다. 그리고 독일에서는 데이터처리의 결과에 영향을 미쳐야 한다.

우리 형법상 '정보처리'의 해석은 허위의 자료나 부정한 명령을 입력하여 진실에 반하거나 정당하지 않는 기록을 만드는 것 또는 정당하지 않은 사무처리를 하게 하는 것을 의미하므로[243] 이는 일본의 규정과 차이가 없으며 다만 일본 형법조문의 후단의 행위까지 포함하는지에 대해서는 견해의 대립이 있다.[244]

그리고 데이터처리의 결과에 영향을 미친다고 하는 독일의 규정은 위 행위유형의 중간결과로서 즉 사기죄에 있어서 착오와 재산처분이 직접적으로 연결되어야 한다는 것과 같은 의미이며 이는 일본과 우리나라에서도 동일하다. 다만 본 규정이 일본에서는 '불실의 전자적기록을 작성'하는 행위로 좁게 받아들여지는 반면에 우리 형법은 독일의 본 조문을 '정보처리하게 함'이라는 용어로 단순하게 차용되어 지는 것으로 보인다.

아울러 우리 형법상 정보처리와 관련되어 빼 놓을 수 없는 것은 정보라는 개념과 독일에서의 데이터라는 개념, 그리고 일본의 전자적기록이라는 개념이 될 수 있다.

---

243) 강동범, 컴퓨터등사용사기죄, 고시계 2000. 7. 166면.
244) 포함하는 것으로 보는 견해로는 이재상, 제4판 형법각론, 박영사, 2001, 338면. 일본 형법 전단의 행위만이 이에 포섭된다고 보는 견해로는 이철, 법무부의 정책과제와 입법적 대응, 현행법제개선방안연구(Ⅰ), 한국법제연구원, 1992, 131면.

독일에서의 데이터개념은 반드시 매체에 저장되어 있을 필요는 없고 따라서 전송 중인 데이터도 포함하는 개념이지만 일본에서의 전자적기록은 항상 매체와 연결되어져서 이해되고 있다. 우리 형법도 마찬가지로 전자기록이라는 용어를 사용하고 있는데 이는 일본의 전자적기록이라는 개념과는 동일하게 해석되지만 본 조에서는 일본과 달리 전자적기록이라는 용어를 사용하고 있지 않다. 따라서 본 조에서 정보처리의 개념을 일본식의 '전자적기록'을 작성하는 것과 동일하게 볼 수 있을지는 의문이며, 오히려 독일식의 데이터 개념을 '정보처리'에 받아들이는 것이 오히려 타당하다고 생각된다.

다음으로, 독일은 재산상 손해의 발생을 요건으로 하고 있는데 반하여 일본과 우리나라는 재산상 이익을 얻을 것을 요건으로 하고 있다. 따라서 독일에서는 재산상 손해가 발생한 경우에 기수가 되는 반면 일본과 우리나라에서는 재산상 이익을 취득할 경우에 기수가 된다고 할 수 있다.

나아가 독일에서는 사기죄의 보충규정으로서의 지위를 가지지만, 일본과 우리나라는 사기죄 중 특히 사기이득죄의 보충규정으로서 이해하고 있다. 따라서 독일에서는 현금자동지급기에서 절취한 신용카드로 현금을 인출하는 행위를 컴퓨터사기죄로 처벌할 수 있지만 일본과 우리나라에서는 현금인출을 재물의 취득으로 파악할 수 없으므로 인하여 절도죄의 성립 여부에 대한 논의가 존재하게 된다.

하지만 이러한 경우에도 재산상 이익의 개념 속에 재물을 포함된다고 하여 이러한 경우에 있어서도 본 조문을 적용할 수 있다는 견해가 있다.

(2) 주관적 구성요건

독 일	일 본	우리나라
위법한 재산상의 이익을 취득하거나 타인으로 하여금 취득하게 할 의사 객관적 구성요건요소에 대한 인식(무권한의 인식, 혹은 행위의 계약 혹은 목적위반 또는 소유자의 모순되는 의사의 인식)	객관적 구성요건요소에 대한 인식과 불법이득의 의사	객관적 구성요건요소에 대한 인식과 불법이득의 의사

주관적 구성요건으로서 독일에서는 위법한 재산상 이익을 취득하거나 타인으로 하여금 취득하게 한다는 의사를 명문으로 규정하고 있음에 반하여 일본과 우리나라는 사기죄와 마찬가지로 불법이득의 의사를 기술하지 않은 주관적 구성요건요소로 파악하고 있다.

3. 소결(조문 비교를 통해 본 우리나라 컴퓨터등사용사기죄의 특징)

이상의 조문 비교를 통해서 본 우리나라 컴퓨터등사용사기죄 규정의 특징은 다음과 같다.

① 규정의 간략화

다양한 행위유형을 두고 있는 독일 규정과 전자적기록의 유형에 따라 2가지 행위유형으로 구분하고 있는 일본의 규정과는 달리 하나의 행위유형만을 규정하고 있는 점, 그리고 단순히 '정보처리'라고 하는 요건만을 둠으로써 독일과 일본에서 규정하고 있는 요건들보다 더욱 간략화시킨 점에서 우리 형법은 이들 외국의 규정보다는 매우 간략화되어 있다고 할 수 있다. 예컨대 일본에서의 '사람의 사무처리에 사용되는 전자계산기'라는 규정, '재산권의 득상, 변경에 관한 불실의 전자적기록'이라는 규정, '재산권의 득상, 변경에 관한 허위의 전자적기록을 사람의 사무처리의 용에 제공하는' 규정을 들 수 있고, 독일이 규정에서는 위의 네 가지 행위유형과 '데이터처리과정의 결과에 영향'이라는 규정을 들 수 있다.

다만 이러한 간략화된 규정으로 인해 독일과 일본에서 규정하고 있는 행위유형들을 포섭할 수 없는가에 대해서는 견해의 대립이 있을 수 있고 이러한 점에서 본 규정의 해석론을 둘러싼 논쟁의 시발점이 될 수 있다고 할 수 있다.

② 일본 규정과 독일 규정의 혼합적 입법방식

우리의 컴퓨터등사용사기죄의 규정은 직접적으로 일본 형법조문에서 전단의 행위에 관한 규정을 차용하였다고 할 수 있다. 즉 일본 조문의 '허위의 정보 또는 부정한 지령'이라는 표현은 우리 조문의 '허위의 정보 또는 부정한 명령'이라는 조문과 일치한다.

또 독일의 데이터처리장치에의 영향이라는 표현은 우리 형법조문의 '정보처리'라는 표현과 일치하는 것으로 생각된다.

다만 우리 조문의 '정보처리'의 해석에 있어서 일본의 '불실의 전자적기록을 작성'하거나 혹은 '허위의 전자적기록을 제공'하는 행위를 의미하는 것으로 볼 수 있다는 견해가 있어서 반드시 독일의 규정을 차용한 것이라고 볼 수 있는가라고 할 수 있겠지만 문언상으로는 독일의 조문과 일치하는 것을 부인할 수는 없다고 할 수 있다.

또 일본에 있어서 후단의 행위가 우리 형법에서는 명문으로 규정하고 있지는 않지만 해석상 인정되고 있다는 점에서 우리 형법조문상의 '허위의 정보 또는 부정한 명령'의 해석은 보다 넓게 인정될 수 있다고 할 수 있다.

③ 독자적 해석론의 전개 가능성

위와 같이 일본 규정과 독일 규정의 혼합적 입법방식과 그 규정의 간략화를 통해서 우리나라에서 컴퓨터등사용사기죄의 규정은 독일과 일본과는 또 다른 해석론이 전개될 수 있는 근거가 되고 있다.

첫째, 일본에서는 '전조 이외에'라는 규정을 통하여 전자계산기사용사기죄가 사기죄의 보충규정을 의미하는 것으로 명시하고 있는데 반하여 독일과 우리나라는 이러한 규정을 두고 있지 않은 점에서 본 규정을 사기죄와는 독립된 조문으로 이해할 여지가 있는 점(물론 다수설은 이를 사기죄의 보충규정으로 이해하고 있다)

둘째, 일본에서의 '허위의 정보 또는 부정한 지령'이라는 표현이 우리나라에서의 '허위의 정보 또는 부정한 명령'이라는 용어와 동일한 개념인지 여부 및 이러한 표현이 독일에서의 '프로그램의 부정작성과 부정한 혹은 불완전한 데이터의 사용'과 동일한 의미를 가지는 것인가 하는 점

셋째, 독일에서의 권한 없는 데이터의 사용과 권한 없이 정보처리과정에 영향을 미치는 행위가 일본과 우리나라에서는 포섭할 수 없는 개념인지 하는 점

넷째, 일본에서는 불실한 전자적기록을 만든다는 규정이 있지만 우리나라에서는 없는 점에서 일본에서의 '허위의 정보 또는 부정한 지령'의 해석론을 우리 형법의 해석에서도 그대로 차용할 수 있는지 하는 점

다섯째, 일본과 달리 우리나라와 독일은 편의시설부정이용죄와 급부사취죄를 규정하고 있는 이상 컴퓨터 내지 전자계산기의 범위가 본 조의 적용에서 달리 하는 것인지 하는 점

여섯째, 일본에서 '허위의 전자적기록의 공용'이라는 규정이 우리 형법에는 존재하지 않는 점에서 현재의 해석론에서 이러한 부분에 대하여 적용할 수 없는지 여부

일곱째, 일본에서는 '전자적기록'이라는 부분에 국한되어 있는 반면에 우리는 그러한 조문이 없는 까닭에 독일에서의 데이터 개념을 우리 형법에서도 받아들일 수 있는지 여부

이상과 같은 해석상의 의문은 우리 형법조문이 일본과 독일의 해석론을 그대로 빌려올 수 없음을 반증하는 것이며 본 조문이 다른 컴퓨터범죄 규정과는 구별되는 점이라고 할 수 있고, 우리 형법의 독자적 해석론이 전개될 수 있는 바탕이 되고 있다고 할 수 있다. 따라서 이러한 점에 대한 구체적 타당성의 검토를 통하여 본 조문의 의미를 되살려 볼 수 있을 것이라고 생각된다.

제4장 우리나라에 있어서 컴퓨터등사용사기죄의 해석

본 장에서는 우리나라에 있어서 컴퓨터등사용사기죄의 해석론을 전개하고자 한다. 먼저 본 조문을 신설하기 이전에 컴퓨터를 이용한 재산범죄에 어떻게 대처하고 있었으며 해석론상 문제되었던 점을 먼저 서술한다. 그리고 본 조문의 신설로 이러한 문제점들이 해결되었는지를 현재 학자들의 해석론을 통해 살펴보기로 한다. 그러나 현재의 해석론은 매우 제한된 사례(예컨대 현금자동지급기 부정사용의 사례)에서만 전개되고 있을 뿐 구체적으로 본 조문의 해석에 있어서 문제되는 영역이 어떻게 확장될 수 있는지를 아직 논의하고 있지 않는 실정이다. 이러한 상황에서 현재 하급심 법원에서 컴퓨터등사용사기죄를 적용하는 사례들을 간략하게 검토해봄으로써 본 조문의 적용영역이 상당히 확대되고 있다는 점을 밝히도록 할 것이다. 그리고 이러한 기존의 해석론을 비판적으로 검토하고, 제3장에서 소개한 독일과 일본의 해석론과의 비교를 통해 우리 형법상 컴퓨터등사용사기죄의 해석론을 본격적으로 전개할 것이다.

제1절 1995년 형법개정 이전의 해석론

1995년 12월 형법개정을 통하여 컴퓨터등사용사기범죄는 현행 형법 제347조의2로 처벌할 수 있다. 그런데 본 조문의 해석과 관련하여 일단 기존의 형법해석에 있어서 문제되는 논점들이 무엇이었나를 일단 확인하지 않을 수 없다. 왜냐하면 본 조문의 해석을 위해서는 그 전제로서 본 조문을 신설한 이유가 무엇이었는지, 말하자면 왜 기존 해석론으로 해결할 수 없었는지를 먼저 검토해 보아야 하기 때문이다. 이러한 문제들을 검토하는 것은 본 조문해석에 있어서 출발점이 되지 않을 수 없다.

I. 절도죄와 횡령죄

오늘날 금융기관의 업무가 컴퓨터화되어 은행 등의 본, 지점 간 또는 각 상호은행 간의 채권, 채무관계가 자금의 현실적 이동이 없이 컴퓨터의 데이터처리로 결재되는 소위 무현금(cashless) 사회가 도래하였다. 한편, 은행과 고객 간에도 CD기(Cash Dispenser)나 ATM기(Automated teller machine)의 설치에 의하여 고객은 CD카드와 비밀번호를 사용하여 은행의 창구를 거치지 않고 CD기를 통한 현금인출 또는 대체송금 등이 가능하도록 되었다.

이에 따라 본 조문의 신설 이전에는 CD카드의 부정이용에 의하여 타인의 예금을 자기의 구좌에 대체하는 등 부정한 방법으로 원장에 일정한 금액이 기록되게 함으로써 은행에 대하여 부당한 '장부화폐(Giralgeld)'를 갖는 경우에 절도죄나 횡령죄를 적용할 수 있을 것인가 하는 점에 의문이 있었다.[245]

기존 형법상 절도죄나 횡령죄의 행위객체는 '재물'이며 절도죄에서는 점유의 탈취라는 점에서 행위대상으로서의 '점유'개념이, 횡령죄에 있어서는 타인의 재물을 보관하는 자라는 신분을 요하는 점에서 신분요소로서의 '점유'개념이 각각 전제되어야 하므로 데이터의 부정조작에 의한 장부화폐의 이동이 절도죄나 횡령죄에 해당하는지의 여부는 결국 은행예금의 재물성과 점유의 귀속을 밝히는 문제로 귀결된다고 할 것이다.[246]

---

245) 이철, 컴퓨터범죄의 법적규제에 관한 연구, 경희대 박사학위논문, 1991, 124면; 차용석, 컴퓨터에 관련된 범죄와 형법, 한양대 법학논총 6, 1989, 36면; 이보녕, 컴퓨터범죄에 대한 형법적 대책 -그 입문적 고찰-, 형사법연구, 1988, 208면.
246) 이철, 앞의 논문, 124면.

우선 재물의 개념에 대하여 형법은 제346조에서 '본장의 죄에 있어서 관리할 수 있는 동력은 재물로 간주한다'고 규정할 뿐 재물의 개념을 적극적으로 규정하고 있지 않아 결국 해석론에 의하여 결정할 수밖에 없는데, 오늘날 우리의 통설은 재물을 '유체물 및 관리가능한 동력'으로 보고 있으며, 이때 관리는 사무적 관리가 아닌 단순한 물리적 관리만을 말하는 것으로 본다. 따라서 통설에 의하면 은행의 장부화폐는 재물이 될 수가 없다.

다음으로 점유의 개념에 대해서 본다. 먼저 절도죄의 성립의 전제로서 점유의 이전을 논할 때 '점유'란 재물에 대한 사실상의 지배를 말하며, 이 때 지배가능성의 범위와 한계는 사회적, 규범적 요소를 고려하여 사회통념에 맞도록 해석해야 한다. 그러나 은행예금은 예금자가 자택의 금고에 보관한 현금과 사회통념상 동일시할 수 없으며, 민법상으로도 은행예금이란 소비임치계약으로서 당해 금전의 소유권은 점유와 함께 수치인(은행)에 이전되고, 임치인(예금자)은 예금에 대한 채권적 반환청구권을 갖는 것으로 해석되며 예입된 금액은 항상 기존의 잔고와 합하여 1개의 채권으로 취급될 뿐이다. 따라서 데이터의 부정조작으로 자신의 예금원장에 원금잔고를 높은 것만으로는 예금에 대한 점유를 취득하였다고 할 수 없으므로 현행법상 절도죄를 적용할 수는 없다.

한편 횡령죄는 위임관계에 따라 타인의 재물을 보관하는 자가 재물을 횡령함으로써 성립하므로 위임관계가 있다고 할 수 없는 자 예컨대 펀처, 오퍼레이터, 프로그래머 등 단순한 기술보조자나 국외인이 데이터를 부정조작하여 현금을 인출하는 등 부정하게 재물을 취득하여도 횡령죄가 되지 않는다.[247]

Ⅱ. 배임죄

배임죄는 재산권을 보호법익으로 하고 그 객체를 재산상의 이익에 두고

---

247) 이보녕, 앞의 논문, 208면.

있다. 이에 따라 절도죄나 횡령죄의 객체가 될 수 없는 예금채권도 배임죄의 객체가 될 수 있다.

그러나 배임죄는 타인의 사무를 처리하는 자가 그 임무에 위배하여 재산상의 이익을 취득할 때에 성립하므로 주체 면에서 타인의 사무를 처리하는 자라는 신분을 가진다. 이때 타인의 사무를 처리하는 자란 우리의 통설,248) 판례249)인 배신설에 의하면 타인과의 대내관계에서 신의성실의 원칙에 비추어 그 사무를 처리할 신임관계가 존재하는 자를 말한다. 그러므로 배임죄의 해석에 있어서는 신임관계의 범위를 결정하는 타인의 사무를 처리하는 자라는 구성요건요소를 어떻게 해석해야 하는가가 가장 중요한 문제가 되며, 이때 배신설을 취하는 통설은 배임죄의 구성요건이 무제한하게 확대되는 것을 방지하고 사무처리자의 범위를 제한하기 위하여 사무처리자는 일정한 범위에 있어서 판단의 자유 내지 활동의 자유와 독립성 및 책임이 있을 것을 요구하고 있다.250)

이러한 관점에서 볼 때, 오퍼레이터가 재산을 처리하는 신임관계에 있지 않고 권한 있는 자의 지시에 따를 뿐이며, 또한 순수하게 기술적인 활동만을 하는 경우에 그는 타인의 사무를 처리하는 자의 지위에 있다고 볼 수 없을 것이다. 또한 프로그래머도 그에게 주어진 결정의 자유와 활동의 독자성이 거의 없고 오히려 그 조직체에 책임있는 자에 의해서 주어진 사무

---

248) 이재상, 형법각론 제4판, 박영사, 2001, 385면; 김일수, 새로 쓴 (제4판) 형법각론, 박영사, 2001, 398면; 강구진, 372면; 김종원, 226면; 유기천, 290면; 정성근, 형법각론, 법지사, 1996, 536면; 정영석, 381면; 진계호, 419면; 박상기, 전정판 형법각론, 박영사, 2000, 364면.

249) 대법원 1994. 9. 9. 선고 94도902 판결(공1994하, 2678), 대법원 1995. 2. 17. 선고 94도3297 판결(공1995상, 1508), 대법원 1995. 12. 22. 선고 94도3013 판결(공1996상, 620), 대법원 1998. 2. 10. 선고 96도2287판결(공1998상, 811), 대법원 1999. 3. 12. 선고 98도4704 판결(공1999상,710), 대법원 1999. 6. 22. 선고 99도1095 판결(공1999하, 1546), 대법원 2000. 3. 14. 선고 99도4923 판결(공2000상, 1011), 대법원 2000. 12. 8. 선고 99도3338 판결(공2001상, 320).

250) 이재상, 389면; 임웅, 형법각론, 법문사, 2001, 414면; 김일수, 402면; 이형국, 형법각론연구 Ⅰ, 법문사, 1997, 509면.

처리과정을 해당되는 프로그램용어로 전환하는 일을 담당할 뿐이다. 따라서 프로그래머의 결정의 자유라는 것은 번역자의 그것과 같다고 할 수 있으므로 예외적인 경우를 제외하고는 프로그래머에 의해 범해진 컴퓨터프로그램조작도 배임죄에 의하여 규제되기는 어렵다 할 것이다. 그러나 이와 반대로 현금을 인수, 관리 또는 교부하는 분야에서는 행위자의 본인에 대한 사무처리를 위한 신임관계가 존재하므로 가령 컴퓨터데이터입력을 조사하여 재산상의 손해를 방지하기 위하여 고용된 사무처리자는 배임죄의 주체가 된다고 할 것이다.

결국 배임죄에 의해서 처벌될 수 있는 자란 회사 내의 일정한 사무처리자에 한정될 뿐이고 일반인이나 단순한 오퍼레이터 등의 입력 또는 출력의 조작행위는 배임죄에 해당될 수 없다고 할 것이다.[251]

Ⅲ. 사기죄

사기죄의 행위객체는 개개의 재물 또는 재산상의 이익이므로 컴퓨터조작을 통한 장부화폐나 그 밖의 컴퓨터의 데이터조작을 통해서 화체된 청구권이나 권리도 사기죄의 보호객체가 됨은 의심이 없다.

그러나 우리 형법상 사기죄가 성립하려면 사람을 기망하여 재무의 교부를 받거나 재산상의 이익을 취득해야 하므로 기계에 대한 기망행위나 그 행위에 기한 착오는 사기죄의 구성요건에 해당될 수 없다고 해야 할 것이다.[252]

여기에서 컴퓨터에 허위의 데이터를 입력하는 것이 기망행위에 해당하는가, 컴퓨터의 반응과 작동개시는 착오에 기한 것이라고 말할 수 있는가, 컴퓨터에 의한 정보처리는 재산적 처분행위에 해당하는가 하는 점 등이 문제

---

251) 전지연, 컴퓨터범죄에 대한 형법적 대응, Juris Forum, 1998 창간호, 충북대 법학연구소, 134면.
252) 이재상, 336면; 배종대, 형법각론, 홍문사, 1999, 343면; 김일수, 375면; 박상기, 305면.

142

된다. 위 설례에 대하여 사기죄를 긍정하는 일부 견해는 컴퓨터를 인간의 단순한 수족 대행물로 취급하여 컴퓨터를 통하여 인간의 심리, 의사가 표시되어 움직인다고 하는, 바꾸어 말하면 '마치 간접정범과는 역으로 컴퓨터설치자의 의사가 기계를 통하여 이용자에게 향하여진다'고 해석하면서 컴퓨터부정조작에 의한 이득행위에 있어서 컴퓨터설치자, 관리자에 대한 기망과 그들의 착오 및 그에 기한 처분행위가 이루어진다는 이론을 주장하고 있다.[253]

그러나 은행원이라면 첫눈에 위조카드를 식별하여 착오에 빠지지 않고 처분행위도 하지 않을 경우에 CD기는 진정한 카드와 같이 작동하여 정보처리를 하는 일이 허다하고 진정한 카드를 투입하여도 CD기 자체의 고장으로 정상작동이 되지 않는 경우도 많으며, 또한 프로그램의 오입력이나 프로그램 자체의 결함으로 컴퓨터 설치자, 관리자의 의사와는 전혀 다른 정보처리가 컴퓨터에 의해 행하여지는 경우도 있다. 그렇다면 설치자, 관리자에 대한 기망행위와 컴퓨터에의 허위데이터의 입력을 동일시하거나 정보에 대한 설치자, 관리자의 판단(의사결정과정)과 컴퓨터의 정보처리과정을 동일시하는 것은 부당하다 하겠다.[254]

따라서 컴퓨터사기의 경우 현행법상 사기죄에 의하여 처벌되려면 기계에 대한 기망에 그치지 않고 컴퓨터조작의 준비 단계부터 컴퓨터조작의 결과발생까지의 업무진행과정 중에 처분권한 있는 자가 개입되어 있어서 구체적으로 그 자를 기망하고 착오에 빠지게 해야 할 것이다. 그러나 위와 같이 컴퓨터조작과정에 사람이 개입하는 것을 포착하여 사기죄를 적용하는 것은 각 당해 기업의 내부운용에 따른 개별적 사례의 우연성에 의존하는 것에 불과하며, 더욱이 완전자동화되어 인간의 개입이 없이 처리되는 사례에는 사기죄가 적용될 수 없기 때문에 결국 재산상 손해를 야기하는 컴퓨터조작행위에 대한 형사법적 대응은 기존 형법상의 사기죄 규정만으로는 부족하다고 본 것이다.

253) 下村康正, '自動現金支拂機と詐欺罪の成否', 硏修 412호, 11면. 이철, 앞의 논문, 128면에서 재인용.
254) 이철, 앞의 논문, 128면.

제2절 1995년 형법개정 이후 컴퓨터등사용사기죄에 관한 해석론

[형법 제347조의2 (컴퓨터 등 사용사기) 컴퓨터 등 정보처리장치에 허위의 정보 또는 부정한 명령을 입력하여 정보처리를 하게 함으로써 재산상의 이익을 취득하거나 제3자로 하여금 취득하게 한 자는 10년 이하의 징역 또는 2천만 원 이하의 벌금에 처한다.]

우리 형법에 컴퓨터등사용사기죄 규정은 1995년에 비로소 삽입되게 되었다. 그러나 실질적으로 본 규정을 둘러싼 해석은 그다지 심도 있게 논의된 바가 없다. 다만 현금자동지급기에서 절취한 타인의 카드로 현금을 인출하는 행위에 대하여 많은 견해가 제시되고 있을 뿐이다. 본 절에서는 지금까지 발표된 논문과 교과서에서 학자들이 본 조의 해석에 관한 기존 논의들을 정리해 보고자 한다.

Ⅰ. 보호법익

본죄의 보호법익은 사기죄와 같이 재산권, 즉 전체로서의 재산이다(통설).[255] 거래의 진실성 내지 신의성실도 사기죄의 보호법익이 된다는 관점에서 자료를 입력하고 그것을 프로그램을 통하여 작동시키는 기계적·자동적 과정이 본죄의 보호의 대상이라는 견해[256]도 있는데 거래의 진실성이

---

255) 이재상, 336면; 김성환, 컴퓨터등사용사기죄에 관한 고찰, 관동대경제기술법연구1, 1999, 72면; 임웅, 형법각론, 법문사, 2000, 342면; 배종대, 343면; 강동범, 컴퓨터등사용사기죄, 고시연구, 2000. 7. 163면.

256) 장영민, 개정형법의 컴퓨터범죄, 고시계, 1996. 2. 48면; 정성근, 184; 박상기, 305면에서는 개인의 재산을 보호법익으로 보면서도 구체적으로는 재산적으

144

사기죄의 보호법익이 될 수 없는 것과 같이 자료의 기계적, 자동적 과정 내지 정확한 정보처리는 본죄의 보호법익이 아니라고 하는 견해도 있다.[257]

사기죄의 객체가 재물과 재산상 이익인 것과는 달리 본죄의 객체는 재산상 이익에 한정되어 있으므로 본죄는 순수한 이득죄이다.[258] 재물을 제외한 이유는 재물을 취득한 경우에는 기존형법의 절도죄에 의해 처벌할 수 있기 때문에 기존형법으로 처벌할 수 없는 경우만을 예상한 것으로 생각된다. 그러나 "본질적으로 동일한 컴퓨터부정조작임에도 불구하고 그에 의하여 취득한 재산의 형태에 따라 상이한 구성요건에 해당하게 된다는 것은 타당하지 않으며, 또한 그 처벌에 있어서도 재물취득은 절도죄로서 6년 이하의 징역 또는 1천만 원 이하의 벌금이지만, 재산상 이익취득은 사기죄로서 10년 이하의 징역 또는 2천만 원 이하의 벌금이므로 더욱 타당하지 않다. 따라서 본죄의 객체에 재물을 포함시키는 내용으로 입법적인 보완이 필요하다"[259]는 견해도 있다.

어쨌든 다수의 견해에 따르면 거래의 진실성은 재산권침해의 태양에 불과하고 그 자체 형법이 보호하는 독립한 법익이 될 수 없으며, 이것을 포함하게 되면 문서위조죄와 같은 성질을 가지는 사회적 법익의 범죄가 되어 재산죄로서의 성격을 부인하게 될 우려가 있으므로 재산권에 한정함이 타당하다고 한다. 따라서 컴퓨터를 이용하여 반사적으로 얻게 되는 경제적 이익은 본죄의 보호법익이 될 수 없으며, 그리고 보호의 정도는 침해범이라고 한다.[260]

　로 중요한 정보처리과정의 오류 없는 결과가 보호대상이라고 보고 있다.
257) 강동범, 컴퓨터등사용사기죄, 고시연구, 2000. 7. 163면.
258) 이형국, 형법각론연구 I, 법문사, 1997, 461면; 박상기, 형법각론, 박영사, 1999, 304면; 배종대, 형법각론, 홍문사, 1999, 447면; 임웅, 343면.
259) 강동범, 앞의 논문, 164면; 임웅, 344면; 이정원, 390면.
260) 정대관, 컴퓨터 등 사용사기죄에 대한 고찰, 유일당오선주교수정년기념논문집, 한국형사법학의 새로운 지평, 2001, 형설출판사, 306면.

II. 객관적 구성요건

1. 주 체

본죄의 주체는 아무 제한이 없다. 따라서 전산프로그래머, 오퍼레이터, 컴퓨터정보처리 담당자들은 물론 정보처리전산망에 연결되어 있는 외부인도 주체가 될 수 있다. 그렇지만 프로그래머, 오퍼레이터 등이 컴퓨터를 조작할 때 어느 정도 사무에 관하여 재량권을 가지고 처리하느냐에 따라 배임죄의 성립 여부가 문제될 수 있다고 한다.[261] 그리고 본죄의 주체가 직접 정보를 입력케 해야 하는 것도 아니므로 선의의 제3자로 하여금 컴퓨터에 허위의 정보를 입력케 한 자도 본죄의 정범이 될 수 있다(간접정범).

2. 객 체

본죄의 객체는 컴퓨터 등 정보처리장치이다. 컴퓨터 등 정보처리장치는 과학기술의 발전에 따라 빠르게 변할 것이기 때문에 그 개념에 대한 입법적 정의는 하지 않았다.[262] 컴퓨터 등 정보처리장치라 함은 자동적으로 계산이나 데이터의 처리를 할 수 있는 전자장치로서 사무처리에 사용하는 정보처리장치를 말한다. 그러므로 여기의 정보처리장치는 사기죄의 본질에 비추어 사무처리, 즉 재산권의 득실이나 변경에 관한 전자기록을 사용하는 정보처리장치에 한정된다.[263] 여기서 재산권의 득실이나 변경에 관한 전자적기록이란 재산권의 득실, 변경의 사실 또는 그 득실, 변경을 일으킬 수 있는 사실을 기록한 전자적기록으로서, 일정한 거래관계에 있어서 그것에 의해 재산권의 득실, 변경이 행하여지는 것을 말한다. 그러나 재산권의 득

---

261) Sieber, Computerkriminalität und Strafrecht, C.H. Verlag. 2. Auf.1, 1980. S. 249 f.
262) 강동범, 앞의 논문, 164면.
263) 법무부, 앞의 제안이유서, 182면.

실, 변경을 공증할 목적으로 기록되어 있는 것이나 일정사항을 증명하기 위한 기록은 이에 해당되지 않는다. 또 여기의 정보처리장치는 자기 이외의 자연인이나 법인 등의 단체가 사무처리의 목적으로 사용하는 것을 말한다.[264] 즉 은행의 온라인시스템과 연결된 컴퓨터, 현금카드에 의해 용역을 제공하는 현금자동지급기, 카드식 공중전화기 등이 여기에 해당한다.[265] 단이 경우의 사무는 재산상의 것인가 여부를 불문한다.

3. 행 위

본 죄의 행위는 독일과 일본과는 달리 허위의 정보나 부정한 명령을 입력하여 정보처리를 하게 함으로써 재산상의 이익을 취득하거나 제3자로 하여금 취득하게 하는 하나의 행위유형만을 규정하고 있다.

① 허위의 정보의 입력

허위정보의 입력이란 사실관계와 일치하지 않는 자료를 입력하는 것을 말한다. 즉 허위의 입금데이터를 입력하여 예금원장파일의 잔고를 증액시킨 경우와 같이 사실관계와 일치하지 않는 자료를 입력하는 경우 및 예금의 인출이 있었음에도 불구하고 그 데이터를 일부러 입력하지 않는 경우 등이 이에 해당한다.[266] 이외에 은행의 온라인시스템 밖에서 만든 허위기록의 파일을 은행의 정규예금원장파일에 바꾸어 끼우는 행위 등도 이에 포함된다.[267]

그런데 여기에서 '허위'라는 개념은 단순히 사실관계와 일치하지 않는

---

264) '자기 이외의'라는 요건은 의미가 없다고 생각한다. 자신의 컴퓨터가 네트워크로 연결되어 있는 경우에 자신의 컴퓨터에 허위의 정보를 입력하여 전송하는 경우에도 포함되어져야 한다.
265) 주석형법(Ⅴ), 364면.
266) 정대관, 앞의 논문, 308면.
267) 즉 일본 형법조문의 후단의 행위도 포함하는 것으로 보고 있다. 그러나 이에 대해서는 반론이 있다. 이철, 앞의 논문, 152면 참조.

것뿐만 아니라 '불완전한'의 의미를 포함하여 해석하여야 한다고 하는 견해
가 있다.[268) 이에 따르면 불완전한 자료를 입력하는 경우에도 입력된 부분
만은 사실관계에 합치될 수 있기 때문에 이것을 포섭하지 못한다면 입력조
작의 상당부분을 불가벌로 처리하여야 하기 때문이라고 한다.

② 부정한 명령의 입력

부정한 명령의 입력이란 컴퓨터의 설치관리자가 사무처리의 목적에 비추
어 본래 예정하고 있는 것과 다른 지령을 부여하는 것을 말한다. 즉 프로그
램을 구성하는 개개의 명령을 부정하게 변경, 삭제, 추가하거나 프로그램 전
체를 변경하는 등 프로그램을 조작하는 경우를 말한다. 예컨대 프로그램을
변경하여 자기의 예금원장에 이자의 단수가 입금되도록 하거나 예금을 인출
해도 잔액이 감소하지 않도록 하는 것 등이 이에 해당한다.[269) 한편 위조한
현금카드를 사용하는 것도 이에 해당한다고 보는 견해도 있다.[270)

그런데 여기서 문제가 되는 것은 진실한 자료의 권한 없는 사용, 예컨대
타인의 신용카드나 현금카드를 절취한 자가 비밀번호를 알아내서 자기계좌
나 제3자 계좌로 이체시키거나 현금을 인출하는 경우이다.

a) '부정한'의 개념

입법제안자는 '부정한'의 개념을 '허위'의 개념보다 넓은 개념으로 사용하
여 그 적용범위를 넓히려고 한 것으로 보인다. 즉 허위의 것은 전부 부정
한 것에 해당하나 여기서 더 나아가 진정한 것이라도 경우에 따라서는 부
정한 것으로 인정하려고 한 것이다. 이것은 제안이유서에서 부정한 명령입
력이란 프로그램조작을 의미하며, 예컨대 예금을 인출하여도 잔액이 감소
하지 않게 프로그램을 조작한 경우뿐만 아니라 "진실한 자료를 부정하게

---

268) 전지연, 컴퓨터범죄에 대한 형법적 대응, Juris Forum, 1998 창간호, 188-
189면.
269) 강동범, 앞의 논문, 164면.
270) 강동범, 앞의 논문, 166면: 정대관, 앞의 논문, 308면.

사용하는 경우에도 이 유형에 포함된다"고 설명하는 것을 보아도 알 수 있다.[271] 즉 권한 없이 명령을 입력하는 경우도 이에 포섭된다는 것이다.[272]

법문언상 부정한 명령이라는 표현은 일본의 개정형법에서 영향받은 것으로 보인다.[273] 이는 일본 형법 제246조의2의 표현인 "……사무처리에 사용하는 전자계산기에 허위의 정보 또는 부정한 지령을 주어……"와 우리나라 개정형법의 표현이 그대로 일치하는 것을 보면 알 수 있다. 일본 형법은 독일 형법 제263a조에서 영향을 받은 것으로 보이는데, 다만 독일 형법은 "부정한"이라는 표현을 사용하고 있지 않고 "권한 없는 자료사용"을 통한 컴퓨터사기죄를 규정하고 있으며, 이를 통해 그동안의 해석상의 논란을 불식시키고 있다.

이에 반해 우리나라에서는 이 문제를 주로 현금자동지급기에서의 부정조작에 대한 문제로서 크게 다루어지고 있다.

b) 현금자동지급기에서의 부정조작행위

현금카드를 권한 없이 사용한 행위에 대하여 일본에서는 허위의 정보입력에 해당한다는 견해와 부정한 지령의 입력에 해당한다는 견해가 존재하지만[274] 우리나라에서는 부정한 명령의 입력에 해당한다는 견해[275]와 이에 해당하지 않는다는 견해[276]로 나뉘고 있다.

특히 후자의 견해(해당하지 않는다는 견해)에 따르면, 개정형법의 문구를 정확히 분석하자면 부정한 것은 입력이 부정한 것이 아니라 명령이 부

---

271) 법무부, 제안이유서, 182면.
272) 강동범, 앞의 논문, 164면.
273) 전지연, 앞의 논문, 192면.
274) 제3장의 일본의 논의를 참조.
275) 김일수, 378면; 박상기, 307면; 배종대, 344면; 이형국, 462면; 이정원, 391
면; 정성근, 467면.
276) 이재상, 337면; 백형구, 185면; 장영민, 앞의 논문, 49면; 이철, 법무부의 정
책과제와 입법적 대응-컴퓨터범죄를 중심으로, 정보화사회의 전개와 입법
적 대응, 한국법제연구원, 1992, 131면; 전지연, 앞의 논문, 193면; 임웅,
344면.

정할 것을 요구하고, 여기서 비밀번호를 알고 있는 타인의 현금카드를 이용하여 현금자동지급기에서 현금을 인출하는 행위는 진정한 자료를 무권한하게 사용한 것이기 때문에 입력이 부정한 것이지 명령이 부정한 것이 아니라고 한다.[277]

이에 대하여 명령도 넓게 보면 자료에 포함되므로 명령이 프로그램만을 의미하는 것은 아니고, 따라서 부정한 명령의 입력이란 프로그램 자체는 변경(조작)함이 없이 명령을 입력(사용)할 권한 없는 자가 명령을 입력하는 것도 포함한다고 보아야 하므로 진실한 자료의 권한 없는 사용도 부정한 명령의 입력에 해당한다고 보는 견해도 있다.[278]

c) 현금자동지급기에서의 현금인출행위

현금카드나 신용카드의 부정사용을 통해 계좌이체한 경우가 아니라 현금을 인출한 경우에는 본 규정에 해당한다고 보는 견해와 절도죄로 처벌하여야 한다는 견해, 그리고 무죄라고 하는 견해가 대립되고 있다. 판례는 절도죄의 성립을 긍정하고 있다.[279]

절도죄로 처벌하여야 한다는 견해는, 본죄가 이익죄이고 행위객체가 재산상의 이익만으로 규정되어 있으므로 본죄가 성립하는 것이 아니라 절도죄로 처벌할 수밖에 없다고 본다. 왜냐하면 "정보와 명령을 구별해야 되므로 부정한 명령을 입력하는 것은 조작된 프로그램을 입력하는 경우에 한정해야 하고, 정당한 정보를 입력하는 것을 부정한 명령을 하였다고 할 수 없고, 정당한 정보의 무권한 사용을 포함할 때에는 카드 사용자의 계약위반까지 본죄에 해당하게 되어 사기죄로서의 성질보다는 배임죄의 보충규정

277) 전지연, 앞의 논문, 193면.
278) 강동범, 앞의 논문, 166면.
279) 대법원 1995. 7. 28. 선고 95도997 판결(공1995, 3034). "피해자 명의의 신용카드를 부정 사용하여 현금자동인출기에서 현금을 인출하고 그 현금을 취득까지 한 행위는……. 그 현금을 취득함으로써 현금자동인출기 관리자의 의사에 반하여 그의 지배를 배제하고, 그 현금을 자기의 지배하에 옮겨 놓는 것이 되므로 별도의 절도죄를 구성한다."

으로서의 의미를 갖게 되므로" 절도죄로 처벌하면 족하다고 한다.[280]

이에 대하여 이들 범죄유형은 일반적인 절도유형과 거리가 있을 뿐만 아니라 절도죄로 처벌하려고 하는 것은 컴퓨터 관련범죄를 명시적으로 도입한 입법자의 역사적 의지와도 맞지 않는다는 점에서[281] 해석에 의하여 본 조의 적용을 인정하고자 하는 견해도 있다.[282]

물론 컴퓨터의 부정사용이 취득한 재산의 형태에 따라 적용법조를 달리한다는 것은 타당하지 않을 뿐만 아니라 이로 인하여 직접 현금을 인출하는 경우는 절도죄로 되어 6년 이하의 징역이나 1천만 원 이하의 벌금으로 처벌되고 다른 계좌로 이체하는 경우는 본죄가 성립되어 10년 이하의 징역이나 2천만 원 이하의 벌금으로 처벌된다고 하게 되면 처벌의 균형도 맞지 않는다는 점[283]에서 입법의 불비를 인정하지 않을 수 없지만 해석에 의하여 본 조의 적용범위를 확대, 적용시키는 것은 죄형법정주의의 원칙에 위반된다는 견해[284]와 나아가 절도죄의 성립도 부정하는 견해[285]도 있다.

③ 정보처리를 하게 함

정보처리를 하게 한다라고 하는 것은 허위의 정보 또는 부정한 명령을 입력하여 진실하지 않거나 또는 정당하지 않은 사무처리를 하게 하는 것을 말한다.[286] 따라서 본죄의 정보처리는 해석상 재산의 득실, 변경에 영향을

---

280) 이재상, 337면; 같은 취지 임웅, 344면, 박상기, 314면.
281) 입법제안자는 이런 경우 절도죄의 성립을 인정할 수는 있지만 그 처벌의 필요성은 절도가 되기 이전에 컴퓨터를 조작했을 때 사기죄의 실행의 착수가 있다고 해야 처벌을 강화할 수 있다고 하고 있다. 앞의 회의록, 359면, 차용석 위원 발언.
282) 김일수, 378면; 배종대, 344면.
283) 박상기, 306면.
284) 정대관, 앞의 논문, 309면.
285) 김영환, "신용카드부정사용에 관한 형법해석론의 난점", 형사판례연구(3), 박영사, 1995, 318면; 하태훈, 현금자동인출기 부정사용에 대한 형법적 평가, 형사판례연구(4), 박영사, 1996, 323면.
286) 이재상, 338면; 임웅, 344면; 배종대 344면; 박상기, 307면.

미칠 수 있어야 한다. 이렇게 해석되는 것은 본죄의 정보처리가 사기죄에서 피해자가 재산처분행위를 하는 것과 동일한 성질을 지니고 있고 본죄의 정보처리가 행위자 또는 제3자의 이익취득의 수단으로 작용하고 있기 때문이다.[287)]

정보처리의 구체적인 과정을 보면 ① 프로그램조작, ② 입력조작, ③ 처리과정상의 조작이라는 3단계로 이루어진다고 볼 수 있다. 이 3단계의 처리과정에서 허위정보 또는 부정한 명령의 입력과 정보처리 사이에는 인과관계가 존재하여야 함은 본죄의 성격상 당연하다고 본다.[288)]

④ 재산상의 이익을 취득

재산상의 이익을 취득한다는 것은 재물 이외의 일체의 재산상 이익을 얻는 것을 말하며, 그것에는 적극적 이익은 물론 소극적 이익도 포함된다. 다만 상대방의 처분행위에 의하지 않고 전자기록에 기하여 사실상 재산을 자유롭게 처분할 수 있는 이익을 얻는 것을 말한다. 예컨대 은행의 예금원장파일에 일정한 예금채권이 있는 것으로 하여 그것을 인출·대체할 수 있는 지위를 얻거나 사실상 채무의 지급을 면할 가능성을 얻는 것 또는 일정한 노무의 제공을 받는 것 등이 여기에 해당한다.

이에 대하여 재물을 취득하는 경우에도 본 조를 적용할 수 있다는 견해가 있다.[289)] 즉 재물도 크게 보아 재산상 이익에 속하는 것이므로 예컨대 위의 사례에서처럼 현금자동지급기에서 현금을 인출한 경우에도 재산상 이익을 취득한 것으로 보아 본 죄를 적용할 수 있다는 견해이다. 그러나 우리 형법은 재산죄의 객체를 재물과 재산상 이익으로 엄격히 구별하고 있으므로 재물을 재산상 이익에 해당하는 것으로 보아 본 조를 적용할 수 있다고 보는 견해는 의문시된다.[290)]

---

287) 임웅, 344면; 김일수, 378면; 이정원, 391면.
288) 정대관, 앞의 논문, 310면; 박상기, 307면.
289) 김일수, 376면.
290) 주석형법(Ⅴ), 374면; 신동운, 횡령죄와 배임죄의 관계, 유일당오선주교수정

다만 입법론상으로 본 조문에 재물을 포함하는 것으로 개정해야 한다는 견해[291]가 존재한다.

⑤ 재산상 손해의 발생

본 죄에서도 사기죄와 마찬가지로 재산상 손해의 발생을 요하는가에 대하여 견해의 대립이 있을 수 있다. 사기죄에 있어서 학설은 대체로 재산상 손해발생이 필요하다는 입장[292]이며 판례는 재산상 손해발생이 없더라도 사기죄가 성립한다는 입장이다.[293] 나아가 재산상 손해와 이익 사이에 동질성이 필요한가에 대하여 학설은 대체로 필요성을 인정하고 있다. 이에 따르면 갑이 을을 속이고 그 대가는 병으로부터 받는 경우에는 사기죄가 성립하지 않는다고 한다.[294]

그러나 현재 재산상 이익이라는 것이 피해자의 손해가 발생하지 않는 디지털정보의 복사에 의해서도 발생할 수 있으므로[295] 이 점에 대한 고려가 앞으로 필요할 것이다.

년기념논문집, 2001, 330면. 신동운 교수는 "우리 입법자는 재산범죄를 규율함에 있어서 재물과 재산상 이익이라는 이분법을 철저하게 유지하고 있다. 이 기준에 의하게 되면 재산상 이익이란 전체재산에서 재물을 제외한 나머지를 의미하게 된다. 그럼에도 불구하고 재산상 이익의 취득이라는 배임죄의 구성요건요소를 재물의 취득을 포함한 모든 재산적 가치의 증가로 보거나 소유권의 취득도 포함하는 것으로 새기는 견해는 우리 형법제정자의 의도를 도외시하는 것이라고 하지 않을 수 없다"고 주장하고 있다. 이러한 견해는 사기죄와 컴퓨터등사용사기죄에 있어서도 마찬가지라고 할 수 있다.

291) 강동범, 컴퓨터등사용사기죄, 고시연구, 2000. 7. 164면.
292) 이재상, 312면; 김일수, 365면; 임웅, 322면; 이형국, 451면.
293) 대법원 1995. 3. 24. 선고 95도203 판결(공1995, 1786).
294) 배종대, 339면; 이재상, 328면; 김일수, 370면.
295) 현재 파일복사만으로는 절도죄가 성립하지 않지만 재산상 이익의 취득은 가능할 것이다.

Ⅲ. 주관적 구성요건

본죄는 고의범이므로 객관적 구성요건요소에 대한 인식과 의사가 필요하다. 즉 컴퓨터 등 정보처리장치에 허위의 정보 또는 부정한 명령을 입력하여 정보처리를 하게 함으로써 재산상의 이익을 취득하거나 제3자로 하여금 취득하게 한다는 점에 대한 인식과 의사가 있어야 하며, 이들 사이의 인과관계에 대한 인식이 필요함은 물론이다. 또한 불법이득의사가 있어야 한다.[296]

Ⅳ. 실행의 착수와 기수시기

컴퓨터 등 정보처리장치에 허위의 정보 또는 부정한 명령을 입력시키기 시작한 때에 실행의 착수가 인정되고 재산상의 이익을 취득하거나 제3자로 하여금 이익을 취득하게 한 때에 기수가 된다.[297]

이에 대하여 피해자의 재산상 손해가 발생한 때에 본 죄의 기수가 있다고 보고, 다만 재산상 이익의 취득은 본 죄의 완수시점이라고 보는 견해가 있다.[298]

제3절 하급심 판결에 나타난 컴퓨터등사용사기죄의 적용 실태

이상에서 살펴본 바와 같이 1995년 이후 2001년 현재까지 해석론의 전개는 일반적인 교과서 수준에서의 논의에 지나지 않고 실제 심층적인 논의

---

296) 임웅, 345면; 김일수, 380면; 박상기, 307면; 이정원, 391면; 정성근, 468면.
297) 이재상, 338면.
298) 김일수, 379면; 임웅, 344면; 박상기, 307면; 정성근, 468면; 이형국, 463면.

도 현금자동지급기에서 절취한 타인의 현금카드 내지는 신용카드로 현금을
인출하는 행위에 대하여 본 조를 적용할 수 있는가 하는 점에 집중되어 있
다고 볼 수 있다. 그리고 이러한 사례에 대한 대법원 판례도 사실은 컴퓨
터등사용사기죄의 적용을 대상으로 한 것이 아니어서 실제 교과서나 논문
에서 인용하고 있는 컴퓨터사용사기에 대한 판례는 전무한 실정이다.[299]

그러나 개정이유서나 회의록에서도 볼 수 있듯이 위의 사례가 대표적
사례로 검토되고 있는 것은 사실이지만 실제 본 조의 적용의 사례는 이러
한 사례 이외에도 무수하게 많을 수 있다. 그러나 실제 본 규정의 신설 이
후에 공간된 대법원판례는 보이지 않고 있어 구체적으로 본 조의 해석이
어떻게 이루어지고 있는지에 대해서 아직 학자들의 구체적 판례분석이 나
타나고 있지 않은 실정일 뿐이다.

하지만 본 연구자가 조사한 바에 의하면 적어도 대법원 판례는 2001년
7월 현재 5건 정도[300]가 있는 것으로 보이는데 이 판결문에서는 구체적인
사실관계가 나타나 있지 않고 그 판단도 하급심의 것을 인용하는데 그치고
있어서, 현재로서는 하급심의 판례에서 컴퓨터등사용사기죄에 대한 구체적
해석기준을 찾을 수밖에 없다.

이하에서는 본 연구자가 입수한 자료를 기준으로 2001년 현재까지의 하급
심 판결에서는 컴퓨터등사용사기죄가 어떠한 사례에서 적용되는지 살펴보고
자 한다. 구체적으로 본 조의 해석에서 중요한 논점이 되는 부분을 기준으로
분류하였다.

---

299) 2001년 이후의 판례에 대해서는 제5절에서 소개한다.
300) 대법원 1998. 9. 11. 선고 98도1891 판결, 대법원 1998. 11. 27. 선고 98도
3296 판결, 대법원 1999. 4. 13. 선고 99도367 판결, 대법원 1999. 5. 25. 선
고 99도1270 판결, 대법원 2000. 9. 22. 선고 2000도3354 판결.

Ⅰ. 컴퓨터 등 정보처리장치의 의미에 관한 판결의 검토

제1심판결: 서울지법 2001. 4. 10. 선고 2001고단1915 판결

제2심판결: 서울지법 2001. 6. 12. 선고 2001노3381 판결

1. 사실관계

갑은 회사 동료로써 친분이 있는 을의 신용카드번호 및 비밀번호를 알고 있음을 기화로 카드 소유자가 직접 은행에 가지 아니하고 전화를 통해서 현금서비스 또는 대출서비스를 받는 방법을 이용하여 회사사무실에서 컴퓨터 등 정보처리장치인 ○○카드 전화로 대출서비스에 부정한 명령인 위 을의 신용카드번호 및 비밀번호를 입력하여 피해자 ○○캐피탈 소유의 현금 3,000,000원을 자신의 통장에 입급시키는 방법으로 동액 상당의 재산상 이익을 취득하였다.

2. 사건의 경과

제1심법원은 갑을 컴퓨터등사용사기죄를 적용하였고, 갑은 이에 컴퓨터를 사용한 적이 없음에도 원심은 공소사실을 그대로 받아들여 유죄를 선고하였으니, 컴퓨터등사용사기죄에 관한 법리오해를 이유로 항소하였다.

3. 항소심의 판결요지

형법 제347조의2가 규정하는 컴퓨터등사용사기죄는 컴퓨터등정보처리장치에 허위의 정보 또는 부정한 명령을 입력하여 정보처리하게 함으로써 재산상의 이익을 취득하거나 제3자로 하여금 취득하게 한 자를 처벌하는 규정으로서, 여기서의 부정한 명령을 입력하여 정보처리하게 하는 경우란 컴

퓨터에 직접 손을 대어 타인의 비밀번호 등을 입력하여 정보처리하게 하는 경우뿐만 아니라 전화를 통하여 컴퓨터에 타인의 비밀번호 등을 입력하여 정보처리하게 하는 경우도 포함하는 것이다.

4. 판결의 검토

위 사례뿐만 아니라 다른 많은 하급심 판결(부산지법 2001. 6. 11. 선고 2001고단2887 판결,[301]) 부산지법동부지원 2001. 6. 1. 선고 2001고단1334 판결,[302]) 광주지법 2001. 5. 10. 선고 99고단2465 판결,[303]) 서울지법 2001. 5. 22. 선고 2001고단1596 판결,[304]) 서울지법 2001. 3. 22. 선고 2001고단1570 판결,[305]) 춘천지법 2001. 4. 3. 선고 2001고단249 판결,[306]) 서울지법 2001. 3. 8. 선고 2001고단1215 판결,[307]) 서울지법 2001. 1. 11. 선고 2000고단10938 판

---

301) 타인의 아이디와 비밀번호를 이용하여 타인의 정보를 변경하여 훼손 내지 침해하고, 그 아이디와 비밀번호를 입력하여 외환카드 홈페이지에 접속한 뒤 신용카드번호와 비밀번호를 입력하여 카드론 대출 및 현금서비스를 받아 자신의 계좌에 입금하게 한 것을 부정한 명령을 입력한 것이라고 본 사례.

302) 위조한 신용카드로(신용카드회사에 대하여는 사기 및 사문서위조 등) 폰뱅킹 대출 및 현금서비스를 받은 것을 컴퓨터 등 정보처리장치에 부정한 명령을 입력한 것이라고 본 사례.

303) 타인의 아이디, 비밀번호를 알게 된 기화로 폰뱅킹으로 은행의 정보처리장치에 부정한 명령을 입력하여 다른 사람의 계좌로 금원을 이체시켜 재산상 이익을 취득한 사례.

304) 타인의 주민등록번호, 계좌번호, 비밀번호를 알아낸 것을 기화로 전화를 이용하여 은행의 정보처리장치인 폰뱅킹서비스컴퓨터에 위 번호를 부정하게 입력함으로써 타인의 예금계좌에서 자신의 예금계좌로 계좌이체승인을 받아 재산상 이익을 취득한 사례(절취한 신용카드로 현금지급기에서 현금서비스를 받아 은행인 피해자의 현금을 절취한 경우에 신용카드업법위반, 절도, 편취한 신용카드를 이용하여 현금지급기에서 현금을 인출한 경우에 절도, 편취한 신용카드를 이용하여 물건을 교부받은 경우 사기).

305) 폰뱅킹서비스로 타인의 계좌번호, 비밀번호, 주민등록번호를 입력하여(부정한 명령의 입력) 계좌이체 받은 사례.

306) 타인의 계좌번호, 비밀번호, 주민등록번호를 입력하여(부정한 명령의 입력) 상품권을 받은 행위.

307) 사용승낙을 받지 아니한 부정한 명령(타인의 신용카드번호, 비밀번호)을

결,308) 창원지법 2000. 3. 7. 선고 2000고단406 판결,309) 광주지법 1999. 12. 2. 선고 99고단2465, 3280, 3674(병합) 판결,310) 부산지법 1999. 3. 18. 선고 99고단957 판결,311) 울산지법 2001. 4. 19. 선고 2001고단969 판결,312) 대전지법 2001. 3. 6. 선고 2001고단71 판결,313) 대전지법 2001. 2. 2. 선고 2000고단 3547, 3876, 3915, 4432(병합) 판결314))에서 이와 같이 타인의 아이디와 비밀번호, 주민등록번호, 계좌번호 등 타인의 정보를 이용하여 폰뱅킹이나 텔레뱅킹(혹은 인터넷뱅킹)을 통해 현금서비스나 대출을 받는 행위를 본 조로 처벌하고 있다.

위 사례에서 법원은 "여기서의 부정한 명령을 입력하여 정보처리하게 하는 경우란 컴퓨터에 직접 손을 대어 타인의 비밀번호 등을 입력하여 정

입력하여 텔레뱅킹으로 현금서비스를 받은 사례.

308) 타인의 예금계좌, 비밀번호, 폰뱅킹비밀번호 주민등록번호를 알아내어 폰뱅킹으로 자신들의 계좌에 이체시킨 경우 부정한 명령의 입력으로 본 사례.

309) 자기회사 동료직원의 주민등록번호, 보안번호, 비밀번호를 이용하여 텔레뱅킹을 통해 부정한 명령을 입력하여 동인 소유의 금원은 자신의 계좌로 이체시킨 사례.

310) 폰뱅킹으로 타인의 계좌번호, 비밀번호, 폰뱅킹아이디 및 약정번호를 알게 됨을 기화로 이를 이용하여 은행 정보처리장치에 부정한 명령을 입력하여 재산상 이익을 취득한 사례.

311) 정보통신회사 직원이 타인의 예금통장의 계좌번호, 비밀번호, 텔레뱅킹 비밀번호 등을 알게 된 것을 기화로 휴대폰을 이용하여 텔레뱅킹으로 부정한 명령을 입력하여 재산상 이익을 취득한 사례.

312) 인터넷상에서 다운 받은 IP 스캐너라는 해킹프로그램을 이용하여 타인의 컴퓨터에 침입한 다음 타인의 은행 홈뱅킹 아이디, 계좌번호, 인증서번호, 자금이체 비밀번호, 보안카드번호를 훔쳐 타인의 비밀을 도용하여, 컴퓨터를 이용하여 은행의 홈뱅킹에 접속한 다음 피해자의 계좌에서 자신의 허위 계좌로 계좌이체시킨 경우 부정한 명령을 입력한 것이라고 본 사례.

313) 전화로 폰뱅킹서비스를 이용하여 타인의 계좌에서 자신의 계좌로 이체시킨 경우 부정한 명령을 입력한 것이라고 본 사례.

314) 피해자의 보험료납입계좌로 신용대출을 받을 수 있는 점 및 피해자의 주민등록번호를 알고 있고 피해자로부터 보험료납입계좌가 개설된 은행현금카드를 빌려 보관하고 있는 점을 이용하여 전화로 피해자의 주민등록번호를 입력하는 등으로 마치 피해자가 신용대출을 신청하는 것처럼 부정한 명령을 입력하여 정보처리하게 한 사례.

158

보처리하게 하는 경우뿐만 아니라 전화를 통하여 컴퓨터에 타인의 비밀번호 등을 입력하여 정보처리하게 하는 경우도 포함하는 것"이라고 하여 현금자동지급기에서 직접 입력하는 경우뿐만 아니라 휴대폰이나 전화, 나아가 인터넷을 통한 입력에도 본 조를 적용하겠다는 취지로 판단하고 있다.

이러한 하급심 법원의 판단은 본 조의 컴퓨터 등 정보처리장치가 재산적 처분을 직접적으로 담당하는 컴퓨터만이 아니라 이러한 컴퓨터에 연결된 것이라면 전화기라도 본 조의 정보처리장치에 해당한다고 판단하고 있다는 점이다. 이 점에서 일본의 전자계산기보다는 확대된 의미로 '정보처리장치'의 개념을 사용하고 있다고 할 수 있다.315)

그런데 본 판시사항을 자세히 보면 "전화를 통하여", "컴퓨터에 타인의 비밀번호를 입력하여"라고 한 점에서 전화 그 자체는 정보처리장치는 아니고 그 전화와 연결된 금융기관의 업무용컴퓨터만이 이에 해당한다고 볼 수도 있을 것이다. 그러나 구성요건에 해당하는 행위는 그 실체를 보고 판단해야 할 것이며, 가상적인 상황을 구성요건적 행위로 파악하여서는 안 될 것이다. 본 사례에서 행위자의 실행행위는 분명히 전화기라는 입력장치를 통해서 이루어지고 있다. 그리고 전화기에 입력된 정보는 금융기관의 업무용컴퓨터에 전송되어 처리되고 있다. 그렇다면 본 사례에서 전화는 정보의 입력장치로서의 정보처리장치라고 할 것이며, 항소이유에서도 밝히듯이 본 하급

315) 전화기 그 자체는 컴퓨터에 해당하지 않으므로 전화기 입력행위 그 자체는 본 조 적용에 있어서 아무런 의미를 가지지 않는다고 볼 여지가 있다. 그러나 본 조는 미수범을 처벌하고 있으므로 본 조의 실행의 착수행위가 언제 존재하는가는 중요한 의미를 가지게 된다. 그런데 컴퓨터에 정보를 입력하는 행위는 전화기 등을 이용하는 사례에 있어서 상상속에서만 상정할 수 있다. 즉 전화기에 정보를 입력 – 정보의 전송 – 컴퓨터에 입력이라고 하는 가정은 이미 네트워크로 연결되어 있는 상태에서는 아무런 구별을 가질 수 없다. 전화기가 이미 컴퓨터에 연결되어 있는 상태에 있다면 이는 이미 현금자동지급기나 은행의 온라인 단말기와 같은 컴퓨터의 지위에 놓이게 된다. 따라서 실행의 착수는 이러한 전화기에 입력하는 시점에 있다고 하지 않을 수 없고 결국 전화기가 정보처리장치의 개념에 포함되지 않는다면 행위자의 실행행위가 무엇인지를 전혀 포착할 수 없는 상태에 이르게 된다.

심 판결은 전화를 컴퓨터 등 정보처리장치로 판단한 것이라고 생각된다.

따라서 '정보처리장치'란 결국 입력된 정보를 처리하는 것뿐만 아니라 입력된 정보를 전송하는 것을 포함하는 개념으로 받아들일 수 있다. 이러한 의미에서 위 하급심의 판단은 네트워크를 기본 전송수단으로 하고 있는 현재의 컴퓨터환경에서 매우 진보적인 것이라고 하지 않을 수 없다.

Ⅱ. 허위의 정보를 입력한 경우에 해당한다고 보는 판결

1. 객관적 사실과 다른 자료를 컴퓨터에 입력한 행위

대상판결: 부산지법 동부지원 1999. 7. 7. 선고 99고단1983 판결

(1) 사실관계

갑은 ○○은행 ○○동지점에서 근무하면서 현금출납 및 예금수납업무에 종사하여 오던 중, ○○은행 ○○동 지점에서 사실은 자신 명의의 ○○은행 예금통장으로 돈을 입금한 사실이 없음에도 갑이 위 예금통장에 1,000,000원을 입금한 것처럼 동지점에 설치된 정보처리장치인 예금출납용 컴퓨터의 단말기에 1,000,000원을 예금하였다고 허위의 정보를 입력하여 정보처리를 하게 함으로써 1,000,000원 상당의 재산상 이익을 취득하였다.

(2) 법원의 판단

법원은 컴퓨터등사용사기죄를 적용 징역 1년에 처하였다.

(3) 판결의 검토

'허위의 정보'를 입력한 경우로서 판례는 본 사례와 같이 객관적 사실과

다른 사실을 컴퓨터에 입력한 경우에 본 조의 성립을 긍정하고 있다. 즉 원래 있지 않은 자료를 있는 것처럼 컴퓨터에 입력하거나 원래 있는 자료를 변경하는 경우를 들 수 있다.

이러한 유사한 사건들에서도, 예컨대 은행직원이 대출금상환을 요청받자 이를 상환한 것처럼 영수증을 발급하고 은행 전산단말기에서 대출금회수 취소를 전산입력한 경우(수원지법 평택지원 2001. 3. 21. 선고 2000고단1237 판결[316]), 또 허위의 매출정보를 입력시킨 경우(서울지법 2001. 3. 13. 선고 2000고단10791 판결[317]), 허위의 대출정보를 입력한 경우(광주지법 2000. 6. 28. 선고 2000고단128 판결,[318] 부산지법 2000. 6. 12. 선고 2000고단3032 판결,[319] 전주지법군산지원 2000. 5. 29. 선고 99고단2110 판결,[320] 인천지법 1999. 8. 17. 선고 99고단4040 판결[321]), 고객의 표지어음계좌의 만기일과 결

---

[316] 은행대출계 직원이 대출금상환을 요청받자 이에 상환된 것처럼 영수증을 발급하고, 즉시 은행 전산단말기에 대출금회수 취소를 전산입력한 후 그 전산단말기를 조작하여 타인의 계좌로 계좌이체 시킨 경우 허위의 정보 또는 부정한 명령을 입력한 것이라고 본 사례.

[317] 휴대폰판매사업을 하던 자가 신용카드회원모집인으로 위장취업하여 모집한 신용카드회원의 번호, 유효기간, 한도액 등에 관한 정보를 이용하여 자신의 회사에서 휴대폰을 판매한 것처럼 허위 매출정보를 신용카드회사의 ARS를 통하여 입력한 후 승인을 받아, 다시 카드조회기를 통해 대금을 온라인으로 청구하여 거래대금을 편취한 사례.

[318] 은행 여신담당 직원이 대출계 직원이 잠시 자리를 비운 사이에 컴퓨터단말기를 조작하여 컴퓨터 대출설정 화면에 자신의 동생 등의 이름으로 대출하는 '허위의 정보'를 입력하여 정보처리하게 하여 미리 개설하여둔 자신의 동생 등 가족의 예금계좌에 입금하게 하여 재산상 이익을 취득한 사례.

[319] 새마을금고 분소장으로 분소 내의 고객예탁금, 출자금의 수급 및 관리업무를 총괄하던 자가 고객의 정기예탁금, 출자금 등을 고객이 인출 또는 정기예탁금을 담보로 대출받은 것처럼 전표와 대출거래약정서를 위조하여 서류정리를 하고, 컴퓨터에 위와 같이 인출, 대출받은 금원을 다른 은행의 계좌에 입금시키도록 전산처리한 경우, 허위의 정보를 입력한 것이라고 본 사례.

[320] 수산업협동조합 지점장이 컴퓨터단말기를 작동하여 타인에 대한 여신차입신청등록화면을 나타나게 한 다음 대출받을 수 있도록 하는 내용의 허위의 정보를 입력하여 금원을 인출한 사례.

[321] 수산업협동조합 대출담당 직원이 컴퓨터단말기를 조작하여 허위의 대출정보를 입력하여 금원을 편취한 사례.

제계좌를 변경한 경우(전주지법 2000. 5. 24. 선고 2000고단568 판결[322]), 퇴직한 자를 퇴직하지 않은 것처럼 꾸며 급여액을 입력한 경우[323](광주지법 2000. 4. 27. 선고 2000고단445 판결), 급여프로그램상에 과다계상된 허위내용의 급여내역을 입력한 경우[324](대전지법 2000. 3. 25. 선고 2000고단420 판결), 대출금이자를 납입하지 않았음에도 전액 납입된 것처럼 입력한 경우(인천지법 부천지원 99고단2002), 허위의 입금정보를 입력한 경우[325](인천지법 1999. 2. 4. 선고 98고단9581 판결), 구좌종류를 변경한 경우[326](광주지법 1998. 12. 15. 선고 98고단4185 판결), 고객으로부터 타행환무통장입금의뢰를 받은 것처럼 전산조작한 경우(창원지법 2001. 6. 15. 선고 2001고단1622 판결, 광주지법 1998. 7. 21. 선고 98고단956-1(분리) 판결), 타인에게 지불할 환불금을 자신에게 지불하도록 변경한 경우(서울지법 1997. 7. 2. 선고 97고단3773 판결) 등에서도 그 내용이 진실에 반하는 경우에 '허위의 정보'를 입력한 것으로 보고 있다.

---

322) 신용금고 전산실 업무를 처리하는 자가 고객의 표지어음계좌의 만기일과 결제계좌를 전산단말기를 이용하여 만기일을 앞당기고 결제계좌를 휴면계좌로 입력하는 등 허위정보를 입력한 사례.

323) 회사 급여담당 직원이 퇴직한 자가 아직 퇴직하지 않은 것처럼 급여집계표 총액을 기재하여 결재를 얻은 다음 컴퓨터에 허위로 정보처리하게 하여 이를 믿은 경리직원이 자신의 처의 예금통장으로 송금하게 한 사례.

324) 한국과학기술원 인사팀 급여담장자로서 급여관리업무에 종사하는 자가 회사 급여작업 프로그램상에 과다계상된 허위내용의 급여내역을 입력한 다음 실제 급여와의 차액분을 자신의 계좌로 입금되도록 하는 방법으로 금원을 편취한 사례.

325) 자신의 계좌에 돈이 입금된 사실이 없음에도 불구하고 자신의 친구(공모자)인 은행직원의 창구에 설치된 은행창구직원용 컴퓨터단말기에 허위의 예금입금정보를 입력한 사례.

326) 은행직원이 타인의 자립예탁금 통장을 마이너스통장으로 구좌종류를 변경 등록한 다음 금원을 인출하여 컴퓨터에 허위의 정보를 입력하여 금원을 편취한 사례.

2. 타인의 정보를 컴퓨터에 입력한 행위

제1심판결: 서울지법 1998. 10. 29. 선고 98고단7846 판결
제2심판결: 서울지법 1999. 2. 25. 선고 98노11274 판결
대법원 판결: 대법원 1999. 5. 25. 선고 99도1270 판결

(1) 사건의 개요

갑은 을과 컴퓨터통신을 이용하여 부정한 방법으로 갑이 사전에 만들어 놓은 통장으로 금융기관의 돈을 계좌이체시켜 그중 일부를 할당받기로 공모한 후, 을이 불상의 방법으로 ○○은행 ○○지점에 개설된 피해자 병의 당좌거래계좌의 홈뱅킹 이용자의 아이디, 이용자 암호(패스워드), 이체패스워드 등을 알아낸 후, 갑은 울산 및 서울 등지에 소재한 8개의 금융기관에 자신의 명의로 자금이체용 계좌를 개설하고, 을은 퍼스널 컴퓨터단말기로 PC통신 천리안 홈뱅킹서비스에 접속하여 위와 같이 알아낸 피해자 병의 홈뱅킹 이용자 아이디, 암호, 이체 패스워드를 입력한 후, 병의 계좌에서 5천만 원을 병의 계좌에서 8회에 걸쳐 시중 8개 금융기관에 개설된 갑 명의의 계좌로 한체례에 각 5천만 원씩 합계 현금 4억 원을 계좌이체시켰다.

(2) 법원의 판단

제1심에서 법원은 이러한 행위를 '정보처리장치에 허위의 정보를 입력하여 정보처리하게 함으로써 4억 원 상당의 재산상 이익을 취득한 것이다'라고 하여 징역 1년 6월에 처하였다. 이러한 법원의 판단에 대하여 갑은 양형부당을 이유로 항소하였고, 이에 제2심은 징역 1년에 처한다고 선고하였다. 그러나 제2심과 대법원에서는 본 사례에 대한 실체판단은 하지 않았다.

(3) 판결의 검토

본 판결은 타인의 정보, 즉 타인의 아이디, 비밀번호 등을 컴퓨터 등 정보

처리장치에 입력하여 자신의 계좌로 금원을 이체한 경우, 허위의 정보를 입력한 것이라고 판단하고 있다. 즉 기존 대다수의 학설과는 달리 진실한 자료를 권한 없이 사용하는 행위는 컴퓨터등사용사기죄에 있어서 '허위의 정보'의 입력에 해당한다고 판단한 것이다. 이는 아래에 살펴볼 판결(서울지법 1997. 8. 13. 선고 97고단5034 판결)에서도 동일한 판단을 내리고 있다.

그러나 왜 타인의 정보를 컴퓨터에 입력하는 것이 '허위의 정보의 입력'에 해당하는지에 대한 명백한 이유는 제시하고 있지 않다. 다만 아래 판결에서 보면 '마치 을이 물건을 주문하는 것처럼'이라는 문언을 사용하고 있는 것을 알 수 있는데, 이는 본 조의 '허위의 정보'를 입력하는 행위에 대하여 사기죄에 있어서 기망행위와 동일한 평가를 하고 있는 것처럼 보인다.

Ⅲ. 부정한 명령을 입력한 경우에 해당한다고 보는 판결

1. 현금자동지급기에서의 카드 부정사용행위

(1) 절취한 카드를 사용하여 현금을 인출한 행위

대상판결: 서울지법 동부지원 2000. 10. 16. 선고 2000고단3622 판결

가. 사실관계

갑은 피해자 을과 동거생활을 하던 중 을이 직장업무로 인하여 집에 들어오지 아니한 틈을 이용하여 그곳 안방 화장대 서랍 속에 들어 있던 동녀 소유의 신용카드를 꺼내가 이를 절취하고, 같은 날 ○○은행 ○○동 지점에서 그곳에 설치된 현금자동지급기에 위 절취한 신용카드를 넣고 비밀번호를 입력하는 등 신용카드를 부정사용하고, 피해자 ○○은행 ○○지점장이 관리하는 위 현금자동지급기에서 현금 560만 원을 인출하여 이를 절취하고, 이 현금자동지급기가 은행 내 정보처리장치인 주전산기와 연결되어 계좌이

체기능을 할 수 있음을 이용하여 위 현금자동지급기에 절취한 신용카드를 넣고 비밀번호를 입력한 후 피해자 명의로 된 ○○은행계좌의 예금을 갑 명의로 개설된 ○○은행계좌 등으로 각 700만 원씩 계좌이체가 되도록 부정한 명령을 입력하여 현금 1,400만 원 상당의 재산상 이익을 취득하였다.

나. 법원의 판단

법원은 절취한 신용카드를 사용한 행위에 대하여 여신전문금융업법 제70조, 현금의 인출행위에 대하여 절도죄, 그리고 계좌이체한 점에 대하여 컴퓨터등사용사기죄를 적용하여 각 범죄의 실체적 경합으로 처단하였다.

다. 판결의 검토

본 사례는 현금자동지급기에서 발생하는 카드의 부정사용행위의 전형적인 예를 보여주고 있다. 이에 법원은 여신전문금융업법, 절도죄, 컴퓨터등사용사기죄의 실체적 경합을 인정하고 있다.

본 사례에서는 현금인출과 계좌이체를 분리하여 전자에 대해서는 절도죄를 적용하고, 후자의 경우에는 컴퓨터 등 정보처리장치에 '부정한 명령'을 입력하여 재산상 이익을 취득한 것으로 보아 컴퓨터등사용사기죄를 적용하고 있다.

즉 본 판결은 현금자동지급기의 사례에서 타인의 정보를 이용하는 행위는 '부정한 명령'의 입력에 해당한다고 보았고, 현금인출은 컴퓨터등사용사기죄에 있어서 재산상 이익에 해당하지 않으므로 현금인출의 부분만 현금자동지급기의 관리자인 피해은행의 의사에 반하여 점유를 침해한 것으로 절도죄가 성립한다고 보고 있는 것이다.

(2) 위조한 카드를 사용하여 현금을 인출한 행위

제1심판결: 서울지법 1998. 1. 14. 선고 97고단8212 판결
제2심판결: 서울지법 1998. 5. 22. 선고 98노1052 판결
대법원판결: 대법원 1998. 9. 11. 선고 98도1891 판결

가. 사실관계

갑은 비씨신용카드주식회사 직원으로 근무하다가 면직된 후 카드할인업에 종사해온 자로서, 공소 외 을로부터 신용카드를 대량으로 위조하여 돈을 벌자는 제의를 받고 이를 승낙한 뒤 일단 시험적으로 신용카드 1매를 위조하여 태국 소재 은행에서 현금서비스를 받기로 마음먹고, 위 을과 공모하여 성명불상자 관리의 사무실에서 을이 그곳에 설치된 신용카드암호해독용 프로그램이 입력된 컴퓨터와 신용카드암호판독기를 이용하여 병 명의의 비씨마스타골드 신용카드 이면 자기띠에 입력되어 있는 전자기록 내용인 에스.브이.씨(S.V.C) 암호값, 씨.브이.브이(C.V.V) 암호값 등 카드위조방지용 암호값을 판독한 후, 신용카드복제기를 소지하고 있는 성명불상자로 하여금 위와 같이 판독해 낸 암호값 등을 그 복제기를 이용하여 상호불상 은행 발행의 현금카드에 입력시켜 위 병 명의의 신용카드 1매를 위조하고, 태국 방문 소재 씨암상업은행에서 태국에 사는 한국교포 성명불상자로 하여금 위와 같이 위조된 신용카드 1매를 그곳에 설치되어 있는 현금지급기에 삽입하여 암호값과 비밀번호를 읽게 하고 피해자 비씨카드주식회사로부터 승인을 받은 후 현금인출을 하겠다는 부정한 명령을 입력함으로써 태국돈 20,000바트 등을 현금인출하는 등 합계 현금 23,826,532원을 현금인출함으로써 위조신용카드 15매를 각 행사하고 즉석에서 위 금액 상당의 재산상 이익을 취득하였다.

나. 법원의 판단

제1심법원은 이에 대하여 신용카드업법위반과 컴퓨터등사용사기죄의 실체적 경합을 인정하고 전자기록등내용탐지의 부분은 피해자의 고소가 없다는 이유로 공소를 기각하였다. 피고인들은 공동정범으로 처벌되었다.

제2심법원은 제1심의 판결을 그대로 인용하고 있고, 대법원은 '범죄사실을 유죄로 인정하여 처벌한 조치는 수긍이 가고, 거기에 채증법칙을 위반한 잘못이 없다'고 판단하여 결국 제1심의 판단을 인용하고 있다.

다. 판결의 검토

앞의 사례에서 법원은 절취한 신용카드로 현금자동지급기에서 현금을 인출하는 행위는 절도죄로 처단하고 있음에 반하여 본 사례에서 위조한 신용카드로 현금자동지급기에서 현금을 인출하는 행위는 컴퓨터등사용사기죄를 적용하고 있다는 점에서 큰 차이가 있다. 즉 본 판결에서는 현금의 인출행위에 대해서는 컴퓨터등사용사기죄가 적용가능하다고 판단하고 있는 것이다. 일단 대법원판결에서 컴퓨터등사용사기죄의 적용을 부인하지 않은 점에서 이를 우리나라 최고법원의 입장이라고 볼 수는 있겠지만 절취한 신용카드를 사용하는 경우와 위조한 신용카드를 사용하는 경우를 달리 보는 이유를 찾을 수 없다는 점에서 본 판결만으로 '현금인출행위'가 컴퓨터등사용사기죄의 적용대상이 되는지는 명확하다고 할 수 없다 하겠다.

2. 타인의 정보를 컴퓨터에 입력한 행위

대상판결: 창원지법 2000. 3. 7. 선고 2000고단406 판결

(1) 사실관계

갑은 직장동료인 피해자 을의 주민등록번호, 보안번호, 비밀번호 등을 알고 있음을 기화로 텔레뱅킹(전화자동이체서비스)을 통해 부정한 명령을 입력하여 정보처리를 하게 함으로써 동인 소유의 계좌번호의 예금통장에 들어 있던 현금 1,000만 원을 자신의 계좌번호 예금통장으로 이체시켜 현금 1,000만 원 상당의 재산상 이익을 취득하였다.

(2) 법원의 판단

법원은 컴퓨터등사용사기죄를 적용, 징역 8월을 선고하였다.

(3) 판결의 검토

많은 사례에서(부산지법 2001. 6. 11. 선고 2001고단2887 판결, 부산지법 동부지원 2001. 6. 1. 선고 2001고단1334 판결, 광주지법 2001. 5. 10. 선고 99고단2465 판결, 서울지법 2001. 5. 22. 선고 2001고단1596 판결, 서울지법 2001. 3. 22. 선고 2001고단1570 판결, 춘천지법 2001. 4. 3. 선고 2001고단 249 판결, 서울지법 2001. 3. 8. 선고 2001고단1215 판결, 서울지법 2001. 1. 11. 선고 2000고단10938 판결, 광주지법 1999. 12. 2. 선고 99고단2465, 3280, 3674(병합) 판결, 부산지법 1999. 3. 18. 선고 99고단957 판결, 울산지법 2001. 4. 19. 선고 2001고단969 판결, 대전지법 2001. 3. 6. 선고 2001고단71 판결, 대전지법 2001. 2. 2. 선고 2000고단3547, 3876, 3915, 4432(병합) 판결) 타인의 정보를 입력하는 행위는 컴퓨터등사용사기죄에 있어서 '부정한 명령'으로 파악하고 있다. 단순히 통계적으로 본다면 단적으로 타인의 정보를 입력하는 행위는 '부정한 명령의 입력'으로 보는 것이 법원의 입장이라고 말할 수 있다. 그러나 이전의 판결에서도 보았듯이 이러한 행위를 '허위의 정보'를 입력한 것으로 보는 판결도 있다는 점을 유의할 필요가 있다.

3. 아무 원인행위 없이 컴퓨터에 허위정보를 입력한 행위

대상판결: 서울지법 2000. 12. 31. 선고 2000고단11041 판결

(1) 사실관계

갑은 ○○은행 ○○지점에서 대출담당 계장으로 근무하던 사람으로서, 자신이 사용하는 정보처리장치인 입금, 출금, 송금 처리 컴퓨터단말기에 아무런 원인행위 없이 자신의 예금계좌인 ○○은행, ○○은행, ○○은행 등 6개 계좌에 각 2억 원, 합계 12억 원을 송금하는 내용의 부정한 명령을 입

력하여, 그 무렵 각 계좌에 같은 금액이 입금되게 함으로써 같은 액 상당의 재산상 이익을 취득하였다.

(2) 법원의 판단

법원은 컴퓨터등사용사기죄를 적용하여 징역 1년을 선고하였다.

(3) 판결의 검토

본 사례는 은행의 대출담당 계장으로서 은행의 대출사무를 담당하는 자라고 할 수 있다. 그 은행의 예금사무에 관한 사무처리를 하는 자는 아니다. 따라서 배임죄에는 해당하지 않는다고 할 수 있다. 그러나 그는 은행의 단말기에 정보를 입력하여 이러한 사무를 처리하는 권한을 가지고 있다. 그런데 아무런 원인행위(대출의 요청) 없이 컴퓨터단말기에 자신의 계좌로 은행의 예금을 송금하고 있다. 이러한 행위는 위의 사례와 같이 타인의 정보를 입력하는 것도 아니며 단순한 '허위정보'를 입력하는 것에 지나지 않는다. 그럼에도 법원은 본 사례에서 '부정한 명령'의 입력으로 보고 있다.

이와 유사한 사례에서 은행의 대부계 대리로 대출계 업무를 담당하는 자가 대출관련 컴퓨터 온라인 단말기를 사용하여 실제 대출을 받은 바 없음에도 자신의 형이 대출을 하는 양 동인의 성명 및 주민등록번호 등 인적사항, 대출금액, 대출기간과 부정한 명령을 입력하여 동인의 예금통장으로 10,000,000원을 입금한 행위를 컴퓨터 등 정보처리장치에 부정한 명령을 입력하여 재산상 이익을 취득한 것으로 보아 컴퓨터등사용사기죄를 적용하였다.[327] 이 또한 아무런 원인 행위가 없음에도 불구하고 컴퓨터 등 정보처리장치에 허위정보를 입력한 것에 지나지 않는다. 또 이 사례는 대출업무를 담당하는 자가 그 업무에 위배하여 은행에 재산상 손해를 발생시켜 재산상 이익을 취득하였으므로 배임죄가 성립한다고 할 수 있다. 그러나 본

---

327) 전주지법 2000. 9. 19. 선고 2000고단1563 판결.

사례에서 법원은 배임죄에 대해서 판단하고 있지는 않다.

Ⅳ. 물건 및 전자화폐를 구매한 행위

대상판결: 울산지법 2001. 5. 3. 선고 2001고단1059 판결

(1) 사실관계

갑은 사업이 실패하여 경제적으로 어려움에 처하게 되자 인터넷 쇼핑몰에서는 회원으로 가입하면 신용카드번호 및 유효기간만으로 물품을 구입할 수 있음을 기화로 현금자동지급기가 설치된 곳의 쓰레기통 등지에서 주운 타인의 신용카드번호 및 유효기간이 기재된 사용카드 사용영수증 및 인터넷상의 구직 싸이트에서 입수한 구직자들의 주민등록번호, 성명을 이용하여 인터넷 쇼핑몰과 경매싸이트 회원으로 가입한 다음, 인터넷 경매싸이트에 특정 물품을 경매신청하고, 위 물품이 경락되면 인터넷 쇼핑몰에서 타인의 신용카드를 이용하여 가명으로 경락된 물품의 구입신청을 하고, 경락받은 사람에게 위 구입물품을 보낸 뒤 그로부터 경매사이트를 통하여 경락대금을 온라인 송금받는 방법으로 재산상 이익을 취득하거나 온라인으로 경락대금을 받지 못하여 미수에 그쳤다. 또 icash라는 사이트에 다른 사람 명의로 가입한 후, 인터넷 쇼핑몰에서 현금대용으로 통용되는 icash를 구입하면서 피의자가 확보하고 있던 다른 사람의 카드번호를 이용하여 결재를 하는 방법으로 icash 9만 원 상당을 구입하여 동액 상당의 이익을 취득하였다.

(2) 법원의 판단

법원은 컴퓨터 등 정보처리장치에 부정한 명령을 입력하여 재산상 이익
을 취득한 것으로 보아 징역 1년을 선고하였다.

(3) 판결의 검토

본 사례에서는 타인의 정보를 이용하여 인터넷 쇼핑몰에서 물건을 구매
한 행위 및 icash라는 전자화폐를 구입한 행위에 대하여 모두 컴퓨터등사
용사기죄를 적용하고 있다.

이는 법원이 본 죄에 있어서 재산상 이익의 개념 속에 재물을 포함하는
것으로 보고 있다는 것을 의미한다. 유사한 사례에서 인터넷 쇼핑몰에서
상품권을 교부받는 것도 본 죄로 처단하고 있다.[328] 이는 현금자동지급기
에서 현금을 인출하는 행위에 있어서 법원의 판단이 나뉘고 있는 점과 비
교해 보면 인터넷 쇼핑몰에서 물건을 구매하는 행위에 대해서는 본 죄를
적용하는 데 주저함이 없다는 것을 보여준다. 그러나 본 죄가 재산상 이익
만을 규정하고 있음에도 재물에 해당하는 상품권이나 구입물건을 교부받는
것에 적용하는 것은 부당하다고 여겨진다. 본 사례는 타인의 신용카드로
결제하는 순간 타인의 재산에 손해가 발생한 것이라고 보아 본 죄의 기수
시기를 '손해발생시점'으로 파악하는 경우에만 인정될 수 있다. 그러나 본
사례에서 미수에 그친 행위를 보면 타인의 신용카드로 결제는 하였으나 실
제 물건을 배송받지 못한 경우에 미수를 인정하고 있다는 점에서 본 죄의
기수시기를 손해발생시점으로 보는 것은 아니라고 할 것이다.

나아가 법원은 전자화폐의 구입에 대하여 재산상 이익의 취득으로 보고
있는데, 이는 앞으로 인터넷상에서 이루어지는 전자결제시스템의 운용에
있어서 중요한 법적 통제장치로서 본 조가 기능하게 될 것이라는 점을 시
사하고 있는 것이라 하겠다. 이는 나아가 온라인게임의 아이템이나 사이버

---

328) 서울지법 2000. 5. 2. 선고 2000고단3257 판결.

머니에 대한 형법적 대응에 있어서도 법원이 본 조 적용을 통해 처벌의 흠결을 허용하지 않겠다는 의지표현이라고도 볼 수 있다.

Ⅴ. 카드식 공중전화기에서 전기통신역무를 제공받은 행위

대상판결: 서울지법 동부지원 2000. 5. 4. 선고 2000고단1077 판결

(1) 사실관계

갑은 공중전화박스에서 을이 케이티전화카드제도를 이용하여 계속 전화하는 것을 지켜보면서 을의 케이티전화카드번호 및 비밀번호를 알게 됨을 기화로 사용할 권한이 없음에도 그 번호를 이용하여 정보처리장치인 카드식 공중전화기를 사용하기로 마음먹고, 카드식 공중전화기의 긴급버튼을 누른 다음 케이티전화카드번호를 이용한 전화통화임을 확인하는 번호인 161번과 암기하고 있던 케이티전화카드번호, 비밀번호를 순차 입력하는 방법으로 부정한 명령을 입력하여 정보처리하게 함으로써 피해자 한국전기통신공사로부터 사용승인을 받은 후 착신번호를 눌러 약 9초간 전기통신역무를 제공받아 사용요금 19원 상당의 재산상 이익을 취득하였다.

(2) 법원의 판단

법원은 갑에게 컴퓨터등사용사기죄로 징역 8월을 선고하였다.

(3) 판결의 검토

본 사례는 카드식 공중전화기가 정보처리장치라는 것을 인정하고 있다. 이 점에 있어서 편의시설부정이용죄의 유료자동설비에는 카드식 공중전화

기가 포함되지 않는다고도 할 수 있다. 왜냐하면 편의시설부정이용죄는 컴퓨터등사용사기죄와의 관계에서 특별관계에 있다고 보는 견해[329]에 의하면 본 죄만을 적용한 까닭은 유료자동설비에는 카드식 공중전화기가 포함되지 않는다고 보아야만 할 것이기 때문이다.

나아가 법원은 전기통신역무를 제공받은 행위를 재산상 이익을 취득한 것으로 파악하고 있다. 과거 타인의 집에 들어가 전화를 무단 사용한 행위에 대하여 절도죄나 사기죄로 처벌할 수 없었던 판례가 있었지만[330] 본 사례에서는 전기통신역무를 재산상 이익으로 파악하고 컴퓨터등사용사기죄를 적용하고 있다. 전기통신역무는 전화서비스뿐만 아니라 인터넷서비스업자가 제공하는 서비스도 포함하는 것이므로 이는 결국 컴퓨터의 무권한 사용에 대해서 본 조가 적용될 수 있는 여지를 남겨두고 있다.

Ⅵ. 정보처리의 의미

대상판결: 광주지법 2000. 4. 27. 선고 2000고단445 판결

(1) 사실관계

갑은 회사의 급여담당자로서 개인적인 부채를 변제하지 못하자 급여업무를 담당하고 있음을 기화로 돈을 편취할 마음을 먹고, 회사 인사과 사무실에서 김○철이 회사를 퇴직하였음에도 퇴직하지 아니한 것처럼 급여집계표 총액을 기재하여 회사 경리과장 을의 결제를 얻은 다음 컴퓨터에 허위로 정보처리를 하여 급여명세표에 등재하고 이를 진실로 믿은 회사 경리직

---

329) 김일수, 384면.
330) 절도죄가 성립하지 않는다는 판례로서 대법원 1998. 6. 23. 선고 98도700 판결(공1998하, 2037), 사기죄가 성립하지 않는다는 판례로서 대법원 1999. 6. 25. 선고 98도3891 판결(공1999하, 1552).

원 병으로 하여금 다음 날 갑의 처의 명의의 예금통장에 1,090,541원을 송금하게 하여 편취하였다.

(2) 법원의 판단

법원은 갑에게 컴퓨터등사용사기죄를 적용하여 징역 8월을 선고하고 2년간 형집행을 유예하였다.

(3) 판결의 검토

본 판결은 허위의 정보를 입력하여 컴퓨터 등 정보처리장치에 재산변동에 관한 전자기록을 작성하고, 이 허위의 전자기록을 믿은 경리 직원이 금원을 송금한 사례이다. 그런데 법원은 허위의 정보를 입력하여 컴퓨터의 정보처리결과 허위의 전자기록이 작성되었다는 것만을 보고 컴퓨터등사용사기죄를 적용하고 있다. 그러나 이러한 전자기록의 작성만으로 행위가 기수에 이르렀다고 볼 수는 없다. 본 조에 있어서 기수시기는 '재산상 이익을 취득'한 때이기 때문이다. 따라서 본 죄에 있어서 정보처리는 그 정보처리가 전자기록의 작성과 직접적인 관련성을 가지는 재산처분이 발생해야 한다. 즉 허위의 정보를 입력하여 허위의 전자기록이 작성됨과 동시에 그와 직결된 재산처분이 이루어지는 상태이어야 한다는 의미이다. 단순히 허위의 전자기록을 작성한 것만으로는 본 조에 있어서 '정보처리'라는 의미로 포섭할 수 없는 문제라 할 수 있다. 위의 사례에서 재산처분은 허위의 전자기록을 믿은 경리직원에 의하여 이루어지고 있다. 따라서 위의 사례는 컴퓨터등사용사기죄가 아니라 경리직원에 대한 기망과 경리직원의 처분행위가 있다고 보아 사기죄로 처단하면 족할 것이다.

Ⅶ. 실행의 착수시기

대상판결: 서울지법 1997. 8. 13. 선고 97고단5034 판결

(1) 사실관계

갑은 ○○신용카드사로부터 피해자를 앞으로 배달된 카드사용내역서가 들어 있는 편지봉투 1통을 꺼내어 가 이를 절취하고, 이와 같이 절취하여 알아낸 피해자 을 명의의 ○○신용카드 회원번호를 이용하여 물건을 편취하기로 마음먹고, 자신의 집에서 컴퓨터를 이용하여 홈쇼핑란으로 들어가 컴퓨터 통신판매회사인 주식회사 이디알을 선택하여 위 을의 ○○신용카드 회원번호, 카드 소지자, 주문하신 분 및 받으실 분 성명 을, 주소 서울시 관악구……, 전화번호, 주문품란에 삼성 노트북 2대라고 마치 위 을이 물건을 주문하는 것처럼 허위의 정보를 입력하여 피해자 ○○신용카드 주식회사로 하여금 대위변제케 하는 방법으로 위 주문품 시가 합계 9,773,000원 상당을 편취하려 하였으나, ○○신용카드에서 카드승인을 취소하여 미수에 그쳤다.

(2) 법원의 판단

법원은 갑에게 컴퓨터등사용사기죄미수 및 절도죄로 징역 1년을 선고하였다.

(3) 판결의 검토

본 판결도 앞의 Ⅱ. 2의 사례와 같이 타인의 정보를 컴퓨터에 입력한 행위를 컴퓨터등사용사기죄에 있어서 허위의 정보를 입력한 것으로 보고 있다.

그리고 본 사례에서 실행의 착수시기는 타인의 정보를 입력한 때라고 법원은 판단하고 있다. 이것은 오늘날과 같이 전자상거래의 시스템에 있어

서 타인의 정보를 입력하는 순간 재산처분의 발생이 이루어지고 그 순간 재산의 직접적 침해가 있다고 보는 점이다. 이러한 점은 오늘날 대부분의 전자거래가 자동적으로 이루어지고 있는 현실에서 타인의 정보를 입력하는 행위 자체에 재산권의 침해가 있다고 보지 않으면 컴퓨터등사용사기죄의 의미가 그만큼 축소될 것이라는 점에서 의의가 있다고 생각한다.

Ⅷ. 불법이득의 의사

제1심판결: 서울지법 2000. 11. 28. 선고 2000고단7085 판결
제2심판결: 서울지법 2001. 4. 24. 선고 2000노10921 판결

1. 사실관계

갑은 농협중앙회 가락공판장 경매과장이고 을과 병은 위 공판장의 경매사로 일하는 자로서, 농민들이 생산한 농산물을 공판장에 경매로 출하할 경우 경매현장에 직접 오지 아니한 채 계통출하 방식으로 경매사를 통하여 경매에 붙인 후 추후 경락된 금액을 자신의 계좌로 송금받는 형식으로 경매가 이루어지고 있고 경매현장에서 정해진 낙찰단가에 대하여 추후에 공판장 컴퓨터에 접속하여 낙찰단가를 수정할 수 있다는 점을 이용하여 낙찰단가를 실제 낙찰된 금액보다 낮게 조작하는 방법(일명 칼질)으로 그 차액만큼의 재산상 이익을 중도매인들로 하여금 얻도록 한 다음 일정한 대가를 취득하였다.

2. 법원의 판단

제1심 법원은 뇌물수수와 컴퓨터등사용사기죄를 적용하여 처벌하였다.

3. 판결의 검토

본 판결은 정보처리의 결과 제3자의 재산상 이익의 취득과 더불어 뇌물의 받은 경우 뇌물의 수수는 컴퓨터등사용사기죄에 있어서 재산상 이익의 취득에 해당하는 것은 아니고 별도로 뇌물죄가 성립한다고 판단하고 있다. 즉 컴퓨터등사용사기죄에 있어서 재산상 이익은 정보처리의 직접적인 결과로 발생하여야 한다는 직접성을 요한다고 할 수 있고, 이러한 행위로 인하여 대가의 지급을 받은 것은 정보처리와의 직접성을 결여한 것으로서 컴퓨터등사용사기죄에 있어서 불법이득의 대상이 되는 것이 아니다. 본 죄에 있어서 불법이득의 의사란 자기 또는 제3자에게 위법한 재산상의 이익을 얻게 해준다는 의사를 말하며 그 의사의 내용은 반드시 실현되어야 하는 것은 아니기 때문이다. 따라서 대가의 지급을 약속받고 컴퓨터 등 정보처리장치에 허위의 정보 또는 부정한 명령을 입력하여 제3자에게 재산상 이익을 취득케 한 후 약속된 대가를 지급받지 못한 경우에도 본 조의 성립에는 지장이 없다고 할 수 있다.

제4절 2001년 형법개정 이전의 컴퓨터등사용사기죄에 관한 해석론에 대한 검토

본 절에서는 지금까지의 논의를 바탕으로 우리나라에서의 컴퓨터등사용사기죄에 대한 해석론을 전개하고자 한다. 이를 위하여 우리나라에서의 기존의 해석론과 더불어 독일과 일본의 조문 및 해석론의 비교와 우리 형법개정의 입법과정에서 나타난 컴퓨터등사용사기죄의 신설에 관한 입법자의 의사의 검토, 그리고 본조 신설 이후에 하급심에서 컴퓨터등사용사기죄를 적용한 사례를 토대로 하여 현재(2001년 형법개정 이전) 해석상 문제가 될 수 있는 점들을 중심으로 논의하고자 한다.

Ⅰ. 보호법익의 문제

1. 재 산

컴퓨터등사용사기죄의 보호법익에 대하여 사기죄에 있어서와 마찬가지
로 재산이라는 점에 대해서는 이론이 없다. 다만 그 재산이 개별재산인지
전체재산인지에 대하여 사기죄의 경우에 있어서 판례는 "전체재산상의 손
해가 없다고 하더라도 사기죄의 성립에는 영향이 없다"[331]고 하여 전체재
산성을 부인하고 있으나 대다수의 학설은 독일과 같이 전체재산성을 인정
하고 있다.[332]

그러나 본 죄는 전체로서의 재산 중 재산상 이익만을 대상으로 하고 있
으므로 사기죄와는 달리 본 죄의 보호법익은 전체로서의 재산이 아니라 재
물을 제외한 재산에 한한다고 하지 않을 수 없다.[333]

다만 거래의 진실성도 사기죄의 보호법익이 된다는 입장[334]에서는 컴퓨
터등사용사기죄에 있어서는 사기죄와는 달리 '인간의 의사결정 과정'에 침
해(기망)를 가하는 것이 아니라 '재산적으로 중요한 정보처리과정'에 침해
를 가하는 범죄이므로, 데이터를 입력하고 그것을 프로그램을 통하여 작동
시키는 기계적 자동적 과정이 본죄의 보호법익이 된다[335]는 견해가 있고

331) 대법원 1982. 6. 22. 선고 82도777 판결(공1982, 722), 대법원 1985. 5. 14.
    선고 80도2973 판결(공1985, 862), 대법원 1995. 3. 24. 선고 95도203 판결
    (공1995상, 1786), 대법원 1999. 7. 9. 선고 99도1040 판결(공1999하, 1677).
332) 박상기, 전정판 형법각론, 박영사, 1999, 305면; 김일수, 새로쓴(제4판) 형법
    각론, 2001, 박영사, 376면; 배종대, 형법각론, 홍문사, 1999, 343면; 정성근,
    형법각론, 법지사, 1996, 466면; 임웅, 형법각론, 법문사, 2001, 342면.
333) 이재상, 제4판 형법각론, 박영사, 2001, 336면.
334) 배종대, 315면.

178

또 구체적으로는 재산적으로 중요한 정보처리과정의 오류 없는 결과가 보호대상이 된다[336)]는 견해도 있다. 그러나 대다수의 학설은 거래의 진실성은 사기죄의 보호법익이 될 수 없다는 입장에서 위와 같은 정보처리과정은 본죄의 보호법익이 될 수 없다고 한다.[337)]

이러한 견해에 따르면 거래의 진실성은 사기죄에 있어서 재산침해의 태양에 불과하므로 행위의 태양과 보호법익을 구별해야 될 뿐만 아니라, 거래의 진실성은 형법이 보호할 독립된 법익이 될 수 없으며, 사기죄의 보호법익에 거래의 진실성도 포함된다고 하면 사기죄는 문서위조죄와 같은 성질을 가지는 범죄가 되어 재산죄로서의 성격마저 부정될 위험이 있다고 한다.[338)]

생각건대 컴퓨터등사용사기죄가 재산상 중요한 정보처리과정에 대한 침해를 금지하는 것은 틀림없으나 정보처리과정에의 침해는 재산범죄뿐만 아니라 문서범죄나 업무와 같은 사회적 가치를 해하는 범죄에서도 인정되기 때문에 이러한 정보처리과정이 독자적인 보호법익이 된다고 말할 수는 없다.

또 본 죄에서 정보처리과정이 독자적 법익으로서 기능할 수 있으려면 컴퓨터 등 정보처리장치에 이미 권한유무에 대한 보안장치가 마련되어 있어야 한다는 것을 전제로 한다. 그러나 이러한 보안장치를 침해하는 행위는 일응 본 죄를 비밀침해죄의 형태로 이해하게 하는 결과를 가져오게 된다.

그러나 재산상 중요한 정보처리과정이 본죄에 있어서 1차적 보호법익이 될 수는 없다고 하더라도 2차적 보호법익으로서는 중요한 의미를 지닌다고 할 수 있다.[339)] 왜냐하면 거래의 진실성이라는 것은 사기죄에 있어서 '기망'이라는 표지의 중요한 판단기준이 되지 않을 수 없고 아래에서 설명하

---

335) 장영민, 형법개정안의 컴퓨터범죄, 형사정책연구 제3권 제2호(통권 제10호), 1992, 92면.
336) 박상기, 305면; 정성근, 466면.
337) 정대관, 306면; 이재상, 336면; 강동범, 앞의 논문, 163면.
338) 이재상, 310면; 정대관, 306면.
339) 임웅, 321면에서는 사기죄에 있어서 "거래의 진실성·신의칙에 대한 개인의 신뢰도 부차적인 보호법익이라고 보아야 한다"고 하면서도 컴퓨터등사용사기죄에 있어서 보호법익은 '전체로서의 재산'이라고 본다.

는 바와 같이 재산의 손해가 발생하지 않는 경우에 있어서도 본 죄를 인정
해야 하는 경우도 있기 때문이다. 예컨대 증권거래를 악용한 사기범죄 사
례[340]에서 타인의 계좌를 이용하여 주식의 시세차익을 얻은 자를 본 죄에
의하여 처벌하고 있다. 이 경우 그 타인에게는 현실적인 재산상 손해의 발
생이 있는 것이 아니다. 다만 악의를 가진 행위자에 의하여 자신이 가지고
있는 계좌상에서 금액의 이전이 자신도 모르게 발생하고 있을 따름이
다.[341] 이런 경우에 있어서 '거래의 진실성'이 본 죄에서 인정되지 않는다
면 많은 컴퓨터사기범죄의 유형에 대하여 본 규정은 아무런 처벌근거로서
기능하지 못하게 될 것이다. 따라서 컴퓨터등사용사기죄는 사기죄에서와는
달리 '거래의 진실성'도 본 죄의 2차적 보호법익으로서 인정하지 않을 수
없다.

2. 재산상 손해발생의 요부

우리 조문은 독일과 달리 '재산상 손해의 발생'을 명문으로 규정하고 있
지 않다. 따라서 컴퓨터등사용사기죄에 있어서 재산상 손해발생이 필요한
지 문제가 될 수 있다.

사기죄에 있어서 재산상 손해가 발생하여야 하는지에 대하여는 학설과
판례상 견해가 대립되고 있다.

학설은 사기죄의 본질은 기망에 의한 재물 또는 재산상의 이익의 취득에
있으므로 기망되지 않았다면 재물 또는 재산상의 이익을 제공하지 않았을
것을 기망에 의하여 제공되었다면 본 죄가 성립한다는 견해[342]와 사기취재
죄의 경우에는 손해의 발생을 요하지 않지만 사기이득죄의 경우에는 손해의

---

340) 서울지법 2001. 5. 29. 선고 2001고단2483, 4229(병합) 판결.
341) 만약 이러한 범죄자의 행위로 인하여 피해자의 예탁금이 감소되었다면 그
　　피해자에게 손실이 발생했다고 말할 수 있으나 만약 그 예탁금이 감소되지
　　않는 상태라면 범죄자의 행위는 결국 그 예탁금의 금액손실의 우연성에 따
　　라서 처벌을 달리하게 되는 것이 된다.
342) 서일교, 168면; 이건호, 147면; 정영석, 355면.

발생을 요한다는 견해[343] 및 상대방의 손해와 행위자의 이익은 상관관계에 있으므로 사기죄의 성립에는 손해의 발생을 요한다는 견해[344]가 있다.

판례는 일관하여 사기죄가 성립하는 데에는 현실적인 재산상의 손해를 요하지 않는다고 판단하고 있다.[345] 또 일부 학자도 "우리 형법은 재산침해 또는 손해발생을 구성요건으로 삼고 있지 않으며 또 상대방이 진의에 반하는 재산적 처분행위를 하게 되는 것 자체가 이미 하나의 재산적 손해라고 볼 수 있는 점에서 피해자의 전체재산에 손해가 생기는 것을 범죄성립의 요건으로 삼을 필요는 없을 것이다"[346]라고 하여 판례의 태도를 지지하고 있다.

위와 같은 사기죄에서의 논쟁은 컴퓨터등사용사기죄에 있어서도 마찬가지로 전개될 수 있을 것이다. 왜냐하면 본 조문은 사기죄의 보충규정으로서의 의미를 지니며 조문상 재산상 손해발생을 규정하고 있지 않기 때문이다.

먼저 컴퓨터등사용사기죄에 있어서도 재산상 손해발생을 요하는지를 검토해본다.

컴퓨터등사용사기죄에서도 재산상 손해발생을 요한다고 보는 견해는 재산상 손해발생이 컴퓨터등사용사기죄에 있어서 기수의 판단기준이 된다고 한다.[347] 그리고 재산상의 이익을 취득하는 것은 본 죄의 완수시점이라고 판단한다. 이 견해에 따르면 사기죄의 본질에 비추어 여기에서 본인 또는 제3자의 재산상 이익취득은 본죄의 구성요건행위나 구성요건결과가 아니라 위법이득의사가 실현된 완수시기를 명정해 놓은 데 불과하다고 한다.[348]

그런데 사기죄에 있어서는 재산상 손해발생을 요한다고 보면서도 컴퓨터등사용사기죄에 있어서는 재산상 이익을 취득한 때 기수가 있다고 보는 견해도 있다.[349] 이 견해는 결국 컴퓨터등사용사기죄에 있어서는 사기죄와는 달

---

343) 김종원, 216면; 정성근, 415면; 진계호, 361면.
344) 강구진, 326면; 유기천, 235면; 이재상, 327면; 김일수, 365면.
345) 대법원 1995. 3. 24. 선고 95도203 판결.
346) 신동운, 형법각론, 한국방송통신대학, 1988, 381면.
347) 김일수, 379면.
348) 김일수, 380면.

리 재산상 손해발생을 반드시 요하는 것은 아니라고 보는 입장이라고 할 수 있다.

생각건대, 사기죄에 있어서 재산상 손해발생이 명문으로 규정되어 있지 않은 구성요건이라고 말할 수는 있어도 이러한 사기죄의 해석론이 본 규정에 있어서도 당연히 적용되어야 하는 것은 아니라고 할 수 있다. 왜냐하면 본 죄에 있어서는 '거래의 진실성'도 2차적 보호법익으로서 인정해야 하기 때문이다. 앞에서 들고 있는 주가조작사례에서처럼 현재 컴퓨터범죄의 발달과정에서 재산상 이익의 발생이 곧 피해자에게 현실적인 재산상 손해의 발생으로 연결되어지지 않는다. 득히 새산상 가치를 가지는 정보에 대해서는 그 정보의 특성상 이를 취득하는 자에게는 재산상 이익이 발생한다고 볼 수 있으나 이러한 정보를 제공하는 자의 측면에서는 어떠한 손해발생도 없다고 볼 수 있는 경우도 많을 것이다. 예컨대 유료의 데이터베이스를 제공하는 컴퓨터시스템에서 그 데이터베이스를 이용하는 자에게는 재산상 이익의 취득이 있으나 그 데이터베이스를 제공하는 컴퓨터시스템의 설치자에게는 그 이익취득과 동질성을 가지는 재산상 손해의 발생은 없다고 할 수 있다. 왜냐하면 그 데이터베이스 자체는 일정한 가치의 감소를 가져오는 것이 아니기 때문이다.

그리고 재산상 손해발생의 문제는 위에서 본 바와 같이 본 죄의 기수시기와도 관련이 있다. 재산상 손해의 발생을 필요로 한다는 입장에서는 재산상 손해가 발생한 때 본죄의 기수에 이르게 된다고 본다. 그러나 반드시 재산상 손해발생이 필요한 것이 아니라는 입장에서는 재산상 이익을 취득한 때 기수에 이르게 된다고 볼 수 있다. 생각건대 본 죄는 재산상 손해발생이 없더라도 성립한다고 하여야 하므로 본 죄의 기수시기는 재산상 이익을 취득한 때라고 보는 것이 타당하다.

---

349) 이재상, 338면.

Ⅱ. 사기죄의 보충규정으로서의 지위

본 조는 사기죄의 보충규정 내지 수정적 구성요건[350]이라고 한다. 즉 본죄는 컴퓨터조작에 의하여 불법한 이익을 얻는 행위가 사기죄에 의하여 처벌되지 않는 처벌의 흠결을 보완하기 위한 규정이다.[351] 따라서 정보처리과정에 있어서 사람이 개입하는 경우에는 사기죄만이 성립한다고 할 수 있다.[352]

그런데 본 조의 해석에 있어서 보면 사기죄의 보충규정이라는 의미는 단순히 정보처리과정에 있어서 사람이 개입하는 경우에는 본 조가 적용되지 않는다는 의미보다는 사기죄에 있어서의 해석론이 본 조 해석에 있어서 동일하게 취급될 수 있는가에 대한 문제제기에 있다고 할 수 있다. 만약 본 조 해석에 있어서 사기죄의 해석이 그대로 지지될 수 없다면 이는 본 조문이 사기죄의 보충규정으로서의 의미보다는 독립된 조문으로서의 지위를 가지게 될 것이고 사기죄의 해석론을 그대로 따를 이유가 없게 된다고 할 수 있다.

조 문	사기죄	컴퓨터등사용사기죄
행위의 대상	사람	컴퓨터 등 정보처리장치
행위태양	기망	허위의 정보, 부정한 명령의 입력
(중간결과)	(착오에 의한 재산처분)	정보처리
결 과	재물의 교부, 재산상 이익의 취득	재산상 이익의 취득

위 표에서 살펴보면 사기죄에 있어서 '사람'은 컴퓨터등사용사기죄에 있어서 '컴퓨터 등 정보처리장치'에 대응되고, 사기죄에 있어서 '기망'의 표지는 컴퓨터등사용사기죄에 있어서 '허위의 정보 또는 부정한 명령을 입력하

---

350) 이재상, 336면; 김일수, 375면; 이형국, 460면.
351) 이재상, 336면; 김일수, 375면; 임웅, 342면; 박상기, 305면; 정성근, 466면.
352) 주석 형법, 375면.

여'이라는 표지와 연결된다. 그리고 사기죄에 있어서 재물교부와 재산상 이익의 취득은 컴퓨터등사용사기죄에 있어서 '정보처리하게 하여 재산상 이익의 취득'과 대응하는 구성요건요소이다.

1. 사기죄에서의 해석론을 그대로 가져오는 경우

위 표에서 보는 바와 같이 사기죄와의 구조적 유사성에서 사기죄의 해석론을 그대로 가져오게 된다면 본 조문은 "사람을(컴퓨터 등 정보처리장치에) 기망하여(허위의 정보 또는 부정한 명령을 입력하여) 그 사람(컴퓨터 등 정보처리장치)의 착오에 의한 재산처분(정보처리)에 의하여 재산상 이익을 취득한 자를 처벌한다"고 해석될 것이다.

이에 의하면 컴퓨터 등 정보처리장치는 사람이 아니므로 기망의 대상이 될 수 없고 또 착오에 빠지지 않으므로 그로 인한 재산처분은 사기죄에 의하여 처벌의 대상이 되지 않게 된다. 하지만 사기행위와의 유사성을 전제로 하는 한 본조의 신설로 이러한 컴퓨터를 이용한 재산범죄에 대처할 수 있게 된 것이라고 볼 수 있다.

따라서 본 조의 행위에 대한 해석에 있어서도 그것이 사기죄에 있어서 기망행위와 동일한 가치를 가질 것을 요하며, 허위의 정보 또는 부정한 명령을 입력하는 행위는 사기죄에 있어서 기망행위와 동일한 수준에서 해석되어져야 한다. 이렇게 본다면 본 조문은 기망자, 피기망자, 피해자라는 사기죄의 구조를 그대로 옮겨오게 되며, 이때 피기망자와 피해자가 일치하지 않는 삼각사기라는 형태로 이해되게 된다. 왜냐하면 컴퓨터 그 자체는 피해자의 지위에 있지 않기 때문이다.

이렇게 파악할 때 허위의 정보와 부정한 명령은 사기죄에 있어서 허위의 의사표시에 의해 사람을 착오에 빠지게 하는 일체의 행위인 기망행위와 동일한 기준에서 판단해야 한다. 이는 결국 컴퓨터 시스템의 소유자 내지 처분권자의 의사를 기준으로 판단해야 한다는 것을 의미한다. 왜냐하면 컴퓨터에 있어서는 착오라는 것을 상정할 수 없기 때문에 그 컴퓨터에 입력되는 정보와 명령은 언제나 진실하며 정당한 것으로 컴퓨터는 받아들이게 된다. 이런 경우 '허위'나 '부정'의 의미는 아무런 의미를 가지지 못하게 된다. 따라서 본 조문에 있어서 허위 또는 부정이 사기죄에 있어서 기망행위와 유사하게 파악되려면 결국 컴퓨터의 소유자 내지 처분권자의 의사에 반하는 정보나 명령이 입력되어져야 한다는 것을 말한다고 할 수 있다.

따라서 객관적 사실과 일치하지 않는 자료나 허위인 내용을 입력하는 경우뿐만 아니라 권한 없이 타인의 정보를 입력한 경우에도 컴퓨터 소유자 내지 처분권한자의 의사에 반한 것으로 볼 수 있으므로 당연히 본 조에 의하여 처벌받게 된다.

또 컴퓨터의 정보처리는 사기죄에 있어서 재산처분과 같은 지위에 놓이게 되므로 일단 정보를 받아들이고 그 정보를 처리한 경우, 예컨대 현금자동지급기에서 타인의 현금카드를 삽입하여 현금을 인출한 경우 이미 사기죄에서 말하는 재산처분이 발생한 것이고, 따라서 그 현금의 인출은 본 조에 의해서 처벌되고(본조에 재물을 포함하고 있다면) 별도로 절도죄를 구성하지 않게 된다.

2. 사기죄의 해석론을 그대로 받아들이지 않는 경우

본 조문이 사기죄의 보충규정이라고 할지라도 해석상으로도 사기죄의 구조를 그대로 인용할 필요는 없을 수도 있다. 따라서 본 조문의 해석은 비록 구성요건상으로 컴퓨터의 작용과정과 관련하여 사기죄와 유사한 성격을 지니고 있다고 할지라도 그 해석은 사기죄와는 별도로 가능할 수 있다.

따라서 컴퓨터 등 정보처리장치에 라는 규정은 사기죄에 있어서 '사람'에 대응하는 것이 아니고 독립적인 구성요건요소이며 따라서 컴퓨터를 조작하는 행위 자체를 처벌하는 조문으로 파악할 수 있다. 따라서 위 보호법익에서와 본 바와 같이 컴퓨터에 대한 조작, 즉 컴퓨터시스템의 안전성이나 거래의 진실성만을 본 죄의 보호법익으로서 이해할 여지가 있다.

또한 허위의 정보 또는 부정한 명령의 입력은 사기죄에 있어서의 '기망'

과 동일한 수준에서 논의되는 것이 아니라 객관적 사실과 일치하지 않는 데이터나 정당하지 않는 명령을 컴퓨터에 입력하는 것, 기타 정보처리과정에 영향을 미치는 일체의 행위를 의미하며 이는 타인의 컴퓨터에 대한 무권한 접근 내지 사용이나 콘솔조작, 기타 하드웨어조작을 포함할 뿐 아니라 컴퓨터네트워크에의 침입, 즉 해킹도 포함하는 의미로 이해되게 된다.

이렇게 파악할 때 본 죄는 침해범이 아니라 위험범으로 받아들일 수 있고, 재산상 손해발생뿐만 아니라 재산상 이익의 취득도 반드시 필요한 것은 아니라고 할 수 있다. 따라서 정보처리와 재산상 이익은 직접성을 요하지 않으며, 대가를 약속받고 타인의 컴퓨터 시스템에 허위의 정보나 부정한 명령을 입력한 행위를 한 경우에도 본 조문에 의하여 처벌할 수 있게 된다.

3. 소 결

생각건대 본 조문이 사기죄의 보충규정이라고 할 때 해석론은 사기죄의 그것과 유사한 방식을 취하는 것이 바람직하다고 생각한다. 실제 본 조문이 절도죄와 사기죄로 포섭할 수 없는 경우에 대응한 규정이라고는 하지만 결국 재물이라는 점을 제외하고는 사기죄에 있어서의 기망, 착오, 처분행위라는 요건의 흠결에 대처하기 위한 규정이라는 점이 연혁적으로 명백한 이상 '인간'에 대응한 '컴퓨터' 사기죄라는 점에서 그 해석론도 사기죄의 그것과 별반 차이가 나는 것은 아니라고 할 것이다.

그리고 본 조문의 컴퓨터 등 정보처리장치는 단순한 일반 사무용 컴퓨터가 아니라 재산권의 득실, 변경에 관한 정보를 처리하는 장치에 한정되는 점에 있어서 본 조의 정보처리도 이와 관련지워 해석되어져야 하고 따라서 재산상 이익은 그 정보처리로부터 직접적으로 발생할 것임을 요한다는 점에서 본 조를 독립된 구성요건으로 이해하는 것은 무리가 있다고 여겨진다.

다만 타인의 컴퓨터시스템에 대한 침입 그 자체로서 재산권의 득실, 변경
에 대한 중대한 침해가 발생한 것으로 파악할 여지가 있다. 따라서 이러한
점에 대한 고려가 본조 해석에 있어서 제외되어 진다면 타인의 정보를 이용
하여 재산상 이익을 취득하는 행위는 상당 부분 처벌할 수 없는 결과가 되
므로 본 조 해석에 있어서 타인의 정보를 이용하는 행위 즉 권한 없이 타인
의 컴퓨터시스템에 접근하는 행위에 대하여도 본 조를 적용할 수 있는 해석
이 필요하다 할 수 있다. 이 점에 있어서 사기죄와는 달리 본 죄가 '거래의
진실성'을 2차적인 보호법익으로 고려해야 하는 중요한 의미가 있다.

Ⅲ. 컴퓨터 등 정보처리장치의 의미

컴퓨터 등 정보처리장치란 자동적으로 계산이나 데이터의 처리를 할 수
있는 전자장치를 의미한다. 여기에는 범용컴퓨터를 비롯하여 이른바 오피
스컴퓨터, 퍼스널컴퓨터, 제어용컴퓨터 등이 있으며 네트워크시스템의 단말
기도 다른 기기에 편입되어 자동적으로 정보처리를 행하는 전자장치이므로
이에 포함된다고 한다.[353]
그런데 문제는 본죄가 재산죄로서의 성격을 가지므로 정보처리장치의 범
위는 사무처리에 사용되는 정보처리장치, 즉 재산상 이익의 득실, 변경에 관
련된 컴퓨터에 한정된다고 하는 점이다. 따라서 은행의 온라인시스템과 연결
된 컴퓨터, 현금카드에 의해 용역을 제공하는 현금자동인출기 등이 여기에
포함되며, 카드식 공중전화기도 이에 해당한다고 할 수 있다. 다만 유료자동
설비는 여기에 포함되지 않고 편의시설부정이용죄와 관련된다고 한다.[354]
그러나 본죄에 있어서 컴퓨터가 재산상 이익의 득실, 변경에 관련된 컴
퓨터에 한정된다는 의미는 매우 모호한 개념이며 엄격히 해석한다면 그 범

---

353) 김일수, 376면.
354) 김일수, 376면; 이재상, 336면.

위가 매우 축소될 수 있다. 예컨대 금융기관의 컴퓨터라고 한다면 실제 재산상 이익의 처분과 관련된 컴퓨터는 해당 금융기관의 서버만을 의미하는 것이 된다. 그 금융기관의 서버는 이러한 재산처분과 관련된 프로그램이 설치되어 있어 이에 따라서 다른 컴퓨터에서 입력된 데이터를 처리하여 재산권의 변동을 가져오는 결과를 산출해내는 유일한 시스템인 것이다. 그러므로 제한적 해석에 따르면 위 서버에 접속하는 컴퓨터는 재산상 이익의 득실, 변경에 직접 관련된 컴퓨터는 아니고 다만 그러한 정보처리장치에 데이터를 전송할 수 있는 수단에 불과하게 된다.

하지만 이와 같은 제한적 해석은 실제 컴퓨터 정보환경에 있어서 아무런 의미를 가지지 않는다. 이미 전 세계의 모든 컴퓨터가 네트워크가 가능하고 또 대부분의 컴퓨터시스템은 네트워크로 연결되어져 있다. 특히 은행 등의 금융기관의 시스템은 개인의 홈 PC에서도 사용할 수 있게 이루어져 있어서 일단 네트워크로 연결되어진 상태라고 한다면 그것이 개인의 데스크탑 컴퓨터이든지, 무선전화이든지, PDA, 나아가 냉장고, 전자렌지, TV 등이라 할지라도 이러한 금융기관의 컴퓨터에 접속하여 재산권의 변동을 가져오는 정보처리를 할 수 있는 것이다.

따라서 재산권의 변동과 관련된 컴퓨터라는 의미는 재산권의 변동과 관련된 데이터를 직접 처리하는 컴퓨터만을 의미하는 것이 아니라 이러한 컴퓨터 및 그 컴퓨터와 네트워크로 연결되어 있는 컴퓨터를 포함하는 개념으로 이해되어야 한다. 특히 인터넷이라는 새로운 정보통신환경에 있어서 본 조문이 적용될 수 있는 규정으로 파악하려면 그 전제로서 '정보처리장치'라는 개념 속에는 '컴퓨터'뿐만 아니라 그 컴퓨터에 접속할 수 있는 정보입력장치도 포함될 수 있어야 할 것이다.[355]

다만 유료자동설비도 여기에서의 컴퓨터 등 정보처리장치에 해당할 수 있는데 이 점에 있어서 편의시설부정이용죄에 관한 서술부분(제5장 Ⅲ)에서 논의하도록 하겠다.

---

355) 새로운 환경에서의 정보처리장치의 개념에 대해서는 제5장에서 후술한다.

Ⅳ. 정보의 개념

1. 독일, 일본과의 차이점

앞에서 살펴보았듯이 독일에서는 부정한 프로그램의 작성 및 부정한 데이터의 사용을 처벌하고 있고, 일본에서는 허위의 정보 또는 부정한 지령을 주어 (재산권의 득상, 변경에 관한) 불실의 전자적기록을 작성하거나, 허위의 전자적기록을 공여하는 것을 처벌하고 있다. 우리나라는 일본과는 달리 허위의 정보 또는 부정한 명령을 입력하여 정보처리하는 행위를 처벌하고 있다.

우리가 직접적인 모델로 채택한 일본조문과 비교하면 우리의 컴퓨터등사용사기죄 규정은 일본에 있어서 전단의 행위만을 처벌하는 것으로 볼 여지가 있다. 그러나 반면에 일본 규정과 가장 큰 차이라고 한다면 역시 우리의 컴퓨터등사용사기죄는 우리의 컴퓨터범죄의 다른 규정과는 달리 '전자기록'이라는 구성요소를 의도적으로 배제시키고 있다는 점이다. 이는 다시 말하면 일본에 있어서 정보와 전자적기록이라는 요소가 우리나라에 있어서는 '정보'라는 하나의 요소로 간략화되었다고 말할 수 있다.356)

독일에서는 정보와 데이터를 구분하여 사용하고 있고 본 조에 있어서는 데이터라는 용어만을 사용한다. 그리고 데이터는 코드화된 정보라고 이해되고 있는데 그렇다면 우리 조문상 정보라는 의미는 이러한 데이터와 전자적기록이라는 용어와 어떠한 차이가 있는지 먼저 검토해보지 않을 수 없다.

---

356) 이재상 교수는 일본 형법의 '재산권의 득실변경에 관한 불실의 전자적기록을 작성케 하거나 재산권의 득실변경에 관한 허위의 전자적기록을 사람의 사무처리에 사용케 할 것'이라고 규정하고 있는데 형법의 정보처리를 하게 하는 데는 양자를 포함한다고 한다. 이재상, 338면, 각주 2 참조.

2. 데이터, 전자기록과의 구별

본 조에서 사용하고 있는 '정보'의 개념을 이해하기 위해서는 먼저 '정보'라는 용어가 현행 법률에서 어떻게 사용되고 이해되고 있는지를 먼저 살펴보아야 할 것이다. 그리고 형법에서 이러한 '정보'라는 용어가 어떻게 받아들여져야 하는지, 그리고 그 의미는 무엇인지를 살펴보아야 할 것이다.

(1) 현행법상 정보의 개념

정보사회에서의 법률문제를 다룸에 있어서 많은 논의들이 제기되고는 있지만 진작 '정보' 그 자체에 대한 명백한 개념정의는 그다지 보이지 않는다. 각종 법령에서 '정보'라는 개념의 정의규정을 두고는 있으나 각 법률마다 조금씩 그 의미와 내용에 있어 차이를 보이고 있고, 또 '정보'라는 용어 대신 '정보화일'이라든지 '지식', '자료', '데이터', '전자적기록', '비밀'이라는 용어를 사용하고 있다. 이는 물론 서로 다른 규율목적을 가진 법률의 기능상 당연한 것으로 보일 진 모르지만 실제 행위는 하나지만 서로 다른 법률에 포섭되는 경우에는 '정보' 개념의 명백한 정의가 필요하다고 생각한다.

그런데 현행법상 '정보'라는 개념은 그 표현된 용어의 다양성에도 불구하고 종이매체이든지 전자매체이든지 구별하지 않는 규정방식, 그리고 컴퓨터와 전기통신기술이 결합되어야 인정될 수 있는 규정방식으로 크게 대별된다. 다시 말하면 정보라는 그 자체의 의미, 내용을 규율하는 방식과 정보의 전자화 여부를 기준으로 규율하는 방식으로 나누어 볼 수 있다. 여기서 전자화되었다는 의미는 디지털화되었다, 즉 비트로 구성되었다는 것을 의미한다.[357]

그러나 그렇다고 하더라도 실제 규정들을 자세히 살펴보면 "정보는……

---

357) 비트란 0과 1로 된 숫자를 신호라 하고, 이것을 여러 가지로 조합해 말과 글을 만들어 세상의 모든 현상인 정보를 설명한다는 것이다. 이는 컴퓨터의 매개를 전제로 한다. 이문호, 정보유목민, 전자신문사, 1995, 29면.

190

정보다", "부호, 문자, 음향, 영상이 정보다", "비밀은……정보다", "정보
는……전자기록이다", "문서는……정보다" 등 정보라는 용어가 많은 법들
에서 너무 다양하게 쓰이고 있는 것은 그다지 바람직한 것은 아니라고 생
각한다. 나아가 해석에 있어 엄격함을 요구하는 형법에서는 더더욱 그러하
다. 이하에서는 각종 법령에서 다양하게 표현되고 있는 정보규정을 참조하
여 현행법상 정보개념의 분류를 시도해 보고자 한다.

① 본래적 의미로서의 정보

정보라는 용어를 사용함에 있어서 아무런 의심도 없이 받아들이는 경향
이 많지만 사실 정보의 개념은 극히 다의적이고 모호하다.[358] 그 사전적인
정의에 의하면, 정보란 관찰이나 측정을 통하여 수집한 자료를 실제 문제
에 도움이 될 수 있도록 정리한 지식, 또는 그 자료, 혹은 어떤 자료나 소
식을 통하여 얻는 지식이나 상태의 총량이라고 한다.[359] 이는 극히 넓은
의미 내용을 가지고 있다고 볼 수 있다. 또, 정보는 그 내용에 있어도 정
치·경제 정보, 사회·생활 정보, 개인 정보, 기업 정보 또는 학술 정보, 과
학 기술 정보 등 극히 다양하게 쓰여지고 있다. 그리고 그 존재형태에 있
어서도 문자나 음성에 의한 언어적 정보, 음악적 정보, 영상적 정보, 그 밖
에 사람의 감성에 호소하는 정서적인 정보 등 말하자면 무한의 형태를 취
하고 있다고 할 수 있을 것이다.[360]

이들 중 일정한 정보에 관해서는 이미 저작권법과 같은 법률에 의한 보
호가 이루어지고 있지만 그것들에 대해서도 또한 유동적이고, 보호의 범위

---

358) 荒川雅行, 刑法基本講座(제5권) 財産犯論, 1996, 37면; 정보의 개념과 내용
   에 대해서는 김영환, 법의 대상으로서의 정보 -소위 "정보법"의 이론적
   착안점에 관하여-, 정보사회에 대비한 일반법연구(Ⅱ), 통신개발연구원,
   1998, 355-360면 참조.
359) 두산동아, 국립국어연구원 표준국어대사전, 하(ㅈ~ㅎ), 1999 참조.
360) 그 밖에 정확한 정보·부정확한 정보, 도움을 주는 정보·해로운 정보, 통
   계적 정보·개인적 정보, 공적인 정보·사적인 정보, 유효한 정보·실효된
   정보로 분류하기도 한다. 김태헌, 정보통신개론, 기술연구사, 1995, 13면.

가 명확하지 않은 것도 다수 존재한다.

② 특정 법률에서 요구하는 정보

정보화촉진기본법361)과 같이 해당 법률이 '정보'라는 개념을 규정하고 있는 것을 제외하고는 대체로 많은 법률들이 특정한 정보만을 보호대상으로 한다. 즉 공공기관의개인정보보호에관한법률362)에서는 '개인정보' 혹은 '처리정보'라는 것을, 공공기관의정보공개에관한법률363)에서는 '공공기관이 직무상 작성 또는……기록된 사항'을, 신용정보의이용및보호에관한법률364)

---

361) 제2조에서 "情報"라 함은 自然人 또는 法人이 特定目的을 위하여 光 또는 電磁的 方式으로 처리하여 符號・文字・音聲・音響 및 映像 등으로 表現한 모든 종류의 資料 또는 知識을 말한다(제1호), "情報資源"이라 함은 情報 및 이와 관련되는 設備・技術・人力 및 資金 등 情報化에 필요한 資源으로서 情報通信部令이 정하는 것을 말한다(제6호)고 규정하고 있다.

362) 제2조(정의) 제2호에서 "個人情報"라 함은 生存하는 개인에 관한 情報로서 당해 情報에 포함되어 있는 姓名・住民登錄番號 등의 사항에 의하여 당해 개인을 識別할 수 있는 情報(당해 情報만으로는 특정개인을 識別할 수 없더라도 다른 情報와 용이하게 結合하여 識別할 수 있는 것을 포함한다)를 말한다고 규정하고 있고, 제4호에서는 "個人情報화일"이라 함은 특정개인의 身分을 識別할 수 있는 사항에 의하여 당해 個人情報를 檢索할 수 있도록 體系的으로 구성된 個人情報의 集合物로서 컴퓨터의 磁氣테이프・磁氣디스크 기타 이와 유사한 媒體에 記錄된 것을 말하며, 제5호에서 "處理情報"라 함은 個人情報화일에 記錄되어 있는 個人情報를 말한다고 규정하고 있다.

363) 제2조 제1호에서 "情報"라 함은 公共機關이 職務상 작성 또는 취득하여 관리하고 있는 文書・圖面・사진・필름・테이프・슬라이드 및 컴퓨터에 의하여 처리되는 媒體 등에 記錄된 사항을 말한다.

364) 제2조 제1호에서, "信用情報"라 함은 金融去來 등 商去來에 있어서 去來相對方에 대한 識別・信用度・信用去來能力 등의 판단을 위하여 필요로 하는 情報로서 大統領令이 정하는 情報를 말한다고 규정하고, 제9호에서 "처리"라 함은 컴퓨터를 이용하여 信用情報를 入力・貯藏・加工・編輯・檢索・削除・出力하는 행위, 信用情報를 配達・郵送・電送 등의 방법으로 他人에게 제공하는 행위 기타 이와 유사한 행위를 말한다고 규정하고 있다. 또 제32조(벌칙) 제2항 제11호에서 權限없이 信用情報電算시스템(共同電算網을 포함한다)의 情報를 변경・削除 기타 이용불능하게 하거나 權限없이 信

에서는 '신용정보'를, 물품목록정보의관리및이용에관한법률365)에서는 '물품
목록정보'를, 그 외 부정경쟁방지법366)에서는 '기술상 또는 경영상의 정보'
를, 사무관리규정에서367)는 '공문서'를, 그리고 형법상으로는 '명예'라는 정
보, '신용'이라는 정보, '음란'이라는 정보, 군사기밀보호법368)상 '군사기밀'
이라는 정보 등 특정 조문의 보호목적에 따라 그 정보의 내용도 특정된다
고 할 수 있다.

　이러한 정보는 보통 '~에 필요한, ~에 관한' 등의 수식어가 붙게 되고
그러한 수식어를 포함한 정보만이 보호대상이 된다고 할 수 있다. 그러나
그러한 수식어가 붙어 있는 정보라고 하더라도 오늘날과 같이 그것이 전자
화되어진 경우에는 법률의 보호대상에서 제외되고 새로운 구성요건을 마련
하지 않으면 안 되게 되었는데, 이것은 결국 위 법률에서 규정하고 있는
'정보'의 개념이 위에서 말한 사전적 의미의 정보개념 이상이 아니라는 것

用情報를 檢索・複製 기타의 방법으로 이용한 者는 3년 이하의 징역 또는
3천만 원 이하의 벌금에 처한다고 규정하고 있다.

365) 제2조(정의) 제3호에서 "物品目錄情報"라 함은 物品의 生産・需給・관리 및
　　運用의 모든 분야에서 物品에 관한 情報의 효과적인 획득・이용을 가능하게
　　하기 위하여 物品情報에 관한 자료를 目錄化・電算化함으로써 그 결과 얻어
　　지는 物品에 관한 종합적・체계적인 情報를 말한다고 규정하고 있다.

366) 제2조 제2호에서 "營業秘密"이라 함은 公然히 알려져 있지 아니하고 獨立
　　된 經濟的 價値를 가지는 것으로서, 상당한 노력에 의하여 秘密로 유지된
　　生産方法・販賣方法 기타 營業活動에 有用한 技術上 또는 經營上의 情報를
　　말한다고 규정하고 있다.

367) 제3조 제1호에서 "공문서"라 함은 행정기관 내부 또는 상호간이나 대외적
　　으로 공무상 작성 또는 시행되는 문서(도면・사진・디스크・테이프・필
　　름・슬라이드・전자문서 등의 특수매체기록을 포함한다. 이하 같다) 및 행
　　정기관이 접수한 모든 문서를 말한다. 제7호에서 "전자문서"라 함은 컴퓨
　　터 등 정보처리능력을 가진 장치에 의하여 전자적인 형태로 작성, 송・수
　　신 또는 저장된 문서를 말한다고 규정하고 있다.

368) 제2조(정의)에서 이 法에서 "軍事機密"이라 함은 一般人에게 알려지지 아
　　니한 것으로서 그 내용이 누설되는 경우 國家安全保障에 명백한 위험을 초
　　래할 우려가 있는 軍關聯 文書・圖畵・電子記錄 등 特殊媒體記錄 또는 물
　　건으로서 軍事機密이라는 뜻이 표시 또는 告知되거나 보호에 필요한 조치
　　가 행하여진 것과 그 내용을 말한다고 규정하고 있다.

을 의미한다. 따라서 이러한 정보가 전자화된 경우에는 그 전자정보를 포함하는 것으로 개념정의하거나 추가로 조문을 신설하는 방식으로 문제를 해결하려고 하고 있다.

그러나 이러한 방식은 실제 사례에서 해석상 논란이 야기될 수 있으며,[369] 결국 전자적 형태의 정보에 대해서는 새로운 해석론을 제기하든지 아니면 입법론으로 해결할 수밖에 없다고 생각한다.

③ 전자적 형태의 정보

오늘날 현실세계의 상당수의 정보는 전자화되어 존재하고 있다. 이러한 정보를 전자적 형태의 정보, 즉 전자정보[370]라고 칭할 수 있다. 현행법상 전자정보는 형법상 전자기록, 특별법상 전자문서, 전자출판물, 전자서명, (전자)정보 등으로 표현되고 있다. 이 중 전자정보에 대한 가장 포괄적인 정의는 정보화촉진기본법상의 정의이다. 제2조에서는 "情報"라 함은 自然

---

369) 예로서 사무관리규정상 '공문서'의 정의규정에는 전자문서 등 특수매체기록을 포함하는 것으로 규정하고 있다. 그러나 형법상 공문서에는 이러한 전자문서를 공문서에 개념에 포함시키지 않고 공전자기록위작변작죄라는 규정의 신설을 통해 해결하고자 한다. 이는 형법해석상 전통적인 '문서'개념에 전자기록이 포함될 수 없다는 것을 주된 근거로 하지만 실무 차원에서는 문제가 발생할 수 있다. 특히 공문서위조변조죄와 공전자기록위작변작죄의 법정형을 달리하는 것을 고려해 보면 이러한 공문서범죄에 대한 법적 예측가능성에 위배된다고 할 수 있다. 다음으로 출판물에의한명예훼손죄의 구성요건의 하나인 '기타 출판물'에는 아직 인터넷상의 전자출판물이 그 대상에 해당되지 않는다고 해석되고 있지만(적어도 출판매체로서의 외관 기능을 갖고 있어야 하므로 형법 제307조의 단순 명예훼손죄가 성립할 수는 있어도 제309조가 성립할 수는 없다) 정기간행물의등록에관한법률 및 그 시행령은 명백히 전자출판물을 그 대상으로 하고 있다. 따라서 인터넷상의 전자출판물 즉 정기간행물에 타인을 비방할 목적으로 글이 올려진 경우에 형법상 출판물에의한명예훼손죄의 죄책을 물을 수는 없다. 다만 인터넷상에 타인의 명예를 훼손하는 글을 올린 경우, 현재 개정된 정보통신망법 제61조에 의하여 처벌된다.
370) 부호화된 정보, 혹은 디지털정보라고도 한다. 김태헌, 정보통신개론, 기술연구사, 1995, 14면.

人 또는 法人이 特定目的을 위하여 光 또는 電磁的 方式으로 처리하여 符
號·文字·音聲·音響 및 映像 등으로 表現한 모든 종류의 資料 또는 知識
을 말한다고 규정하고 있다. 이는 전자정보라는 것이 현실세계에서의 원시
적 정보를 컴퓨터라는 매개체를 통하여 디지털변환한 상태를 의미하며 그
정보를 이해하기 위해서는 다시 컴퓨터라는 매개체를 통하여 재변환시켜서
원래 상태의 정보를 이해할 수 있게 되는 것을 의미한다. 따라서 이때의
정보라는 것은 원래의 정보를 디지털화한 것 그 자체가 아니라(이 자체로
는 컴퓨터만이 이해할 수 있다) 다시 그것이 인간에게 이해될 수 있는 것
이어야 한다.

그런데 이렇게 디지털화된 전자정보는 원래의 정보와는 별개의 것이라
는 점이 고려되어야 한다. 왜냐하면 원래의 정보가 인간과 인간 사이에서
전달되는 것임에 반하여 디지털화된 전자정보는 기계와 기계 사이에서 전
달되는 것이기 때문이다. 사람의 의사표시로서 존재하는 정보는 그것이 디
지털화한 경우, 그 정보는 컴퓨터라는 일정한 전달매체를 통하여만 전달될
수 있다. 인간은 그러한 정보를 이해할 수 없으며 컴퓨터라는 매개체를 통
하여만 인식할 수 있기 때문이다. 따라서 이러한 전자정보는 그 정보가 컴
퓨터라는 일정한 매체가 존재하는 동안에만 의미를 가지며 이러한 매체의
개입 없이는 아무런 가치를 지니지 못한다.

그런데 이러한 컴퓨터라는 매체는 그 정보를 인간의 표현형태로서 받아
들이는 것이 아니라 디지털화된 정보로서 받아들이게 된다. 그리고 이렇게
디지털화된 정보는 그 자체 원래의 정보로서가 아니라 새롭게 생성된 보호
객체로서 독자적인 의미를 가지게 된다. 왜냐하면 디지털정보는 무한복제
성[371]을 가지고 있기 때문이다.

A라는 정보가 A.hwp라는 파일로 작성되었다고 하자. 이때 이 A.hwp라
는 파일을 복사해간 경우에 기존에 존재하는 A.hwp은 그 원본성이 그대로
존재하고 있다. 그러나 이미 A.hwp라는 파일 안에 존재하는 정보는 이미

---

[371] 원본에 대한 손상을 가져오지 않는다는 의미이다.

타인에게 이전되었다고 할 수 있다. 이때 그 A라는 정보가 재산상으로 중요한 가치를 가진 것이라고 한다면 A.hwp의 이전은 매우 중대하 재사상 침해라고 하지 않을 수 없다.

또 다른 예로서 A라는 정보가 A.hwp라는 파일로 작성되었다고 하자. 이때 갑이 A.hwp 파일을 b.doc라는 파일로 변경하였다고 하자. 이 경우 실제 A라는 정보 자체는 변경이 없지만 디지털화된 A.hwp는 b.doc라는 파일로 변경이 되었다고 할 수 있다. 이렇게 변경한 b.doc라는 파일은 A라는 정보에 대한 침해라기보다는 A.hwp라는 전자정보에 대한 침해가 있다고 할 수 있다. 왜냐하면 A라는 정보 자체는 여전히 존재하기 때문이다.

즉 1차적으로 디지털화된 정보는 원본과 동일한 것으로 이해할 수 있지만 그것에 변경을 가한 경우는 2차적 가공(재변환) 즉 새로운 정보로 생성된 것이지 원본의 변경으로 이해하는 것은 무리라고 생각한다.372)

④ 자료(데이터)와 정보의 구별373)

이상의 논의와 더불어 일상생활에서 정보라는 용어를 사용하는 경우 자주 자료(data)와 정보(information)를 구별없이 모두 정보라고 해석하는 경우가 많다.374) 그러나 엄밀히 살펴보면 사상·개념·의사·명령 등을 표현한 것으로서 인간 또는 기계가 감지할 수 있도록 숫자, 문자, 기호 등을 이용하여 형식화한 것을 데이터라고 하고, 이 데이터를 일정한 양식에 의하

---

372) 또 다른 의미로 컴퓨터에서 원래의 정보(예컨대 갑)를 변환할 때, A라는 이름의 전자정보로 저장하였다고 하자. 만약 갑을 B라는 전자정보로 저장하였다고 하더라도 갑과 A, B는 모두 원본이라고 할 수 있다. 그러나 A와 B를 다시 C라는 전자정보로 변환한 경우에 C를 갑과 동일한 것으로 볼 수 있겠는가 하는 점이다. 이는 원본을 복사기에서 복사한 복사문서와는 분명 다르다고 할 수 있다. 복사문서는 갑, 갑 1, 갑 2, 갑 3이라고 할 수 있지만 전자정보는 갑 1, 갑 2, 갑 3라고 할 수 없다.
373) 보다 자세한 내용에 대해서는 인터넷에 개설된 한국방송통신대학의 컴퓨터의 이해 강좌 중 http://ksys10.knou.ac.kr/computer/txt/02__1.htm 참조.
374) 유용봉, 개별데이터의 습득과 절도죄 성립 여부, 현대형사법의 쟁점과 과제, 앞의 책, 504면.

여 보다 값어치 있는 판단 데이터로 승격시킨 것을 정보라고 할 수 있다.[375] 다시 말하면 정보는 자료(data)들이 활용이 가능한 형태로 가공한 결과를 의미한다고 할 수 있다.[376] 따라서 단순한 데이터와 정보는 구별해야 할 것이고, 이는 결국 정보가 그 내용에 의해 결정되어져야 한다는 것을 의미한다. 따라서 단순한 데이터의 침해와 정보의 침해는 그 처벌을 달리해야 할 것이다. 데이터는 문자로, 혹은 음성으로, 또는 영상으로 변환되고 그것이 타인에게 실질적으로 이해될 때 정보라고 할 수 있다. 다만 그 데이터가 정보와 불가분의 관계에 있을 경우에는 동일한 의미로 사용해도 무방하리라고 생각된다.[377] 어떠한 데이터가 정보와 불가분인가는 해당 데이터와 정보와의 관계를 실질적으로 고찰해서 파악하여야 할 것이다.

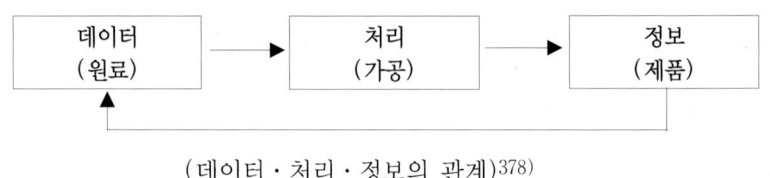

(데이터 · 처리 · 정보의 관계)[378]

(2) 형법상 정보의 개념

① '전자기록'이라는 것의 의미

우리 형법은 정보라는 용어 대신에 '전자기록'이라는 용어를 사용하여 컴퓨터범죄를 규율하고 있다. 여기서 '전자기록'이라는 용어는 일본 형법 제7조의2의 규정 즉 "본법에서 전자적기록이라 함은 전자적 방식, 자기적

---

375) 이문호, 앞의 책, 29-31면 참조.
376) 정진욱/안성진, 정보통신과 컴퓨터 네트워크, ohm사, 1998, 17면; 고영국, 정보통신사회, 명경사, 1998, 29면; 김태헌, 앞의 책, 14면.
377) 오늘날에 있어서 데이터 자체가 중요한 의미를 가지는 경우가 많기 때문에 때로는 정보와 혼용되어 쓰이기도 한다. 장영민, 정보사회에서의 법의 변용, 정보사회에 대비한 일반법 연구(Ⅱ), 정보통신정책연구원, 1998, 380면.
378) 앞의 http://ksys10.knou.ac.kr/computer/txt/02__1.htm에서 인용한 그림을 재가공한 것이다.

방식 기타 사람의 지각으로 인식할 수 없는 방식에 따라 만들어진 기록으로서 전자계산기에 의한 정보처리의 용에 공여되는 것을 말한다"는 규정을 참조로 한 것으로 보인다.[379] 실제로 우리 학자들의 전자기록에 대한 해석론을 살펴보면 대체로 일본 형법 제7조의2 규정과 거의 동일하다.[380]

그러나 이러한 해석론이 형법의 적용에 있어서는 많은 문제점이 있다는 것을 부인할 수 없다. 특히 기존 형법의 해석론은 주로 유형물에 대한 규율원리에 지향되어 있었다는 사실[381]은 전자기록에 대한 의미를 파악할 때 중요한 장애사유로 작용한다. 이러한 이유로 사이버공간에서 발생하는 여러 가지 법적 문제에 형법이 제대로 기능하지 못한 주된 요인이 되었다고 보여진다. 대표적으로 전자문서에 대한 형법상 문서개념의 재해석 문제, 인터넷 음란물에 대한 형법상 불처벌문제, 전자화폐에 대한 특별법마련의 문제, 전송·처리 중인 정보에 대한 형법상 불처벌문제 등이 그것이다.

따라서 형법상 '전자기록'의 개념을 명확하게 이해하여야만 사이버범죄의 적용대상을 특정할 수 있으리라고 생각한다. 이하에서는 전자기록에 대한 일반적인 정의보다는 실제로 전자기록이 어떠한 존재형태를 가지고 있는가를 살펴보아 그 개념의 이해를 돕고자 한다.

형법상 '전자기록'이라는 용어에서 '기록'이라는 의미를 살펴보면 그 '기록'은 크게 '입력, 저장, 출력'이라는 개념으로 바꾸어 볼 수 있다. 입력이라 함은 어떠한 정보를 컴퓨터의 Ram에 올리는 것을 의미하며 기본적으로 모든 전자정보는 입력에서 시작한다. 정보를 전자화한다는 것은 결국 정보

---

379) 우리 형법의 1995년 개정을 위한 여러 가지 입법자료들에는 일본 형법의 규정이 많이 참조가 되었고, 실제 우리 형법조문을 살펴보면 일본 형법의 조문을 그대로 옮겨 온 것도 적지 않다.

380) 일본 형법상 전자적기록의 정의는 コンピュータ犯罪等に關する刑法一部改正(註釋), 成文堂, 1989 및 日本辯護士聯合會 刑法改正對策委員會 編, コンピュータ犯罪と現代刑法, 三省堂, 90-94면 참조. 우리나라 학자들의 전자기록에 대한 해석론에 대해서는 김일수, 187-188면; 이재상, 568면; 정성근, 278-279면; 박상기, 489면; 임웅, 604면 참조.

381) 김영환, 법의 대상으로서의 정보 -소위 "정보법"의 이론적 착안점에 관하여-, 정보사회에 대비한 일반법연구(Ⅱ), 통신개발연구원, 1998, 370면.

198

를 컴퓨터에 입력하는 것에서 시작한다.[382] 저장이라 함은 입력된 정보를 컴퓨터의 하드디스크에 파일 형태로 고정시키는 것을 의미한다.[383] 그리고 출력이라 함은 이렇게 입력 혹은 저장된 전자정보를 문서형태로 print 하거나 컴퓨터 화면에 display 하는 것을 의미하며, 혹은 컴퓨터의 음성출력 장치를 통하여 음성을 듣는 것도 포함하는 개념이다. 여기에 '전자'라는 개념을 포함시켜 해석해 보면 전자기록은 정보를 컴퓨터의 Ram에 올린 상태, 그러한 정보를 파일형태로 일정 매체에 저장한 상태, 그리고 그 정보가 컴퓨터 화면에 디스플레이한 상태로 존재한다고 볼 수 있다. 이 모든 것이 '전자기록'에 해당한다.

② 형법상 '전자기록' 개념의 재해석

이렇듯 막연하게 정의했던 정보 혹은 '전자기록'의 개념을 그 존재형태를 기준으로 살펴보면 현행 형법상으로는 전자기록은 최소한 컴퓨터나 저장매체에 일시적으로나마 입력되어 있을 것,[384] 즉 정보가 매체에 화체되어 있어야 한다는 것을 의미한다고 볼 수 있다.[385] 이러한 이유로 사이버

---

382) Ram에 올려진다는 의미는 Ram에 일시적으로 저장된다는 의미이다. 그 한도에서만 정보는 계속성을 가지지만 다음의 저장 단계를 거치지 않으면 소멸되어 버리는 것에 불과하다. 저작권법상으로는 Ram에 일시적으로 올려진 저작물에 대하여 저작권을 인정하여야 하는가에 대한 논의가 있다. 자세한 논의는 정상조, 디지털 저작물의 문제점과 입법론, 정보법학 1997 창간호, 102-104면 참조.

383) 이러한 의미에서 공공기관의개인정보보호에관한법률상 "개인정보화일" 개념과 형법상 '전자기록' 개념은 동일하게 정의되고 있다고도 볼 수 있다. 하지만 전자는 '정보'와 '정보화일'을 구별하고 있지만 후자는 정보 그 자체를 지칭한다.

384) 김일수, 187-188면; 이재상, 568면; 정성근, 278-279면; 박상기, 489면; 임웅, 604면 참조. 즉 일정한 매체에 정보 및 데이터가 보존(저장)되어 있는 상태를 의미한다. 즉 정보 혹은 데이터 그 자체나 기록매체 그 자체를 의미하는 것이 아니다.

385) 예로서 캡슐알약을 생각하면 쉬울 듯 하다. 캡슐알약은 분말약(정보)을 녹기 쉬운 캡슐(매체)로 포장해 놓은 것을 의미하는데 각자를 분리해서 '약'이라고 하지 않고 양자를 합쳐놓은 것을 '약'이라고 부르는 것과 마찬가지

범죄에 대한 형법 적용은 그 한도만큼 제한되어 지는 것이다. 즉 통신 중의 정보에 대한 보호는 현행 형법상의 규정으로는 규제할 수 없고 정보통신망법 등과 같은 법률에 의하지 않을 수 없다.

그러나 그 존재형태에 따라 전자기록의 개념을 명확히 한 경우에도 실제 형법의 적용에 있어서는 또 다른 문제가 발생한다. 정보를 가지고 있거나 혹은 정보 그 자체인 '전자기록'을 그 형식과 내용면에서는 구별되어져야 한다는 것이다. 즉 같은 정보라도 다양한 형태의 '전자기록'이 생성될 수 있다는 점이다.

앞에서 설명한 바와 같이 문서범죄에서 A라는 문서를 전자기록화 한 경우, 그 전자기록은 text 형태(소위, hwp, doc, txt), 이미지 형태(문서를 스캔하여 이미지로 저장), 또는 음성이나 동영상 형태로도 존재할 수 있다. 이러한 전자기록은 A라는 문서와 그 본질에 있어서는 차이가 없다. 다만 그 존재형태만을 달리할 뿐이다.

그러나 형법규정상 전자기록의 위작, 변작 등의 개념, 전자기록손괴죄에 있어서 손괴나 은닉의 개념(hwp 파일을 pdf 파일로 변경한 경우, Acrobat Reader 프로그램이 없다면 읽을 수 없다. 설사 읽을 수 있다고 하더라도 그 내용이 제대로 인식되지 않는다.)상 정보의 내용이나 질 면에서 차이가 없지만 그 형식만을 변경하더라도 위의 행위에 해당한다고 볼 수 있다. 왜냐하면 컴퓨터환경에서 text와 이미지, hwp와 pdf는 그 본질적인 면에서 차이가 있기 때문이다.[386]

엄밀히 이야기하면 전자적 문서의 내용에 아무런 변경 없이도 전자정보는 변경될 수 있다. 예컨대 hwp 문서를 상정해 보면 문서의 내용을 건드리지 않고 여백에 스페이스바를 계속 눌러도 전자정보의 양과 질 면에서 변경이 있다고 할 수 있다.[387] 그러나 그것을 출력한 경우에는 아무런 표

이다.

386) 컴퓨터 세계에서 '표준'이라는 개념이 있다. 이는 같은 정보라도 형식이 다르면 호환이 되지 않는다는 의미이며, 세계의 유수한 소프트웨어 회사들 (MS와 같은)이 그 '표준'이 되고자 하는 것도 표준이 되면 정보에 대한 독점권을 가질 수 있다는 매력이 있기 때문이다.

시도 나지 않는다. 특히 html 파일의 경우에는 그 문서에다가 많은 문자를 입력하여도 화면에는 백지만이 존재할 뿐이다.

즉 정보의 변경을 가하지 않고 단순한 데이터의 변경만이 있는 경우에 이것을 전자기록의 위작, 변작이라는 개념에 해당한다고 할 수 있는가 하는 점이다. 전자정보에 변경을 가하더라도 아무런 문제가 발생하지 않는 경우에 형법상 그 행위는 그 본질적인 면에서 문서의 변경이나 위작에 해당한다고 해석할 수는 없다.[388] 따라서 앞서 이야기한 바대로 단순한 데이터와 정보의 구별은 반드시 필요하다. 이러한 의미에서 데이터와 정보를 구별하지 않는 견해에 대해서는 찬동할 수 없다. 반대로 워터마크[389]한 전자기록이 있다고 상정해 보자. 디지털 워터마크란 어떤 파일에 관한 저작권 정보(즉 저자 및 권리 등)를 식별할 수 있도록 디지털 이미지나 오디오 및 비디오 파일에 삽입한 비트 패턴을 말한다. 이 용어는 편지지의 제작회사를 나타내기 위해 희미하게 프린트된 투명무늬(이것을 영어로 '워터마크'라고 한다)로부터 유래되었는데, 그러한 전자기록에 대해서 워터마크를 조작, 변경한 경우에 위의 위작이나 변작에 해당하지 않는다고 할 수 있을 것인가? 왜냐하면 그 워터마크는 그 전자기록 혹은 문서에 본질적인 요소이기 때문이다. 이러한 의미에서 데이터가 정보와 불가분의 관계에 있는 경우에는 정보와 동일시할 수 있을 것이다.

③ 형법 제347조의2 상의 '정보'의 의미

형법상의 컴퓨터범죄에 대한 대부분의 규정이 '전자기록'이라는 용어를 사용함에 반하여 형법 제347조의2는 '정보'라는 용어를 사용하고 있다.[390]

---

387) 전자정보는 기본적으로 파일명과 파일의 크기, 생성시기 등의 정보가 포함되어 있다. 이것을 모두 포함해서 하나의 전자정보라고 할 수 있다.
388) 이는 다른 특별법(전자거래기본법, 전자서명법)에서 규정하고 있는 전자문서라는 개념을 형법상으로 끌어들이지 않으면 단순한 데이터의 변경에 대해서는 형법상 처벌할 수 없다. 물론 특별법상의 처벌은 가능할 것이다.
389) 자세한 내용은 http://terms.co.kr/digitalwatermark.htm 참조.
390) 물론 제314조 업무방해죄에 있어서도 허위의 정보 또는 부정한 명령의 입

따라서 본 규정상의 '정보'는 기타 컴퓨터범죄규정에서 규정하고 있는 '전자기록'을 제외한 정보, 즉 데이터만을 의미하는 것이라고 볼 수도 있다. 따라서 이미 일정한 매체에 화체된 데이터, 즉 전자기록을 컴퓨터 등 정보처리장치에 입력하는 것은 본 죄에 의하여 처벌할 수 없는 결과를 가져온다.

그런데 본 규정의 참조가 되었던 일본 형법 제246조의2는 "사람의 사무처리에 사용하는 전자계산기에 허위의 정보 또는 부정한 명령을 주어 재산권의 득실변경에 관한 불실의 전자적기록을 만들거나 재산권의 득실변경에 관한 허위의 전자적기록을 사람의 사무처리에 공여하여 재산상 불법한 이익을 얻거나 타인으로 하여금 이를 얻게 한 자는 10년 이하의 징역에 처한다"고 규정하고 있다.

양 규정을 비교하면 우리 형법은 일본 형법에서 두 가지 행위태양(전자기록의 생성 및 전자기록의 공여)을 단순화 한 것으로서 좁게 해석하면 일본 형법의 행위태양 중 전자에 해당하는 "전자계산기에 허위의 정보 또는 부정한 지령을 주어 허위의 전자적기록을 만드는" 경우만을 포섭하게 된다고 할 수 있다.[391]

그렇게 된다면 본 규정의 의미는 어떠한 데이터를 입력하여 컴퓨터 등 정보처리장치에 허위의 기록이 생성되어져야 할 것을 요구한다고 할 수 있다.

그러나 본 규정을 다시 자세히 살펴보면 정보를 입력한다는 의미는 결국 추상적으로 존재하는 정보가 결국 컴퓨터에 입력될 순간 디지털화되었다는 것을 말하게 된다. 즉 컴퓨터는 추상적인 정보를 받아들일 때 그 정보가 컴퓨터가 이해할 수 있는 상태로 코드화되어 있어야 한다는 것을 의미한다. 이렇게 코드화된 정보는 데이터일 수도 있고 일정한 매체에 화체되어 있는 전자기록일 수도 있다. 따라서 본 조문에 있어서 '허위의 정보'

력을 통한 업무방해행위를 처벌하고 있다. 그러나 본 조문에서는 전자기록의 손괴 등의 행위도 함께 규정하고 있으므로 이하에서는 컴퓨터등사용사기죄에 규정된 '정보'만을 대상으로 논의하도록 한다.

391) 이철, 앞의 논문, 131면. 대부분의 학자들은 이 규정의 해석에서는 '데이터(혹은 자료)의 입력'이라고 풀이라고 있다. 김일수, 377면; 이재상, 337면; 배종대, 343면; 박상기, 306면; 정성근, 467면; 임웅, 343면.

를 입력한 경우란 허위의 데이터를 입력하는 경우와 허위의 전자기록을 입력하는 경우를 모두 포함하는 것으로 해석해야 하며, 이렇게 파악할 때 우리 입법자가 처벌하려고 하였던 카드남용행위에 대해서 본 조를 적용할 수 있다고 할 수 있다.

만약 이렇게 해석하지 않을 경우에는 동일한 결과를 가져오나 그 존재형태만을 달리하는 정보를 입력하는 행위가 구별된다는 평가를 받게 된다. 즉 '허위의 데이터'를 입력하여 재산상 이익을 취득하는 경우와 '허위의 전자기록'을 입력하여 재산상 이익을 취득하는 경우를 달리 취급하게 되고 후자의 경우는 본 죄에서 포섭할 수 없게 된다. 예컨대 인터넷 쇼핑몰에서 타인의 신용카드번호(데이터)를 입력하는 행위는 본 죄에 의해 처벌할 수 있으나 데이터가 일정한 매체에 화체되어 있는 신용카드(전자기록)를 현금자동지급기에 입력하는 경우 및 전화카드를 카드식 공중전화기에 삽입하는 경우에는 본 조를 적용할 수 없게 하는 결과를 가져오게 된다.

따라서 본 규정에서 '정보'의 개념은 원시정보(데이터)[392]와 전자기록를 포함하는 개념으로 이해하여야 할 것이고, 다른 규정이 '전자기록'만을 규정한 것과 비교하여 구별되어야 한다.

3. 사이버범죄에 대처할 수 있는 독자적 규정

나아가 위와 같이 본 조에서의 '정보'가 데이터와 전자기록을 포함하는 개념으로 이해된다면 본 규정은 다른 컴퓨터범죄 규정과는 달리 전송 중인 데이터를 부정하게 사용하는 행위도 본 조에 의해서 포섭할 수 있게 된다. 이는 결국 그동안 특별법상으로만 처벌할 수 있었던 행위 예컨대 타인이 전송하는 데이터를 변경, 삭제하는 전산망침입행위에 대해서도 본 조를 적용할 수 있다는 의미가 된다.

---

392) 이재상 교수는 '정보란 부호 또는 계속적 기능에 따라 정보처리를 위하여 코드화된 모든 지식을 의미한다'고 정의하고 있는데 이는 '데이터'만을 의미한다고 볼 수 있다. 이재상, 337면.

전송 중인 데이터를 중간에서 가로채서 다른 데이터로 바꾸어 전송하는 경우에 이러한 해킹기법을 이용하여 데이터의 변경을 가한 경우에 있어서는 손괴죄에서 말하는 '전자기록'에 해당할 수 없으므로 손괴죄로는 처벌할 수 없지만 컴퓨터등사용사기죄에 있어서 '정보'에 해당하는 허위의 데이터를 입력하는 것으로 볼 수 있기 때문에 이러한 데이터에 의하여 재산상 이익을 취득한 경우라면 컴퓨터등사용사기죄에 의하여 처벌될 수 있을 것이다.

따라서 본 조문은 이러한 정보개념의 해석에 의해서 다른 컴퓨터범죄규정과는 구별되는 특징을 가지고 있으며 아직 유체물에 대한 해석에서 벗어나지 못하고 있는 현행 형법의 해석에서 유일하게 사이버범죄에 대처할 수 있는 규정이라고 하지 않을 수 없다.

V. 허위의 정보 또는 부정한 명령의 해석

1. 현재의 학설상 해석론

현재 허위의 정보 또는 부정한 명령의 입력에 대한 학자들의 해석을 살펴보면 전체적으로는 유사하나 조금씩 해석의 차이를 보이고 있다.

(1) '허위의 정보의 입력'에 관한 해석론

① 내용의 진실성 혹은 사실관계의 일치 여부를 기준으로 바라보는 견해

대부분의 학설[393]은 본 조에 있어서 허위의 정보를 입력하는 행위를 그 내용이 진실에 반하는 정보를 입력하는 것으로 보고 있다. 사실관계에 일치하지 않는 자료를 입력하는 것도 동일하다. 예컨대 입금되지 않았음에도 불구하고 은행 컴퓨터에 허위의 입금데이터를 입력하여 예금화일의 예금잔

---

393) 이재상, 337면; 박상기, 306면; 이정원, 390면; 이형국, 461면; 임웅, 343면.

고를 증액시키는 것이 여기에 해당한다. 이러한 견해에 의하면 허위의 정보의 입력에서 '허위'란 객관적인 사실에 제한되는 것으로 파악된다.

그러나 이 견해는 '허위의 정보'란 내용이 진실에 반하는 것, 또는 사실관계와 일치하지 않는 것이라고 정의하고 있기는 하지만 그 내용에 대해서는 별다른 예시를 보여주지 못하고 있다. 예컨대 입금하지 않았으면서도 입금데이터를 입력한 것은 허위의 정보의 입력에 해당한다는 예만 제시할 뿐 그 이외의 것으로 어떠한 것이 이에 포섭되는지를 설명하고 있지 않다.

생각건대 내용이 진실에 반한다는 것은 그 정보 자체가 허위일 것을 의미한다고 생각된다. 그것은 결국 '위조'된 현금카드나 신용카드 등은 단적으로 여기에 해당할 것이다. 또 사실관계와 일치하지 않는 것이라는 의미는 행위가 일어나고 있는 전체적인 상황을 고려해 보면 개개의 사실관계가 진실하지 않다는 것을 의미하는데, 이는 입금하지 않았음에도 입금했다는 데이터를 입력하는 것뿐만 아니라 재산처분에 관한 기록이 사실관계에 비추어 정당한 권한을 가지지 않은 자에게 이득이 가도록 작성될 때에도 이에 해당한다고 할 수 있을 것이다. 그러나 이러한 경우에 다수의 학자들은 '부정한 명령'의 입력으로 파악하고 있다.

② 사무처리의 목적을 고려하는 견해

위의 견해와는 달리 그 정보가 진실에 반하는 자료를 입력하는 것뿐만 아니라 입력되는 자료가 당해 사무처리시스템에 예정되어 있는 사무처리의 목적까지 고려하는 견해가 있다.[394] 즉, 허위의 정보를 입력한다는 것은 "당해 사무처리시스템에 예정되어 있는 사무처리의 목적이나 진실한 내용에 반하는 자료를 정보처리장치에 입력시키는 것을 말하며, 예컨대 은행의 온라인시스템에서 창구단말기를 사용하여 허위의 입금데이터를 입력하거나 범용단말기를 사용하여 원장파일상의 예금잔고를 증액시키는 것 등을 말한다", "그 밖에도 은행의 온라인시스템 밖에서 작출한 허위기록의 파일을

---

394) 김일수, 377면; 정성근, 467면.

은행의 정규예금원장파일에 바꾸어 끼우는 행위 등도 여기에 속한다"[395])고 한다.

이러한 견해에 의하면 허위의 정보의 입력이라는 것은 결국 정보처리장치가 제공하는 사무처리시스템의 목적 및 그 시스템제공자의 의사를 기준으로 판단하여야 한다고 할 수 있다. 따라서 그 사무처리시스템의 목적에 반하는 자료는 그 내용이 진실에 반하는 것을 포함하여 그 시스템제공자의 의사에 반하는 자료를 제공하는 일체의 행위를 포함한다고 할 수 있다. 그것이 위조된 자료라면 내용이 진실에 반할 뿐 아니라 그 시스템제공자의 의사에도 반하는 것이라고 할 수 있다.

(2) 부정한 명령의 입력에 관한 해석론

① 허위의 정보가 부정한 명령에 포함된다고 보는 견해

본 조에 있어서 '부정한 명령의 입력'에 대한 해석에 있어서 '부정한 명령'은 '허위의 정보'를 포함한다고 보는 견해가 있다. 즉 "부정한 명령의 입력은 사무처리의 목적에 비추어 줄 수 없는 명령을 입력하는 것이며, 출금정보가 입력되지 않도록 하는 명령을 입력하는 경우가 여기에 해당한다. 허위정보의 입력도 사무처리의 목적에 비추어 줄 수 없는 명령을 입력하는 경우로서 넓게 부정한 명령의 입력에 해당한다고 보아야 한다."고 한다.[396])

이러한 견해에 따르면 '명령'이란 컴퓨터에 일정한 정보를 입력하는 행위를 포함한 일체의 컴퓨터조작행위라고 파악할 수 있다. 따라서 이 견해에 의하면 '정보'의 입력과 '명령'의 입력은 구별되는 행위로 평가할 수 없게 된다.

---

395) 김일수, 377면.
396) 이정원, 형법각론, 법지사, 1999, 390-391면.

② 부정확하거나 불완전한 정보를 입력하는 것이라고 보는 견해

이와는 달리 부정한 명령의 입력을 부정확하거나 불완전한 정보를 입력하는 것으로 보는 견해도 있다. 이 견해에 의하면 "부정한 명령을 입력한다는 것은 정확하지 않거나 불완전한 정보를 입력하는 것을 의미한다. 즉프로그램을 구성하는 개개의 명령을 부정하게 변경, 삭제, 추가하거나 프로그램 전체를 변경하는 등 프로그램을 조작하는 경우를 말한다. 예컨대 은행원이 자신이 근무하는 은행의 신용카드로 물품을 대량 구입한 뒤 은행의컴퓨터프로그램을 조작하여 자기계좌의 −표시를 ＋표시로 고치는 방법으로 물품구입대금을 예금으로 바꿔치는 행위를 들 수 있다. 또한 자신의 컴퓨터를 이용, 타인의 PC통신 ID번호를 도용하여 다른 사람의 계좌로부터예금을 이체하여 인출하는 홈뱅킹서비스를 통한 불법적인 재산상의 이익취득도 해당된다."고 한다.[397]

이 견해에 의하면 부정한 명령은 '부정확하거나 불완전한 정보'를 의미한다고 할 수 있는데, 다만 그러한 정보는 컴퓨터프로그램상에 입력되는것으로 한정하고 있다. 그런데 타인의 ID를 입력하는 것이 프로그램의 조작행위인지, 그리고 '부정확하고 불완전한 정보'인지에 대해서는 아무런 설명을 하지 않고 있다.

③ 프로그램조작으로 보는 견해

대부분의 학설은 본 조에 있어서 '부정한 명령의 입력'은 프로그램의 조작행위를 가리키는 것으로 보고 있다.[398] 이에 따르면 "부정한 명령을 입력한다는 것은 당해 시스템에 있어서 사무처리의 목적에 비추어 줄 수 없는 명령을 하는 것을 말한다. 프로그램을 조작하여 예금을 인출해도 잔고가 감소되지 않게 하는 경우가 여기에 해당한다."[399]고 하거나 또 "부정한

397) 박상기, 307면.
398) 이재상, 337면; 김일수, 377면; 임웅, 343면; 정성근, 467면; 이형국, 461면.
399) 이재상, 337면.

명령을 입력한다는 것은 당해 사무처리시스템에 예정되어 있는 사무처리의 목적에 비추어 지시해서는 안 될 명령을 입력하는 것을 말한다. 프로그래머가 자기의 예금잔고를 부정하게 증액시키는 처리를 할 프로그램을 만들어서 입력시키는 것과 같은 프로그램조작이 여기에 해당한다."400)고 본다. 이 견해에 의하면 컴퓨터등사용사기죄와 동일한 구성요건요소를 가지고 있는 컴퓨터등업무방해죄에 있어서도 '부정한 명령의 입력'을 프로그램조작행위로 파악하고 있다.401)

그러나 "홈뱅킹서비스를 악용하여 타인의 계좌로부터 자신의 계좌로 예금을 이체하는 경우도 여기에 해당한다."402)고 하여 부정한 명령의 입력에는 프로그램조작 이외에 타인의 정보를 악용하는 행위를 포함하는 것으로 보인다.

(3) 소 결

위에서 열거한 학자들의 견해를 보면 일단 다음의 점에 있어서는 일치된 개념정의를 보이고 있다.

첫째, 허위의 정보를 입력한 경우란 내용이 진실에 반하는 정보를 입력하는 것이다. 예컨대 입금되지 않았음에도 불구하고 허위의 입금정보를 입력하여 자신의 예금잔고를 늘리는 경우이다.

둘째, 부정한 명령을 입력한 경우란 당해 사무처리시스템에 있어서 사무처리의 목적에 비추어 지시해서는 안 될 명령을 입력하는 경우이다. 예컨대 프로그램을 조작하는 경우를 들 수 있다.

그런데 이러한 개념정의를 한 이후에 그 예시로서 들고 있는 추가적인 내용들은 이러한 개념정의와는 크게 차이가 난다.

---

400) 김일수, 377면.
401) 김일수, 189면; 이재상, 207면; 정성근, 280면; 반면에 컴퓨터등업무방해죄에 있어서 '부정한 명령의 입력'은 정보처리의 장애를 초래하는 행위의 한 예시에 불과하다고 보는 견해로서 이형국, 335면.
402) 김일수, 377면.

먼저 일부 학자는 허위의 정보를 입력한 경우로서 "사실관계에 반하는 정보를 입력하여 잘못된 프로그램을 창출해 내는 것"[403]이라고 하고 있다. 그러나 잘못된 프로그램을 창출해 내는 것은 결국 프로그래머의 몫일 뿐 입력행위자가 잘못된 프로그램을 창출하지는 않는다. 본 조에서 허위의 정보를 입력하는 것은 잘못된 프로그램을 작성하는 것으로 이해하는 것은 도저히 납득할 수 없다. '잘못된 프로그램을 창출'하였다는 것은 독일 형법상의 컴퓨터사기죄에 있어서 규정하고 있는 '부정한 프로그램의 작성'과 같은 개념으로 이해된다. 그러나 본 조의 허위의 정보의 입력을 '부정한 프로그램의 작성'과 동일한 개념으로 볼 수 있는지는 의문이다. 또 위에서 부정한 명령을 입력한다는 것을 '정확하지 않거나 불완전한 정보를 입력'하는 것으로 보는 견해에 따르면 본 조문은 독일 형법상 컴퓨터사기죄에 있어서 '부정한 내지 불완전한 데이터의 사용'이라는 구성요건과 동일하게 이해된다.

결국 위와 같은 견해에 따르면 우리 조문상 '허위의 정보의 입력'은 독일 조문상의 '부정한 프로그램의 작성', 우리 조문상의 '부정한 명령의 입력'은 독일 조문상 '부정한 혹은 불완전한 데이터의 사용'으로 받아들이게 된다. 그러나 이것은 프로그램과 데이터를 혼동한 결과가 아닌가 생각된다. 또 정확하지 않는 정보란 결국 허위의 정보라고 할 터인데 이를 부정한 명령으로 해석하는 것은 무리라고 생각한다.

한편 "허위정보의 입력도 사무처리의 목적에 비추어 줄 수 없는 명령을 입력하는 경우로서 넓게 부정한 명령의 입력에 해당한다"는 견해[404]는 본 조문에서 '허위정보의 입력'이라는 구성요건이 어떠한 독자적 의미를 가지는지를 설명하지 못한다고 할 수 있다. 또 '사무처리의 목적'이란 결국 그 컴퓨터의 정보처리와 관련되어 논의될 것인데 컴퓨터의 사무처리의 목적은 이미 컴퓨터의 프로그램에 의해서 전제되어 있다고 할 경우에만 의미를 가지는 것이므로 단순히 가공의 입금정보를 입력하는 행위는 예금사무처리라는 프로그램의 목적에 비추어 보면 입금정보를 입력하는 행위는 그 목적상

---

403) 박상기, 306면.
404) 이정원, 390면.

당연하다고 할 수 있으므로 컴퓨터프로그램상에 어떠한 영향을 미치는 것은 아니라고 볼 것이다.

다수의 견해는 기본적으로 개념정의와 그 예시가 타당하다고 할 수 있다. 그러나 홈뱅킹서비스를 악용하거나 타인의 현금(신용)카드를 권한 없이 사용하여 그 타인의 계좌에서 현금을 인출하거나 자신의 계좌로 이체시킨 행위가 본 조에 있어서 '부정한 명령의 입력'에 해당하는지 여부에 대해서는 견해가 나뉘고 있다. 특히 현재까지는 현금자동지급기에서 현금을 인출하는 행위에 대하여 논의가 집중되고 있는 실정이다.

이하에서는 위와 같은 진실한 자료의 무권한 사용에 대한 논의를 중심으로 본 조에서 말하는 허위의 정보 또는 부정한 명령의 입력에 대한 해석을 전개하고자 한다.

2. 진실한 자료의 무권한 사용에 대한 학설의 대립

부정설[405]은 진실한 정보를 부정하게 사용하여 입력하는 것을 부정한 명령을 하였다고 볼 수 없고, 정당한 정보의 무권한 사용을 포함할 경우에는 계약위반의 배임죄의 형태까지 본죄의 대상이라고 보아야 하며, 이 경우 현금을 인출하였다면 절도죄로 보아도 충분하므로 본죄가 성립하지 않는다는 입장이다.

반면 긍정설[406]은 절취한 현금카드로 자기계좌에 이체하는 경우처럼 형

---

405) 김영환, 신용카드부정사용에 관한 형법해석론의 난점, 형사판례연구(3), 318면; 이재상, 형법각론, 338면; 장영민/조영관, 컴퓨터범죄에 관한 연구, 1993, 132면; 하태훈, 현금자동인출기 부정사용에 대한 형법적 평가, 형사판례연구(4), 330면; 전지연, 독일 형법에서의 컴퓨터사기죄, 증봉김선수교수정년퇴임기념논문집, 1996, 327-327면; 정대관, 컴퓨터등사용사기죄에 대한 고찰, 유일당오선주교수정년기념논문집, 2001, 309면; 김성환, 컴퓨터사용사기죄에 관한 고찰 -컴퓨터를 이용한 신용카드부정사용에 관한 고찰을 포함하여-, 관동대경제기술법연구 Ⅰ, 1999, 77면; 임웅, 신용카드 부정사용행위의 형사책임, 저스티스 제34권 제2호, 120면.
406) 김문일, 컴퓨터범죄론, 1989, 210면; 박상기, 형법각론, 307면; 차용석, 컴퓨

사정책적 대응의 필요성이 엄존하는 경우가 존재하므로 긍정하는 것이 타당하다는 입장이다. 입법자의 의도도 긍정설의 입장이라고 보고 있다.[407] 이 견해에 의하면 "① 절취한 현금카드의 비밀번호를 정확히 입력하여 현금을 인출하는 경우에는 배임죄의 요건인 타인의 사무처리자라고 볼 수 없으므로 배임죄의 성립은 문제되지 않으며, ② 또한 계약에 의하여 위임된 권한을 초월하여 수임자가 현금을 과다하게 인출하는 행위는 본죄가 아니라 배임죄 성립이 문제될 뿐이어서 본죄와 배임죄 성립에 관한 적용상의 문제점은 없다. ③ 그리고 행위객체와 관련하여 현금을 인출하는 경우에는 컴퓨터등사용사기죄가 아니라 절도죄가 되지만(물론 의문은 있다), 현금을 인출하는 경우가 아니라 자기의 계좌에 이체하는 행위 등의 전자적 거래행위의 문제에 있어서는 절도죄의 성립은 부정되므로 본죄가 성립하는가의 문제가 실익있는 논의가 된다. ④ 그렇다면 부정설의 논거로서 고려해야 할 점은 '진실한 자료를 부정하게(권한 없이) 사용하는 행위를 본죄의 부정한 명령으로 볼 수 없다'는 것이다."[408] 또 "정당한 명령과 정확한 명령은 규범적 의미에서 다른 의미를 가지므로 타인의 현금카드사용에 대한 일정한 권한이 없는 자가 이를 사용하는 경우의 명령은 정당한 명령으로 볼 수 없다는 점에서 본죄의 부정한 명령으로 볼 수 있다"는 것도 가능하고 그 논거로 구신용카드업법상 신용카드부정사용죄(제25조 제1항)의 해석에 관하여 "절취한 신용카드를 현금인출기에 주입하고 비밀번호를 조작하여 현금서비스를 제공받으려는 일련의 행위는 부정사용의 개념에 포함된다"는 대법원판례[409]를 들고 있다.

터에 관련된 범죄와 형법(하), 고시연구, 1988/6, 110면; 배종대, 344면; 김일수, 378면; 이정원, 형법각론, 301면.

407) 법무부, 형법개정법률안 제안이유서, 181면.
408) 백광훈, 인터넷범죄의 규제법규에 관한 연구, 한국형사정책연구원, 2000. 184면.
409) 대법원 1995. 7. 28. 선고 95도997 판결(공1995하, 3034).

3. 학설의 검토

① 학설대립의 이유

생각건대 본 조문에 대한 견해의 대립 문제를 해결하기 위해서는 먼저 본 규정이 어떠한 입법과정을 거쳐서 지금과 같은 규정으로 입법화되었는가를 밝혀보는 것이 중요하다고 생각한다.

형법개정의 입법과정을 살펴보면 1989년의 형법개정시안의 규정은 일본 형법의 전자계산기사용사기죄 규정을 그대로 인용하고 있다. 그런데 1992년의 개정법률안은 대폭적인 조문의 수정을 통하여 현재에 이르고 있다.

이 과정상에서 독일 규정과 일본 규정, 그리고 우리 규정의 조문상의 유사함과 차이점을 함께 발견할 수 있다.

첫째, 독일 규정에는 컴퓨터 등 정보처리장치에 대한 개념규정을 두고 있지 않다. 그러나 일본에서는 '전자계산기', 우리나라는 '컴퓨터 등 정보처리장치'라는 규정을 두고 있다.

둘째, 독일에서는 '데이터'와 '프로그램'이라는 용어를 사용하고 있는데, 일본에서는 '정보'와 '지령', 우리나라도 '정보'와 '명령'이라는 용어를 사용하고 있다.

셋째, 독일에서는 크게 네 가지 행위유형을 상정하고 있는데, 일본에서는 두 가지 행위유형으로 구별하고 있고, 우리나라는 하나의 행위유형으로 조문화하고 있다.

넷째, 독일에서는 재산상 손해라는 표지를, 일본과 우리나라는 재산상 이익이라는 표지를 사용하고 있다.

이 중 둘째와 셋째의 점에서 우리 조문의 독자성과 독일과 일본과 다른 해석상의 문제가 발생한다고 볼 수 있다. 입법자료를 살펴보면 기본적인 조문 신설의 근거는 다른 나라와 것과 별반 다를 것이 없으나 왜 현재와 같은 조문으로 입법화되었는가에 대해서는 그 당시의 논문이나 자료에는 잘 나타나지 않고 있다.

생각건대 위에서 제시하고 있는 긍정설과 부정설의 학설대립은 결국 이러한 조문의 차이 때문에 독일과 일본의 해석론을 조금씩 차용하고 있는데서 나타난다고 할 수 있다.

② 데이터, 프로그램, 정보, 명령의 의미

독일에서는 데이터와 프로그램이라는 용어를 사용하고 있는데, 프로그램도 데이터에 포함되는 것으로 해석된다. 따라서 부정한(허위의) 데이터의 사용이라는 표현에서 프로그램의 부정작성의 개념이 포함되는 것으로 볼 수 있으므로 이 행위유형은 부정한 데이터의 사용에 대한 특별규정으로 이해되고 있다. 즉 독일 입법자는 프로그램조작의 특별한 위험성 때문에 이를 두 번째 행위와는 별도로 특별히 강조한 것이라고 한다.410)

이와 같은 이유로 일본에서는 '허위의 정보 또는 부정한 지령'이라는 행위유형에서 후자의 지령을 특별히 프로그램조작행위에 한정되는 것으로 파악하였다. 이러한 입법방식은 일본의 규정을 그대로 받아들인 우리 형법에서도 마찬가지이다. 제안이유서에서도 부정한 명령을 프로그램조작으로 이해하고 있다.411) 즉 프로그램도 그것 자체가 특별한 형태의 데이터, 즉 정보임에도 불구하고 '정보'가 아니라 '명령'이라는 용어를 사용한 것은 프로그램은 그 자체가 명령이나 지령으로 이루어져 있기 때문에 이에 대한 침해행위를 처벌하고자 하는 취지인 것이다.412)

다만 독일에서는 데이터라는 용어를 쓰고 있지만 일본과 우리는 정보라는 용어를 쓰고 있는 데서 차이가 있다. 정보란 이미 필요하고 적절한 자료(데이터)를 활용이 가능한 형태로 처리한 것을 의미하기 때문에 본 조에서 정보라는 용어는 적절한 것이 아니라고 할 수 있다.413) 그러나 어쨌든

---

410) Tiedemann, StGB Leipziger Kommentar, 11.Auflage, 1998, §263a Rn. 27.
411) 위 제안이유서, 182면.
412) 천종필, 현행 형법상 컴퓨터범죄 관련규정의 해석상의 문제점, 연세법학연구 제4집, 1997, 109면.
413) 같은 취지, 전지연, 컴퓨터범죄에 대한 형법적 대응방안, 한림법학 Forum 5, 1996, 177면; 유용봉, 개별데이터의 습득과 절도죄 성립 여부, 동암이형

법문은 양자를 동일한 의미로 사용한 것으로 생각되고, 그리고 다른 조문, 즉 컴퓨터에 의한 업무방해죄(제314조 제2항)와 관련하여 표현의 동일성을 위하여 이렇게 사용한 것으로 보인다.414)

또 독일에서는 데이터나 프로그램의 사용에 있어서 동일하게 'unrichtig' (부정, 혹은 허위)라는 표현을 사용하고 있음에 반하여 일본과 우리나라는 허위는 '정보'에 부정은 '지령(명령)'에 대치시키고 있다. 이 점에 있어서 일본과 우리나라의 해석론에서 문제가 발생하고 있다고 생각한다.

③ 허위의 의미

독일에서 'unrichtig'라는 의미는 일본과 우리나라의 언어적 표현에 의하면 허위, 부정을 모두 포함하는 개념으로 이해될 수 있다.415) 따라서 독일에서도 'unrichtig'에 대한 해석론으로서 구체적인 자료처리과정에 관하여 처분권한 있는 자의 의사를 기준으로 하여 'unrichtig'의 여부를 판단하여야 한다는 주관적 관점과 프로그램의 임무상 객관적으로 도출해서는 안 되는 결과를 도출하게 하는 것을 'unrichtig'라고 하여야 한다는 객관적 관점에서 바라보는 견해가 존재한다. 그러나 독일 입법자416)나 일부 견해417)가 주관적 관점을 지지하고는 있지만 독일에서의 지배적 견해는 'unrichtig'를 객관적 관점에서 바라보고 있다.418)419) 따라서 권한에 관한 문제는 입법상 세

국교수화갑기념논문집, 1998, 504면.
414) 전지연, 앞의 논문, 178면.
415) 일본에서는 일관되게 'unrichtig'를 '부정한'이라고 번역하고 있으며 우리나라에서는 '허위' 혹은 '부정'이라는 번역 내지는 프로그램의 경우는 '하자있는', 정보의 경우에는 '부정확한'이라고 번역(법무부, 독일 신형법, 법무자료 제210집, 1998)하고 있다. 그런데 학자들의 논문들에서 나타난 독일 형법조문의 번역은 대체로 '부정'이라는 번역이 다수를 이루고 있는 것으로 보인다.
416) BTDrucks. 10/318, S. 20.
417) Möhrenschlager, wistra 1986, S. 132.
418) Dreher/Tröndel, 263a Rn. 6; Haft, NStZ 1987, 7; Hilgendorf JuS 1997 131; Otto, BT Jura 1993, 613; Schlüter, JR 1993, 49; Wessels, BT-2, Rn. 576.
419) 객관적 관점에 따르면 컴퓨터사기죄는 불성실한 프로그래머를 처벌하는 것

번째 행위유형의 신설로 해결하였던 것이다.

그런데 일본은 허위라는 개념의 해석을 개념정의에 있어서는 독일에서의 객관적 관점을, 권한 여부에 대해서는 주관적 관점을 받아들이고 있는 것 같다.[420] 제3장에서 논의한 일부 학자를 제외하고는 권한 없이 타인의 CD카드를 사용한 경우를 '허위의 정보'를 준 경우에 해당하는 것으로 보는 견해가 많다.[421] 따라서 일본의 입법자는 '허위'라는 용어의 사용은 결국 사기죄와의 해석을 고려한 것으로 채택한 것이라고 볼 수 있다.

그런데 일본의 해석론과는 달리 우리나라에서는 독일의 주관적 관점에서 보는 견해를 찾아볼 수 없다. 우리나라에서는 법문언이나 제안이유서에서 일관되게 그 내용이 진실에 반하는 것이 허위라고만 하고 그에 대한 구체적 판단기준을 제시하고 있지 않다. 대체로 학설에 맡겨진 것이라고 볼 수 있겠는데 대부분의 학설은 그 정보가 객관적으로 올바르고 완전한 자료를 사용하는 경우에는 그 정보는 허위의 정보가 아니어서 진실한 정보의 권한 없는 사용은 본 행위유형에 해당하지 않는다고 한다. 이는 독일의 객관적 관점을 그대로 유지하고 있는 것이다.[422]

이 아니라 컴퓨터를 오용하여 컴퓨터로 하여금 제3자의 재산을 처분하도록 하는 프로그래머를 처벌하고자 하는 것이다. 그러나 만일 여기서 허위 여부를 처분권한 있는 사람의 의사에 의하여 판단하는 경우에는 처분권한 자가 프로그래머에게 프로그램을 조작하도록 지시한 경우, 이를 따른 프로그래머는 처분권한 있는 자의 의사에 다른 것이므로 본죄에 해당하지 않는다. 역으로 처분권한 자가 지시하였으나 프로그래머가 지시를 어기고 올바른 프로그램을 형성한 경우에는 처분권한자의 지시에 반한 것이므로 본죄에 해당한다는 불합리한 결과가 나온다. 또 컴퓨터사기죄는 프로그램에 대하여 정당한 권한 있는 사람만을 보호하는 것이 아니라 권한 있는 사람이 프로그램을 통하여 이를 오용하는 경우에도 이를 저지하여야 한다는 점에서 객관적 관점이 지지되어야 한다고 볼 수 있다. 전지연, 독일 형법에서의 컴퓨터사기죄, 증봉김선수교수정년퇴임기념논문집, 1996, 306면.

420) 이와 같은 해석상의 잇점은 기존의 사기구성요건과 일치하는 해석이 되기 때문이다.

421) 본인이 찾는 자료를 보면 神山敏熊이 '부정한 지령'을 준 것으로 해석하고 있고, 이 견해를 일본 학자들이 인용하고 있다.

422) 전지연, 앞의 한림법학 Forum 5, 182면.

다만 위에서 전지연 교수는 허위라는 개념속에 '불완전한'이라는 정보의
입력도 포함되는 것으로 해석해야 한다고 하지만 이는 독일 형법상 '불완
전한' 데이터의 사용이라는 구성요건에서의 해석이지 우리 형법규정에는
불완전한 정보의 입력이 포함될 여지가 있는가는 의문시될 수 있다. 우리
형법은 컴퓨터등사용사기죄에서 사용하고 있는 '허위의 정보 또는 부정한
명령의 입력'과 동일한 조문 형식으로 형법 제314조 제2항에서 컴퓨터에
의한 업무방해죄를 신설하였는데 이 조문은 '기타의 방법'으로 정보처리에
장애를 발생하게 하여 업무를 방해한 경우도 처벌할 수 있으므로 불완전한
정보도 처벌될 여지가 있지만[423] 컴퓨터사기죄의 규정상 그러한 표현을 찾
아볼 수 없기 때문이다. 생각건대 독일 입법자가 '부정한 혹은 불완전한'이
라는 새로운 언어관용을 지향한 것은[424] 컴퓨터는 입력상 불완전한 것이라
도 자동적으로 처리하게 되므로 대부분의 입력조작을 포섭하기 위함이라고
생각한다. 따라서 우리 형법상의 조문에서도 '허위'라는 개념 속에 객관적
으로 진실에 반하고 나아가 불완전한 자료를 입력하는 경우도 포함하는 것
으로 이해하는 것은 타당하다고 생각한다.

④ 부정한의 의미

앞에서도 언급한 바와 같이 '부정한'이라는 표지는 특별히 프로그램조작
의 경우를 처벌하고자 한 것은 명백하다. 프로그램조작은 적발하기가 어렵
고 특히 손해발생이 클 수 있기 때문에 특별히 구성요건화하였다고 할 수
있다.[425]

그런데 입법제안자는 '부정한'의 개념을 '허위'의 개념보다 넓은 개념으로
사용하여 그 적용범위를 넓히려고 한 것으로 보인다. 즉 허위의 것은 전부
부정한 것에 해당하나 여기서 더 나아가 진정한 것이라도 경우에 따라서는

---

423) 천종필, 앞의 논문, 108-109면.
424) 이는 독일 형법상 §264(보조금사기), §265b(신용사기)에서도 찾아 볼 수
     있다.
425) 전지연, 앞의 논문 181면.

216

부정한 것으로 인정하려고 한 것이다.[426]

그러나 '부정한'의 개념은 '허위'라는 개념과 별반 다르지 않으며 다만 프로그램조작행위라는 행위유형을 고려하여 '당해 시스템에 있어서 사무처리의 목적에 비추어 줄 수 없는 명령을 하는 것'을 의미한다[427]고 할 수 있다. 이는 동일한 표현을 사용하고 있는 컴퓨터업무방해죄와의 관계에서 보아도 그렇다.[428] 컴퓨터업무방해죄에서는 이러한 행위는 결국 컴퓨터 등 정보처리장치에 기능장애를 일으키는 것을 고려한 것이며[429] 그 처분권한 있음을 요하지 않는다.

연혁적으로 본 조문이 독일의 'unrichtig'에서 일본의 '허위 또는 부정'이라는 표현에서 따온 것이지 독일의 'unbefugte'에서 온 것이 아님은 명확하다. 독일의 입법자는 'unbefugte'라는 표현을 통하여 무엇보다도 현금자동지급기에서 현금카드를 오용하는 경우와 영상정보시스템에 권한 없이 접속하려는 경우를 파악하려고 하였으나[430] 일본에서는 독일에서의 'unrichtig'라는 개념의 주관적 관점의 수용을 통하여 'unbefugte'의 표지를 배제하였고, 이러한 해석론이 우리나라에서는 일본의 소수 견해의 수용을 통해 받아들여지고 있다고 보여진다. 하지만 당시 입법에 참가하였던 학자와 실무가의 자료를 살펴보면 현금카드 오용에 대한 가벌성에 대해서는 의견의 일치를 보고는 있지만 그것이 '부정한' 명령에 해당하는 것인가에 대한 논의는 발견할 수 없다.[431] 그렇다면 이 부정한 명령의 의미는 결국 죄형법정주의에 위반되지 않는 문언의 해석을 통하여 밝혀져야 할 것이다.

입법제안자는 진정한 자료의 부정한 사용도 부정한 명령에 포함된다고 하였다. 이 점에서 우리 학자들은 부정한 명령에 권한 없는 자의 사용을

---

426) 제안이유서, 182면.
427) 이재상, 337면.
428) 컴퓨터업무방해죄의 '허위의 정보 또는 부정한 명령'은 사기죄의 조문과 동일하게 해석되는 것으로 파악된다.
429) 형사법개정특별심의위원회 회의록 제7권, 1988, 350-355면 참조.
430) BTDrucks, 10/5058, S. 30.
431) 위 심의위원회 자료, 359-361면 참조.

포함하는 것으로 바라보고 있다. 그러나 '부정한 사용'이 '권한 없는 사용' 인지 의문이 든다. 이 점에서 긍정설의 논거로 강력하게 지지되는 것은 위 대법원 판례[432]일 것이다. 그러나 구신용카드업법, 현행 여신전문금융업법 상 신용카드부정사용죄는 그 구성요건상 '도난, 분실'이라는 구성요건표지 가 명확하게 기술되어 있으며 이것은 전통적인 사기죄의 해석과는 별도로 존재하는 것이다. 따라서 본조에서 말하는 '부정'이라는 의미 속에 '권한 없 는'이라는 의미를 찾기 위해서는 사기죄의 전통적 해석론의 틀 안에서만 가능한 것이지 이것을 벗어나서 특별법상의 목적을 위해 마련된 조문을 그 근거로 들어서는 곤란하다고 여겨진다.

본조에서 말하는 '부정한 명령'은 문언해석상 명령이 '부정'할 것을 요하 는 것이지 그러한 명령을 하는 자가 권한 없음을 요하지 않는다. 긍정설대 로의 논거라면 '권한 있는 자가 진정한 자료를 입력한 경우'에는 부정한 명 령에 해당하지 않을 것이다. 그렇다면 이 '권한' 유무의 표지에 따라 본조 의 적용 여부가 결정될 수 있게 된다. 이렇게 되면 '권한'이라는 표지는 마 치 배임죄에 있어서의 '신분', 문서범죄에 있어서 '진정성'에 해당하는 표지 로 오인될 우려가 있다. 본 조는 사기죄의 보충적 구성요건으로서 그 행위 자의 범위를 제한하지 않는다. 따라서 행위자에게 권한 여부는 본 죄에 성 립에 있어서 문제되지 않는다고 보아야 한다. 긍정설대로의 논거라면 본 죄의 구성요건은 '부정하게 정보를 입력'이라는 문언으로 읽혀져야 하는데 과연 '부정한 명령의 입력'과 '부정하게 정보를 입력'이라는 것이 구별없이 이해될 수 있을 지는 의문이다.[433]

⑤ 다른 법조문에 규정된 '부정한 명령'의 의미

본 조문의 '부정한 명령'이 프로그램조작행위에 한정된다는 의미는 다른 법조문에 규정된 동일한 '부정한 명령'의 해석을 비추어보면 이해될 수 있다.

---

432) 대법원 1995. 7. 28. 선고 95도997 판결(공1995하, 3034).
433) 즉 입력이 부정할 것을 요하는 것이지 명령이 부정할 것을 요하는 것은 아 니라고 할 수 있다.

현재 '부정한 명령'이라는 구성요건요소를 규정하고 있는 법조문은 형법상 컴퓨터등업무방해죄, 정보통신망이용촉진및정보보호등에관한법률 제47조 제3항, 정보통신기반보호법 제12조 제3호를 들 수 있다.[434]

이 중 정보통신망이용촉진및정보보호등에관한법률 제47조 제3항과 정보통신기반보호법 제12조 제3호의 '부정한 명령'은 정보통신망의 장애 및 정보처리의 오류를 발생시키는 행위의 하나로서 이른바 DoS(시스템커부) 해킹 및 버퍼오버플로어 해킹을 예정하고 있는 것이다. 따라서 이들 법률에 있어서 '부정한 명령'은 컴퓨터시스템상의 프로그램상에 그 시스템의 목적상 예정하고 있지 않은 프로그램의 실행 및 프로그램의 장애를 불러일으키는 것을 의미한다고 할 수 있다.

형법상 컴퓨터등업무방해죄(제314조 제2항)에서의 '부정한 명령'은 컴퓨터의 기능을 마비시키는 프로그램(바이러스) 등을 입력하는 것,[435] 주어서는 안 되는 프로그램을 입력하는 것,[436] 프로그램을 구성하는 개개의 명령을 부정하게 변경, 삭제, 추가하거나 프로그램 전체를 변경하는 것[437]을 말하는 것으로, 결국 프로그램의 조작행위를 의미한다고 할 수 있다.

이렇게 다른 조문에 규정된 '부정한 명령'의 해석을 살펴보면, 본 조문의 '부정한 명령'의 해석도 프로그램 조작행위에 한정해서 파악하는 것이 타당하다고 생각한다.

⑥ 문리해석에서 본 '허위' 및 '부정'의 의미

허위의 사전적 의미는 '진실이 아닌 것을 진실인 것처럼 꾸민 것'을 의미한다. 이에 따르면 '허위'란 일정한 사실이 객관적 진실에 반하는 것을 의미한다. 이것은 존재하는 것과 존재하지 않는 것 사이에 참과 거짓이라는 판단을 할 수 있다는 의미이다. 입금한 사실이 없는 데도 컴퓨터에 입

---

434) LX 7.8에서 검색한 결과.
435) 배종대, 249면.
436) 이재상, 207면.
437) 김일수, 189면.

금하였다는 정보를 입력하는 행위는 실제 존재하지 않는 사실을 존재하는 것으로 오인케 한다는 점에서 이를 허위라고 할 수 있다는 의미가 된다. 이러한 허위에 대한 판단은 어떠한 규범적 판단이 들어가지 않는다.

이에 반해 '부정'은 '올바르지 않다, 옳지 않다'라는 의미이다. 따라서 '부정'이라는 개념에는 주관적인 평가가 들어가게 된다. 즉 규범적인 평가가 '부정'이라는 개념 속에 포함되어 있다. 무엇이 부정한 것인가는 구체적 사실관계에 따라서 다르게 평가될 수 있다. 예컨대 대법원에서 판단하고 있는 '부정한'의 의미를 살펴보면 구 관세법(1996. 12. 30. 법률 제5149호로 개정되기 전의 것) 제180조 소정의 '사위 기타 부정한 방법',438) 내지 건축사법 제39조 제1항 소정의 '사위 기타 부정한 방법',439) 그리고 건설산업기본법 제96조 제1항 소정의 '부정한 방법'440)의 의미에 대하여 '부정'의 의미는 사회통념에 의하여 평가하며, 조세법처벌법 제9조 제1항 소정의 '사위 기타 부정한 행위'441)도 '사회통념상 부정이라고 인정되는 행위, 즉 조세의 부과징수를 불능 또는 현저히 곤란하게 하는 위계 기타 부정한 적극적인 행위'로 판단하고 있다. 한편 배임수증죄에 있어서 '부정한 청탁'의 의미는 그 청탁이 사회상규와 신의성실의 원칙에 반하는 것을 의미한다고 보고 있고,442) 보조금의예산및관리에관한법률 제40조 소정의 '허위의 신청 기타 부정한 방법'의 의미는 정상적인 절차에 위해서는 보조금을 지급받을 수 없음에도 위계 기타 사회통념상 부정이라고 인정되는 행위로서 보조금교부에 관한 의사결정에 영향을 미칠 수 있는 적극적 및 소극적 행위라고 정의하고 있다.443)

이러한 의미에서 '부정한'이라는 규정의 의미는 해당 규정의 행위에 대

---

438) 대법원 1997. 9. 26. 선고 97도1267 판결(공1997하, 3335).
439) 대법원 1997. 12. 26. 선고 95도2540 판결(공1998상, 453).
440) 대법원 1999. 6. 11. 선고 98도2984 판결(공1999상, 1444).
441) 대법원 1998. 6. 23. 선고 98도869 판결(공1998하, 2038), 대법원 1999. 4. 9. 선고 98도667 판결(공1999상, 927).
442) 대법원 1998. 6. 9. 선고 96도837 판결(공1998하, 1921).
443) 대법원 2001. 1. 5. 선고 99도4101 판결(공2001상, 469).

한 규범적 평가에 의하여 좌우되며, '사회통념' 내지 '사회상규와 신의성실의 원칙'에 비추어 판단되어져야 함을 알 수 있다. 따라서 본 조문상의 '부정한'의 의미도 사회통념 내지 사회상규나 신의성실의 원칙에 비추어 판단해야 하며, 본 조문이 컴퓨터를 악용한 재산취득범죄를 처벌하기 위한 규정이라는 점에서 본 조문상의 '부정'은 재산상 사무처리를 목적으로 하고 있는 컴퓨터의 정보처리시스템의 기능과 사용목적 등을 고려해서 판단해야 함을 의미한다. 따라서 '부정한 명령의 입력'이란 당해 컴퓨터에 예정하고 있지 않은 명령을 입력하는 것을 의미한다.

그런데 본 조문에서 '부정한'의 수식어는 '명령'이다. 그리고 '부정한 명령'의 실행행위는 '입력'이 된다. 그렇다면 '명령'의 입력이라는 것이 본 조의 실행행위의 객관적 실체가 된다.

'명령'이란 어떠한 목적에 따라 어떠한 행위실행에 대한 지시를 의미한다. 예컨대 'A라는 데이터를 입력하면 B라는 결과를 도출케 하라'라는 내용이 명령이 된다. 즉 '명령' 그 자체는 어떠한 행위를 하라는 내용을 가지며 그 내용이 '부정'할 것을 의미한다. 따라서 '부정한 명령'이란 어떠한 행위의 내용이 부정할 것을 요하며 그러한 부정한 행위를 지시하는 것을 의미한다. 이렇게 파악할 때 '부정한 명령의 입력'은 '부정한 내용을 담은 명령'을 입력하는 것이 된다.

명령도 정보(데이터)라고 보게 되면 '부정한 내용을 담고 있는 행위를 지시하는 데이터'를 입력하는 것이 '부정한 명령의 입력'이 되지 않을 수 없다. 그리고 이러한 '부정한 내용을 담고 있는 행위를 지시하는 데이터'는 그 데이터를 입력한 컴퓨터가 정보처리하여 '부정한 내용을 담고 있는 행위'를 실행시키게 된다. 그런데 컴퓨터의 실행행위는 컴퓨터프로그램에 의하여 작동되며 그 데이터의 입력은 그러한 컴퓨터프로그램에 입력된다는 것을 의미한다.

따라서 '부정한 명령의 입력'이라고 할 경우 명령을 입력한다는 의미는 프로그램상에 컴퓨터의 일정한 작동을 수행할 것을 지시하는 데이터를 입력한다는 의미로 이해되며, 이는 곧 컴퓨터프로그램의 조작행위를 의미하는 것이 된다.

그렇다면 '명령'이라는 요소는 특별히 프로그램조작을 강조하기 위하여 규정한 것에 지나지 않으며, 따라서 '타인의 정보를 이용'하는 것이 컴퓨터 시스템에 예정되어 있는 사무처리의 목적에 비추어 '부정'하다는 평가를 하는 것은 옳으나, '타인의 정보를 이용하여' 명령을 입력한다는 의미로 이해되어서는 안 된다. 타인의 정보를 이용하는 것이 부정하다면 그 명령은 '타인의 정보를 이용하라'는 부정한 내용을 담고 있는 '정보'이지 않으면 안 된다. 따라서 명령이 부정할 것을 요하지 입력이 부정할 것을 요하는 것이 아니다.

컴퓨터는 명령의 입력이 있으면 곧바로 그 명령의 입력대로 실행을 하게 된다. 본 조에서 그 실행은 재산처분과 관련된 정보처리의 수행이다. 따라서 입력 그 자체는 어떠한 위법행위의 징표를 가지지 않는다. 중요한 것은 '명령' 그 자체의 '부정함'에 있다. 명령이 부정하다는 것은 그 명령의 내용이 부정하다는 의미이므로, 행위자의 행위가 부정하다는 의미를 가지지 않는다.

⑦ '부정한'의 의미에 대한 주관적 관점 및 객관적 관점의 수용

현재 우리 학자들이 수용하고 있는 견해는 조문의 형식은 일본의 것을 빌려오고 해석은 독일의 것을 빌려오는 데서 발생하는 것이라고 할 수 있다.

진정한 자료의 무권한 사용에 대해서 학자들이 오신하고 있는 것은 '진정한 자료를 부정하게 사용'하는 것은 부정한 명령이라고 이해하고 있는 것이고 여겨진다. 우리 조문은 명백히 '입력'이라고 하는 용어를 사용하고 있지만 독일은 '사용'(Verwendung)이라는 용어를 사용하고 있다. 이 '사용'이라는 용어는 '입력'뿐만 아니라 그 정보를 정보처리장치에 '이용'한다는 개념을 포함하고 있다.444) 따라서 우리 형법의 해석상으로는 입력과 정보

---

444) Tiedemann, StGB Leipziger Kommentar, a.a.O., §263a Rn. 38.

의 이용의 개념을 포함하는 것으로 이해될 수 없고 시작 또는 이미 진행 중인 정보처리과정에 자료를 읽어 들이는 것으로 좁게 해석해야 한다.[445] 따라서 우리 입법자가 '진실한 자료를 부정하게 사용'의 표현은 진실한 자료의 '입력'이 아니라 진실한 자료를 '이용'하더라도 처분권한자의 의사에 반하여 프로그램을 작성한 경우에 부정한 것이라는 주관적 관점의 수용을 통해서만 이해될 수 있다. 따라서 입법자의 의사는 사기죄와의 관련상 처분권한자의 의사를 중시한 주관적 관점에서 이해되어야 하고 본 조문의 해석도 그 점에서 이루어져야 할 것이다.

하지만 본 조문의 '부정한'의 해석을 처분권한자의 의사에만 치중한다면 프로그램의 작성자가 처음부터 불법한 재산상 이익을 취득하기 위하여 프로그램을 조작하는 경우에는 이러한 행위는 처분권한자의 의사와 일치하므로 본 조문에 의하여 처벌할 수 없다는 결과에 이르게 된다. 그러나 이러한 처분권한자의 프로그램의 입력행위도 처벌의 필요성이 인정되어야 한다는 논거에 따르면 본 조의 '부정한'의 의미는 독일의 주관적 관점의 수용뿐만 아니라 객관적 관점의 수용을 통해 보충되어야 한다. 즉 본 조문은 단순히 프로그램의 작성권한에 대해서만 보호하겠다는 의미가 아니라 프로그램을 통하여 정보처리의 목적에 맞는 객관적 결과가 발생하는지의 여부도 고려해야 한다는 것이다. 따라서 '부정한'의 의미는 규범적으로 파악해야 하며 컴퓨터의 소유자도 본 조문의 행위자가 될 수 있게 된다.

⑧ 조문체계론상 사기죄의 보충규정으로서의 의미

그렇다면 타인의 정보를 이용하여 컴퓨터에 일정한 재산처분에 관한 명령을 수행하도록 하는 행위는 어떻게 포착할 수 있는가가 문제된다.

생각건대 이러한 행위유형은 '허위의 정보'를 준 것에 해당한다고 보아야 하는 것이 바람직하다고 생각한다. 물론 타인의 현금카드를 입력하더라도

---

445) 즉 입력조작을 포섭하려는 규정으로 이해해야 한다. 전지연, 컴퓨터범죄에 대한 형법적 대응, Juris Forum 제1집, 1998, 188면.

그 내용이 (컴퓨터의 입장에서) 진실에 반하지 않는 것이므로 '진정'한 정보를 준 것이라고 보는 것이 본 조의 해석에 있어서 타당할지는 몰라도 본 조의 규정의 입법취지와 본 규정이 사기죄의 보충규정이라는 점에서 본다면 본 조의 해석에 있어서도 사기죄의 틀 속에서 이해하지 않으면 안 된다.

  따라서 본 조의 해석상 '허위의 정보 또는 부정한 명령'을 입력하는 것은 결국 사기죄에 있어서 '사람을 기망'하는 행위와 관련지어 해석해야 할 것이다.446) 사기죄에 있어서 기망이란 '널리 거래관계에서 지켜야 할 신의칙에 반하는 행위로서 사람으로 하여금 착오를 일으키게 하는 것'447) 혹은 '허위의 의사표시에 의하여 타인을 착오에 빠뜨리는 일체의 행위'448)이고 판례449)는 "사기죄의 요건으로서의 기망은 널리 재산상의 거래관계에 있어서 서로 지켜야 할 신의와 성실의 의무를 저버리는 모든 적극적 또는 소극적 행위를 말하는 것으로서, 반드시 법률행위의 중요 부분에 관한 허위표시임을 요하지 아니하고, 상대방을 착오에 빠지게 하여 행위자가 희망하는 재산적 처분행위를 하도록 하기 위한 판단의 기초가 되는 사실에 관한 것이면 충분"하다고 하고 있다. 그리고 이러한 기망행위의 수단과 방법에는 제한이 없고 명시적이든 묵시적이든 작위이든 부작위이든 묻지 않는다. 그리고 타인을 가장하는 행위도 사기죄에서의 기망에 해당한다고 보는 것이 학설450)과 판례451)의 입장이다. 이러한 의미에서 사람에 대한 기망행위를

---

446) 결국 본 조의 입법취지가 기계는 착오를 하지 않으므로 사기죄로 처벌할 수 없다는 입법적 흠결을 이유로 신설된 것이다. 앞의 심의위원회 자료, 차용석 위원 발언 참조.

447) 이재상, 315면.

448) 김일수, 352면; 박상기, 285면; 임웅, 324면; 정성근, 439면.

449) 대법원 1987. 10. 13. 선고 86도1912 판결(공1987, 1739), 대법원 1995. 9. 15. 선고 95도707 판결(공1995하, 3477), 대법원 1996. 2. 27.선고 95도2828 판결(공1996상, 1183), 대법원 1996. 7. 30. 선고 96도1081판결(공1996하, 2756), 대법원 1998. 4. 14. 선고 98도231 판결(공1998상, 1423), 대법원 1998. 4. 24. 선고 97도3054 판결(공1998상, 1556), 대법원 1998. 12. 8. 선고 98도3263 판결(공1999상, 179), 대법원 1999. 2. 12. 선고 98도3549 판결(공1999상, 596).

450) 이재상, 318면; 이형국, 451면; 김일수, 359; 임웅, 328면; 박상기, 289면.

현금자동지급기에 대한 기망행위로 대치시켜 보면, 현금을 인출할 권한 없는 자가 타인의 비밀번호 등을 입력한 행위는 현금자동지급기에 대한 '가상적인 기망행위'로서 '허위의 정보'를 준 것이라고 볼 수 있을 것이고 이점에서 사기죄의 해석틀을 벗어나지 않는다고 볼 수 있다.

　허위는 그 내용이 진실에 반할 것을 요한다. 타인의 정보란 객관적으로 존재하는 권한 주체가 진실하지 않다는 것을 의미한다. 이는 컴퓨터 그 자체가 그 권한 주체의 진실 여부를 검토하는 것이 아니라 그 컴퓨터의 소유자 내지 재산의 처분권자의 의사에 비추어 판단해 보면 타인의 정보를 컴퓨터에 입력하는 행위는 진실하지 않는 정보를 입력한 것이며 이는 본 조에 있어서 '허위의 정보'를 입력한 것에 해당한다고 볼 수 있다. 이렇게 파악할 때 본 조는 컴퓨터의 무권한 사용에 의한 재산취득행위의 처벌법규로서 기능하게 될 수 있다. 이 경우 실행의 착수는 타인의 정보를 입력할 시점이며 기수는 정보처리로 인하여 재산상 이익을 취득할 시점에 이르게 된다.

　따라서 전통적인 사기죄의 틀 속에서 '착오'에 대한 해석상의 흠결을 '허위의 정보'의 입력을 통하여 이해하려고 했다는 입법적 결단이 있었다는 점을 고려하면 진정한 자료를 사용하는 행위라 할지라도 비밀번호를 입력할 당시에 기계가 '가상적인 착오'를 일으킨 것으로 보아 '허위의 정보'를 준 것에 해당한다고 보는 것이 타당하다.

　이러한 점에서 타인의 현금카드를 사용하여 비밀번호를 입력하고 자신의 계좌로 이체시키는 경우는 학설과는 달리 '허위의 정보'를 입력한 것이라고 보아야 할 것이고, 부정한 명령을 준 것이라고 할 수 없다.452)

---

451) 절취한 예금통장을 은행원에 제시하여 현금을 인출한 행위에 대하여 진실한 명의인이 예금의 인출을 청구하는 것으로 은행원을 오신케 하였다는 이유로 절도죄 이외에 사기죄의 성립을 긍정하고 있다. 대법원 1991. 9. 10. 선고 91도1722 판결(공1991, 2567), 대법원 1990. 7. 10. 선고 90도1176(공1990, 1749), 대법원 1974. 11. 26. 선고 74도2817 판결(공1975, 8242).

452) 김일수 교수도 '엄밀히 보면 이 경우도 현금카드 명의자(소유자)의 진실한 출금상황과는 다른 정보를 입력한 것이라는 점에서 이미 '허위의 정보'의 입력이라고 볼 수 있을 것이다'라고 하고 있다. 김일수, 378면.

그런데 이렇게 파악할 때 본 죄의 미수를 처벌하는 입장에서 타인의 정보를 입력한 것만으로 처벌의 필요성이 있는지에 의문이 들 수 있다. 타인의 정보를 입력하고 구체적으로 재산처분에 관한 명령을 컴퓨터에 실행시킬 때 재산상 손해발생의 위험이 존재하기 때문에 타인의 정보를 입력한 것을 처벌한다면 지나치게 피고인에게 불리한 해석으로서 받아들여질 가능성이 있다. 그러나 오늘날 컴퓨터에 의하여 이루어지는 재산처리과정은 거의 실시간에 이루어지기 때문에 타인의 정보를 입력하는 순간 이미 재산상 손해가 발생할 가능성이 매우 크다고 하지 않을 수 없고 타인의 정보를 입력하는 행위에 어떠한 처벌도 할 수 없다면 본 죄의 미수범처벌규정은 무의미하다고 하지 않을 수 없다. 즉 입력 순간 기수에 이르게 되므로 입력하기 이전에 처벌의 필요성이 있다고 하지 않을 수 없다.453)

판례도 타인의 신용카드번호를 입력하였으나 승인을 얻지 못하여 기수에 이르지 못한 행위를 본죄의 미수범으로 처벌하고 있다.454)

⑨ '컴퓨터 특유의 해석'의 보완

현재 타인의 정보를 권한 없이 사용하여 재산상 이익을 취득하는 행위는 본 조문의 '허위'의 정보를 입력한 행위에 해당한다고 할 수 있다.

그런데 위와 같이 타인의 정보를 입력하여 컴퓨터가 그 권한 유무에 대한 형식적 승인과정(비밀번호의 일치 여부 검사)을 거치지 않는 경우에는 사기죄의 틀 속에서 이해하더라도 컴퓨터의 가상적인 착오라는 요건이 존재하지 않는다. 예컨대, 최근에 개발된 후불제 교통카드 시스템을 들 수 있다. 이 후불제 교통카드 시스템이란 시내버스나 지하철을 이용하기 위하여 비접촉식 카드(RF(Radio Frequency)카드)를 버스나 지하철의 카드리더기에 대면, 그 카드리더기는 그 카드의 정보를 중앙컴퓨터에 전송하고, 중앙

---

453) 형사법개정특별심의위원회 회의록 제7권, 1988, 359면 차용석 위원 발언 ("처벌의 필요성은 절도가 되기 이전에 컴퓨터를 조작했을 때 사기죄의 실행의 착수가 있다고 해야 처벌을 강화할 수 있는데……") 참조.
454) 서울지법 1997. 8. 13. 선고 97고단5034 판결.

컴퓨터에 전송된 정보를 카드회사에 넘기면 그 카드회사는 그 사용정보를 토대로 카드 사용자에게 대금지불의 청구를 하게 되는 시스템을 말한다. 이에 의하면 컴퓨터(카드리더기)에 카드를 대는 행위에서는 위 현금자동지급기에서 권한 없는 자가 그 카드의 비밀번호 등의 정보를 입력하는 행위는 존재하지 않는다. 즉 사기죄에 있어서 '허위'의 의사표시가 있다고 할 수 없다. 왜냐하면 이러한 시스템에 있어서 처분권한자의 의사는 그 카드를 소지한 자자 권한 있는 자인지 아닌지를 판단하지 않고 있기 때문이다. 또 운전자나 지하철 역원은 그 카드사용에 대한 권한을 검사하지 않는다. 하지만 권한 없이 카드를 사용한 자는 재산상 이익을 취득하고 있다. 그리고 구체적 손해는 카드회사와 카드소유자와의 관계에서 존재하게 된다.

따라서 사기죄의 틀 속에서는 컴퓨터에 내장된 프로그램상에서 권한 유무를 검사하지 않는 한 컴퓨터프로그램에 적절하지 않는 데이터나 정보를 '허위'라고 말할 수 없다는 결론에 이르게 된다. 즉 본 죄에서 권한 없이 타인의 정보를 사용하는 행위는 그 권한 유무의 검사, 즉 데이터사용이 소유자의 모순되는 의사로 컴퓨터프로그램에서 표현되는지, 말하자면 사용되는 데이터가 프로그램작성 시 고려되는지 여부에 따라 본 죄의 성립에 영향을 미치게 된다. 이러한 의미에서 독일 형법상 "컴퓨터 특유의 해석"이 권한 여부의 판단에 있어서 보충적으로 적용가능하다고 할 수 있다.

독일에서는 이러한 컴퓨터 특유의 해석은 소수의 견해에 불과하지만, 독일 형법은 '부정한 데이터의 사용'과 '무권한 데이터사용'을 모두 구성요건으로 규정하고 있고, 컴퓨터 특유의 해석이 부정한 데이터의 사용이라는 영역과 교차하는 점에서 '무권한 데이터사용'의 적용영역을 축소시키는 면이 있기 때문에 사기 특유의 해석을 지지하는 것이 다수의 견해이다. 하지만 우리나라에서는 독일의 '무권한 데이터사용'이라는 구성요건을 마련하고 있지 않기 때문에 이 '무권한'이라는 표지는 사기죄의 틀 속에서 컴퓨터 특유의 해석에 의하여 보충되지 않으면 안 된다.

따라서 본 조문의 적용과 관련하여 문제되는 '무권한'의 문제는 일단 사기죄의 틀 속에서 컴퓨터의 가상적인 착오 여부에 따라 '허위성'을 판단하고, 그 가상적인 착오는 컴퓨터 특유의 해석에 의하여 보충되어져야 한다.

결국 이러한 해석에 의하면 권한 여부를 검사하지 않는 컴퓨터에 절취한 타인의 카드를 삽입하여 재산상 이익을 취득하는 행위는 본 조에 의하여 처벌할 수 없게 된다. 이 점에 있어서 독일에서와는 달리 무권한 사용에 대한 처벌에 있어서 본조 적용이 제한되게 된다. 하지만 이는 우리 조문의 해석론상으로는 확장될 수 없는 내재적 한계라고 하지 않을 수 없다.

다만 이러한 컴퓨터는 편의시설부정이용죄에 있어서 '유료자동설비'에 해당할 수 있기 때문에 편의시설부정이용죄의 적용 여부를 살펴보아야 할 것이지만, 편의시설부정이용죄에 있어서 '부정한 방법'에는 해당할 수 있으나, '대가의 지급'이 존재한다는 점에서 본 죄에 의하여 처벌할 수는 없다는 것이 판례의 입장이다.[455]

⑩ 위조한 현금카드의 입력행위에 대한 검토

현금카드는 전자기록이라고 할 수 있으므로 현금카드를 위조한 경우에는 사전자기록위작죄가 성립하고 그 현금카드를 현금자동지급기에 입력하는 행위는 동 행사죄에 해당한다고 할 수 있다.[456]

그런데 그 현금카드를 현금자동지급기에 입력한 후에 자신의 계좌로 이체시킨 경우, 컴퓨터등사용사기죄가 성립할 것인가가 문제된다.

---

455) 대법원 2001. 9. 25. 선고 2001도3625 판결에서는 타인의 전화카드(한국통신의 후불식 통신카드)를 절취하여 전화통화에 이용한 행위가 형법 제348조의2 소정의 편의시설부정이용죄에 해당하는지 여부에 대하여 "형법 제348조의2에서 규정하는 편의시설부정이용의 죄는 부정한 방법으로 대가를 지급하지 아니하고 자동판매기, 공중전화 기타 유료자동설비를 이용하여 재물 또는 재산상의 이익을 취득하는 행위를 범죄구성요건으로 하고 있는데, 타인의 전화카드(한국통신의 후불식 통신카드)를 절취하여 전화통화에 이용한 경우에는 통신카드서비스 이용계약을 한 피해자가 그 통신요금을 납부할 책임을 부담하게 되므로, 이러한 경우에는 피고인이 '대가를 지급하지 아니하고' 공중전화를 이용한 경우에 해당한다고 볼 수 없어 편의시설부정이용의 죄를 구성하지 않는다"고 판단하였다.
456) 이재상, 569면; 박상기, 308면.

228

본 조에 있어서 정보는 데이터와 전자기록을 포함하는 것이므로 이러한 위조한 현금카드는 객관적인 진실에 반하는 것,[457] 즉 '허위의 정보'에 해당한다고 볼 수 있기 때문에 양 죄의 상상적 경합을 인정할 수 있을 것이다.[458]

판례는 신용카드를 위조한 경우에 있어서는 여신전문금융업법위반죄 외에 컴퓨터등사용사기죄를 적용하고 있다.[459]

4. 현금인출행위에 대한 검토

그런데 타인의 현금카드로 현금자동지급기에서 타인의 구좌에서 자신의 구좌로 이체시키는 경우에는 본 조에 의해서 처벌할 수 있지만 현금자동지급기에서 직접 현금을 인출하는 경우에는 문제가 될 수 있다. 본 조는 재산상 이익만을 대상으로 하기 때문이다.

이에 대하여 일부 학자는 이를 처벌하지 못하면 엄청난 입법상의 흠결을 보충할 수 있는 길이 없다고 하여 이를 긍정하거나[460] 현금 자체는 재물이라 하더라도 현금의 인출은 널리 재산상의 이익에 해당한다고 볼 수 있기 때문에 현금인출이 재산상 이익이 아니라고 볼 필요도 없다는 견해도 있다.[461] 또 일부 판례는 위조한 신용카드로 현금자동지급기에서 현금을 인출하는 행위에 대하여 본 조의 성립을 긍정하고 있기는 하다.[462]

---

457) 사기죄에 있어서 허위란 객관적 진실에 반하는 것을 의미하며, 진실에 반하는 사실이 표현의 객체로 된 경우도 포함한다. 이재상, 317면. 따라서 위조한 현금카드도 자신이 권한 있는 자라는 허위의 주장이 카드에 화체되어 있는 경우이므로 본조에서 말하는 '허위의 정보'에 해당한다고 할 수 있다.
458) 강동범, 앞의 논문, 167면. 물론 여기서의 논지는 위조한 행위가 '부정한 명령'에 해당한다는 근거에서이다.
459) 서울지법 1998. 1. 14. 선고 97고단8212 판결, 이 판결을 인용한 대법원 1998. 9. 11. 선고 98도1891 판결.
460) 배종대, 344면.
461) 김일수, 378면.
462) 위 서울지법 1998. 1. 14. 선고 97고단8212 판결, 이 판결을 인용한 대법원 1998. 9. 11. 선고 98도1891 판결.

그러나 이는 명백히 재산상 이익과 재물을 구별하고 있는 입법자의 의사를 무시하는 견해이다. 죄형법정주의의 명확성 원칙에 반하는 유추해석이라고 할 수 있다.463) 이미 입법자는 본 조에서 재물을 제외한 이유가 절취한 카드로 현금인출기에서 현금을 인출하는 경우는 기존의 절도죄로서 처벌할 수 있기 때문이라고 하고 있다. 즉 입법자는 의도적으로 본 조문에서 재물을 제외한 것이다.464)

그런데 컴퓨터등사용사기죄에서 처벌하지 못한다는 견해에서 이를 절도죄로 볼 수 있는가의 문제는 또 다른 논의가 된다.

현재 현금인출행위에 대해서 절도죄가 성립하는가에 대하여 학설은 긍정설465)과 부정설466)이 대립하고 있다. 판례도 긍정설467)과 부정설468)로 나뉘고 있다.

절도죄의 객체는 '타인의 점유하는 타인 소유의 재물'이고 절취행위는 '점유자의 의사에 반하는' 점유취득이므로, 현금인출행위의 절도죄 성립 여부는 결국 현금자동지급기 안의 현금이 누구의 소유와 점유인지 하는 점과 타인의 카드를 사용하여 현금을 인출하는 행위가 현금의 '점유자의 의사에 반하는' 것인가 하는 점에 달려 있다고 할 수 있다.

생각건대 현금자동지급기 안의 현금은 결국 그 관리자의 소유와 점유에 속하고 카드 명의인의 소유 및 점유에 속하는 것은 아니다.469) 또 현금의 점유자가 현금자동지급기 관리자인 이상 절도죄의 성립 여부는 현금자동지

---

463) 신동운, 앞의 논문, 330면; 정대관, 앞의 논문, 309면; 임웅, 앞의 논문, 120면; 주석형법 [Ⅴ], 363면.
464) 형사법개정특별심의위원회 회의록 [제7권], 359면, 이재상, 차용석 위원 발언 참조.
465) 이재상, 338면; 이정원, 390면; 박상기, 314면; 강동범 앞의 논문, 166면.
466) 김영환, "신용카드부정사용에 관한 형법해석론의 난점", 형사판례연구(3), 박영사, 1995, 318면; 하태훈, 현금자동인출기 부정사용에 대한 형법적 평가, 형사판례연구(4), 박영사, 1996, 323면; 임웅, 앞의 논문, 121면; 정성근, 형법각론, 법지사, 1996, 468면.
467) 대법원 1995. 7. 28. 선고 95도997 판결(공1995하, 3034).
468) 대법원 1996. 9. 20. 선고 95도1728 판결(공1996하, 3244).
469) 카드 소지자는 다만 예금채권을 가질 뿐이다.

급기 관리자의 의사에 반하는 가가 문제될 것인데, 그 관리자의 의사란 결국 카드 사용자가 정당한 소지인인가를 묻지 않고 정확한 자료를 입력하기만 하면 현금을 내주겠다는 의사로 보아야 한다.[470] 따라서 결론적으로 절도죄의 성립을 부정하는 것이 타당하다.[471]

나아가 손동권 교수는 "현금자동지급기를 관리하는 자의 의사는 그 자체 적법한 카드와 비밀번호를 입력하는 자에게 아무런 조건없이 청구금액을 교부해 주겠다는 것이다. 이러한 의사는 카드회사가 비밀번호를 아는 카드의 점유자에게 금원을 지급한 경우에 그가 정당한 카드권리자가 아니라 하더라도 책임을 지지 아니한다는 면책약정이 체결된 경우에는 더욱 명백하게 인정될 수 있다. 그런데 현재 각 카드회사의 규약에는 이러한 면책규정이 실제로 설정되어 있는 것이 사실이다. 기계관리자의 의사가 이러하다면 그 자체 정당한 카드와 비밀번호를 입력하여 현금자동지급기에서 금원을 꺼내 가는 행위는 상대방의 동의에 의한 행위가 되고, 이 경우 상대방의 동의는 '절취'라는 절도죄의 구성요건요소를 배제시키는 소위 양해(Einverständnis)에 해당한다"고 하여 절도죄의 성립에 부정적으로 바라보고 있다.[472]

대법원 판례도 "현금지급기는 은행과 예금자 간의 약정에 따라 예금자가 은행이 지정해 준 비밀번호 등 정보를 입력하면 일정한 컴퓨터프로그램에 따라 그 정보를 자동처리하는 것이고, 현금지급기에 삽입된 현금카드와 입력된 비밀번호 등 정보가 정확하기만 하면 현금지급기의 카드의 사용자가 누구이든 간에 인출가능한 한도 내에서 예금인 인출되는 특성을 지니고 있다"고 하고 있다.[473]

---

470) 이에 대해 박상기 교수는 "정당한 카드와 비밀번호를 입력하는 행위가 현금자동지급기의 기계적 기능에는 맞는다고 하더라도 이것이 반드시 절취라는 절도죄의 구성요건요소를 배제시키는 양해에 해당한다는 견해에는 찬성할 수 없다"고 한다. 박상기, 314면.

471) 임웅, 앞의 논문, 121면.

472) 손동권, 절도죄의 성립요건과 이와 관련된 개정형법의 내용, 법정고시, 1996/8, 41면 참조.

하지만 이러한 경우 현금카드의 부정사용행위에 대한 입법적 흠결을 메울 수 없는 것은 분명하므로 입법론적으로 컴퓨터등사용사기죄의 규정에 '재물'을 포함하는 것으로 개정하는 것이 바람직하다고 여겨진다.474)475)

그런데 타인의 현금카드를 사용하여 타인의 계좌에서 자신의 계좌로 이체한 후 현금을 인출한 경우 절도죄가 성립할 것인가가 문제된다. 생각건대 이 경우는 컴퓨터사용사기죄가 이미 성립한 후이므로 불가벌적 사후행위라고 보는 것이 타당하다고 생각한다.476)

---

473) 대법원 1996. 9. 20. 선고 95도1728 판결(공1996하, 3244).

474) 현금카드가 기존의 예금통장을 대치하는 것이라고 볼 수 있다면 이러한 현금카드(예금통장)를 현금자동지급기(은행직원)에 삽입(제시)하고 현금자동지급기(은행직원)를 기망하여 현금(예금)을 인출한 경우, 행위자가 절도범이라는 것을 알았더라면 은행직원이 예금을 지급하지 않았을 것이라는 점에서 사기죄가 성립한다는 전통적인 해석과 마찬가지로 현금자동지급기는 사람이 아니어서 상대방이 절도범(권한 없는 자)인지 아닌지를 알 수가 없고 또 설사 권한 없는 자라 할지라도 현금을 지급할 수밖에 없기 때문에 착오에 기한 처분행위를 할 수 없다는 점에서 컴퓨터사기죄의 신설취지를 알 수 있다.

475) 손동권, 앞의 논문, 44면에서도 "컴퓨터사용사기죄의 영득객체로서 재물도 포함시킨다면 현금인출행위에 대해서는 컴퓨터사용사기죄가 성립되고 절도죄의 성립은 부정하는 것이 옳을 것이다"라고 하고 있다. 다만 손동권 교수는 개정형법의 규정형식과는 관계없이 컴퓨터사용사기죄는 사기죄와 같이 재물죄이자 이득죄인 것으로 해석되어야 한다고 보고 있다. 같은 논문, 42면.

476) 입법제안자는 분명히 현금카드를 사용하여 현금을 인출한 행위에 대하여 컴퓨터사기죄로 처벌하고자 하는 의지를 분명히 밝히고 있다. 이재상 위원은 CD범죄에 대하여 "절도가 되느냐 안 되느냐 하는 것은 절도보다는 사기가 무거운 범죄이니까 사기가 안 될 경우에 문제이지 이것을 사기죄 유형으로 집어넣어 버리면 아무 문제가 없습니다"라고 하고 차용석 의원도 "컴퓨터를 악용하는 행위가 현행 형법에서 어떤 범죄에 해당하느냐를 하는 것을 논하다 보니까 횡령죄가 될 수 있고, 배임죄가 될 수 있으며, 절도, 사기죄에 준할 수 있다고 해서 제목도 이렇게 붙여 놓은 것인데, 만약 이것을 컴퓨터사기죄의 신설이라고 한다면 아무런 문제가 없을 것 같습니다"라고 하고 있다. 형사법개정특별심의위원회 회의록 [제7권], 359, 361면 참조. 같은 취지 강동범, 앞의 논문, 168면, 이재상, 338면.

5. 소결론

이상에서 살펴본 것과 같이 진정한 자료를 권한 없이 사용한 행위 특히 타인의 현금카드를 현금자동지급기에 삽입하여 타인의 계좌로 이체하거나 타인의 계좌로 이체한 후 현금을 인출하는 행위에 대하여는 입법자의 의사, 문언해석 및 사기죄의 보충규정으로서의 의미를 고려하여 이러한 행위는 본 조문상 '허위의 정보'를 입력한 것에 해당한다고 보아 컴퓨터등사용사기죄가 성립한다고 보는 것이 타당하다.

물론 '진실한 자료를 부정하게 사용하는 행위'에 대한 논란을 불식시키기 위해서 독일 형법과 같이 데이터의 부정사용행위를 동죄의 행위태양으로 명시하는 것이 바람직할 수도 있으나[477] 현재의 해석론상으로도 이러한 행위에 대하여 어느 정도 본 조를 적용할 수 있는 이상 입법론상으로 의미가 있을 뿐이라고 생각된다.

한편 입법론으로 독일 형법 제263조a의 구성요건과 마찬가지로 '그 밖에 컴퓨터진행에 권한 없이 작용하여 정보처리과정의 결과에 영향을 주는 행위'를 본죄의 구성요건에 새로운 행위양태로 규정하는 것이 타당하다는 견해가 있다.[478] 이에 의하면 "이러한 유형을 구성요건화함으로써 콘솔조작에 의하여 정상적인 정보처리과정을 방해하거나 변경함으로써 재산상의 이익을 취득하는 행위, 그리고 아직까지는 알려지지 않았지만 컴퓨터와 정보통신기술의 발전으로 인하여 발생하게 될지도 모르는 유형들을 본죄의 새로운 행위유형으로 포함시킬 수 있을 것이다"라고 한다.

그러나 이러한 하드웨어조작은 컴퓨터등업무방해죄에 있어서 '기타 방법으로 정보처리에 장애를 발생하게 하는 행위'에 의하여 포섭할 수 있고, 또 콘솔조작이 본 조의 '허위의 정보 또는 부정한 명령'의 입력에 해당하는 경우에는 당연히 본 조를 적용할 수 있을 것이다. 하지만 재산취득범죄라는 면에서 이러한 규정을 삽입하는 것이 전혀 무의미한 것은 아니다. 다만 이

---

477) 손동권, 앞의 논문, 44면.
478) 김성환, 앞의 논문, 78면.

러한 규정을 삽입하는 경우에 지나치게 형사처벌의 범위가 넓어질 수 있다
는 의미에서 신중한 고려가 있어야 할 것이다.

그리고 타인의 현금카드로 현금자동지급기에서 직접 현금을 인출하는
행위에 대해서는 본 조문이 재산상 이익만을 그 대상으로 하고 있으므로
재물을 그 대상으로 하는 절도죄의 성립을 인정하는 것은 무리가 있고 동
일한 행위유형임에도 불구하고 그에 의하여 취득한 재산의 형태에 따라 상
이한 구성요건에 해당되고 또 처벌에 있어서도 법정형을 달리한다는 것은
타당하지 않으므로 입법론적으로 재물을 본 규정에 삽입하는 것이 바람직
하다고 생각한다.

Ⅵ. 정보처리의 의미

정보처리를 하게 한다는 것은 허위의 자료나 부정한 명령을 입력하여
진실에 반하거나 부당하지 아니한 기록을 만든 것 또한 정당하지 아니한
사무처리를 하게 하는 것, 즉 입력된 허위정보나 부정명령에 따라 계산이
나 데이터의 처리가 이루어진 경우를 말하며 사기죄에 있어서 피해자의 재
산처분행위와 유사한 성격을 지닌다.[479]

한편 이재상 교수는 '허위의 정보 또는 부정한 명령의 입력이 정보처리
과정에 영향을 미친다는 것을 의미한다'고 하여 독일의 컴퓨터등사용사기
죄의 규정의 의미와 동일하게 해석하고 있고, 나아가 본 요소가 일본의 재
산권의 득실변경에 관한 불실의 기록을 작성케 하거나 재산권의 득실변경
에 관한 허위의 전자적기록을 사람의 사무처리에 사용케 하는 것을 포함하
는 것으로 보고 있다.[480]

그러나 우리 입법자가 일본의 규정을 의도적으로 배제하고 간략화하였
음에도 불구하고 '정보처리'라는 용어에 일본의 조문규정의 해석을 그대로

---

479) 주석 형법[Ⅴ], 367면.
480) 이재상, 338면.

받아들이는 것은 의문이 있다. 왜냐하면 전자적기록이라는 용어는 우리 형법상 본 조를 제외한 다른 컴퓨터범죄 규정에서도 그대로 차용하고 있기 때문에 본 조에서 일본과는 달리 '전자적기록'을 '정보처리'의 해석으로 받아들일 필요는 없기 때문이다. 따라서 우리 입법자가 본 조에서 전자기록의 작성 내지는 공여라는 표지를 사용하지 않는 이유는 다른 의미에서 검토해보지 않을 수 없다.

1. 정보처리장치와의 관련성

생각건대 '정보처리'라는 용어는 본 조의 '컴퓨터 등 정보처리장치'와 밀접한 관련이 있는 개념이라고 생각된다. 일본에서 전단의 행위에 있어서의 '전자계산기'는 비부형 컴퓨터를 의미하고 있다. 즉 재산권의 득실 변경에 관한 직접적인 관련성을 가지는 컴퓨터 즉 서버시스템을 의미한다고 할 수 있다. 따라서 현금자동지급기에서 예금을 이체시키는 명령을 해당 현금자동지급기에 입력하더라도 그 명령은 그 지급기와 네트워크로 연결된 서버에 기록된다는 의미이므로 전자적기록의 작성이라는 개념을 이해할 수 있다. 따라서 현금자동지급기 그 자체는 사실 아무런 의미를 가지지 않는다. 서버시스템에 전자적기록의 작성을 위한 입력기에 불과한 것이라고 할 수 있다.

따라서 일본에서의 전자계산기라는 의미는 직접적으로 재산권의 득실변경에 관한 정보를 처리하는 컴퓨터를 의미한다고 할 수 있다.

그런데 우리 조문은 이러한 전자적기록의 작성이라는 표지를 사용하기 않음으로 인해서 컴퓨터 등 정보처리장치의 의미는 직접적으로 재산권의 득실변경에 관한 정보를 처리하는 컴퓨터에 한정되는 것이 아니라고 보여진다. 즉 본조의 조문을 좀 더 상세히 기술해 보면 '컴퓨터 등 정보처리장치에 허위의 정보 또는 부정한 명령을 입력하여 (이 허위의 정보 또는 부정한 명령을) 정보처리하게 하여 (직접적으로 재산권의 득실, 변경에 관한 정보를 처리하는 컴퓨터에 진실에 반하는 기록을 작성케 하여) (그 결과) 재산상 이익을 취득'하는 행위를 처벌하는 것이다.

전자의 컴퓨터 등 정보처리장치는 위에서도 말한 바와 같이 후자의 직접적으로 재산권의 득실, 변경에 관한 정보를 처리하는 컴퓨터에 연결되어 있는 컴퓨터, 예컨대 개인의 홈 PC, 휴대폰, TV, 냉장고 등 모든 정보처리 장치가 포함된다. 따라서 본 조에 있어서 '정보처리'의 의미는 컴퓨터 자체가 데이터를 처리하는 것, 즉 컴퓨터에 입력된 데이터를 직접적으로 재산권의 득실변경에 관한 컴퓨터에 전송하게 하거나 그 컴퓨터로부터 승인 등의 정보를 받아서 프로그램에 예정되어 있는 처리를 하는 것 이외의 의미는 아니다.

하지만 네트워크로 연결되어 있는 이러한 컴퓨터는 그 자체의 정보처리뿐만 아니라 직접적으로 재산권의 득실변경에 관한 컴퓨터에 이러한 정보를 입력할 수 있는 도구로서의 기능을 하고 있으므로 그 컴퓨터의 정보처리라는 개념도 넓게는 재산권의 득실변경에 영향을 미치는 것이라고 못 볼 바 아니다.

따라서 본 조에 있어서 정보처리는 직접적으로 재산권의 득실변경에 관한 컴퓨터의 정보처리와 기타 그 컴퓨터에 네트워크로 연결된 컴퓨터 자체의 정보처리라는 두 가지 의미를 포함하는 것이다.481)

2. 재산처분과의 직접성

재산권의 득실, 변경에 관한 전자적기록의 작성이란 결국 재산권 즉 금전적 가치를 내용으로 하는 권리인 채권이나 물권의 변동을 가져오는 전자

---

481) 만약 네트워크로 연결되어 있지 않은 컴퓨터에 허위의 정보 또는 부정한 명령을 입력하여 정보처리를 하게 한 후, 이 정보처리된 결과를 이용하여 재산상 이익을 취득한 경우에는 그 정보처리 자체가 직접적으로 재산의 변동을 가져오는 것은 아니므로 전자기록위작죄가 성립되는 것이고 본 죄가 성립하는 것은 아니라고 할 것이다. 반면 판례는 이러한 경우에 본 죄의 성립을 긍정하고 있다. 광주지법 2000. 4. 27. 선고 2000고단445 판결.

적기록을 작성하였다는 의미이므로 예컨대, 금융기관의 업무용컴퓨터 내에 있는 고객원장파일상의 예금채권 기타의 채권채무관계의 기록이 이에 해당하는 것은 틀림없다. 하지만 부동산등기파일에서와 같이 재산권의 변동에 관한 사실을 공증하기 위하여 기록되어 있는 것에 지나지 않는 것이나, CD카드와 같이 일정한 자격을 증명하기 위해 사용되는 것, 단순한 고객명부나 신용정보파일 등은 직접적으로 재산권의 변동과 관련되는 것은 아니기 때문에 이러한 전자적기록에 해당하지 않는다고 할 수 있다.

그런데 이러한 견해에 따르면 이러한 재산상 변동을 가져오는 기록을 작성하면 족하게 되므로 그 기록 자체의 작성만으로는 아직 기수에 이른다고 할 수 없게 된다. 그 전자적기록의 작성에 의하여 현실적인 재산권의 변동사항이 존재해야 결국 재산상 손해발생이 있다고 할 수 있기 때문이다.

예컨대 광주지법 2000. 3. 25. 선고 2000고단445 판결에서 A회사의 급여담당 직원이 퇴직한 자가 아직 퇴직하지 않은 것처럼 급여집계표를 기재하여 결재를 얻은 다음 이를 컴퓨터에 입력하였고 이러한 컴퓨터에 작성된 내용을 믿은 경리직원이 이러한 컴퓨터의 급여집계표의 내용에 의하여 제3자의 예금통장에 송금한 경우, 컴퓨터에는 재산권의 득실변경에 관한 전자적기록이 작성되었다고 할 수 있다. 그러나 구체적인 재산상 손해는 경리직원이 그 전자적기록에 의하여 제3자에게 송금한 때에 발생한다고 할 수 있다.

이러한 경우에 회사의 컴퓨터에 전자적기록이 작성된 때 '정보처리'가 이루어진 것으로 본다면 그 정보처리는 아직 재산상 손해와의 직접성이 없다고 할 수 있으므로 그 '정보처리'는 아직 재산처분이라고 평가하기에는 이르다고 보여진다.

생각건대, 사기죄에 있어서 재산처분은 사기죄의 기술되지 아니한 구성요건요소임에 반하여[482] 본 죄에 있어서 '정보처리'는 사기죄의 재산처분행위를 명문으로 규정한 것이라고 볼 수 있다. 이렇게 본다면 본 조에서 정

---

482) 이재상, 312면; 임웅, 335면.

보처리는 재산권의 득실변경에 관한 전자적기록의 작성과 더불어 그 전자적기록의 작성이 사기죄에 있어서 '재산처분행위'와 동일하게 평가될 것을 요한다. 즉 정보처리가 재산처분의 직접적 결과를 가져와야 한다는 의미로 이해된다. 그리고 그 직접적 결과는 정보를 입력하는 컴퓨터가 아니라 직접적인 재산처분을 가져오는 컴퓨터, 즉 업무용컴퓨터를 의미한다고 할 수 있다.

본 조의 입법취지도 '은행업무를 비롯한 여러 거래 분야에서 채권채무의 관리, 결제, 자금의 이동 등 재산권의 득실, 변경의 사무가 컴퓨터 등에 의하여 자동적으로 처리되는 상황'을 고려하고 있는 것을 보면, 본 조에 있어서 정보처리는 재산권의 변동에 관한 사무를 사람의 개입없이 직접적으로 처리하는 것을 의미한다고 하지 않을 수 없다.

따라서 위 사례에서 단순히 급여 데이터를 입력하여 그 컴퓨터에 재산권의 변동에 관한 전자적기록을 작성한 것만으로는 본 조에서 말하는 정보처리가 있다고 할 수 없고, 그 전자적기록에 의하여 자동적으로 연결된 재산권의 변동에 관하여 직접적 관련을 가지는 은행 등의 업무용컴퓨터에서 자동적인 재산처분의 전자적기록이 작성되어지는 때 정보처리가 이루어졌다고 할 수 있다.

이러한 의미에서 위 사례는 회사의 컴퓨터에 허위의 정보를 입력하여 그 정보를 신뢰한 경리직원에 대한 기망으로 파악하여 사기죄로 처단해야 할 것이다. 왜냐하면 재산처분과 직접적 관련성을 가지는 것은 컴퓨터가 아니라 경리직원이기 때문이다. 행위자는 컴퓨터에 입력된 허위의 정보를 통해 경리직원에 대한 허위의 의사표시를 한 것이고, 재산권의 변동에 관한 처분 즉 송금은 경리직원을 통해 이루어지고 있다. 즉 컴퓨터가 아니라 사람에 의하여 재산처분이 이루어지고 있으므로, 컴퓨터등사용사기죄가 아니라 사기죄로 처단하는 것이 타당하다고 생각한다. 물론 컴퓨터에 허위의 정보를 입력한 것은 컴퓨터등사용사기죄에 있어서 실행의 착수가 있다고 보아 컴퓨터등사용사기죄의 미수에도 해당할 것이나, 사기죄와 컴퓨터등사용사기죄의 관계에 있어서 컴퓨터등사용사기죄는 사기죄의 보충규정이므로 사기죄가 성립하는 이상 컴퓨터등사용사기죄의 미수는 적용되지 않는다.

Ⅶ. 재산상 이익의 취득

본죄의 구성요건적 결과는 재산상 이익을 취득한 때이다. 재산상 이익을 취득함으로써 본 죄는 기수에 이르게 된다. 그러나 사기죄로서의 본질에 비추어 피해자의 재산적 손해발생이라고 하는 견해가 있다. 이 견해에 의하면 재산상 손해는 기술되지 아니한 구성요건표지라고 한다.[483]

하지만 피해자에게 손해가 발생하지 않는 기망행위로 인한 이익취득행위에 대해서는 본 조를 적용할 수 없게 된다. 판례는 사기죄에 관하여 재산상 손해가 발생할 것을 요하지 않는다고 한다.[484]

하지만 본 죄의 보호법익이 재산뿐만 아니라 '거래의 진실성'도 2차적 보호법익으로 인정하게 되면 반드시 재산상 손해의 발생을 요하는 것은 아니라고 할 것이다.

일반적으로 재산상의 이익을 취득한다고 함은 재물 이외의 재산상 이익을 불법한 방법으로 얻는 것을 말한다. 예컨대 은행의 예금원장파일에 예금채권이 있는 것처럼 만들어 예금을 인출할 수 있는 지위를 취득하는 것, 허위의 전화카드를 이용하여 전화서비스를 받거나 기계적으로 계산 및 청구가 행하여지는 요금파일의 기록을 조작하여 요금청구를 면제받는 것이 여기에 해당한다고 한다.[485]

그러나 타인의 컴퓨터로부터 재산적 가치 있는 정보를 불법복사하여 이를 팔아서 이익을 얻는 것은 허위정보나 부정한 명령의 입력에 의한 재산상 이익취득이 아니므로 본죄에 해당하지 않는다고 한다.[486]

---

483) 김일수, 379면.
484) 대법원 1992. 9. 14. 선고 91도2994 판결.
485) 이재상, 338면.
486) 김일수, 379면.

또 본 죄에 있어서 재산상 이익의 취득에는 '재물의 취득'도 포함한다고
보는 견해가 존재한다.

나아가 본 죄에 있어서 재산상 이익에는 온라인게임의 아이템, 전자화폐,
전기통신역무도 포함된다는 하급심 판례도 나타나고 있다.

이하에서는 본 조에서 말하는 재산상 이익에 포함되는 것으로 논의되는
여러 가지 사례들 중에서 재물을 재산상 이익으로 파악하는 논의에 대해서
만 논의하고 기타의 문제들은 다음 장에서 살펴보도록 하겠다.

1. 형법상 재산개념

재산범죄에서 말하는 '재산상 이익'이라 함은 일반적으로 재물 이외에
재산적 가치가 있는 모든 이익을 말한다. 구체적으로 이 법문언의 대상범
위가 어디까지인지를 파악하려면 재산개념에 관한 학설의 대립을 검토해
볼 필요가 있다. 왜냐하면 형법상 재산개념을 어떻게 파악하느냐에 따라
재산상의 이익의 내용이 달라지기 때문이다. 이에 관해서는 법률적 재산설,
경제적 재산설, 법률적·경제적 재산설의 세 가지 학설이 대립하고 있다.

① 법률적 재산설

법률적 재산설은 경제적 가치를 고려하지 않고 순전히 법률적으로만 재산
을 파악하는 견해로서, 이에 의하면 민법상 개인이 갖는 모든 재산상의 권리
와 의무가 곧 재산이다. 이 학설을 취하는 학자는 현재 없다고 한다.[487]

② 경제적 재산설

경제적 재산설은 재산의 법률적 측면을 전혀 고려하지 않고 경제적 교
환가치만을 재산의 판단기준으로 삼자는 견해이다. 즉 재산을 경제적 이익
의 총체로 파악한다. 재산상의 이익의 범위는 경제적 기준에 의하여 결정

---

487) 이재상, 284면; 이정원, 327면; 김일수, 365면.

되며, 그 판단은 정산에 의한 종합판단이어야 한다는 것이다. 이에 의하면 권리라 할지라도 그 자체만으로 재산상 이익이 되는 것이 아니라 그것이 경제생활에 있어서 가치가 있을 때에만 재산상 이익이 되고, 반대로 사실상 경제적 가치있는 지위는 권리가 아닐 지라도 재산상의 이익에 포함되어 예컨대 노동력, 기대권, 상인의 정보 등도 재산상의 이익이 될 수 있다. 그러나 경제적 재산개념의 가장 중요한 결론은 불법한 이익일지라도 재산상의 이익이 될 수 있으며 따라서 형법에 의하여 보호되지 않는 경제적 이익은 원칙상 있을 수 없다는 입장이다.[488] 따라서 불법원인급여물에 대해서도 사기죄, 공갈죄 등이 성립하게 된다. 예컨대 매춘부의 불법한 성적 서비스도 형법상 재산상의 이익에 속하기 때문에 매춘부를 기망하여 화대를 편취한 경우에는 사기죄가 성립한다. 이 견해는 재산범죄상의 재산개념을 가장 넓게 볼 수 있는 관점이며, 우리 판례는 이설을 따르고 있다.[489]

③ 법률적·경제적 재산설

법률적·경제적 재산설은 경제적 교환가치 있는 재화 가운데서 법질서에 의해 승인된 것만이 재산이라고 보는 관점이다. 법질서의 통일성의 측면에서 다른 법률이 보호해 주지 않는 재산은 형법상의 재산으로 인정할 수 없다는 취지이다.[490] 현재 우리나라의 통설이라고 한다.

④ 소 결

법률적 재산설은 재산의 범위를 지나치게 좁게 파악하는 난점이 있으며, 법률적·경제적 재산설의 경우에 위법한 경제적 가치에 대해서도 형법적 보호의 필요성 내지 처벌의 필요성이 있음을 고려하면, 경제적 재산설에 따르는 것이 타당하다고 보여진다.[491]

---

488) 이재상, 285면; 임웅, 241면.
489) 대법원 1994. 2. 22. 선고 93도428 판결(공1994, 1135), 대법원 1999. 6. 22. 선고 99도1095 판결.
490) 이정원 328면; 김일수, 366면; 박상기, 234면; 배종대, 303면.

2. 재산범죄체계상에서 본 재물과 재산상 이익

현재 우리 학계에서는 재물과 재산상 이익을 전체로서의 재산으로 보고 그중 재물은 재산상 이익에 포함되는 것으로 보는 견해492)와 재물과 재산상 이익은 구별된다는 견해493)로 나뉘고 있다.

만약 재물을 재산상 이익에 포함되는 것으로 본다면 컴퓨터등사용사기죄에 있어서도 '재산상 이익'의 취득은 '재물'의 취득한 경우에도 적용할 수 있는 조문으로 이해된다. 그러나 재물과 재산상 이익을 구별하게 되면 재물을 취득한 경우에는 본 조를 적용할 수 없게 된다.

이러한 양자의 견해의 대립을 해결하기 위해서는 결국 우리 형법상 재산범죄의 체계상에서 '재물'과 '재산상 이익'이 어떻게 취급되고 있는지를 살펴보지 않을 수 없다. 우리 형법조문체계상에서 '재물'과 '재산상 이익'이 구별되는지에 대한 논의는 사실 그렇게 활발하게 이루어진 바가 없다. 다만 최근 신동운 교수는 '횡령죄와 배임죄의 관계'에 관한 글에서 재산범죄체계상에서 연혁적 고찰을 통해 재물과 재산상 이익의 구별에 대한 중요한 시사점을 제시하고 있다.

신동운 교수에 의하면 "우리 형법전의 재산범죄체계를 보면 우리 입법자는 형법전의 재산범죄 조문체계를 구성하면서 수미일관하여 "재물"과 "재산상 이익"이라는 표지를 대비하여 사용하고 있다. 이들 조문을 보면 우리 입법자는 '전체로서의 재산'에서 먼저 소유권의 객체로 분리해 낼 수 있는 '재물'의 개념을 설정하고 '재산'에서 '재물'을 제외한 나머지를 '재산상 이익'으로 파악하고 있음을 알 수 있다. 만일 '재물은 개념적으로 재산상 이익이기도 하다'는 명제를 긍정한다면 우리 입법자는 굳이 '재물'과 '재산상 이익'을 구성요건에 병렬적으로 규정할 필요가 없었을 것이다.494)

---

491) 신동운, 형법각론, 한국방송통신대학, 1988, 339면; 이재상, 285면; 임웅, 242면.
492) 김일수, 376면.
493) 이재상, 314면; 신동운, 앞의 논문, 355면; 임웅, 334면.
494) 신동운, 앞의 논문, 317면.

……이하 중략…… 따라서 재물과 재산상 이익은 양자가 합하여 전체재산을 구성한다. 재산상 이익을 재물을 제외한 나머지 재산적 가치를 의미한다. 재물과 재산상 이익은 그 개념정의에 비추어 볼 때 상호배척적이며 택일적이다. 이 경우 택일적이라 함은 어느 구체적인 재산변동행위가 '재물의 취득'에 해당하거나 '재산상 이익의 취득' 중 어느 하나에 해당하게 된다는 것을 의미한다. 따라서 어느 하나의 객체에 대하여 '재물의 영득'이라는 표지가 인정된다면 그 객체에 대해서는 '재산상 이익의 취득'이라는 표지가 성립될 수 없으며 이 표지에 대한 더 이상의 검토도 필요 없다는 결론에 이른다. 역으로 어느 하나의 객체에 대하여 '재물의 취득'이라는 표지가 인정되지 않는다면 곧 이어서 '재산상 이익의 취득'이라는 표지의 성립을 검토해야 한다. '재산상 이익'은 전체재산에서 '재물'을 제외하고 남는 것이라는 개념정의에 따라 잔여 부분에 대한 검토가 필요하기 때문이다.[495]"라고 설명하고 있다.

신동운 교수에 의하면 결국 재물과 재산상 이익은 우리 입법자가 의도적으로 재산범죄 조문체계를 구축하는 데 있어서 대칭적으로 사용하였다는 것을 알 수 있다.[496] 이러한 조문체계는 1995년 형법 일부 개정을 통해 컴퓨터범죄 규정이 삽입된 현재의 형법전에 있어서도 여전히 유효하다고 할 수 있다.

3. 컴퓨터등사용사기죄 규정 신설 시 입법자의 의사

현재 우리 형법조문체계상 재물과 재산상 이익을 구별하는 것에 대하여 재물이 재산상 이익에 포함된다고 하여 입법론상 '재산상 이익'으로 통일시키고자 하는 논의는 발견되지 않는다. 하지만 본 죄의 보호법익을 전체로서의 재산으로 파악하여 재물도 재산상 이익에 해당하는 것으로 보는 견해

---

495) 신동운, 앞의 논문, 334면.
496) 신동운, 앞의 논문, 327면.

가 존재한다. 이에 따르면 "사기죄가 재산상의 이익 외에 타인의 재물을 행위객체로 한 것과 비교해 볼 때, 본 죄의 행위객체로서 유독 재물을 제외해야 할 이유가 없기 때문이다"[497) 또는 타인의 신용카드를 습득하여 비밀번호를 알아내고 현금자동지급기로부터 예금을 인출한 경우에 "비밀번호를 사용할 수 있는 소유권자나 기타 사용을 승낙받은 사용권자가 아니라는 점에서 넓은 의미에서 부정한 명령의 입력으로 포섭 못할 바도 없다고 생각한다. 그렇지 않고서는 엄청난 입법의 흠결을 보충할 수 없다고 생각한다"[498)고 하고 있다. 나아가 배종대 교수는 이러한 행위는 "절도죄로 이론 구성할 수밖에 없는데, 이것을 일반적인 절도유형과 거리가 있을 뿐만 아니라 컴퓨터 관련범죄를 명시적으로 도입한 입법자의 역사적 의지와 맞지 않는다"라고 하고 있다.[499)

그러나 본 죄가 사기죄의 보충규정으로서의 의미를 가지고는 있지만 본조에서 '재물'을 제외한 것이 배종대 교수와는 달리 입법자의 역사적 의지와 맞지 않는 것은 아니다. 입법자는 현금자동지급기에서 재물을 취득하는 행위를 절도죄로 처벌하면 족하다고 하고 있다. 즉 의도적으로 재물의 취득을 제외한 것이다. 이에 따르면 역사적 입법자는 컴퓨터등사용사기죄의 조문에 대해서는 오로지 재산상 이익의 취득만을 규율하려고 한 점에서 본조의 행위객체는 재산상 이익에 제한된다고 하지 않을 수 없다.

4. 편의시설부정이용죄와의 관계

만약 재물이 재산상 이익에 포함된다고 한다면 컴퓨터등사용사기죄의 조문과 함께 신설된 편의시설부정이용죄의 존재의미를 찾기 힘들다.

편의시설부정이용죄는 절도죄와 사기죄의 경감규정으로 도입된 것으로서 '재물'과 '재산상 이익'의 취득을 함께 규정하고 있다. 편의시설부정이용

---

497) 김일수, 376면.
498) 배종대, 344면.
499) 배종대, 344면, 각주 46.

244

죄는 부분적으로 컴퓨터등사용사기죄와 그 적용에 있어서 중첩되는 부분이
있다. 그 한도 내에서 컴퓨터등사용사기죄와 편의시설부정이용죄는 특별관
계에 있다고 하는 견해가 있다.[500]

그런데 일반적으로 볼 때 법조경합의 한 형태인 특별관계란 어느 구성
요건이 다른 구성요건의 모든 요소를 포함하는 이외에 다른 요소를 구비해
야 성립하는 관계를 말한다.[501] 특별관계에 있어서는 특별법의 구성요건을
충족하는 행위는 일반법의 구성요건을 충족하지만 반대로 일반법의 구성요
건을 충족하는 행위는 특별법의 구성요건을 충족하지 못한다. 이러한 관계
가 있기 때문에 특별관계의 경우에는 먼저 기본적 구성요건이 충족되는가
를 확인한 후 추가적으로 요구되는 다른 요소의 존부를 따져서 특별관계의
구성요건이 성립되는가를 검토하게 된다.[502]

그런데 편의시설부정이용죄는 컴퓨터등사용사기죄와의 관계에서 유료자
동설비가 추가되었다는 이유로 특별관계가 된다는 것이기 때문에[503] 편의
시설부정이용죄의 다른 구성요건이 컴퓨터등사용사기죄의 구성요건을 충족
하는지에 의하여 특별관계 여부를 판단할 수 있다.

편의시설부정이용죄에 있어서 유료자동설비 이외의 구성요건은 "부정한
방법으로 대가를 지급하지 아니하고"이다. 컴퓨터등사용사기죄에 있어서는
"허위의 정보 또는 부정한 명령의 입력"이 구성요건에 해당한다. 이때 편
의시설부정이용죄에 있어서 "부정한 방법"이 컴퓨터등사용사기죄에 있어서
"허위의 정보 또는 부정한 명령의 입력"의 구성요건을 충족할 수 있는지
판단해 보아야 할 것이다. 그러나 편의시설부정이용죄에 있어서 "부정한
방법"은 컴퓨터등사용사기죄의 구성요건보다 오히려 더 범위가 넓다고 할
수 있다. 즉 컴퓨터등사용사기죄의 구성요건이 편의시설부정이용죄의 구성
요건에 충족되는 것이지, 편의시설부정이용죄의 구성요건이 컴퓨터등사용

500) 김일수, 384면.
501) 대법원 1997. 6. 27. 선고 97도1085 판결(공1997하, 2241).
502) 신동운, 앞의 논문, 319면.
503) 김일수, 384면.

사기죄의 구성요건을 충족시키는 것은 아니라고 볼 것이다. 그렇다면 편의시설부정이용죄와 컴퓨터등사용사기죄는 특별관계는 아니라고 할 것이다. 따라서 양 죄는 행위가 중첩되는 한도 내에서 상상적 경합이 되게 된다. 하지만 만약 유료자동설비가 앞으로 대부분 컴퓨터화되는 경우에 있어서는 편의시설부정이용죄의 적용영역이 상당히 줄어들 것이다.

5. 컴퓨터등사용사기죄에 있어서 재산상 이익의 취득의 내용

(1) 사례에 나타난 재물 취득행위

형법이 재산죄의 객체를 재물과 재산상의 이익으로 나누어 규정하고 있으므로 본죄에 해당하는 행위로 재물을 취득한 경우에 절도죄가 성립한다는 것이 이전까지의 판례의 경향이었다. 그런데 최근의 판례를 살펴보면 재물을 취득하는 경우에도 본조를 적용하는 예가 적지 않다.

예컨대 제3절에서 살펴본 판결들에서 보면 위조한 신용카드로 현금자동지급기에서 현금을 인출하는 행위에 대하여 본 조를 적용하고 있고, 타인의 정보를 이용하여 인터넷 쇼핑몰에서 상품권을 받은 것은 재산상 이익의 취득으로 보고 있다. 나아가 물건을 구입하는 경우에도 본 조를 적용하고 있다.

특히 위조한 신용카드로 현금을 인출한 사례는 대법원에서도 인용하고 있는 것이어서 대법원의 입장도 그러한지에 대해서 의문이 있을 수 있지만 아직까지 공식적으로 이러한 경우까지 본 조를 적용하는지에 대해서는 추후 대법원판결을 기대할 수밖에 없다.

인터넷 쇼핑몰에서 허위의 정보를 입력하여 상품권이나 물건을 구입하는 행위는 본 조문에 있어서 행위객체로 규정되어 있지 않은 '재물'에 해당한다는 점에서 컴퓨터등사용사기죄를 적용할 수 없다. 본 사례들은 재물의 교부도 넓게 재산상 이익의 취득으로 본다는 입장에서는 긍정할 수 있지만 재물과 재산상 이익을 엄격히 구별하는 우리 조문체계상으로, 또 입법자가 재물의 취득을 의도적으로 배제했다는 점에서 인정할 수 없다.

나아가 본 사례들은 컴퓨터등사용사기죄에 있어서 정보처리와 재산처분의 관계에서 직접성을 요한다는 해석에 따르면 더더욱 본 죄의 적용은 타당하지 않다고 생각한다. 왜냐하면 재물의 교부 자체는 인터넷 쇼핑몰에 저장된 기록을 진정하다고 판단한 '사람'에 의하여 이루어지고 있기 때문이다. 즉 재산처분권자는 컴퓨터가 아니라 '사람'이므로 그 사람이 컴퓨터에 입력된 정보를 진실한 것으로 오인하여 재물의 교부를 하고 있는 본 사례는 사기죄에 의하여 처벌하면 족하다고 할 것이다.

(2) 온라인게임아이템의 취득

최근 재산상 이익의 개념에 대한 중대한 판례가 등장했다. 리니지 아이템에 대한 서울지법 서부지원 2000. 11. 8. 선고 2000고단1366 판결이 그것이다.

리니지 아이템은 온라인게임상에서 존재하는 가상의 재산으로서 칼, 방패, 망토, 보석, 화폐 등을 말한다. 이러한 아이템은 게임 프로그램에서 제공하는 데이터를 가공하여 생성된 하나의 전자적 정보라고 말할 수 있다. 따라서 본 판결은 전자적 정보를 재산상 이익으로 파악한 최초의 판결이라고 할 수 있다.

물론 리니지 아이템의 취득이 재산상 이익을 행위객체로 삼는 재산범죄에 해당되는지 여부는 위에서 살펴본 재산의 인정범위에 따라 달라지게 된다. 법률적 재산설이나 절충설의 입장에 선다면, 부당한 아이템취득을 재산상 이익을 취득한 경우로 보기 어려울 것이다. 왜냐하면 이미 게임 이용약관에 의해 게임이용자들 간의 아이템 매매행위는 금지되어 있는 위법한 행위로서 법률의 범위 내에서 보호받을 수 없기 때문이다. 물론 이러한 판단에는 공정위가 결론을 내린 게임 이용약관의 유효성이 미리 전제되어 있다. 만일 게임 이용약관이 불공정한 것이어서 무효라고 한다면 사정은 달라질 수 있다. 따라서 부당한 아이템 취득이 재산상 이익을 취득한 경우에 해당될 수 있는 여지는 오로지 경제적 재산설에 의해서만 허용되어 있다고 할 수 있다. 경제적 재산설은 불법재산도 경제적 교환가치만 있다면 재산으로 인정하기 때문이다.[504] 자세한 내용을 다음 장에서 살펴보도록 한다.

(3) 전기통신역무의 제공

서울지법 동부지원 2000. 5. 4. 선고 2000고단1077 판결은 전기통신역무를 제공받은 경우도 본 조를 적용하고 있다. 그동안 타인의 전화기를 무단으로 사용한 행위에 대하여 절도죄나 사기죄의 성립을 부정한 판례[505]들이 있었는데, 본 하급심판례는 카드식공중전화기에서 전기통신역무를 제공받는 것은 재산상 이익으로 파악하여 본 조를 적용할 수 있다고 한 점에서 의의를 찾을 수 있다.

그런데 전기통신역무라 함은 전기통신설비를 이용하여 타인의 통신을 매개하거나 전기통신설비를 타인의 통신용으로 제공하는 것을 말하며(전기통신기본법 제2조 제7호), 전기통신이라 함은 유선·무선·광선 및 기타의 전자적 방식에 의하여 부호·문언·음향 또는 영상을 송신하거나 수신하는 것을 말하고(전기통신기본법 제2조 제1호), 전기통신설비라 함은 전기통신을 하기 위한 기계·기구·선로 기타 전기통신에 필요한 설비를 말한다(전기통신기본법 제2조 제2호).

따라서 PC통신이나 인터넷사업자가 제공하는 서비스도 여기에서의 전기통신역무에 해당하므로 타인의 ID나 비밀번호를 이용하여 이러한 PC통신이나 인터넷서비스에 접속하여 그 서비스를 제공받는 행위도 일응 본조를 적용할 수 있는 여지가 있다. 이러한 행위는 정보통신망이용촉진및정보보호등에관한법률 제48조 제1항에 의하여도 처벌받게 된다. 이에 대한 자세한 논의는 후술하도록 하겠다.

---

504) 변종필, 인터넷게임 아이템과 재산범죄, 인터넷법률 5호, 2001, 46면.
505) 절도죄를 부정한 판례는 대법원 1998. 6. 23. 선고 98도700 판결(공1998하, 2037), 사기죄를 부정한 판례는 대법원 1999. 6. 25. 선고 98도3891 판결(공1999하, 1552).

(4) 전자화폐

본장 제3절에서 소개한 울산지법 2001. 5. 3. 선고 2001고단1059 판결에서는 전자화폐의 구입도 재산상 이익으로 파악하고 있다. 전자화폐는 최근에 개발된 지불수단으로서 실제 현금과 동일하게 물건이나 서비스의 제공의 대가로 지불할 수 있는 새로운 화폐이다. 그러나 아직까지는 일반화된 것으로 보기는 어렵고 추후 이러한 지불수단에 대한 기반이 마련되어지는 경우 지금의 현금이나 신용카드 등을 대체할 수 있는 지위를 가지게 될 날도 얼마 남지 않았다.

그런데 전자화폐 그 자체는 그 종류에 따라 데이터 그 자체일 수도 있고, 신용카드와 같은 외관을 지닐 수도 있다. 하지만 그 형태가 어떤 것이든 그 자체 일정한 가치가 화체되어 있다는 것이다. 하지만 형법상 취급은 그 외형상의 조건에 의하여 달리 취급될 가능성이 존재한다. 자세한 내용은 후술하도록 하겠다.

(5) 정보사회에서의 재산상 이익의 범위확대의 문제

이상과 같이 현재 재산상 이익이라고 하는 보호법익은 정보통신의 발달과 더불어 그 범위가 계속해서 확장되고 있다. 또 전체재산이라는 측면에서 보면 재물과 재산상 이익의 구별이 사실상 용이하지 않은 경우도 많다. 즉 형법은 기본적으로 유체물을 근거로 한 재물개념을 지향하고 있기 때문에 재산적 가치가 있는 정보는 이러한 재물에 대한 형법적 보호를 받지 못하게 되는 결과 재산상 이익에 관한 규정의 적용만을 검토하게 되어 실제 이론의 전개에 있어서 많은 모순점을 드러내고 있다.

이러한 문제는 정보의 재산적 가치를 인정하고 이러한 정보에 대하여 형법상 어떻게 보호해야 하는가의 문제를 보다 심도있게 논의해야 하는 당위성을 제기한다. 현재 민사상으로나 저작권법상 이러한 정보의 재산권을 인정하는 경향으로 논의가 진행되고 있고 형법상으로도 이러한 논의는 분명히 필요하다 하겠다.

6. 소결론

따라서 우리 형법상 조문체계와 컴퓨터등사용사기죄 신설에 있어서 입법자의 의사, 그리고 편의시설부정이용죄와의 관계 등을 고려해 볼 때 본죄에 있어서 재산상 이익은 재물을 포함하는 것으로 파악할 수 없고, 결국 재물의 취득은 본 죄에 의하여 처벌할 수 없다고 할 수 있다.

다만 입법론상으로 재물의 취득도 본 죄에 의하여 처벌해야 할 필요성은 있다고 할 수 있으므로 향후 본 조 개정을 통해 재물의 취득을 아울러 포함하는 것이 타당하다고 여겨진다.

Ⅷ. 미수 및 기수

1. 실행의 착수시기

본 죄는 컴퓨터 등 정보처리장치에 허위의 정보 또는 부정한 명령을 입력한 때 실행의 착수가 있다고 보는 것이 통설의 견해이다.[506]

그러나 본 조에 있어서 '정보'를 '데이터와 전자기록'을 포함하는 것으로 파악할 경우에 실행의 착수시기는 달라질 수 있다. 예컨대 현금자동지급기에 타인의 현금카드를 입력하여 자신의 계좌로 송금하는 경우를 살펴보자. 이때 실행의 착수시기를 현금카드를 삽입할 때로 파악할 것인지, 아니면 카드를 삽입하고 비밀번호를 입력할 때 실행의 착수로 볼 것인지, 아니면 구체적인 금액의 송금을 컴퓨터에 지시할 때 실행의 착수가 있다고 보아야 하는지에 따라 본 죄의 미수시기는 달라질 수 있다.

일반적으로 전화카드를 부정하게 사용하는 경우에 있어서 전화카드를 삽입할 때 실행의 착수가 있다고 본다. 전화카드는 전자기록으로서 현금카

---

506) 이재상, 338면; 김일수, 379면; 임웅, 344면; 이형국, 463면; 정성근, 468면.

드와 법적 성질에서는 차이가 없다.

다만 전화카드 자체는 재산적 가치가 화체되어 있는 것이고 현금카드에는 그러한 재산적 가치가 화체되어 있는 것은 아니다.

전화카드의 경우에 있어서 전화카드를 입력하는 순간 본 조가 보호하고자 하는 재산에 직접적 위험상황을 야기하는 것으로 볼 수 있으므로[507] 실행의 착수가 있다고 볼 수 있다.

그런데 현금카드를 삽입하는 순간 재산에 대한 직접적 위험상황을 야기하였다고 볼 수 있는지는 의문이다. 왜냐하면 카드 자체는 현금자동지급기에 대한 침입수단으로서의 열쇠적 기능만을 가지고 있고, 만약 이 행위 자체가 실행의 착수로 인정된다면 이는 절도죄의 실행의 착수는 있다고 볼 수는 있겠지만 컴퓨터의 재산처분을 요건으로 하는 본 조의 실행의 착수가 있다고 보기는 어렵기 때문이다.

나아가 카드를 삽입하고 비밀번호를 입력할 때 실행의 착수가 있다고 볼 수 있는지 살펴보자. 이 경우에는 카드의 비밀번호를 입력하여 컴퓨터에 의하여 추가적인 재산변동을 가져올 수 있는 지위를 획득한 경우라고 볼 수 있다. 왜냐하면 행위자가 재산상 이익을 취득하기 위한 전체 범행결의에 비추어 직접적 행위의 개시행위라고 볼 수 있기 때문이다. 타인의 비밀번호를 입력한다는 것은 타인의 재산을 취득하고자 하는 범행의 결의가 명백히 외부로 표시된 것이라고 할 수 있고 일단 컴퓨터에 의하여 사용권을 획득한 사용자는 타인의 재산에 대한 처분을 용이하게 할 수 있게 된다. 특히 컴퓨터에 의하여 재산처분의 의사가 미리 전제되어 있는 자동화된 거래시스템에 있어서는 타인의 비밀번호 등의 정보를 입력하는 순간 재산처분이 발생하기 때문에 이러한 거래가 보편화되어 있는 현재의 컴퓨터 환경에 있어서는 이러한 허위의 정보나 부정한 명령을 입력하는 순간 실행의 착수가 있다고 보지 않을 수 없다.

마지막으로 구체적인 예금이체의 정보를 입력하는 경우에 실행의 착수

---

507) 실행의 착수에 관한 학설 중 실질적 객관설에 의함.

가 있다고 본다면 이는 피고인에게 과도한 형사처벌의 위험을 방지한다는 측면에서 유리한 해석이 될 수 있다. 그러나 이러한 정보의 입력의 순간 그 즉시 재산처분의 결과가 발생하게 되므로 미수와 기수의 구별이 사실상 의미가 없게 된다. 이렇게 된다면 컴퓨터등사용사기죄에서 미수범처벌규정 을 두는 의미는 퇴색되어 버린다고 하지 않을 수 없다.

2. 기수시기

본 죄의 기수시기에 대하여 기존 사기죄와 마치가지로 재산상 손해가 발생한 경우와 재산상 이익을 취득한 경우에 기수가 된다는 견해의 대립이 존재한다.

그러나 컴퓨터등사용사기죄는 반드시 재산상 손해의 발생을 요하지 않 으므로 재산상 이익을 취득한 경우에 본 죄의 기수가 된다고 파악하는 것 이 타당하다.

다만 재산상 이익의 취득 시점은 컴퓨터의 정보처리와의 관계상 정보처 리와의 직접성을 요한다고 할 수 있다.

IX. 죄수 및 경합관계

1. 동일 구성요건 간의 행위

허위의 정보를 입력한 행위와 부정한 명령을 입력한 행위가 동시에 경 합하는 경우에는 '부정한 명령'의 입력을 본 조에 있어서 특별히 프로그램 조작만을 강조하기 위한 것이라고 본다면 후자의 행위만이 성립하게 된다.

즉 허위의 데이터를 컴퓨터프로그램상에 입력하여 그 허위의 데이터에 의하여 사무처리의 목적에 비추어 그릇된 프로그램을 작성하게 하여 그 프

252

로그램에 의하여 정보처리가 이루어진 경우, '부정한 명령'의 입력에 해당하는 것으로 볼 수 있다. 예컨대 회사의 급여 지불에 있어서 급여액 중 10단위의 액수는 자동적으로 회사의 사회복지기금으로 이체시키는 프로그램이 있다고 하자. 이 프로그램상에 자신의 급여에 10단위의 액수가 발생하지 않도록 허위의 급여 데이터를 입력하고 10단위의 액수는 자신의 계좌로 이체시키도록 프로그램을 조작한 경우를 들 수 있다.

수회에 걸쳐 컴퓨터 등 정보처리장치에 허위의 정보 또는 부정한 명령을 입력하여 재산상 이익을 취득한 때에는 본죄는 포괄하여 일죄가 성립한다고 할 수 있다.[508]

2. 사기죄와의 관계

본 죄는 사기죄의 보충규정으로서의 지위를 가진다. 따라서 컴퓨터 등에 의한 정보처리과정에서 사람이 중간에 개입하는 경우에는 기존의 사기죄만이 성립한다고 할 수 있다.[509] 예컨대 은행원을 기망하여 자신의 예금구좌의 잔고를 늘리는 경우, 이때는 은행원에 대한 기망과 그로 인한 재산처분이 발생한 것이므로 사기죄만이 성립한다고 할 수 있다.

그런데 본 죄에 해당하는 행위를 한 후 현금을 인출한 경우, 예컨대 자기계좌로 허위입금하거나 위조, 변조 또는 습득한 타인의 현금카드를 사용하여 자기계좌로 대체입금한 후에 입금된 돈을 은행에서 예금청구서를 작성하여 자기계좌에서 인출하는 경우에 문제가 있을 수 있다. 사후의 인출행위만을 분리하여 고찰한다면 예금청구서를 작성하여 인출한 때에는 은행원을 기망한 것이므로 사기죄가 성립할 것이지만 이러한 사후의 인출행위는 본죄의 불가벌적 사후행위로서 별죄를 구성하지 않는다고 보아야 할 것이다.[510]

---

508) 이재상, 338면.
509) 김일수, 376면; 이재상, 338면; 강동범, 앞의 논문, 168면; 정대관, 앞의 논문, 311면.

나아가 행위자가 카드사용으로 인한 대금결제의 의사와 능력이 없으면서도 있는 것 같이 가장하여 카드회사를 기망하고, 카드회사는 이에 착오를 일으켜 일정 한도 내에서 카드사용을 허용해 줌으로써(카드발급행위) 행위자가 카드회사의 신용공여라는 하자 있는 의사표시에 편승하여 자동인출기에서 현금대출을 받은 경우,[511] 컴퓨터등사용사기죄가 성립할 것인가가 문제된다. 생각건대 이미 사기죄가 성립한 이상, 그 후의 현금인출행위는 하자 있는 카드발급(사기죄)에 뒤따르는 불가벌적 이익취득과정으로 받아들이는 것이 타당하다고 생각한다.[512]

3. 절도죄와의 관계

본 죄는 재산상 이익의 취득만을 대상으로 하고 있으므로 컴퓨터 등 정보처리장치에 대하여 허위의 정보 또는 부정한 명령을 입력하여 재물을 취득한 때에는 절도죄의 성립만을 고려할 수 있다.

예컨대 타인의 현금카드를 사용하여 현금자동지급기에서 현금을 인출한 경우이다. 이 경우 절도죄의 성립 여부에 대해 견해의 대립이 있다는 점에 대해서는 전술한 바 있다.

문제는 컴퓨터 등 정보처리장치에 허위의 정보 또는 부정한 명령을 입력하여 재산상 이익을 취득한 후 재물을 취득한 경우이다. 예컨대 타인의 현금카드를 무단 사용하여 현금자동지급기에서 자신의 계좌로 예금을 이체시킨 후, 자신의 현금카드를 사용하여 현금자동지급기에서 예금을 인출한 경우이다. 일본에서는 이러한 경우 포괄일죄에 해당한다고 보는 견해가 존재하지만 본 죄는 재산상 이익을 취득한 순간 범죄가 성립하고 그 후의 계속되는 위법상태는 별죄를 구성하지 않는 상태범으로 이해할 수 있으므로

---

510) 강동범, 앞의 논문, 168면.
511) 대법원 1996. 4. 9. 선고 95도2466 판결(공1996상, 1475).
512) 같은 취지, 손동권, 신용(현금)카드 부정사용의 유형별 범죄성립과 죄수, 형사판례연구[7], 1999, 349면.

절도죄는 불가벌적 사후행위로서 별죄를 구성하지 않는다고 보는 것이 타당하다고 생각한다.

4. 배임죄와의 관계

타인의 사무를 처리하는 자가 배임의 수단으로 본죄에 해당하는 행위를 하는 경우, 예컨대 은행의 대부계원이 대부받은 친구의 부탁을 받고 대부금이 변제되지 않았음에도 불구하고 그것이 변제된 것으로 파일내용을 변경한 경우, 양 죄는 죄질을 달리하므로 결국 본죄와 업무상 배임 혹은 배임죄와 상상적 경합이 된다.

예금의 인출을 의뢰받은 자가 예금을 인출하여 자신의 예금구좌로 대체송금한 경우에는 본죄와 배임죄의 상상적 경합으로 보아야 한다는 견해가 있으나[513] 예금인출 후의 사정은 배임죄에만 해당할 뿐 그 뒤의 대체송금은 불가벌적 사후행위에 해당한다고 보여진다.

현금카드로 예금의 인출을 의뢰받은 자가 그 현금카드로 자신의 예금구좌로 대체송금한 경우에는 일단 권한이 위임에 의해서 인정될 수 있으므로 배임죄만 성립한다고 볼 것이다.

5. 전자기록위작변작죄 및 여신전문금융업법과의 관계

(1) 신용카드를 위조한 경우

신용카드를 위조하여 현금자동지급기에서 현금서비스를 받거나 자신이나 타인의 계좌로 자금을 이체하거나 이체 후 현금을 인출하는 경우, 여신전문금융업법상 신용카드부정사용죄 및 전자기록위작변작죄, 그리고 컴퓨터등사용사기죄가 고려될 수 있다.

---

513) 정대관, 311면.

신용카드의 위조, 변조행위는 권한 없이 신용카드의 자기띠 부분의 전자기록에 변경을 가하거나 부정입수한 타인카드의 회원서명란에 자신의 서명을 써 넣는 행위인데 자기띠 부분의 전자기록변경행위는 형법상 '사전자기록위작, 변작죄'에 해당하고, 동시에 여신전문금융업법 제70조 제1항 제1호의 '신용카드위조변조죄'에도 해당한다. 두 처벌법규는 법조경합 중 특별관계에 있다고 보아 후자의 범죄만이 성립한다고 볼 수 있다.514)

그리고 위조한 신용카드를 사용하여 자금을 이체시키는 경우, 컴퓨터 등 정보처리장치에 허위의 정보를 입력한 것으로 보아 컴퓨터등사용사기죄가 성립할 것이다.

이때 여신전문금융업법과 컴퓨터등사용사기죄는 하나의 행위가 수개의 죄에 해당하는 경우에 해당하므로 상상적 경합으로 보는 것이 타당하다.

그런데 최근 위조 혹은 변조한 신용카드를 소지하거나 타인에게 교부한 경우에도 형사처벌을 할 수 있도록 여신전문금융업법을 개정하려는 논의가 있다.515) 이는 일본의 최근 형법개정으로 처벌하게 된 지불용카드전자기록 부정작출죄와 동일하게 신용카드범죄의 확산에 대응하기 위한 것으로 보이는데, 아직 구체적 내용을 알 수 없지만 이러한 경우에 있어서 위조 혹은 변조한 신용카드를 소지한 자가 현금자동지급기 등에서 현금인출을 위해 예금이체를 하는 경우에 있어서는 앞에서와 마찬가지로 여신전문금융업법과 컴퓨터등사용사기죄의 상상적 경합으로 처벌될 것이다.516)

---

514) 임웅, 앞의 논문, 127면.
515) "내년부터 위·변조된 신용카드를 갖고 있기만 해도형사처벌을 받게 되며 해외에서 발급된 신용카드도 국내 신용카드와 마찬가지로 위·변조 관련 처벌을 받게 된다. 재정경제부는 7일 신용카드 관련 범죄가 최근 급증함에 따라 이런 내용을 골자로 하는 여신전문금융업법 개정안을 정기국회에 제출키로 하고 현재 법무부와 협의 중이라고 밝혔다. 현행 여전업법은 신용카드를 위·변조하거나 위·변조된 카드를 판매·사용한 경우에만 최고 7년 이하 징역 또는 5천만 원 이하 벌금에 처할 수 있도록 하고 있다. 이에 따라 위·변조 신용카드를 소지하거나 타인에게 교부할 경우에도 같은 수준의 벌칙을 검토 중인 것으로 알려졌다." 중앙일보, 2001. 11. 7.자.
516) 2002. 3. 30. 법률 제6681호로 개정된 현행 여신전문금융업법 제70조 제1항

(2) 절취한 타인의 신용카드를 부정사용한 경우

절취한 타인의 신용카드를 사용하여 현금자동지급기에서 현금인출을 하거나 계좌이체를 하는 경우, 여신전문금융업법상 신용카드부정사용죄 및 컴퓨터등사용사기죄의 성립이 고려될 수 있다.

그러나 타인의 신용카드를 사용하여 현금인출하는 행위는 일단 컴퓨터등사용사기죄에 있어서 '재산상 이익'의 취득에 해당하지 않으므로 본 조문으로는 처벌할 수 없다.[517] 그렇다면 타인의 신용카드로 계좌이체를 한 후 현금을 인출하는 행위에 대해서만 컴퓨터등사용사기죄가 적용될 수 있다. 이때 여신전문금융업법과의 관계가 문제된다.

우리 판례는 타인의 신용카드를 사용하여 현금인출하는 행위에 대하여 여신전문금융업법상 신용카드부정사용죄에 해당한다고 보고 있다.[518] 그러

은 다음과 같다.

第70條 (罰則) ①다음 各號의 1에 해당하는 者는 7年 이하의 懲役 또는 5千萬원 이하의 罰金에 處한다. 〈개정 2002.3.30〉

1. 信用카드등을 僞造 또는 變造한 者
2. 僞造 또는 變造된 信用카드등을 판매하거나 사용한 者
3. 분실 또는 도난된 信用카드 또는 直拂카드를 판매하거나 사용한 者
4. 强取·횡령하거나 사람을 기망·공갈하여 취득한 신용카드 또는 직불카드를 판매하거나 사용한 자
5. 행사할 목적으로 위조 또는 변조된 신용카드등을 취득한 자
6. 詐僞 그 밖의 부정한 방법으로 알아낸 타인의 신용카드 정보를 보유하거나 이를 이용하여 신용카드에 의한 거래를 한 자
7. 제3조제1항의 규정에 의한 허가를 받지 아니하거나 등록을 하지 아니하고 신용카드업을 영위한 자
8. 詐僞 그 밖의 부정한 방법으로 제3조제1항의 규정에 의한 허가를 받거나 등록을 한 자

517) 그러나 판례는 도난 분실된 신용카드를 부정사용한 경우에 신용카드부정사용죄와 절도죄의 실체적 경합관계라고 보고 있다. 대법원 1995. 7. 28. 선고 95도997 판결(공1995하, 3034). 같은 견해로는 김성환, 컴퓨터사용사기죄에 관한 고찰 -컴퓨터를 이용한 신용카드부정사용에 관한 고찰을 포함하여 -, 관동대경제기술법연구 1, 1999, 86면.

518) 1998. 2. 27. 선고 97도2974 판결(공1998상, 968). 사실관계는 다음과 같다. "피고인은 (1) 1997. 3. 25. 08:53경 서울 강남구 신사동 소재 상업은행 압

나 이에 대하여 현금인출행위는 현금대출(현금서비스)과 구별해야 하며 현
금인출행위는 신용카드부정사용죄에 해당하지 않는다고 보는 견해가 있
다.519) 이에 의하면 "현금카드의 발행과 그 사용에 따른 업무는 순전히 은
행의 예금거래에 관한 것으로서 신용카드업자의 업무범위와는 아무런 관련
이 없고, 비록 현금카드를 이용하여 현금자동지급기에서 현금을 인출하는
행위와 신용카드를 이용하여 현금서비스를 제공받는 행위가 다같이 현금자
동지급기에서 현금을 인출한다는 점에서 유사하다고 하더라도, 우선 현금
자동지급기를 조작하는 과정에서 선택하는 항목이 구별될 뿐 아니라 근본
적으로 전자는 은행의 예금거래에 따른 업무이고 후자는 신용카드업자의
자금 융통업무라는 점에서 명백히 구별되고, 한편, 통상 은행이 자기의 은
행에 예금거래계좌를 가지고 있는 고객으로부터 신용카드발급을 신청받는
경우에 그 신용카드에 위 예금거래계좌에 대한 현금카드 기능을 겸용할 것
인지를 신청받아 한 개의 카드로 신용카드의 기능과 현금카드의 기능을 동
시에 사용할 수 있도록 하여 주고 있고, 이와 같이 하나의 카드에 신용카
드 기능과 현금카드 기능이 겸용되어 있더라도 이는 은행의 예금업무에 관
한 전자적 정보와 신용카드업자의 업무에 관한 전자적 정보가 우연히 하나
의 자기띠에 입력되어 있을 뿐 양 기능은 전혀 별개의 기능이라 할 것이
고, 이러한 겸용카드를 사용하여 현금자동지급기에서 예금을 인출하는 행

구정지점에서, 그곳에 설치된 현금자동지급기에 제1심 판시 범죄사실 제1
항 기재와 같이 강취한 상업은행 비씨 마스터카드를 넣은 후 비밀번호를
입력하여 현금 20,000원을 인출하고, (2) 같은 날 09:10경 같은 동 소재 지
하철 신사역 구내에서 그곳에 설치된 현금자동지급기에 위와 같이 강취한
한미은행 비자카드를 넣은 후 비밀번호를 입력하여 현금 200,000원을 인출
하고, (3) 같은 날 09:23경 같은 동 소재 국민은행 신사동지점에서, 그곳에
설치된 현금자동지급기에 위와 같이 강취한 한미은행 비자카드를 넣은 후
비밀번호를 입력하여 현금 1,500,000원을 인출함으로써 도난된 타인의 신용
카드를 부정사용하였다."
519) 손동권, 신용(현금)카드 부정사용의 유형별 범죄성립과 죄수, 형사판례연구
[7], 1999, 332면; 안경옥, 신용카드부정취득, 사용행위에 대한 형사법적 고
찰, 형사법연구 제11호, 1999, 258면.

위를 가지고 신용카드를 본래의 용법에 따라 사용하는 것이라고 할 수는 없다"고 한다.520)

생각건대 엄격하게 말하자면 현금인출기능을 이용한 것은 신용카드 본래의 용도로 사용한 것이라고 보기는 어렵지만, 여신전문금융업상 신용카드부정사용죄의 규정은 단순히 분실, 도난된 카드의 '사용'만을 규정하고 있을 뿐 '부정사용'으로 규정되어 있지 않고 현금카드기능을 이용한 현금인출행위와 신용카드의 본래 용도에 해당하는 현금서비스 이용행위는 그 실질에 있어서 결국 '현금의 인출'이라는 결과에 있어서는 동일하다는 점에서 여신전문금융업법상 부정사용행위에 해당한다고 보아도 무방하리라 생각한다.521)

그렇다고 본다면 절취한 신용카드를 사용하여 자신이나 타인의 계좌로 예금을 이체시키는 경우에도 여신전문금융업법이 적용될 여지가 있다.522) 이때 컴퓨터등사용사기죄와의 관계가 문제된다. 판례는 사기죄와 여신전문금융업법은 그 보호법익이나 행위의 태양이 전혀 달라 실체적 경합관계에 있다고 보고 있고523) 학설에 따라 여신전문금융업법과 본죄와의 관계에서 양 죄를 흡수관계로 파악하는 견해도 있다.524) 그러나 여신전문금융업법과 본죄와의 보호법익이 동일하다고 볼 수는 없으나 사기죄나 절도죄와는 달리 신용카드를 부정하게 사용하는 행위와 컴퓨터를 조작하는 행위를 2개의 별개행위로 볼 수는 없으므로 상상적 경합으로 보는 것이 타당하다고 여겨진다.525)

---

520) 하태훈, 앞의 논문, 341면.
521) 같은 취지, 임웅, 앞의 논문, 121-122면. 위 판례는 "결국 신용카드를 사용하여 예금을 인출할 수 있는 현금카드 기능은 법 제6조 제2항, 법시행령 제5조 제3호, 제6조의 규정 등에 따라 재정경제원장관이 신용카드업을 건전하게 보호·육성하여 신용사회의 기반을 조성하고 소비자의 금융편의를 도모함으로써 국민경제의 발전에 이바지한다는 신용카드업법의 목적(제1조)을 달성하기 위하여 허가한 부대업무로 볼 수 있다."고 판시하고 있다.
522) 만약 은행의 예금인출이 신용카드 본래의 용도로 사용한 것이 아니라고 본다면 자금이체의 경우에도 동일하게 여신전문금융업법이 적용될 수 없게 된다. 자금이체도 은행의 예금거래에 관한 업무에 속하기 때문이다.
523) 대법원 1996. 7. 12. 선고 96도1181 판결(공1996하, 2572).
524) 김일수, 378면.

6. 유가증권위조죄와의 관계

공중전화카드를 위조하여 카드식공중전화기에 이를 사용한 경우에 있어서, 전화카드 자체는 전자기록이라고 볼 수 있으므로, 본 죄에 있어서 '허위의 정보'를 입력하여 전기통신역무라는 재산상 이익을 취득한 행위에 해당한다.

그런데 이 공중전화카드는 형법상 유가증권에 해당한다는 판례가 있다.[526] 이 판례에 의하면 "형법 제214조에서 유가증권이라 함은, 증권상에 표시된 재산상의 권리의 행사와 처분에 그 증권의 점유를 필요로 하는 것을 총칭하는 것인바, 공중전화카드는 그 표면에 전체 통화가능 금액과 발행인이 문자로 기재되어 있고, 자기(磁氣)기록 부분에는 당해 카드의 진정성에 관한 정보와 잔여 통화가능 금액에 관한 정보가 전자적 방법으로 기록되어 있어, 사용자가 카드식 공중전화기의 카드 투입구에 공중전화카드를 투입하면 공중전화기에 내장된 장치에 의하여 그 자기정보가 해독되어 당해 카드가 발행인에 의하여 진정하게 발행된 것임이 확인된 경우 잔여 통화가능 금액이 공중전화기에 표시됨과 아울러 그 금액에 상당하는 통화를 할 수 있도록 공중전화기를 작동하게 하는 것이어서, 공중전화카드는 문자로 기재된 부분과 자기기록 부분이 일체로써 공중전화서비스를 제공받을 수 있는 재산상의 권리를 화체하고 있고, 이를 카드식 공중전화기의 카드 투입구에 투입함으로써 그 권리를 행사하는 것으로 볼 수 있으므로, 공중전화카드는 형법 제214조의 유가증권에 해당한다."고 보고 있다.[527]

---

525) 같은 취지, 손동권, 앞의 논문, 341면, 만약 절도죄가 성립한다고 전제하더라도 절도죄와 여신전문금융업법과의 관계에서 상상적 경합으로 보는 견해로는 임웅, 앞의 논문, 121면 각주 15.

526) 대법원 1998. 2. 27. 선고 97도2483 판결(공1998상, 962).

527) 그런데 본 판결은 1991년 4월 5일에 나온 일본의 최고재판소 판결(最高裁 平成2年(あ) 第791号 竊盜, 有價證券變造, 變造有價證券交付事件)과 그 판시가 거의 동일하다. 하지만 일본의 최고재판소 판결의 보충의견을 살펴보면 통상의 전화카드에 대해서 유가증권과 같은 보호를 주기 위해서는 그것이 형법상의 유가증권에 포함된다라는 취지의 명확한 규정을 마련하는 것

따라서 이러한 판결의 태도에 의하면 본 사례는 유가증권위조변조행사죄와 컴퓨터등사용사기죄의 상상적 경합이 된다고 할 수 있다.

7. 편의시설부정이용죄와의 관계

그런데 위의 사례에서 위조한 공중전화카드를 사용한 행위는 편의시설부정이용죄에도 해당하게 된다. 이 경우 형법은 이러한 행위를 처벌하는 편의시설부정이용죄라는 특별규정을 두어 컴퓨터등사용사기죄보다 가볍게 처벌하려고 하고 있으므로 이러한 행위는 컴퓨터등사용사기죄가 아니라 편의시설부정이용죄에 의하여 처벌된다고 보며, 따라서 편의시설부정이용죄는 컴퓨터등사용사기죄의 처벌범위를 제한하는 규정이라고 하는 견해가 있다.[528] 그러나 이러한 견해에 대해서는 의문이 있다는 점에 대해서 앞에서 논의한 바 있다. 편의시설부정이용죄에 대한 자세한 논의는 제5장에서 서비스 이용행위와 관련하여 다시 한번 후술하기로 한다.

이 바람직하고, 또 이른바 화이트카드(권면상의 기재 및 외관상 전화카드인 것을 전혀 알 수 없는 카드)인 경우에는 유가증권에 해당한다고 할 수 없기 때문에 전자적기록부정작출죄 등과의 관련성에서 입법적인 재검토가 필요하다는 견해를 표명하고 있다.

528) 김일수, 384면; 강동범, 컴퓨터등사용사기죄, 고시연구, 2000. 7. 169면.

제5절 최근 형법개정과 컴퓨터등사용사기죄의 해석론의 전망[529]

Ⅰ. 최근 형법개정의 요지

1. 입법경과

2001년 12월 6일 형법중개정법률안이 제225회 국회 제20차 본회의에서 통과되었다. 본 법률안은 형법 제347조의2 컴퓨터등사용사기죄의 조문을 수정하는 것을 안건으로 한 것인데, 2001. 11. 9. 남궁석 의원 등 27인의 발의로 제225회 국회에 상정되었고, 11. 10. 법제사법위원회에 회부되어 제18차위원회(2001. 12. 4.)에 상정되어 법안심사제1소위원회(2001. 12. 5.)에서 심사·의결을 거쳐 제19차위원회(2001. 12. 5.)에서 수정가결되었다. 그리고 2001. 12. 6. 본회의에 상정되어 가결됨으로써 공포 후 6월이 경과한 날부터 시행에 들어가게 되었다.

2. 개정법률안의 입법취지 및 주요 골자

본 조문의 개정에 대한 입법취지는 본 법률안을 제안한 남궁석 의원의 발언에 나타나 있다. 즉 남궁석 의원의 발언에 따르면 "1995년 형법의 부분개정으로 컴퓨터범죄에 관한 규정이 신설되는 과정에서 컴퓨터의 권한 없는 사용에 대한 규정이 미비하여 실무에서 문제가 되고 있음. 즉, 형법 제347조의2 컴퓨터등사용사기죄는 독일 형법 제263a조에서 착상된 것인데,

---

529) 이하 본 절의 서술은 본 연구심사가 2001년 12월 1일자로 통과되고 난 뒤에 추가된 부분이며, 자세한 내용은 이정훈, 최근 형법개정조문(컴퓨터등사용사기죄)의 해석론과 문제점, 형사법연구 제17호, 2002, 131면 이하 참고.

이 조항의 도입과정에서 허위의 정보 또는 부정한 명령을 입력하는 행위만
을 규정하고 데이터의 무권한 사용이나 기타 무권한의 영향력 행사를 구성
요건에서 누락시켰음. 그 결과 최근 들어 타인의 신용카드와 비밀번호를
무권한자가 사용하여 현금을 인출하는 범법행위가 급증하고 있는데도, 모
처럼 도입한 본 조를 적용하지 못하고 부득이하게 논란의 여지가 많은 절
도죄로 다스리고 있는데(대판99도857, 대판98도2642, 대판97도2974, 대판95
도997 참조), 이는 죄형법정주의의 관점에서 볼 때 완전한 해결방법이 아
니므로 이를 입법적으로 해결하고자 하는 것"[530]이다.

이에 따라 본 조문은 "컴퓨터 등 정보처리장치에 허위의 정보 또는 부정
한 명령을 입력함으로써 성립하는 현행 형법 제347조의2 컴퓨터등사용사기
죄에 권한 없이 정보를 입력, 그 밖에 권한 없는 변경을 가하는 행위를 구
성요건으로 추가"하는 것이 바람직하다고 한다. 이와 같은 법률안은 법제사
법위원회의 심사를 거쳐 현재와 같이 일부 문구를 수정하여[531] 가결되었다.

현 행	개정안	수정안
컴퓨터 등 정보처리장치에 허위의 정보 또는 부정한 명령을 입력하여 정보처리를 하게 함으로써	---------------------- 허위의 정보 또는 부정한 명령을 입력, 권한 없이 정보를 입력하거나 그 밖에 권한 없는 변경을 가하여 정보처리를 하게 함으로써	---------------------- 허위의 정보 또는 부정한 명령을 입력하거나 권한 없이 정보를 입력·변경하여 정보처리를 하게 함으로써
재산상의 이익을 취득하거나 제3자로 하여금 취득하게 한 자는 10년 이하의 징역 또는 2천만 원 이하의 벌금에 처한다.	---------------------- ---------------------- ---------------------- ---------------------- -------------	---------------------- ---------------------- ---------------------- ---------------------- ---------

---

530) 제225회 국회에 제안된 형법중개정법률안 참조.
　　　http://na6500.assembly.go.kr/cgi-bin/detail?BILLNO=161112
531) 수정이유는 개정안의 취지를 반영하여 문맥을 명확히 하기 위한 것이라고
　　　한다. 법제사법위원회 형법중개정법률안 심사보고서, 2001. 12. 김회선 전문
　　　위원 검토보고의 요지 부분 참조. 이 보고서의 내용은
　　　http://www.assembly.go.kr/latest/index.html에서 찾아볼 수 있다.

Ⅱ. 개정조문의 의의와 문제점

1. 의 의

현행 형법해석론상 현금카드나 신용카드를 절취하거나 일시적으로 취득한 자가 본인의 승낙 없이 신용카드를 사용하여 현금자동지급기에서 돈을 인출하거나 다른 계좌로 이체하는 행위에 대하여 어떻게 처벌하는가에 대해서는 1995년 본 조문의 신설 당시부터 계속해서 논란이 있어왔다. 특히 절도죄가 성립하는지 아니면 컴퓨터등사용사기죄가 성립하는지에 대하여 학자들 간에 견해가 일치하지 않고 있었고, 특히 본 조문의 '부정한 명령'에 해당하는지에 대해서는 유추해석에 반한다는 견해가 강력하게 제기되고 있었다. 하지만 개정법률안의 입법제안자의 제안이유에서도 밝히듯이 개정조문은 명시적으로 '권한 없이 정보를 입력'하는 행위를 본 조문의 구성요건으로 추가하여 현금자동지급기에서 절취한 타인의 카드를 이용하는 행위는 컴퓨터등사용사기죄에 의하여 처벌된다고 보고 있다. 즉, 타인의 카드를 절취하여 현금자동지급기에 타인의 비밀번호를 입력하는 행위는 본 조문에 있어서 '권한 없이 정보를 입력'한 행위가 되어 본 죄의 미수로 처벌되며, 그 입력된 정보에 의하여 자신의 계좌에 예금이 이체되면 재산상 이익의 취득으로 보아 본 죄의 기수가 된다고 할 수 있다.

그러나 개정조문에 추가된 행위구성요건은 단순히 현금자동지급기의 부정사용의 사례를 입법적으로 해결하는 것뿐만 아니라 보다 확대된 재산범죄 영역에서 중요한 의미를 지닐 수 있다. 예컨대 현재와 같이 전 세계적 네트워크(인터넷)로 연결된 컴퓨터환경에서는 재산상 중요한 자료처리과정상에 권한 없이 정보를 입력하는 행위를 통해 그 정보의 조작이 이루어지는 경우에도 본 조문이 적용될 수 있다는 것을 의미한다. 현재 정보통신망법에 의하면 정보통신망에 "정당한 권한 없이 또는 허용된 접근권한을 초과하여" 침입하는 행위를 처벌하고 있다. 따라서 타인의 ID나 비밀번호를 입력하여 정보통신망에 침입하는 행위는 일단 정보통신망법에 의하여 규율되게 된다. 이때 침입 후에 추가적인 재산취득범죄가 성립하는 경우에는 정보통신망법위반과 별도로 컴퓨터등사용사기죄의 성립 여부를 검토할 수 있게 된다. 그러나 타인의 ID와 비밀번호를 입력하는 행위가 개정조문에 있어서 '권한 없이' 정보를 입력하는 행위로 볼 수 있게 되면 권한 없이 전산망에 접근하는 '단순해킹'행위도 컴퓨터등사용사기죄에 있어서 실행의 착수가 있다고 볼 수 있다. 따라서 해킹을 통한 재산취득범죄도 개정된 컴퓨터등사용사기죄의 적용에 아무런 문제가 없다고 할 수 있게 되며, 이는 본 조문이 사이버범죄에 적극적으로 대처할 수 있는 규정으로서의 지위를 가지게 된다는 것을 의미하게 된다.

2. 개정조문의 문제점

위와 같이 개정조문이 형법상 컴퓨터등사용사기죄에 대한 해석상의 다툼을 해결하고, 보다 확대된 재산범죄영역에서 본 조문이 적용가능하게 된 점에 있어서는 긍정적으로 평가할 수 있지만, 추가된 행위구성요건의 해석론에 있어서는 몇 가지 문제점을 제기하고 있다.

(1) 독일모델 채택의 문제점

우리 입법 제안자는 현행의 컴퓨터등사용사기죄가 독일 형법 제263a조에서 착상된 것이라고 보고, 1995년 당시 컴퓨터등사용사기죄 조문의 도입과정에서 데이터의 무권한 사용이나 기타 무권한의 영향력행사를 구성요건에서 누락시켰다고 파악하고 있다. 그 결과 타인의 신용카드와 비밀번호를 무권한자가 사용하여 현금을 인출하거나 계좌이체하는 경우에는 컴퓨터등사용사기죄의 적용 여부에 대하여 해석상 논란이 있어왔고, 이번 개정법률에 의하여 입법적으로 해결하고자 하였다.

그러나 현재 컴퓨터등사용사기죄 규정은 1995년 우리 형법개정 당시 입법제안자가 설명하듯이 독일모델을 채택한 것이 아니다. 앞에서도 설명한 바와 같이 1995년 당시 입법자는 명시적으로 일본모델을 채택하였다고 하고 있다. 다만 일본모델을 채택하면서도 독일모델도 아울러 참고한 것에 불과하다. 따라서 현행 규정상 '허위의 정보 또는 부정한 명령'의 입력이라고 하는 행위유형만을 규정한 것은 일본모델을 채택하면서 들어온 구성요건이지 독일모델을 채택하면서 독일 형법상의 일부 구성요건을 누락시킨 것은 아니라고 할 것이다.

다만 입법 제안자가 설명하듯이 일본모델을 채택하였으나 이로 인한 해석상의 다툼이 계속되어 왔고, 특히 현금자동지급기 부정사용의 사례에 있어서 제3절에서 소개하듯이 현재 법원의 태도도 일관성을 결여하고 있는 점 등을 고려해 볼 때 이를 입법적으로 해결하고자 '권한 없이 정보를 입력·변경'하는 행위유형을 신설한 점은 긍정적으로 평가할 만하다. 그러나 일본모델을 기본으로 한 현행 규정에 독일 형법상의 행위구성요건 모델을 추가하였기 때문에(결합모델) 추가된 행위구성요건의 해석을 둘러싸고 몇 가지 문제점이 발생할 수 있다. 예컨대, 독일에서는 '사용'이라는 구성요건요소를 사용하고 있는 반면에 일본과 우리나라는 '입력'이라는 구성요건요소를 사용하고 있다는 점, 독일에서는 현금카드의 부정사용행위를 '데이터의 무권한 사용'이라는 구성요건에서 포섭하고 있는 반면에 일본과 우리나라는 현행 규정상의 '허위의 정보 또는 부정한 명령의 입력'이라는 구성요건의 해석으로 포섭하고 있었다는 점, 나아가 독일의 '기타 정보처리과정에 대한 권한 없는 작용'이라는 구성요건이 우리 형법상 신설된 '권한 없이 정보를 입력·변경'이라는 구성요건으로 포섭할 수 있는 것인지 여부 등을 들 수 있다.

이러한 점에서 개정된 컴퓨터등사용사기죄 규정은 일본모델과 독일모델의 결합모델로서, 추가된 구성요건의 해석에 있어서도 독자적인 의미를 가지는 것으로 해석해야 한다. 만일 현재의 컴퓨터등사용사기죄 조문의 해석론을 위하여 독일 형법상의 구성요건 해석론을 그대로 가져오게 된다면 기존 행위구성요건(허위의 정보 또는 부정한 명령의 입력)의 독자적 의미를

제대로 살릴 수 없다. 따라서 추가된 행위구성요건의 해석론은 신설구성요
건의 도입상의 입법취지를 최대한 존중하면서도 아울러 기존 행위구성요건
과의 관계를 고려하여 제한적으로 파악해야 할 것이다.

(2) '재물' 구성요건의 추가 문제

현행 개정조문은 정보의 무권한 입력행위를 구성요건으로 추가함으로써
현금자동지급기 부정사용에 대한 기존 해석상의 다툼을 해결한 것처럼 보
이기는 하지만 아직 문제가 남아있다. 입법제안자는 타인의 신용카드와 비
밀번호를 무권한자가 사용하여 현금을 인출하는 범법행위에 대처하기 위하
여 본 조문에 '권한 없이 정보를 입력'하는 행위유형을 신설한 것이라고 하
고 있다. 그러나 법제사법위원회의 심사보고서에서도 밝히고 있듯이 이러
한 현금자동지급기 부정사용을 통해 현금을 인출한 행위는 본 조문이 '재
물'이라는 구성요건을 규정하고 있지 않음으로써 발생하는 문제이지 컴퓨
터등사용사기죄 조문에 해당 행위구성요건이 없기 때문은 아니다. 1995년
본 조문의 신설 이후 현금자동지급기에서 현금을 인출하는 행위에 대해서
학설상 대립이 있었던 가장 핵심적인 이유는 이러한 행위가 본 조문상 '부
정한 명령의 입력'이라는 행위구성요건에 포함되는지 여부에 달려 있었다.
대부분의 학자들은 현금자동지급기에서 절취한 타인의 카드를 사용하여 현
금을 인출하는 행위를 본 조문의 '부정한 명령의 입력'이라는 구성요건에
포함된다고 보고 있었고 다만 본 조문에 '재물'이라는 구성요건이 없기 때
문에 본 조문의 적용 여부에 대하여 부정설이 강력하게 제기되고 있었던
것이다.

따라서 개정법률안의 제안자가 현금자동지급기에서 현금을 인출하는 행
위를 절도죄가 아니라 컴퓨터등사용사기죄에 의하여 처벌해야 한다고 밝힌
점은 본 조문의 해석상 매우 중요한 가치가 있다고 평가할 수 있으나, 추가
된 구성요건만으로 이러한 현금인출행위를 본 조에 의하여 처벌할 수 있다
고 보기는 어렵다고 할 것이다. 왜냐하면 현금자동지급기 부정사용의 사례

에서 현금을 인출하는 행위를 본 죄에 의하여 처벌할 수 있으려면 본 조문의 구성요건에 '재물'을 추가하여야 함에도 불구하고 개정조문에 있어서는 여전히 기존과 같이 '재산상 이익'만을 규정하고 있기 때문이다. 이러한 점에서 현재의 개정조문은 아직 입법론상 재고의 여지가 남아있다고 생각된다.[532]

(3) '권한 없이'라는 구성요건의 문제

개정법률의 입법자는 '권한 없이'라는 문구를 통하여 독일의 컴퓨터사기죄의 규정과 동일한 조문형식을 취하려고 한 것으로 보인다.[533] 이러한 '권한 없이'라는 구성요건은 우리 형법상으로는 매우 이례적인 요건으로 규정된 것이다. '권한'이 범죄 성립 여부에 결정적인 조문으로 문서죄나 배임죄와 같은 규정에서도 명시적으로 '권한 없이'라는 규정을 두고 있지 않다. 이러한 점에서 컴퓨터등사용사기죄에 있어서 '권한 없이'라는 구성요건은 우리 형법상으로는 매우 독자적인 구성요건으로 받아들여질 수 있다.

그런데 추가된 '권한 없이'라는 구성요건은 그 인정 여부에 따라 본 죄의 성립 여부가 결정될 수 있게 되므로, 마치 본 죄가 신분범으로 이해될 여지가 있다. 즉 '정보를 입력·변경'하더라도 권한 있는 자인 경우에는 추가된 행위구성요건에 의하여 처벌되지 않는 것이 된다. 그리고 그 '정보' 자체에 대해서는 기존 행위구성요건과 같이 '허위' 혹은 '부정'이라는 수식어가 붙지 않기 때문에 그 정보가 어떠한 것인지는 본 행위구성요건의 해석에 있어서는 문제가 되지 않는다고도 볼 수 있다. 즉 추가된 구성요건이 본 조문의 행위유형 중 기본구성요건으로서의 지위를 가지게 된다면, 본 조문은 기본적으로 '권한 없이 정보를 입력하는 경우'를 처벌하는 규정이며, '허위의 정보의 입력'은 권한 없이 정보를 입력하는 경우 중 특별히 입

---

532) 본 죄의 행위객체에 '재물'을 추가하여야 한다는 입법론은 이미 제17대 국회 김석준 의원 등 11인의 '형법중개정법률안', 의안번호 170116 에 의하여 제기되어 있다.
533) 앞의 심사보고서, 4면.

력되는 정보가 '허위'인 경우만을 규정한 것이라고 할 수 있게 된다. 따라서 허위의 정보를 입력하더라도 권한 있는 자가 입력하게 되면 본 행위구성요건에 의하여 처벌되지 않는다는 해석도 가능하게 될 수 있다.

그러나 본 죄는 신분범이 아니다. 따라서 권한 있는 자라 할지라도 허위의 정보 또는 부정한 명령을 입력하게 되면 본 죄에 의하여 처벌된다고 보아야 하며, 추가된 행위구성요건은 기존 행위구성요건으로 포섭할 수 없었던 경우에 한하여 인정되어야 할 것이다. 현행 조문상으로도 '권한'의 문제는 '허위의 정보(혹은 부정한 명령)의 입력'이라는 구성요건의 해석상으로도 제한적으로 고려되고 있고, 앞에서도 설명하였듯이 '권한'의 문제는 사기죄의 틀 속에서 컴퓨터 특유의 해석을 통해 제한적으로 고려하면 충분히 포섭할 수 있는 것이라 할 수 있다. 따라서 독일 형법과 같이 '권한 없이'라는 구성요건을 추가한 개정조문은 입법론상으로는 타당하다고 할 수 있지만 그 해석에 있어서는 여전히 많은 문제점을 제기할 것이다.

만약 '권한 없이'라는 구성요건이 컴퓨터 등 정보처리장치의 사용권한이 없는 경우나 단순히 정보를 입력할 권한이 없는 경우를 의미한다면, 단순히 공중전화카드를 습득한 자가 카드식 공중전화기를 이용하는 경우 혹은 타인의 컴퓨터를 무단으로 사용하는 경우에도 본 조에 의하여 처벌될 것이고, 나아가 현금카드소유자로부터 현금인출을 의뢰받은 자가 현금자동지급기에 소유자의 비밀번호 등을 입력하는 경우에도 은행과의 관계에서는 권한 없이 행위한 것으로 파악될 여지가 있다. 이러한 의미에서 추가된 '권한 없이'라는 구성요건은 컴퓨터등사용사기죄 조문의 입법취지와 조문체계상의 위치, 그리고 기존 행위구성요건과의 관계를 고려하여 제한적으로 해석해야 할 것이다. 이러한 의미에서 개정조문상의 '권한 없이'라는 구성요건은 기존의 해석론상의 문제점을 해결하는 것이 아니라 또 다른 문제를 야기하는 출발점이 된다고 하지 않을 수 없다.

(4) 신설 구성요건의 불명확성

개정조문에서 추가된 '권한 없이 정보를 입력·변경'하는 행위는 "독일 형법상 권한 없는 정보의 사용 등으로 정보처리과정에 영향을 미쳐 타인의 재산에 손해를 끼친 행위"를 포섭하기 위한 것[534]으로 보인다. 즉 개정법률안의 입법자는 1995년 형법개정의 입법자가 일본 형법을 모델로 채택한 것에 대하여 명시적으로 독일 형법을 모델로 채택하고 있다고 할 수 있다. 즉 본 조문의 적용범위가 가장 좁은 일본모델에서 이보다는 넓은 독일모델을 채택하였다.

그러나 독일 조문상 제4행위는 특정한 하드웨어조작이나 콘솔조작 등 제1, 2, 3행위로 포섭할 수 없는 경우에 있어서 이를 보충할 수 있는 구성요건으로 규정된 것임에 반하여 우리 조문이 이러한 의미를 가지는지는 의문이다.

엄격하게 해석하면 권한 없이 정보를 입력·변경한다고 함은 타인의 비밀번호 등을 컴퓨터 등 정보처리장치에 입력하거나 타인의 전자기록을 변경하는 것을 의미하는데, 이때 타인의 전자기록을 변경하는 행위는 우리 형법상 손괴죄나 전자기록변작죄에 해당하는 것이어서 이미 저장되어 있는 데이터의 변경에 불과하다고 할 수 있다. 따라서 추가된 구성요건은 '정보처리과정에 영향을 미치는 행위'라고 할 수 없다.

이러한 의미에서 개정조문상의 '권한 없이 정보를 변경'하는 행위는 컴퓨터등사용사기죄에 있어서 도대체 어떠한 의미를 가지는 것인지를 알 수 없다. 컴퓨터등사용사기죄는 정보처리과정상에서 발생하는 자료의 부정조작행위를 처벌하기 위한 규정으로서, 입력조작이나 프로그램조작, 그리고 처리조작에 적용할 수 있는 것이다. 그런데 정보처리를 위해 입력되어 저장된 자료를 변경하는 것은 이른바 문서범죄에 해당하는 행위유형일 뿐이며 사기죄로 포섭될 행위유형은 아니라고 생각된다. 본 구성요건의 입법취지가 '정보처리과정에 영향을 미치는 행위'라고 한다면 '권한 없이 정보를

---

534) 앞의 심사보고서, 4면.

변경'하는 행위는 '권한 없이 정보를 입력'하는 행위에 포섭된다고 하지 않을 수 없다. 정보의 변경을 위해서는 그 정보변경을 위한 정보의 입력이 있어야만 하기 때문이다. 굳이 '정보의 변경'이라는 요건을 추가할 이유는 없는 것이다. 예컨대 타인의 계좌에 1천만 원의 예금액이 있다고 하자. 은행 단말기를 권한 없이 사용하여 그 계좌의 금액을 2천만 원으로 변경한 경우, '권한 없이 정보를 변경'이 있다고 말할 수 있다. 그러나 이는 '권한 없이 정보를 입력'하는 행위와 그로 인한 정보처리의 결과일 뿐이며, 그 '정보의 변경' 자체가 본 조문에 있어서 독자적인 의미를 가지는 것으로 보기는 어렵다.

물론 '정보의 변경'이라는 개념을 넓게 파악하여 '정보의 기록과정상에 영향을 미치는 행위'라고 못 볼 바 아니지만, 정보의 기록과정상에 영향을 미치는 행위가 어디까지 확장될 것인지는 예측할 수 없으며, 이렇게 해석할 때 본 조문상에 규정되어 있는 '허위의 정보 또는 부정한 명령의 입력' 행위와 '권한 없이 정보를 입력'하는 행위가 모두 '정보의 변경'행위에 해당한다고 해석될 여지도 있게 된다. 따라서 입법자가 "죄형법정주의 이념에 충실하고 구성요건의 명확성을 기한다는 면에서" 신설한 본 구성요건[535]은 오히려 구성요건의 명확성에 반할 뿐만 아니라 죄형법정주의 이념에도 충실한 것이라고 할 수 없다.

III. 개정법률의 시행 후 본조 해석론의 모색

2001년 12월 29일 법률 제6543호로 공포된 개정된 컴퓨터등사용사기죄는 2002년 6월 30일부터 시행에 들어가게 되었다. 개정조문은 현행 조문에 '권한 없이 정보를 입력·변경'하는 행위구성요건을 추가한 것이므로, 앞으로 추가된 행위구성요건에 대한 검토가 필요하게 된다. 입법제안자는 기존

---

535) 앞의 심사보고서, 4면.

의 해석론상 논란이 되었던 현금자동지급기 부정사용의 사례를 입법적으로 해결하고자 한 것이 추가구성요건의 신설의 주된 취지라고 밝히고는 있지만, 이에 더하여 독일 형법상 '기타 정보처리과정에 영향을 미치는 행위'도 포함하고자 하는 의도도 있다고 보여진다. 그러나 개정조문상에 신설된 구성요건이 이러한 입법자의 의도대로 적용될 것인지는 아직 알 수 없다. 왜냐하면 조문의 신설취지에도 불구하고 그 조문이 적용되기 위해서는 법해석을 통해 그 조문이 가지고 있는 표준적인 의미내용을 명백히 밝히지 않으면 안 되기 때문이다. 따라서 추가된 '권한 없이 정보를 입력·변경'하는 구성요건은 법해석을 통해 그 의미내용을 명백히 한 후에야 비로소 컴퓨터등사용사기죄의 적용가능성도 모색해 볼 수 있는 것이다.

1. 구성요건 간의 관계

추가된 행위구성요건에 의하여 개정된 컴퓨터등사용사기죄의 조문상 행위유형은 이제 3가지로 확대되었다. 즉 제1행위는 허위의 정보를 입력하는 행위, 제2행위는 부정한 명령을 입력하는 행위, 제3행위는 권한 없이 정보를 입력·변경하는 행위이다. 이때 이 3가지 행위 간의 관계가 문제된다.

제1행위는 진실에 반하는 정보를 입력하는 행위로서 타인의 정보를 입력하는 행위도 포함한다고 본다. 다만 컴퓨터 특유의 해석에 의하여 컴퓨터프로그램에 의하여 권한 유무를 검사하는 경우에 한정해서 파악하여야 할 것이다. 그런데 입법자는 타인의 정보를 입력하는 행위를 권한 없이 정보를 입력하는 제3행위로 파악하고 있다. 이 점에 있어서 해석상 문제가 발생할 수 있다.

제2행위는 프로그램조작행위를 특별히 구성요건화한 것으로 파악할 수 있다. 즉 기존 학설상 논란이 되었던 제2행위에 대한 해석론은 신설 조문의 입법취지에 비추어 볼 때 명백히 프로그램조작행위에 한정된다고 보는 것이 타당하다.[536)]

272

제3행위는 '권한 없이'라는 구성요건요소로 인해 제1, 2행위와는 달리 독
자적인 의미를 가지는 행위유형이라고 할 수 있다. 입법자의 구상에 따르
면 제3행위는 '권한 없는 정보의 사용 등으로 정보처리과정에 영향을 미치
는 행위'유형이 된다. 즉 권한 없이 진실한 정보를 입력하는 경우에도 정보
처리과정에 영향을 미칠 수 있다면 이 행위유형에 속하게 된다. 따라서 어
떠한 경우에 제3행위에 해당하는가는 구체적 사실관계에 비추어 '권한 없
이'라는 요소의 성립 여부 및 정보처리과정에 영향을 미치는지 여부에 달
려있다고 할 수 있다.

행위유형	구 성 요 건
제1행위	허위의 정보의 입력
제2행위	부정한 명령의 입력
제3행위	권한 없이 정보를 입력·변경

2. 추가 행위구성요건의 해석론

(1) 추가구성요건의 구조

추가된 구성요건은 '권한 없이 정보를 입력·변경'하는 행위를 규정하고
있다. 일견 한 가지의 행위유형만을 규정한 것같이 보이지만, 본 구성요건
은 '권한 없이 정보를 입력하는 행위'와 '그 밖에 권한 없는 변경'이라는 행
위의 두 가지 행위유형을 한 개의 구성요건으로 간략화시킨 것이다. 따라

536) 그러나 2001년 개정된 컴퓨터등사용사기죄 규정의 해석에 있어서도 부정한
'명령'의 입력이란 프로그램조작행위뿐만 아니라 컴퓨터명령어(예컨대 도스
명령어)를 입력하는 것도 포함하여야 한다고 보는 견해도 있다. 즉 독일
컴퓨터사기죄상의 제4행위 유형인 '기타 정보처리과정에 대한 권한 없는
작용'에 해당하는 일부 행위가 우리 형법상의 부정한 명령의 입력에 포섭
될 수 있다고 보는 것이다. 류석준, 컴퓨터사기죄의 행위방법에 대한 비교
법적 검토, 비교형사법연구 제7권 제1호, 2005, 426면.

서 추가구성요건의 해석론도 실제에 있어서는 두 개의 행위구성요건별로 검토하지 않을 수 없다. 이하에서는 편의상 '권한 없이 정부를 입력하는 행위'를 추가구성요건의 제1유형, '권한 없이 정보를 변경하는 행위'를 추가구성요건의 제2유형이라고 표시하고자 한다.

(2) 추가구성요건의 제1유형: 권한 없이 정보를 입력

앞에서도 살펴보았듯이 개정조문에 의하여 삽입된 '권한 없이'라는 표지는 우리 형법조문상 매우 이례적인 구성요건요소라 할 수 있다. 따라서 본 조문에 있어서 '권한 없이'라는 요소의 해석은 컴퓨터등사용사기죄의 적용에 있어서 핵심적인 문제사안이라고 할 수 있다.

입법자는 본 구성요건요소를 독일 형법상 '데이터의 무권한 사용'이라는 문언을 참고하였다고 밝히고 있다. 독일에서는 '무권한(unbefugte)'의 해석을 둘러싸고 주관적 해석, 사기 특유의 해석, 컴퓨터 특유의 해석이 대립되고 있다. 이 중 사기 특유의 해석이 독일에서의 지배적 견해이다. 즉 이에 의하면 행위자의 자료사용이 사기죄에 있어서 기망행위와 유사할 것임을 고려하여, 행위자의 권한이 행위자와 관련 당사자 사이를 연결시키는 기초에 속하고 그 결과 업무유형과 거래관행에 따라 행위자의 자료사용이 관련 당사자에 의하여 인정되는 경우에만 권한에 따른 사용이고, 이를 초과하는 경우에는 권한 없는 사용이 된다고 보고 있다. 따라서 정당한 카드 소지인이 현금카드를 악용하여 자신의 구좌에 남아있는 예금액보다 초과인출하는 경우나 위조카드를 사용하는 경우 내지 절취한 카드를 사용하는 경우에도 '데이터의 무권한 사용'이 된다고 보고 있다.

위와 같은 독일의 '데이터의 무권한 사용'에 대한 해석론은 우리 조문의 '권한 없이 정보를 입력'한 행위에 대한 해석에 있어서도 참고가 될 수 있다. 그러나 본 구성요건이 독일 형법상의 조문을 참고로 한 것이라고 할지라도 그 해석에 있어서도 독일의 조문해석론을 그대로 빌려올 필요는 없다. 우리 조문의 해석은 우리 입법자의 의사와 우리 형법 전체 조문체계와의 관계 및 우리 언어의 문리해석을 통해 밝히면 족하기 때문이다.

　우리 조문은 '허위의 정보 또는 부정한 명령의 입력'이라는 구성요건을 통해 이미 독일에서의 데이터의 무권한 사용행위에 어느 정도 대처하고 있다. 비록 해석상 다툼이 있기는 하지만 앞에서 설명한 바와 같이 '허위정보의 입력'행위에 해당한다고 보게 되면, 추가된 '권한 없이 정보를 입력'하는 행위는 기존 행위구성요건에서 포섭할 수 없었던 재산취득범죄에 대해서도 대처할 수 있는 구성요건의 신설이라는 가치를 가질 수 있게 된다. 이러한 의미에서 추가된 구성요건 제1유형은 독일 형법상 '데이터의 무권한 사용'과 같이 독자적인 의미를 가진 구성요건으로 파악할 것이 아니라 이하의 제2유형과 함께 기존 행위구성요건에서 포섭할 수 없는 경우에 이를 보충할 수 있는 규정으로 받아들이면 족하다고 생각한다.

　우리나라의 개정조문은 제3행위로서 '권한 없이 정보를 입력'하는 행위를 규정하고 있다. 하지만 제1행위 즉 '허위의 정보의 입력'과의 관계에서 제3행위에 있어서 '정보'는 진실한 정보에 한정된다고 하지 않을 수 없다. 만약 제3행위의 '정보'에 허위의 정보도 포함된다고 해석하면 제1행위는 '권한 있는 자'가 허위의 정보를 입력하는 행위만을 의미하게 되는데, 이는 본 죄를 신분범으로 만들어버리는 결과를 가져오게 된다. 따라서 본 행위유형이 독자적 의미를 가지게 되려면 제3행위에 있어서 '정보'는 진실한 정보이어야 한다.

　그렇다면 진실한 정보를 권한 없이 입력하는 행위는 무엇을 의미하는가? 입법취지에 비추어보면 절취한 타인의 카드상의 비밀번호를 현금자동지급기에 입력하는 행위는 진실한 정보를 권한 없이 입력한 것에 해당한다고 할 수 있다. 그러나 타인의 비밀번호를 입력하는 행위를 진실한 정보를 입력하는 것이라고 보는 것은 의문이 있다. 앞에서도 살펴보았듯이 타인의 비밀번호가 컴퓨터에 있어서는 진실한 정보라고 할 수 있어도 사기죄의 틀 속에서 본 조문의 행위구성요건을 파악할 때에는 그 정보의 진실 여부는 컴퓨터시스템의 제공자 내지 처분권한자의 의사에 반하는지 여부에 달려있다고 할 수 있다. 즉 타인의 정보를 입력하는 행위가 그 시스템제공자의 의사에 반한다고 한다면 그 입력된 정보는 진실한 것이 아니라 '허위'라고 말할 수 있다. 따라서 타인의 비밀번호를 입력하는 행위는 본 조에 있어서 '허위의 정보의 입력'에 해당하는 것으로 보아야 하며, 권한 없이 정보를 입력하는 행위로 보아서는 안 된다. 이렇게 파악하는 것이 본 조문이 사기죄의 보충규정으로서의 지위를 가진다는 의미를 살릴 수 있으며, 1995년 본 조 신설의 취지와도 부합한다고 할 수 있다.

또 입법제안자는 우리 형법상 컴퓨터등사용사기죄 규정이 독일 형법상 컴퓨터사기죄 조문의 일부 구성요건만을 도입하고 '데이터의 무권한 사용'이라는 구성요건을 누락시킨 결과, 위와 같은 현금자동지급기 부정사용의 사례에 대처할 수 없었다고 하지만, 실제에 있어서는 이와 같은 무권한 사용은 본 조에 의하여 적극적으로 인용되고 있다는 점을 제대로 인식하지 못하고 있지 않는가 생각된다. 입법제안자가 들고 있는 대법원판결들은 기본적으로 여신전문금융업법과 절도죄의 성립 여부에 대한 사안들로서 본 연구 제3장에서 살펴본 바와 같이 하급심법원에서는 적극적으로 컴퓨터등 사용사기죄를 적용하고 있다는 현실을 제대로 알지 못하고 있는 것으로 보인다.

따라서 입법제안자의 본 조 개정의 취지와는 달리 타인의 비밀번호를 입력하는 행위는 본 조의 제1행위에 충분히 포섭될 수 있다고 할 것이고, 추가구성요건의 제1유형은 이러한 의미에서 제한적으로 해석되어져야 할 것이다.

생각건대, 추가구성요건의 제1유형은 타인의 비밀번호 등을 입력하는 것에서 '무권한'의 문제를 고려하는 것이 아니라, 이미 권한자의 인식이 컴퓨터에 의하여 이루어지고 난 다음에 그 '권한에 의한 자료입력상태를 이용하여' 정보를 입력하는 경우를 의미하는 것 내지 권한정보의 입력 없이 정보를 입력하는 것으로 한정해서 파악하여야 할 것이다. 예컨대, 타인이 비밀번호 등의 입력을 통해 예금계좌의 이체나 특정 정보의 입력이 가능한 상태에서 해킹 등을 통하여 그러한 타인의 접근권한을 이용하여 자신의 계좌로 예금을 이체시키거나 특정한 정보의 입력을 통해 재산상 이익을 취득하는 경우 내지 컴퓨터시스템에서 요구하는 권한 정보 등을 입력하지 아니하고 특정 정보를 입력하여 재산상 이익을 취득하는 경우를 들 수 있다. 즉 직접적으로 타인의 비밀번호 등의 '권한 유무 검사를 요하는 정보'를 입력하는 것이 아니라 그러한 권한의 인증 상태를 이용하여 정보를 입력하는 경우에 제1유형에서 규정하는 '무권한'이라고 말할 수 있다는 것을 의미한다.

이것은 사기죄에 있어서 부작위에 의한 기망행위와 동일한 평가가 된다고도 볼 수 있다. 즉 타인의 비밀번호 입력 등에 의하여 이미 컴퓨터는 그 권한에 대하여 진실한 것으로 오신하고 있으며, 그 상태에서 진실한 정보를 입력한 행위는 권한 없이 정보를 입력한 행위가 된다.

(3) 추가구성요건의 제2유형: 권한 없이 정보를 변경

추가구성요건의 제2유형은 '권한 없이 정보를 변경'하는 행위이다. 문언대로 해석하면 본 행위유형은 권한 없이 컴퓨터에 저장되어 있는 전자기록이나 처리 내지 전송 중인 데이터를 변경하는 행위를 의미하게 된다. 그러나 데이터나 전자기록의 변경을 위해서는 반드시 '입력'이라는 행위가 필요하다는 점에서 본 행위유형은 입력을 제외한 행위에 한정된다고 히지 않을 수 없다. 그렇다면 본 행위구성요건에서 '변경'의 의미는 입력 이외에 '정보처리과정 내지 그 결과에 영향을 미치는 행위'만을 의미한다고 보아야 한다. 즉 컴퓨터부정조작의 행위유형 중 '처리조작과 출력조작'을 의미한다고 볼 수 있다. 예컨대 입력된 정보가 컴퓨터에 의하여 처리되는 과정에 콘솔조작이나 기타 하드웨어조작을 통하여 그 정보가 변경되는 경우나 처리된 정보가 저장되어 있는 경우, 즉 전자기록으로 존재하는 정보를 변경하는 경우를 들 수 있다.

그러나 전자기록으로 존재하는 정보를 변경하는 행위는 형법상 전자기록변작죄에 의하여도 처벌할 수 있고, 이러한 전자기록의 변경이 그 내용

이 진실에 반하는 것이라면 제1행위에 해당한다고 볼 수 있으므로 추가구
성요건의 제2유형에 포섭할 필요는 없다고 생각된다.

　남는 부분은 결국 입력된 정보가 컴퓨터에 의하여 처리되는 과정에서
권한 없이 영향을 미치는 경우에만 본 행위유형에 포섭된다고 보아야 할
것이다. 이러한 예로서는 예컨대 타인에 의하여 입력된 정보를 그 처리나
전송 과정에서 해킹을 통해 변경하는 경우나 정보의 처리과정에 있어서 정
보변경을 위한 콘솔이나 하드웨어조작행위 등을 들 수 있을 것이다. 이렇
게 파악할 때 본 행위유형은 추가구성요건의 제1행위유형과 구별될 수 있
다고 생각되며, 본 추가구성요건의 입법취지와도 부합된다고 여겨진다.

3. 2001년 형법개정 이후의 공간된 대법원 판례에 나타난 해석론

　2001년 형법 개정 이후에 공간된 대법원 판례를 살펴보면 기존 해석상
대립이 있었던 현금자동지급기에서 현금을 인출하는 행위에 대하여 여전히
절도죄를 적용하고 있음을 알 수 있다.[537] 즉 "우리 형법은 재산범죄의 객
체가 재물인지 재산상의 이익인지에 따라 이를 재물죄와 이득죄로 명시하
여 규정하고 있는데, 형법 제347조가 일반 사기죄를 재물죄 겸 이득죄로
규정한 것과 달리 형법 제347조의2는 컴퓨터등사용사기죄의 객체를 재물이
아닌 재산상의 이익으로만 한정하여 규정하고 있으므로, 절취한 타인의 신
용카드로 현금자동지급기에서 현금을 인출하는 행위가 재물에 관한 범죄임
이 분명한 이상 이를 위 컴퓨터등사용사기죄로 처벌할 수는 없다고 할 것
이고, 입법자의 의도가 이와 달리 이를 위 죄로 처벌하고자 하는 데 있었
다거나 유사한 사례와 비교하여 처벌상의 불균형이 발생할 우려가 있다는
이유만으로 그와 달리 볼 수는 없다."는 것이다.

　한편 타인의 인적 사항을 도용하여 타인 명의로 발급받은 신용카드의

---

537) 대법원 2002. 7. 12. 선고 2002도2134 판결, 대법원 2003. 5. 13. 선고 2003도
　　 1178 판결

번호와 그 비밀번호를 인터넷사이트에 입력함으로써 재산상 이익을 취득한 행위가 구 형법 제347조의2 소정의 컴퓨터등사용사기죄에 해당하는지에 대하여 대법원 2003. 1. 10. 선고 2002도2363 판결에서는 이러한 행위가 구 형법(2001. 12. 29. 법률 제6543호로 개정되기 전의 것)상의 '부정한 명령의 입력'에 해당한다고 하여 무권한 입력행위에 대한 법원의 해석론을 분명히 밝히고 있다.

그러나 대법원 2006. 1. 26. 선고 2005도8507 판결에서는 "금융기관 직원이 범죄의 목적으로 전산단말기를 이용하여 다른 공범들이 지정한 특정계좌에 무자원 송금의 방식으로 거액을 입금한 것은 형법 제347조의2에서 정하는 컴퓨터 등 사용사기죄에서의 '권한 없이 정보를 입력하여 정보처리를 하게 한 경우'에 해당한다고 할 것이고, 이는 그 직원이 평상시 금융기관의 여·수신업무를 처리할 권한이 있었다고 하여도 마찬가지이다."라고 판단하고 있는데 이는 본 조문상의 '허위정보의 입력' 즉 객관적 사실과 일치하지 않는 정보를 입력한 것임에도 불구하고 추가된 구성요건인 '권한 없이 정보를 입력'하였다고 하여 추가 구성요건의 해석을 넓히고 있어, 기존 구성요건의 적용영역을 축소시키고 있다고 판단된다.

다만 대법원 2006. 3. 24. 선고 2005도3516 판결에서처럼 "예금주인 현금카드 소유자로부터 일정한 금액의 현금을 인출해 오라는 부탁을 받으면서 이와 함께 현금카드를 건네받은 것을 기화로 그 위임을 받은 금액을 초과하여 현금을 인출하는 방법으로 그 차액 상당을 위법하게 이득할 의사로 현금자동지급기에 그 초과된 금액이 인출되도록 입력하여 그 초과된 금액의 현금을 인출한 경우에는 그 인출된 현금에 대한 점유를 취득함으로써 이 때에 그 인출한 현금 총액 중 인출을 위임받은 금액을 넘는 부분의 비율에 상당하는 재산상 이익을 취득한 것으로 볼 수 있으므로 이러한 행위는 그 차액 상당액에 관하여 형법 제347조의2(컴퓨터등사용사기)에 규정된 '컴퓨터 등 정보처리장치에 권한 없이 정보를 입력하여 정보처리를 하게 함으로써 재산상의 이익을 취득'하는 행위로서 컴퓨터등사용사기죄에 해당된다."고 판시하였는데, 추가 구성요건의 '권한 없이'의 의미에 대하여 진실한 정보를 입력할 권한이 없는 경우뿐만 아니라 위임된 권한을 남용한 경우에도 본 조의 '권한 없이 정보를 입력'한 경우에 해당한다고 본 것은 본조의 입법취지상 당연한 해석이라고 생각된다.

한편, 대법원 2006. 7. 27. 선고 2006도3126 판결에서는 타인의 명의를 모용하여 신용카드를 발급받은 다음, 이 신용카드를 사용하여 물품을 구입하고 현금자동지급기에서 현금서비스를 받거나 ARS 전화서비스나 인터넷 등을 통하여 신용대출을 받은 경우, 기망당한 카드회사가 카드사용을 포괄적으로 허용한 것에 기초한 것으로 파악하여 포괄적으로 카드회사에 대한 사기죄가 성립한다고 볼 수 없고, 타인명의를 모용하여 신용카드를 발급받아 물품을 구입한 경우에는 사기죄, 현금자동지급기에서 현금을 인출한 행위에 대하여는 절도죄, 그리고 타인명의를 모용하여 발급받은 신용카드의 번호와 그 비밀번호를 이용하여 ARS 전화서비스나 인터넷 등을 통하여 신용대출을 받은 경우를 컴퓨터등사용사기죄로 처벌하고 있다. 본 판결은 대금결제의 의사와 능력이 없으면서도 있는 것 같이 가장하여 자기명의의 신용카드를 발급받아 현금대출을 받은 경우, 기존의 판결(대법원 1997. 4. 9. 선고 95도2466 판결)에서 사기죄의 포괄일죄로 본 것과는 달리 타인 명의를 도용한 경우에는 카드회사가 피고인에게 타인 명의의 신용카드를 사용할 권한을 주었다고 볼 수 없으므로 피고인이 현금자동지급기에서 현금을 인출한 경우에는 현금자동지급기의 관리자에 대한 절도죄를, ARS 전화서비스 등을 이용하여 신용대출을 받은 경우에는 대출금융기관에 대한 컴퓨터등사용사기죄가 성립한다고 판시한 것이다. 현금자동지급기에서 현금서비스를 받거나 ARS 전화서비스 등을 이용하여 신용대출을 받는 경우는 양자 모두 타인 명의의 신용카드의 번호와 그 비밀번호를 이용하였다는 점 및 신용대출을 받았다는 점에서 동일한 행위임에도 불구하고, 각각 절도죄 및 컴퓨터등사용사기죄를 인정한 점에 대해서는 의문이 있지만, 현재 본 조문에 '재물'을 추가하지 않는 이상 이러한 대법원의 결론은 앞으로도 계속 유지될 것이다.

Ⅳ. 소결론

이상과 같이 새로 개정된 형법 제347조의2 컴퓨터등사용사기죄 조문은 형법 학계의 광범위한 논의를 거쳐서 입법화된 것이 아니어서, 앞으로도 본 조문의 적용을 둘러싸고 많은 논의가 있으리라 예상된다. 특히 이번 개정은 '의원입법'이라는 형식을 통해 한 달도 채 안되는 기간 동안에 의안이 국회에 상정되고 통과되었다. 이에 따라 형법학계나 법조계에서도 이번 개정안의 내용에 대하여 충분한 검토를 하지 못한 결과, 앞으로 본 조문의 해석에 있어서는 신중한 고려가 필요하다고 생각된다.

개정조문의 추가구성요건의 해석에 있어서 앞으로의 논의가 어떻게 이루어질지는 아직 알 수 없다. 하지만 크게 두 가지 견해로 나누어 설명해 볼 수 있을 것이다.

먼저 생각해 볼 수 있는 견해는 본 조문개정의 입법취지대로 타인의 정보를 권한 없이 입력하는 행위는 모두 추가구성요건인 '권한 없이 정보를 입력'한 행위에 포섭된다고 보는 입장이다. 이렇게 파악할 때 추가된 구성요건은 모든 권한 없는 정보의 입력행위에 대처할 수 있는 규정이라고 할 수 있게 되며, 기존의 '허위의 정보 또는 부정한 명령의 입력'행위는 본 조문 내에 있어서 특별규정으로 이해되게 된다. 타인의 현금카드니 신용카드를 절취하여 현금자동지급기에서 현금을 인출하거나 예금을 이체하는 경우, 위조한 현금카드를 사용하는 경우, 인터넷 쇼핑몰에서 타인의 신용카드 정보를 이용하는 경우 등이 모두 새로 추가된 구성요건에 포섭되게 될 것이다. 그리고 기존의 '허위의 정보의 입력'행위는 예컨대 은행원이 입금한 사실이 없는 데도 불구하고 허위의 입금데이터를 입력한 경우와 같이 제한적으로만 인정될 것이고, '부정한 명령의 입력'행위에 대한 기존의 해석상의 다툼은 해결되며, 오로지 프로그램조작행위에 한정되는 것으로 이해될 것이다.

그러나 위의 입장을 취하는 경우에는 사실 입법자가 의도했던 현금자동지급기 부정사용의 사례가 기존의 행위구성요건으로도 충분히 고려되고 있음에도 새로이 포괄적인 구성요건을 추가할 이론적 근거를 찾기 어렵다는 단점이 있다. 또 정보의 무권한 입력·변경행위가 상당부분 다른 컴퓨터범죄 관련 조문과 중첩되는 결과 그 조문들과의 관계를 명확하게 구별하기 어려운 점이 있다. 나아가 추가된 행위구성요건이 본 조문에 있어서 기본적 구성요건으로서 이해되면 본 조문이 사기죄의 보충규정이 아니라 마치 신분범으로서 파악될 여지가 발생한다.

따라서 추가된 행위구성요건은 앞에서의 논의와 같이 제한적으로 해석해야 한다고 생각한다. 즉 추가된 구성요건을 기존의 행위구성요건에서 포섭하지 못했던 새로운 범죄유형에 대처할 수 있는 보충적 행위구성요건으로 이해하여야 한다. 말하자면 기존의 행위구성요건으로도 '권한 없이 타인의 정보를 입력'하는 행위를 포섭할 수 있으며, 추가된 구성요건은 그 이외에 기존 구성요건으로 포섭할 수 없는 컴퓨터의 부정조작행위에 대처하기 위한 조항으로 파악하면 족할 것이다. 이러한 견해에 의하면 추가된 '권한 없이 정보를 입력·변경'하는 행위는 직접적으로 타인의 정보를 입력하는 행위 이외에 권한의 인증을 통해 서로 연결되어 있는 컴퓨터시스템에 부당하게 침입하거나 권한정보의 입력 없이 정보를 입력하는 경우, 그리고 기타 정보처리과정에 권한 없이 영향을 미칠 수 있는 콘솔조작 내지 하드웨어조작행위가 이에 해당한다고 할 수 있다. 이렇게 파악할 때 추가된 구성요건은 기존의 행위구성요건의 독자적 의미를 그대로 유지하면서도 새로운 범죄유형에도 대처할 수 있는 규정으로서 의미를 가지게 된다고 할 수 있다.

그러나 현재 대법원 판례에서 나타난 추가 구성요건의 해석을 살펴보면 타인의 정보를 권한 없이 입력하는 행위, 위임된 권한을 남용하여 정보를 입력하는 행위뿐만 아니라 금융기관 직원의 무자원 송금행위도 '권한 없이 정보를 입력'한 행위로 판단하고 있어 사실상 기존의 행위구성요건의 적용범위를 상당히 축소시키고 있다.

제5장 새로운 범죄유형과 컴퓨터등사용사기죄

본 장에서는 제4장에서 전개한 해석론을 전제로 하여 사이버공간에서 발생하는 범죄에 대해서도 본 조문을 적용할 수 있는지에 대하여 논의해 보고자 한다. 특히 해킹을 통한 재산범죄에 영역에서 정보통신망법만이 적용된다고 보았던 기존의 견해에 대하여 형법상 컴퓨터등사용사기죄 규정도 적용될 수 있다는 견해를 밝히도록 하겠다. 그리고 재산적 가치를 가지는 '정보'가 재산범죄의 체계상 '재산상 이익'으로 파악되어지는 오늘날에 있어서는 컴퓨터가 이러한 정보의 취득에 있어서 악용되는 경우에 본 조문이 적용될 수 있다고 볼 수 있다. 구체적으로 전자화폐, 인터넷게임상의 아이템, 그리고 사이버머니, 서비스의 무권한 사용 등에 관하여 본 조의 적용가능성을 모색해 본다.

제1절 사이버범죄의 등장과 컴퓨터등사용사기죄

Ⅰ. 인터넷 혁명과 인터넷범죄

1. 인터넷 혁명(사이버혁명)과 역기능

현대사회에서 정보화사회, 정보통신기술, 정보의 보호, 정보의 오남용방지 등의 용어들은 이제 더 이상 모두에게 낯선 것으로 다가 오지 않는다. 정보사회로 특징지워진 현재의 사회발전은 '제2의 산업혁명'[538]이라고 불리워지

284

기도 하지만 과거의 사회변혁보다 더욱 광범위하고 동시적으로 일어나고 있다. 이러한 정보사회의 성립은 궁극적으로는 컴퓨터와 정보통신의 기술적 발전으로 가능해 진 것이고, '정보'가 사회의 주된 재화 및 생산요소 중의 하나가 되며 새로운 권력적 도구 및 원천이 되어가고 있는 것이다.[539]

이러한 정보사회에 있어서 90년대 중반부터 보편화되기 시작한 인터넷[540]의 개발은 현대 사회의 모든 생활영역에 있어서 중대한 변화를 가져오기 시작한다. 예컨대 생활영역에 있어서는 컴퓨터만 있으면 인터넷을 이용하여 사이버쇼핑, 사이버금융, 주식거래, E메일을 통한 의사소통, 인터넷을 통한 신고, 서류신청 등 거의 모든 일을 처리하고 필요한 정보에 대하여 시간적, 공간적 제약 없이 용이하게 접근할 수 있게 되었다.[541]

그러나 인터넷이 새로운 생활공간으로서 인간들의 생활을 보다 편리하게 하고 급속한 사회발전을 이루는 매체로 기능하고 있기는 하지만 이와 반대로 인터넷의 역기능 또한 나타나고 있다. 즉 인터넷을 통한 다양하고도 새로운 형태의 범죄행위가 발생하고 기존의 범죄형태도 인터넷을 통해 범위를 넓혀가고 있는 것이다. 최근 몇 년 사이에 발생한 사건들을 보면 이러한 인터넷을 통한 범죄행위는 기존에 예상하지 못했던 엄청난 피해를 가져오고 있다. 2000년 초반에 발생한 세계 최대 인터넷 검색사이트인 야후를 비롯한 BUY.com, e베이, 아마존닷컴, CNN 등 세계 유명 인터넷사이

538) Ulich Sieber, The International Handbook on Computer Crime,-Computer-related Economic Crime and the Infringements of Privacy, JOHN WILEY & SONS, 1986, p.1.
539) 하태훈, 정보사회에서의 형법의 임무와 과제, 현대형사법의 쟁점과 과제, 동암이형국교수화갑기념논문집, 1998, 1면.
540) William Gibson의 'Neuromancer'라는 소설에서 유래하는 '사이버공간(cyberspace)'이라는 말은 현실적·물리적 사계와는 구분이 되며 사이버공간의 출현은 그 공간의 기본구조인 인터넷이 있기에 가능하였다. 인터넷은 상호 접속된 컴퓨터의 국제적 네트워크라고 볼 수 있다. 인터넷은 1969년 ARPANET(Advanced Research Project Agency에 의하여 발전된 network)으로 불린 군사프로그램이 진화한 것이며, ARPANET은 이후 수많은 민간네트워크 특히 인터넷을 가능케 하는 모태가 되었다.
541) 강동범, 사이버범죄와 형사법적 대책, 제25회 형사정책세미나 자료집, 67면.

트가 해커들의 공격을 받아 수시간씩 작동불능상태에 빠져 지구촌을 사이버대란의 공포에 떨게 한 사건을 비롯하여,[542] E메일을 이용하여 전파되는 컴퓨터바이러스인 '러브바이러스'가 단 하루 만에 전 세계의 컴퓨터를 감염시키면서 전 세계에 약 50억 달러의 피해를 입힌 사건,[543] 국내에서도 한국과학기술원 학생이 인터넷서비스망에 특수프로그램을 설치하여 타인의 계좌에서 금액을 빼내 간 사건,[544] PC통신을 이용한 음란사이트의 운영,[545] 해킹을 통해 경쟁회사의 회원신상정보를 빼내 영업을 방해하려고 한 사건,[546] 국제전화통화요금을 계산하는 컴퓨터프로그램을 조작하여 통화료를 부당하게 더 받아 챙긴 사건,[547] 타인의 증권계좌를 해킹하여 주식거래를 통해 시세차익을 얻은 사건[548] 등 수많은 사이버상의 불법행위들이 발생하고 있다.

2. 인터넷범죄(사이버범죄)와 그 특성

위와 같이 인터넷의 발전과 더불어 발생하는 사이버상의 범죄행위들은 현재 '인터넷범죄' 내지 '사이버범죄'라는 용어로 설명되고 있다. 사이버범죄라는 용어는 비교적 최근에 사용되기 시작한 것으로서 그 개념에 대하여 학문적으로 정립된 것은 아니지만 일반적으로 사이버공간에서의 범죄현상을 의미한다고 말하여진다.[549]

---

542) 동아일보 2000. 2. 10.자.
543) 동아일보 2000. 5. 6.자.
544) 동아일보 1996. 9. 25.자.
545) 중앙일보 2000. 4. 24.자.
546) 동아일보 1999. 9. 4.자.
547) 동아일보 1999. 9. 29.자.
548) 동아일보 2001. 8. 17.자.
549) 김종섭, 사이버범죄 현황과 대책, 한국형사정책학회 2000년도 동계학술회의 자료, 22면; 허일태, 사이버범죄의 현황과 대책, 동아대 법학연구소 세미나 발표논문(2000.4.28), 3면; 조병인/정진수/정완/탁희성, 사이버범죄에 관한 연구, 한국형사정책연구원, 2000, 18면 이하; 허만형, 사이버범죄에 대한 국가의 정책적 대응방안, 21세기 도전과 사이버스페이스, 사이버커뮤니케이션

　　언제부터 사이버범죄라는 용어가 쓰여지게 되었는가는 명확하지는 않지
만 최근의 정보통신의 발전과 더불어 인터넷의 사용이 급격히 증가함에 따
라 과거 컴퓨터범죄, 하이테크 범죄라는 용어의 사용보다는 더욱 친숙하고
도 일반적으로 사용되고 있다. 다만 앞의 인터넷범죄라는 용어가 사이버범
죄와 동의어로 사용될 수는 있지만 인터넷범죄가 인터넷을 기반으로 한다
는 것을 전제로 하는 반면에 사이버범죄는 인터넷에 한정하지 않는다는 점
에 차이가 난다고 할 수 있다. 하지만 현재 사이버세계의 대표적 연결망을
인터넷이라고 부를 수 있다는 점을 고려하면 양자는 같은 의미로 사용할 수
있다고 할 수 있다.550) 한편 인터넷범죄 내지 사이버범죄라는 용어 이외에
정보범죄551) 그리고 하이테크범죄552)라는 용어가 사용되고 있기도 하다.

　　학회 후계학술대회 발표논문(1999. 11. 26), 22면 이하.

550) 한편 백광훈은 제3차 정보통신윤리학술포럼에서 인터넷범죄와 사이버범죄
　　의 개념을 동일하게 파악하던 기존의 입장을 바꾸어, 소위 "정보통신범죄"
　　라는 새로운 용어를 사용하고 있다. 즉 정보통신범죄란 '정보통신공간, 사
　　이버공간과 관련하여 일어나는 모든 범죄행위'를 말하며, 인터넷범죄는 사
　　이버세계의 대표적 연결만을 말하므로 인터넷범죄와 정보통신범죄를 같은
　　의미로 파악하고 있다. 그리고 기존의 '사이버범죄'라는 용어는 외국어인
　　'cyber'와 우리말인 '범죄'의 결합이기 때문에 일단 그 용어 자체의 쓰임이
　　과연 학문적으로 정당한지도 확신할 수 없다고 한다. 백광훈, 인터넷 정보
　　내용범죄의 유형과 그 처벌법규, 제3차 정보통신윤리 학술포럼, 2001. 9. 3.
　　18-19면.

551) 기존 컴퓨터범죄는 컴퓨터의 발전과 더불어 컴퓨터를 이용한 범죄를 지칭
　　하는 용어로 이해되었다면 현재의 컴퓨터범죄는 컴퓨터보다는 인터넷을 통
　　한 정보침해에 대해서 더욱 무게중심이 옮겨져 있다고 할 수 있다. 이에
　　따라 그러한 정보의 변경, 복사, 사용, 정보통신기반의 침해, 위법한 정보의
　　유포 등이 논의의 초점이 되고 있다. 이러한 의미에서 정보범죄라는 용어
　　는 기존의 컴퓨터범죄와 현재의 사이버범죄와 구별되는 용어가 아니고 그
　　주된 대상이 '정보'에 있다는 점에서만 차이가 있다고 볼 수 있다. 다만 정
　　보의 새로운 해석을 요구한다는 점에서 보다 구체적인 의미를 가지는 것으
　　로 이해할 수 있을 것이다. 정보범죄의 용어에 대한 최초의 정의는 최영호,
　　정보범죄의 추세와 대처방안(상), 인권과 정의, 1996. 8. 114-115면에서 "컴
　　퓨터의 정보처리기능이나 컴퓨터가 처리·보관·전송하는 정보를 이용하거
　　나 이러한 기능·정보에 대한 범죄를 가리키는 좁은 의미의 컴퓨터범죄를
　　포함하는 새로운 유형의 범죄행태로서 위와 같은 정보를 이용한 범죄와 정

그런데 이와 같은 새로운 범죄유형의 등장은 기존의 컴퓨터범죄라는 용어를 정보범죄 내지 인터넷범죄와는 다소 구별되는 형법상의 범죄를 지칭하는 것으로 파악하고 있는 것처럼 보인다.[553] 왜냐하면 컴퓨터범죄는 경제생활의 변화에 따라 보호되어야 할 중요한 정보처리장치 내지 정보저장장치로 등장한 컴퓨터 자체, 이러한 컴퓨터를 사용할 수 있는 권한 그리고 컴퓨터에 저장, 기록되어 있거나 컴퓨터에 의하여 처리되는 데이터나 정보를 보호하기 위하여 나타난 개념으로서, 인터넷으로 대표되는 오늘날의 상황에서는 핵심적인 범죄현상을 파악하는 데 한계가 있기 때문이다.[554] 즉 형법상의 컴퓨터범죄의 주된 행위객체인 '컴퓨터 등 정보처리장치 또는 전자기록 등 특수매체기록'이라는 것이 그 정체성, 고정성으로 인하여 인터넷의 동태적 흐름 속에 존재하는 자료나 정보를 포섭하지 못하게 된 것이다. 불행하게도 우리나라에서는 이러한 입법상의 공백은 주로 정보통신망법 등과 같은 임기응변적인 특별법에 의하여 보충되어 왔다. 여기에 인터넷범죄에 대한 입법정책적 문제점이 존재한다.

그러나 이러한 인터넷범죄에 대한 입법정책적 문제점이 존재한다고 하더라도 기존 컴퓨터범죄에 대처하고자 한 현행 형법의 규정들이 무의미한 것은 아니다. 오히려 임기응변식의 대처보다는 현행 형법상 컴퓨터범죄의 규정들의 해석을 토대로 입법정책을 수립하는 것이 타당하다고 생각한다. 만약 인터넷범죄가 가지는 특징들만을 고려해서 기존의 법률상의 조문들을

보에 대한 범죄를 총칭하는 넓은 의미로 정의하고자 한다"고 서술한 데서 처음 나타나고 있다.
552) 하이테크범죄라는 용어가 국내에 소개된 것을 그리 얼마 되지 않았다. 조병인의 논문에 따르면 1990년대 들어 주요 일간지들이 과학기술의 발달에 편승한 신종범죄의 증가추세에 주목하면서 서구국가에서 사용되는 'high-tech crimes'라는 영문 용어를 발음 그대로 인용한 것이 그 효시로 보인다고 한다. 하지만 전래 역사에 비해 용어에 친숙한 사람은 많은 반면에 그것이 함축하는 의미를 설득력 있게 정리한 사례는 찾아보기 어렵다. 조병인, 하이테크범죄에 관한 연구, 형사정책 연구 제10권 제3호, 1999년 가을호, 191면.
553) 백광훈, 인터넷범죄의 규제법규에 관한 연구, 한국형사정책연구원, 2000, 36면.
554) 강동범, 앞의 논문, 71면.

무시한다면 새롭게 신설한 조문은 정보통신기술의 발전과 더불어 그 의미가 퇴색되지 않을 수 없다. 따라서 기존의 컴퓨터범죄개념은 여전히 인터넷 범죄에 대처하기 위한 기본적 전제로서 중요한 의미를 지닌다고 하지 않을 수 없다.

인터넷범죄는 현실범죄와는 다른 특성을 가지고 있다. 다만 인터넷범죄와 컴퓨터범죄가 무관한 개념이 아니기 때문에 종래의 컴퓨터범죄의 특성으로 언급되었던 점이 인터넷범죄의 그것으로 인식될 수 있다고 볼 수 있다.[555] 예컨대, 범행의 영속성, 자동성, 광역성, 발각과 증명의 곤란성 등이다. 즉 컴퓨터부정조작의 경우 일단 조작방법을 터득하게 되면 그 조작행위의 빈번한 반복가능이 있을 수 있다는 점 때문에 영속성을 띠게 되고[556] 행위자가 어떤 다른 행위를 하지 않더라도 일단 불법변경된 자료를 호출하거나 불법한 프로그램을 삽입할 때마다 범죄행위가 유발되므로 자동성을 띠게 되고[557] 네트워크에 연결된 경우 네트워크를 이용한 원격지에서의 범행이 가능하게 되므로 광역성을 띠게 되고,[558] 현실상의 증거물보다 컴퓨터 자료는 폐쇄성·불가시성·은닉성을 가지기 때문에 그 발각과 증명의 곤란성을 나타내게 된다.[559] 이러한 컴퓨터범죄의 특성들은 그대로 인터넷범죄의 특성으로 이해될 수 있을 것이다.

---

555) 백광훈, 앞의 책, 39면.
556) 1973년 미국 최대 컴퓨터범죄사건이었던 Equity Funding 사건의 경우 무려 64000회의 반복조작범행이 이루어졌다. 자세한 것은 Donn B. Parker, Fighting Computer Crime: A New Framework for Protecting Information, John Wiley & Sons, 1998, 65면.
557) 김문일, 정보화사회에 있어서의 컴퓨터범죄와 그 방지대책에 관한 연구, 중앙대학교 박사학위논문, 1988, 57면.
558) 원혜욱, 인터넷범죄의 특징과 범죄유형별 처벌조항, 95면; 정진섭, 정보사회의 컴퓨터범죄 동향, 이형국교수화갑기념논문집, 1998, 522면.
559) 원혜욱, 앞의 논문, 95면; 장영민/조영관, 컴퓨터범죄에 관한 연구, 한국형사정책연구원, 1993, 72면.

3. 인터넷사기

인터넷사기란 전자상거래와 관련하여 사이버공간에서 이루어지는 사기행위의 한 유형이다. 인터넷사기란 용어는 사기행위에서 인터넷이라는 새로운 테크놀로지가 이용되는 데에 착안한 것이다. 즉 인터넷사기는 그 개념이 명확한 것은 아니지만 인터넷이나 PC통신상에서 영리적 목적으로 기만적이거나 불법적인 방법으로 상행위를 하는 것이며, 반드시 형법상 사기의 개념에 해당하는 것은 아니라고 한다.[560]

그러나 인터넷사기는 종래의 컴퓨터조작사기 내지 컴퓨터사기라는 용어와 크게 차이가 나는 개념은 아니다. 다만 그 용어사용에 있어서 뉘앙스의 차이만 있다고 할 수 있다. 즉 종래의 컴퓨터사기가 컴퓨터를 사용하여 사기를 한다는 점에서는 인터넷사기와 차이가 없지만, 컴퓨터사기는 컴퓨터 내지는 컴퓨터 칩이 내장되어 있는 현금자동지급기 등의 정보처리장치에 허위정보나 부정한 명령을 내리는 등의 부정한 조작을 하여 범한다는 성격이 중시된 반면, 현대의 인터넷사기는 은행과의 인터넷뱅킹이나 전자상거래와 관련된 사이버공간에서의 사기행위라는 점이 강조되고 있는 것이다.[561]

결국 인터넷사기는 그 자체 독자적 의미를 가지는 것은 아니고, 인터넷을 이용한 전자상거래상에서 발생하는 불법행위의 한 유형으로 파악되어지는 것에 지나지 않는다고 볼 수 있다. 또 기본적으로 '인터넷사기'라는 용어는 인터넷을 사용하는 자가 전자상거래상 거래의 피해자가 된다는 측면에서 사용되어 지는 것이어서, 일반적인 사기행위와 별반 다를 바 없다. 다만 거래의 양 당사자 사이에 인터넷이라는 의사소통의 수단만이 존재하는 것에 지나지 않는다. 이러한 측면에서는 '인터넷사기'는 형법상의 고려대상이 아니라 민사법상의 권리구제 내지 소비자피해구제제도 등에 의하여 규율되는 것이 마땅할 수도 있다. 예컨대 방문판매등에관한법률, 전자거래기

---

560) 조병인/정진수/정완/탁희성, 사이버범죄에 관한 연구, 한국형사정책연구원, 2000, 181면.
561) 백광훈, 앞의 책, 67면.

본법, 소비자보호법, 독점규제및공정거래에관한법률 등이 그 수단으로 제시될 수 있을 것이다.

그러나 행위자가 적극적으로 인터넷상에서 이루어지는 전자상거래 시스템 그 자체를 악용하는 경우에 있어서는 이러한 거래가 자동적, 대량적으로 이루어지고 있고 그 거래의 성립에 있어서 데이터의 입력이 정당할 뿐만 아니라 정확하게 이루어지는 것이 보장되지 않으면 엄청난 피해가 발생할 가능성이 존재한다. 이를 보장하기 위해서 전자문서의 표준화나 전자서명 등의 제도가 도입되고 있고 이러한 제도도입의 목적은 궁극적으로 이러한 전자상거래 시스템의 안정성을 확보하기 위한 것이라고 할 수 있다. 이러한 상황에서 전자거래상의 신원확인의 중요성은 전자거래시스템의 성공에 필수적인 것이라고 보지 않을 수 없다. 그런데 이러한 신원확인은 거래의 직접 당사자에 의하여 이루어지는 것이 아니고 전자적 방식에 의하여 이루어지고 있다. 그 의미는 컴퓨터에 신원확인을 위한 데이터를 입력하고 그 데이터에 대한 무결점검사가 컴퓨터프로그램을 통하여 자동적으로 이루어지는 것을 의미한다. 따라서 신원확인을 위한 컴퓨터의 프로그램상에 허위의 신원확인을 위한 데이터를 입력하는 행위는 전자거래상에 치명적인 위험을 야기하는 행위라고 하지 않을 수 없다.

그런데 전자거래상에서 발생하는 이러한 타인의 명의를 도용하는 행위는 현실에서보다 더욱 빈번하게 발생할 가능성이 있고 그 피해도 훨씬 클 수 있다는 점에서 이러한 행위에 대하여 형법상 처벌의 근거가 있다고 할 수 있다.

또 현재의 정보통신의 발전은 과거와는 달리 '정보'에 대하여 재산적 가치를 인정하고 이러한 정보의 이전을 통해 경제적 부를 축적하는 시스템을 영위하고 있다. 예컨대 인터넷을 통해 음악파일을 다운로드 받거나 영화를 감상하거나 게임을 하거나 하는 경우, 그러한 정보를 취득하기 위하여 일정한 비용을 지불하고 있으며 또 그러한 정보가 현실상 금전으로 거래가 되고 있기도 하다. 이러한 상황에서 그러한 정보를 부정하게 취득하는 행위는 과거 '비밀'의 침해가 아니라 '재산'의 부정취득이라는 적극적 행위불법을 인정하지 않을 수 없게 하고 있다. 이러한 점에서 '정보'를 취득하는 행위 또한 형법상 처벌이 고려되지 않으면 안 된다.

이러한 점에서 형법상 '인터넷사기'라는 용어는 단순히 '사이버공간에서 이루어지는 사기행위'를 의미한다기보다는 '인터넷을 이용한 전자거래나 정보급부시스템(정보통신망)에 있어서 타인의 정보를 입력하거나 프로그램상에 부정한 명령을 입력하여 재산을 취득하거나 정보를 제공받는 행위'로 이해하여야 할 것이다. 이러한 개념정의는 결국 형법상 '컴퓨터등사용사기죄'에서 말하는 '컴퓨터 등 정보처리장치'에 대신하여 '정보통신망'이라는 요건이 대치된 것에 불과하고 이러한 정보통신망에서는 컴퓨터뿐만 아니라 정보통신망에 접근하는 다양한 수단이 고려된다는 점에 있어서 기존의 '컴퓨터 등 정보처리장치'라는 요건보다는 확대된 개념으로 이해할 수 있을 것이다.

Ⅱ. 사이버공간과 컴퓨터등사용사기죄의 해석론

1. 의 의

일반적인 인터넷사기에 대한 현행 대응법규는 민사적 구제제도와 형사적 구제제도로 나누어 볼 수 있다. 민사적 구제제도라 함은 일반적인 민법상의 권리구제 이외에도 소비자피해구제제도를 일컫는다. 소비자 피해구제와 관련해서는 방문판매등에관한법률과 전자거래기본법 등이 제시되고 불공정거래행위에 관하여는 소비자보호법과 독점규제및공정거래에관한법률이 적용될 수 있다. 또한 인증제도의 정비문제가 전자상거래의 안정성 제고수단으로 제시될 수 있다.

형사적 구제와 관련하여 원칙적인 대응규정은 형법상 사기죄(제347조)와 컴퓨터등사용사기죄(제347조의2)를 들 수 있다. 이들 구성요건으로서 일반적인 사기유형은 포섭이 가능할 것이다. 물론 컴퓨터사기와 인터넷사기가 약간의 뉘앙스의 차이는 있다. 컴퓨터사기라는 범죄유형이 새롭게 제시될 때만 하더라도 인터넷환경이 상용화되지 않았었기 때문에 컴퓨터사기란 주로 현금자동지급기 등의 (컴퓨터 칩이 내장된) 기계에 대한 권한 없는 조작행위로 인하여 재산을 취득하는 일종의 컴퓨터부정조작이라는 컴퓨터범죄의 한 유형으로 인식되었던 반면에, 인터넷사기라는 것은 최근 PC통신이나 인터넷을 이용한 뱅킹거래가 성행하고 인터넷상에서 상품을 주문하여 이를 배송받는 등의 다양한 전자상거래가 활성화되는 환경에서의 사기행위를 의미하기 때문이다.[562]

그러나 컴퓨터사기와 인터넷사기행위 간에 규범적 차이는 크지 않다고 한다. 컴퓨터사기를 규율하기 위한 컴퓨터등사용사기죄가 현금자동지급기와 같은 온라인 거래에 있어서 적용될 수 있다는 점에서 당해 구성요건이 인터넷뱅킹에 있어서의 사기행위에 적용되지 못할 이유는 없기 때문이다.[563] 또한 전자상거래에 있어서의 처음부터 지급능력 내지 지급의사 없이 거래를 함으로써 상대방에게 재산상 손해를 입히는 것이 형법상 사기죄의 묵시적 기망행위의 유형으로 충분히 포섭될 수 있기에 처벌상의 공백은 거의 없다고 할 수 있다. 이외에 형법상의 사기행위로 포섭되지 못하는 행위유형은 민사상 구제절차에 의하여 해결하는 것이 형법의 보충성의 원칙상 바람직하므로 인터넷사기에 대한 법적 구제는 원활하게 이루어지고 있다고 볼 수 있다.

그러나 앞에서도 설명한 바와 마찬가지로 형법상 '인터넷사기'를 '인터넷을 이용한 전자거래나 정보급부시스템(정보통신망)에 있어서 타인의 정보를 입력하거나 프로그램상에 부정한 명령을 입력하여 재산을 취득하거나 정보를 제공받는 행위'로 좁게 개념정의하는 경우, '인터넷사기'에 대한 형

---

562) 백광훈, 앞의 책, 181면.
563) 물론 권한 없는 자가 타인의 인터넷뱅킹 비밀번호를 눌러서 전산망에서 예금을 무단이체하는 경우, 컴퓨터사기죄에서의 해석상 '부정한 명령'에 해당하는 가는 논란이 있다.

사적 대처는 그리 용이한 편이 아니다.

기존의 해석론에 따르면 컴퓨터등사용사기죄에 있어서도 본 규정은 80년대의 컴퓨터환경을 전제로 하여 만들어진 조문으로서 정보통신망에 대한 침입행위에 대해서는 아직 형법상 처벌법규가 존재하지 않는다. 왜냐하면 본 규정은 구체적인 행위객체로서의 컴퓨터 등 정보처리장치에 일정한 전자적기록의 작성을 전제로 한 것이어서 정보의 흐름의 안전성을 보장하기 위한 정보통신망 자체에 침해를 가하는 행위는 특별법에 의해서만 규율되고 있기 때문이다. 또 정보를 취득하는 행위가 재산의 취득으로 볼 수 있는지에 대하여 아직 논의가 본격적으로 전개되고 있지도 못한 관계로 정보취득행위에 대하여 형법상 재산범죄로 볼 수 있는지에 대한 합의가 성립되어야 할 것이다.

그러나 전 장에서도 살펴보았듯이 컴퓨터등사용사기죄 규정은 컴퓨터를 악용한 재산취득범죄를 처벌하기 위하여 1995년 신설된 조문으로서 그 조문의 해석에 따라 새로운 범죄현상으로 등장하고 있는 '인터넷사기'에 있어서도 여전히 유효한 처벌법규로서의 지위를 가지고 있다. 또 현재 발생하고 있는 많은 인터넷사기유형에 대해서 하급심 법원도 본 규정을 적극 활용하고 있다는 점에서 형법상 컴퓨터등사용사기죄 규정은 사이버형법의 분야에서 매우 중요한 의미를 가지고 있다고 생각한다.

이하에서는 인터넷사기에 대한 컴퓨터등사용사기죄 규정의 해석을 위해 고려해야 할 문제들과 인터넷사기의 주된 유형으로 거론되고 있는 해킹을 이용한 재산취득범죄, 새로운 정보재로서 등장하고 있는 인터넷 온라인게임상의 아이템취득범죄, 전자화폐 및 사이버머니 등에 관한 형법상 문제들에 대해 살펴보고자 한다.

2. 컴퓨터등사용사기죄 규정의 해석의 전제

(1) 컴퓨터 등 정보처리장치의 개념

앞서 독일564)과 일본의 예에서처럼 컴퓨터 혹은 전자계산기에 대한 명확한 개념규정을 두지 않은 우리나라에서도 컴퓨터 등 정보처리장치란 그다지 논란 없이 받아들여지고 있는 개념이다.

먼저 판례에 나타난 컴퓨터의 개념을 살펴보면 "컴퓨터는 제어장치, 논리, 연산장치, 기억장치 및 입출력장치로 구성되어 있고, 그 기계적 설비인 하드웨어는 독자적인 작업수행능력이 없고 소프트웨어인 프로그램의 작업수행 지시에 따라 특정목적을 위한 제어, 논리 및 연산, 기억 등의 기능을 발휘하는 것"이라고 한다.565)

학설상으로는 '자동적으로 계산 또는 정보처리를 행하는 전자장치를 말한다'고 정의하고 있고, 이에는 '주 컴퓨터뿐만 아니라 네트워크시스템에서의 단말장치를 포함하는 의미이므로, 은행의 현금지급기도 여기에 포함된다'고 하고 있다.566) 또 일부 학자는 적극적인 개념정의 없이 다만 '사기죄의 성질상 계산기능만을 가진 것은 제외되는 것으로 보아야 한다'고 하고 있다.567)

---

564) 독일에서는 §303b StGB에서 정보처리장치라는 표지를 사용하고 있는데, 이때 정보처리장치란 전자적, 자기적 혹은 직접적으로 인지할 수 없는 데이터의 처리를 가능하게 하는 기술적 장치를 의미한다고 보며, 그 예로 조종, 연산, 저장 및 입출력장치와 같은 장치가 이에 해당한다고 본다. Schönke/Schröder, a.a.O., §303b Rn. 13.

565) 대법원 1985. 5. 28. 선고 84후43 판결

566) 이재상, 제4판 형법각론, 박영사, 2001, 337면, 김일수, 새로 쓴(제4판) 형법각론, 박영사, 2001, 376면. 그러나 은행의 현금자동지급기는 주 컴퓨터와 네트워크로 연결되어져 있기는 하지만 그 자체 독자적인 컴퓨터칩을 내장하고 현금인출이나 계좌이체 등의 기능을 하고 있다고 할 수 있다.

567) 배종대, 343면.

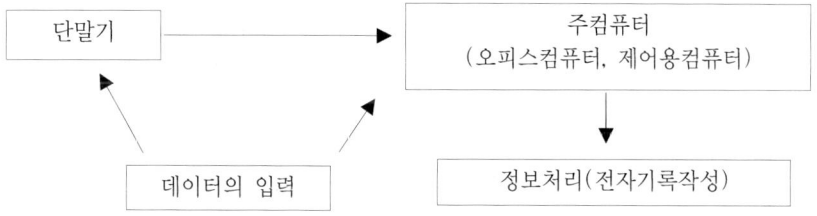

　이러한 기존의 해석에 의하면 '허위의 정보 또는 부정한 명령'의 입력은 주 컴퓨터에 입력되어야 하며 단말기에 입력하는 것은 결국 주 컴퓨터에 전자기록이 작성되는 것을 의미한다고 이해되고 있다. 결국 본 조의 '킴퓨터 등 정보처리장치'는 주 컴퓨터만을 의미하며 단말기 등은 '컴퓨터 등 정보처리장치'의 보조수단으로서 본 조에 있어서 특별한 지위를 가지는 것은 아니게 된다.

　그러나 이러한 개념은 기존의 독립형(stand alone) 컴퓨터에는 통용되었는지는 몰라도 현재의 정보통신기술의 발전은 '컴퓨터 등 정보처리장치'라는 개념의 확대를 가져온다. 과거의 전자계산기라는 것은 단순한 수치계산 등을 하는 도구에 불과하므로 실질적으로 인간의 개입을 통해서만 정보처리가 가능한 것이어서 입법 당시의 컴퓨터의 개념에 포섭할 수 없었다. 그러나 지금의 전자계산기는 예전의 기능만을 가지는 것이 아니라 보다 복합적인 기능을 수행할 수 있는 소형컴퓨터의 기능을 가지고 있고 따라서 단순히 외형만으로는 그것이 본조에서 말하는 컴퓨터에 해당하는지 판단하기는 어려운 상황에 이르렀다. 예컨대 휴대폰이라는 것은 단순히 통신을 위한 도구가 아니라 그 속에 컴퓨터 칩이 내장되어 있어서 그 자체가 하나의 컴퓨터의 기능을 수행하며 이를 통해 전자결제가 가능한 시점에 와 있는 지금에 있어서는 본 조에서 말하는 컴퓨터에는 이러한 현실적인 의미에서 그 대상이 확대되고 있다고 볼 수 있다. 더구나 네트워크로 연결되어 있는 개인 PC도 마찬가지로 정보처리를 할 수 있는 도구이며, 특히 전자화폐를 이용하는 경우[568]에는 비록 중앙전산시스템에의 접속이 요구되기는 하지만

---

568) 예컨대, 최근 개발된 휴대폰을 이용한 전자화폐결제시스템(모네타카드)은

정보처리장치라고 부를 수 있다.

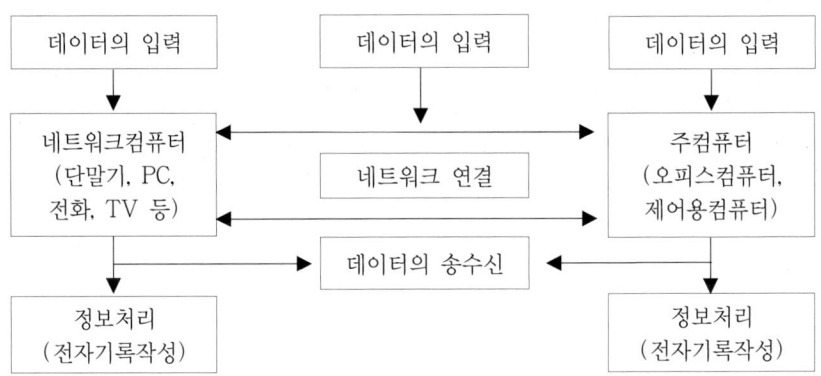

이에 따르면 현재의 컴퓨터환경에서 '정보처리'의 의미는 정보의 입력과 처리 및 출력에 관련된 전체 정보의 흐름과정 속에서 파악되어지는 것으로 이해된다. 따라서 주 컴퓨터에 네트워크로 연결되어진 컴퓨터 자체가 정보처리를 할 수 있고 재산처분도 할 수 있는 기능을 가진다. 네트워크컴퓨터는 그 자체 컴퓨터의 기능을 가지고 있을 수도 있고 단순히 주 컴퓨터에 연결되어질 수 있다는 의미로도 이해될 수 있으므로 전화나, TV도 컴퓨터 등 정보처리장치의 입력장치로서의 기능을 하게 된다면 본 조의 '정보처리장치'에 해당될 수 있다고 보아야 한다.

한편 기술적 의미에서 정보처리란 컴퓨터 내부로 입력된 자료를 가공하는 과정으로 이해할 수 있다.[569] 그러나 현재의 정보처리장치(컴퓨터)는 단순한 정보가공의 기능뿐만 아니라 통신기능까지 포함하고 있으므로, 이러한 정보의 단순 저장과 출력만을 위한 정보처리는 사실상 의미가 없다고 할 수 있다. 즉 오늘날 컴퓨터는 정보처리뿐만 아니라 정보전송의 기능까지 포괄하여 하나의 정보통신 시스템을 구축하고 있으며 특히 온라인시스템 내에서는 컴퓨터의 정보처리는 실시간처리 내지 일괄처리라는 정보전송

대표적인 사례이다.
569) 양광민, 전용진, 정보처리론, 법문사, 1991, 30-33면 참조.

방식과의 연결을 통해 이루어지고 있다.570) 최근에 개정된 전자거래기본법에서도 기존의 '정보처리장치'라는 용어 대신에 '정보처리시스템'이라는 용어로 대체하고 있는데, 이는 현대적 의미의 컴퓨터 등 정보처리장치의 개념을 입법적으로 채택한 것이라고 볼 수 있다.571)

미국에서의 컴퓨터범죄 관련 입법은 이처럼 통신기능까지 포함하여 컴퓨터의 개념을 정의하고 있다. 예컨대 미국의 "국가정보기반보호법(National Information Infrastructure Protection Act)" 18 U.S.C §1030 (e)에서는 "컴퓨터란 용어는 논리, 계산 또는 보존의 기능을 하는 전기적, 자기적, 광학적, 선기화학적 또는 기타의 고속의 데이터처리장치를 말하는데, 이러한 장치에 직접으로 관련되거나 연결하여 작동하는 데이터 보존설비나 통신설비를 포함하지만 그 용어는 자동타자기나 자동식자기, 휴대용계산기 또는 기타 비슷한 장치를 포함하지 아니한다"572)고 규정하고 있다.

나아가 최근에 유럽의회에서 마련된 사이버범죄조약을 보면 컴퓨터시스템에 대하여 "프로그램을 실행하거나 자동적으로 데이터를 처리하는 하나 또는 그 이상의 관련되거나 상호연결 되어 있는 장치 또는 그러한 장치의 결합체"를 의미한다고 정의하고 있다.573)

이러한 개념정의는 결국 컴퓨터에 대한 구체적 개념정의를 하고 있지 않는 우리나라의 경우에 있어서 컴퓨터등사용사기죄의 '컴퓨터 등 정보처리장치'의 해석에 있어서도 충분히 수용할 수 있다고 생각된다. 따라서 처음 본 규정을 삽입할 당시의 컴퓨터환경과 지금의 컴퓨터환경은 분명히 그 성질을 달리하는 것이고574) 따라서 동일한 문언에서도 그 대상은 확대되어

---

570) 임승철, 박동선, 정보통신개론, 형설출판사, 1999, 63-65면 참조.
571) 전자거래기본법 제2조.
572) 18 U.S.C §1030 (e)(1).
　　　http://caselaw.lp.findlaw.com/scripts/ts_search.pl?title=18&sec =1030
573) 동 조약 제1조 a. 사이버범죄조약의 원문(영문버전은)http://conventions. coe.int/Treaty/en/Treaties/Html/185.htm 참고.
574) 특히 최근에 급속도록 발전하는 무선통신기술의 발전에 의하여 휴대전화에 카드를 삽입하여 전자적 자금결제를 가능하도록 하는 기술이 개발되어 있고, 현재 상용화되고 있기도 하다. 이 경우 이 휴대전화도 본 조에 있어서

해석되어져야 한다고 할 수 있는 것이다.

　다만 본 조 규정을 어느 경우까지 제한할 것인가는 범위확장과 다른 구성요건의 포섭범위에 해당하는 문제이고 본 조에서 말하는 컴퓨터의 개념은 입법 당시보다는 보다 확대된 개념으로 이해되어져야 한다는 것은 분명하다.

　(2) 정보개념

　본 조의 해석에서 유념해야 할 또 다른 표지는 '정보'라는 개념이다. 본 조가 정보 그 자체를 보호하는 것은 아니지만 본 조의 해석상 데이터 혹은 정보라는 요건은 행위자의 행위에 있어서 필수적인 요건이고 그러한 정보의 입력없이는 본 조가 성립하지 않는다는 것은 명백하다. 따라서 정보개념의 명확한 이해 없이는 본 조의 해석도 난관에 빠지지 않을 수 없다.

　현대적 의미의 정보라는 것이 단순한 자료의 집합이나 사실을 의미하는 것이 아니라 재산적 가치를 지니는 것으로 파악되고 있다. 따라서 이러한 정보의 입력과 그로 인한 정보처리와의 결과를 통하여 재산상 손해를 발생시킨 경우 본 조가 적용되었던 과거와는 달리 정보의 입력(혹은 입수) 그 자체를 통하여 본 조가 개입될 여지가 발생할 수 있다. 예컨대 타인의 정보(계좌번호, 비밀번호 등)를 입력하는 순간 재산변동에 관한 정보처리가 이루어지거나, 또는 재산적 가치가 있는 정보(전자화폐)를 컴퓨터 등에 입력하는 순간 재산변동이 이루어지는 경우에는 본 조가 개입할 여지가 있는 것이다. 또한 해킹을 통하여 타인의 전자정보를 입수하는 경우에 있어서는 기존의 해석론과는 달리 컴퓨터사기죄의 성립 여부가 논의될 여지가 발생한다.

　물론 여기에서 정보를 재산상 이익으로 파악하여 정보의 입수를 재산상 이익의 취득으로 파악하고 있지만 그와는 별도로 기타 컴퓨터범죄규정에서 규정하고 있는 '전자기록'이라는 용어와 비교를 통하여 '정보'개념을 확정짓

───────────

정보처리장치에 해당한다고 보지 않을 수 없다.

지 않으면 재물과 재산상 이익을 엄격히 구분하는 현재의 우리 법체계와는 맞지 않는 해석론이 전개될 우려가 있으므로 '정보'개념의 명확한 이해는 필수적이라고 할 수 있다. 이러한 정보의 개념에 대해서는 전 장에서 설명한 바 있다.

(3) 재산상의 이익

본 조에서는 일반 사기죄와는 달리 재물을 본죄의 대상에서 제외하고 있다. 물론 입법과정에서 재물을 본죄의 대상으로 파악하고 있는 상태에 있기는 했지만 실제 입법상에서는 재산상의 이익만을 대상으로 하고 있다. 그 당시 입법자료에서는 명확하지는 않지만 본 조가 재산상 이익만을 대상으로 하고 있는 점은 그 당시 컴퓨터사기의 유형이 매우 제한되어 있었고 기껏 생각해야 현금자동인출기에서 현금을 인출하는 행위에 불과했다는 것을 알 수 있다. 그러나 그것은 기존의 해석론에서도 절도죄로 처벌할 수 있었으므로 컴퓨터범죄의 특성을 고려하여 인간의 행위가 개입되지 않은 재산상 이익만을 고려한 것이라고 추측해 볼 수 있다.

따라서 입법론상으로는 몰라도 현재의 해석상 현금자동지급기에서 현금을 인출하는 행위에 대해서는 본 조를 적용할 수 없고 다만 그 재산상 이익이라는 개념의 무한정 확대될 가능성이 존재하므로 이를 어느 정도까지 적절히 제한할 수 있는가 하는 점에 대한 논의가 있어야 할 것이다. 현재 '정보' 그 자체를 재산상 이익으로 파악하려는 견해들이 등장하고 있다. 예컨대 온라인게임의 아이템, 전자화폐, 사이버머니 등이다.

제2절 해킹에 의한 재산취득과 컴퓨터등사용사기죄

1. 해킹575)

(1) 해킹의 개념

해커라는 말은 1950년대 미국 MIT대학에서 통용되어온 은어인 해크에서 비롯되었다고 한다. 즉 해크는 어떤 시스템에서 소프트웨어나 하드웨어 등의 창조물을 뜻하는데 이처럼 어떤 시스템에서 작품을 만들어내는 사람을 해커라고 하였다. 그러나 컴퓨터에 열성적인 사람, 즉 컴퓨터에 미친 사람이라는 뜻을 가진 해커는 통신망의 발전에 따라 타인의 컴퓨터에 접근하여 그 시스템에 들어 있는 프로그램이나 정보를 훔쳐가는 사람들로 그 의미가 바뀌어 이해되고 있다. 이런 특별한 범죄목적을 위하여 해킹기술을 악용하는 집단을 해커와 구분하여 크래커라고 부른다.576) 그러나 크래커라는 용어보다는 현재 해커라는 용어가 일반적으로 사용되고 있으므로 본 연구에서도 해커는 크래커의 의미와 동일하게 사용하기로 한다.

현재 컴퓨터해킹에 대해서 '권한 없이 타인의 컴퓨터데이터를 탐지, 사용, 파괴 또는 컴퓨터시스템의 부정조작을 통하여 정상적인 컴퓨터작동을 방해하거나 재산상 이득을 얻을 목적으로 타인의 컴퓨터시스템이나 데이터에 침입하는 행위'577)라고 하거나 '비인가자에 의한 컴퓨터의 부당한 사용, 자료의 불법적인 열람, 유출, 변조, 삭제 및 컴퓨터시스템의 정상적인 동작과 서비스를 방해하는 컴퓨터범죄행위'578)라고 하는 개념정의들이 존재한다. 또 크래킹과 구별하기 위하여 '시스템에 대한 불법 액세스행위'라고 정

---

575) 해킹에 대한 자세한 논의는 한국형사정책연구원, 사이버범죄에 관한 연구, 2000을 참조.
576) 앞의 한국형사정책연구원, 사이버범죄에 관한 연구, 232-233면 참조.
577) 심재무, 앞의 논문, 8면.
578) 앞의 사이버범죄에 관한 연구, 233면.

의하기도 한다.[579]

이러한 개념정의에 따르면 해킹은 크게 세 가지 유형으로 구분해 볼 수 있는데 첫째 타인의 컴퓨터시스템에 침입하는 행위, 둘째, 타인의 컴퓨터시스템에 장애를 발생시키거나 무력화시키는 행위, 셋째, 타인의 컴퓨터시스템상에 존재하는 데이터를 취득하거나, 사용하는 행위를 들 수 있다.

첫째 행위는 정보통신망에 대한 침입행위이며, 이를 위하여 타인의 컴퓨터시스템에 접근하여 불법한 권한을 획득하는 행위가 포함된다고 할 수 있고, 둘째 행위는 일단 침입한 컴퓨터의 데이터를 열람하여 타인의 비밀을 침해하거나 그 데이터를 변조하거나 삭제 등 컴퓨터시스템의 장애를 통해 업무를 방해하는 행위로 파악된다. 그리고 셋째 행위는 불법하게 취득한 권한을 사용하여 타인의 컴퓨터시스템을 이용하거나 재산 등을 취득하는 행위를 의미한다. 이 중 컴퓨터사기와 관련되어지는 해킹 유형은 셋째 행위라고 할 수 있다.

이와 같은 컴퓨터해킹은 통신망의 발전과 데이터베이스 산업의 눈부신 발전에 따라 오늘날 컴퓨터범죄의 가장 중심적인 문제의 하나로 대두되고 있다. 즉 개인용 컴퓨터가 널리 보급되고, 이는 또한 네트워크와의 연결을 통하여 컴퓨터가 정보전달매체의 기능을 중심으로 활용됨으로써 이에 대한 다양한 침해가 문제되고 있는 것이다.

(2) 해킹의 구체적 방법

컴퓨터해킹은 일반적으로 통신망의 운영체제나 컴퓨터소프트웨어의 하자를 이용하는 방법과 별도의 컴퓨터해킹프로그램을 개발하여 행하는 두 가지의 방법이 있다. 최근에는 컴퓨터보안시스템 및 하자보완방법의 발달로 인하여 전자의 방법보다는 전문적인 기술에 의해 보안시스템 자체를 무력화시키는 독자적 프로그램을 통하여 타인의 컴퓨터시스템이나 데이터에 침입하는 방법이 널리 행해지는 것으로 보인다. 이와 같은 컴퓨터해킹은-

---

579) 김연수, 개인정보보호, 사이버출판사, 2001, 275면.

여타의 컴퓨터범죄에 있어서와 마찬가지로ー그 특성상 광역화, 국제화된 형태로 나타나며 고도의 지능범에 의하여 전문적으로 행해짐으로써 적발과 추적이 용이하지 않게 된다.[580]

이러한 컴퓨터해킹에 있어서는 그 흔적을 남기지 않기 위하여 이미 존재하는 컴퓨터시스템이나 프로그램 또는 데이터를 변경하거나 파괴하는 것을 목적으로 하는 것은 아니지만, 컴퓨터시스템이나 데이터에 접근하기 위하여 보안장치를 해체하거나 최소한도의 데이터변경을 수반하기도 하며, 다른 한편으로는 범행의 추적을 피하기 위하여 의도적으로 컴퓨터시스템이나 데이터를 변경하거나 파괴하는 경우도 있다.

해킹의 구체적인 방법은 일일이 열거하기도 어려울 정도로 다양하게 존재할 수 있으나[581] 컴퓨터등사용사기와 관련하여서는 트로이목마,[582] 백오리피스,[583] 패킷 스니핑,[584] 스푸핑,[585] Impersonation,[586] 낮은 권한 구좌

---

580) 심재무, 앞의 논문, 128면.
581) 자세한 내용은 권인택, 해커를 위한 파워 핸드북, 파워북, 2000 참조.
582) 트로이목마 수법은 '정상적인 기능을 하는 프로그램으로 가장하여 프로그램 내에 숨어서 의도하지 않은 기능을 수행하는 프로그램의 코드 조작'을 말한다. 최근 개인 PC에서 이용자 계정과 패스워드, 금융 계좌번호 등 개인정보가 해킹에 의해서 유출되는 사례가 급증하고 있는바, 이를 가능하게 하는 것이 윈도우 트로이 목마이다. 피해유형으로는 시스템 파괴, 응용 프로그램 및 시스템 서비스 거부, 사용자 ID 및 패스워드 유출, 중요 문서 유출 등 매우 다양하여 바이러스에 비해 훨씬 심각한 피해를 수반한다. 최근에 유명한 트로이목마 프로그램으로는 메테오르 및 에코키스가 있다.
583) 백오리피스 프로그램은 98년 상반기에 인터넷을 통해 무차별적으로 확산되고 있는 프로그램으로 주로 win95나 win98 운용체제를 사용하는 시스템을 공격목표로 삼아 침투에 성공 시 상대방의 컴퓨터를 사용자보다 우선하여 제어권을 확보, 해커가 원격으로 시스템을 자신의 컴퓨터를 사용하는 것처럼 사용이 가능하며, 시스템 및 모든 자료 파괴, 자료를 빼내거나 피해자가 입력하는 모든 입력값을 알아낼 수도 있어 인터넷을 이용하면서 사용되는 계좌번호, 비밀번호, 신용카드번호 탈취 등이 가능하여 최근 크게 확신되고 있는 인터넷 전자상거래 이용 시 큰 피해를 줄 수 있다.
584) 현존하는 Lan의 주류를 이루고 있는 이더넷의 경우 IP주소가 가리키는 호스트의 MAC(Media Access Control) 주소를 알고 있다고 할지라도 물리적으로 이들 호스트가 각각 어떤 위치에 존재하는지까지는 파악할 수 없다. 때문에

로 높은 권한의 구좌 파악,[587] 백도어 윈32 스쿨버스,[588] 사회공학적 해
킹[589] 등이 거론되고 있다.[590]

해당 IP주소가 가리키는 서브 네트웍에 지정된 패킷[1]을 broadcast하게 된다.
일반적인 경우 해당 IP주소의 호스트만 이 패킷을 받아들이고 다른 호스트들
은 이 패킷을 무시하게 되지만 이더넷 디바이스를 Promiscurous 모드로 변경
했을 경우에 서브넷을 통과하는 모든 패킷을 볼 수 있게 되는 점을 이용한 방
법이다. 패킷들은 이더넷 케이블을 타고 전송이 되는데, 이 패킷들은 어떤 유
저가 어느 호스트에 로긴했다는 정보 따위를 가지고 있어서, 이더넷 디바이스
를 컨트롤해 흘러가는 패킷에서 원하는 정보인 유저들의 패스워드를 알아내
는 것이다.

585) 해킹을 방지하기 위하여 네트워크 소프트웨어로 하여금 네트워크 컴퓨터
   내에서 미리 지정되어 있는 IP주소로부터의 접속만을 허가하도록 설정되
   어 있는 경우 패킷을 마치 내부에서 접근할 수 있는 IP주소로부터 보낸 것
   처럼 조작하여 보내면 네트워크시스템은 내부로부터 접근한 것으로 인식하
   고 액세스를 인정하게 된다. 이와 같은 원리를 이용하여 정보에 접근하는
   것을 스푸핑이라고 한다. 이는 유명한 해커인 케빈 미트닉이 사용한 해킹
   기술로 더 잘 알려져 있다.

586) 별도의 보안조치가 없는 네트워크 라우팅 장비를 조작하여 네트워크 서버
   로 가는 접속을 해커의 컴퓨터로 보내도록 시도하여 네트워크 이용자들의
   계정과 암호를 가로채는 수법이다.

587) 해커들의 궁극적인 목표는 대상시스템을 액세스하고 최고의 권한을 얻어냄
   으로써 시샵(Sysop)처럼 대상 시스템의 절대권력자로 군림하는 데에 있다.
   낮은 권한의 구좌를 갖고 있는 해커는 먼저 한 터미널에서 시스템에 로그
   온 한 후 특정 프로그램을 만들어 다른 사용자가 로그온하는 과정에서 입
   력한 ID와 패스워드를 해커의 메모리에 저장하게 한 후 정상적인 로그온
   과정을 보이도록 하는 방법으로 높은 권한의 유저가 로그온 하기를 기다리
   는 것이다.

588) 백도어 윈32 스쿨버스는 네트워크를 이용하여 상대방의 시스템을 제어할 수
   있는 해킹 툴이다. 백도어 윈32 스쿨버스는 백오리피스보다 훨씬 쓰기 편하
   고 기능도 많아져 백오리피스를 한 단계 높인 형태의 해킹프로그램이다. 특
   히 이 해킹툴은 윈도우에서도 쉽게 쓸 수 있어 초보자도 쉽게 해킹할 수 있
   다. 해킹을 당하는 PC의 대부분은 어디에서 만든 것인지 잘 알 수 없는 파일
   을 내려받아 수행하기 때문에 자기도 모르게 해킹을 당하게 된다.

589) 사회공학적 해킹이란 이용자를 속임으로써 불법적인 정보의 획득 및 권한
   도용을 가능하게 하는 공격방법이다. 예컨대 네트워크 관리자로 위장하여
   이용자 패스워드를 입력하도록 유도하는 메일을 보내는 방법 등이 여기에
   해당한다. 하지만 사회공학적인 해킹은 컴퓨터 시스템의 버그, 구성, 설정

2. 해킹과 컴퓨터등사용사기죄

본 연구에서는 이러한 해킹에 의하여 재산상 불법한 이익을 얻는 경우 형법상 컴퓨터등사용사기죄의 규정을 적용할 수 있는가 하는 문제를 논의하기로 한다.

크게 해킹의 실행 단계별로 나누어보면 1단계로서 해당 사이트에 접속하기, 2단계로서 루트권한 획득하기, 3단계로서 흔적지우기, 4단계로서 백도어설치하기 등으로 나누어 볼 수 있는데,[591] 이를 형법상 고찰대상으로서 검토하게 되면 해킹은 컴퓨터시스템에 대한 접근과 루트권한 내지 사용권한의 획득의 단계와 이렇게 취득한 권한을 사용하여 재산상 이익을 취득하는 단계로 나누어 볼 수 있다.

이하에서는 이 양자를 나누어 본 죄의 성립 여부를 검토해 보고자 한다.

(1) 컴퓨터시스템에의 접속과 사용권한의 획득

해킹의 궁극 목적이 컴퓨터시스템의 운영을 방해하는 것이라면 이러한 행위는 컴퓨터의 기능장애를 초래한 것으로서 업무방해죄가 성립하게 된다. 그 과정에서 그 컴퓨터시스템 내에 있는 전자기록을 훼손하는 행위는 손괴죄에 의하여 처벌하게 된다. 그러나 이러한 행위는 그 전 단계로서 그러한 컴퓨터시스템에 일단 침입해야 한다. 이때 '침입'이라는 의미는 컴퓨터시스템에 접근할 권한을 가지지 못하는 자가 부당하게 그 컴퓨터시스템의 관리자로서의 권한을 획득(루트권한획득)하거나 그 컴퓨터시스템의 이용할 수 있는 계정상의 권한(계정사용권한)을 획득하여 그 컴퓨터시스템

상의 취약점 등 컴퓨터 시스템 자체의 보안취약점에 기인하는 것이 아니라 사람의 실수를 유발시키고 그에 기인하여 정보나 권한을 획득하는 것이므로 공격탐지가 힘들고 네트워크 관리자로 위장하는 과정에서 이미 어느 정도는 개인정보 등의 도용이 이루어지기도 한다.
590) 김연수, 앞의 책, 289면 이하 및 한국형사정책연구원, 사이버범죄에 관한 연구, 236면 이하 참조.
591) 권인택, 앞의 책, 318면.

상의 프로그램을 실행하거나 데이터를 취득, 변경할 수 있는 상태에 이르는 것을 의미한다. 이는 다른 말로 컴퓨터환경에서는 해당 서버에 로그인 (Login)하게 된 상태를 지칭하는 것이다.

이러한 침입상태에 이르렀다고 하기 위해서는 일단 목표로 하는 컴퓨터 시스템에 접속하는 단계와 접근을 통해 일정한 권한을 획득하는 단계를 거쳐야 한다.

이를 위해 다양한 해킹 기법들이 개발되고 발전되고 있다. 앞에서 소개한 해킹기법 이외에도 인터넷상으로 이러한 해킹 기법들이 소개되고 있기도 하다.

예컨대 Telnet, Finger 서비스가 되는 경우에 사용자 스캔을 통해 ID를 알아내고 이어 패스워드 추측을 통한 무작위적 접속방법을 동원할 수 있다. 또 패스워드파일을 입수한 다음 패스워드 크랙을 통해서 접속하는 방법이나, 어플리케이션 버그 등을 이용하여 shell을 획득하게 되면 일단 그 시스템에 접속할 수 있게 된다. 나아가 계정을 가지고 있지 않는 ISP 업체의 경우 친구의 아이디와 패스워드를 빌려 접속할 수도 있다. 현재 한국정보보호진흥원의 통계에 따르면 사용자를 도용하는 해킹수법은 계속해서 증가하고 있는 추세이다.[592]

이렇게 그 시스템에 접속할 수 있게 된 상태에 이르렀을 때 일단 정보통신망에 대한 침입이 있다고 할 수 있다.

이러한 정보통신망의 침입은 보통 '단순해킹'이라는 의미로 파악하고, 기존의 학설상 단순해킹은 기존의 형법적인 법익의 침해를 수반하지 않는 유형의, 침해의 전 단계로서의 해킹행위 자체는 형법상 가벌성을 인정할 수 없다고 보고 있다.[593]

---

592) 한국정보보호원의 해킹통계를 살펴보면 사용자도용의 해킹수법은 2001년 9월 현재 216건으로 2000년의 38건의 5.68배에 이르고 있다. 자세한 내용은 http://www.certcc.or.kr에서 참조.

593) 예컨대 형법 제316조 제2항은 "봉함 기타 비밀장치한 사람의 편지, 문서, 도화 또는 전자기록등 특수매체기록을 기술적 수단을 이용하여 그 내용을 알아낸 자"에 대하여 3년 이하의 징역이나 금고 또는 500만원 이하의 벌금

그러나 단순해킹처벌의 필요성에 대해서 정보화사회의 확산과 함께 더욱더 비중이 커진 정보통신체계자체가 형법상 보호법익으로서의 가치를 가지고 있다는 점을 주목할 필요가 있으며, 특히 전산망관리자에게 보호조치 의무가 선언적으로 부여되어 있으므로 비록 단순해킹이 그 자체로서 침해적인 현상을 수반하지 않는다고 하더라도 침해적인 현상으로 연결될 개연성이 매우 클 뿐 아니라 범죄적 에너지를 수반하고 있다고 보아야 한다는 견해가 있다.594)

또 이러한 의미에서 단순해킹이란 전산망이나 시스템의 보호장치나 안전장치를 기술적인 수단을 이용하여 훼손하고 비밀번호의 해독프로그램 등을 이용하여 무단접속하여 권한 없이 시스템에 수록된 정보 혹은 유통되는 정보를 탐지하는 행위로서 전산망의 보호조치를 침해하고 단순히 데이터를 탐지하는 것 이외에는 별도의 침해적인 행위를 하지 않는 경우를 의미한다고 할 수 있으며, 이러한 범위 내에서 단순해킹이라도 독자적인 가벌성이 있다고 보기도 한다.595)

현재 정보통신망이용촉진및정보보호등에관한법률 제48조 제1항은 누구든지 정당한 접근권한 없이 또는 허용된 접근권한을 초과하여 정보통신망에 침입하여서는 아니 된다고 규정하고 있고, 제49조에서 누구든지 정보통신망에 의하여 처리, 보관 또는 전송되는 타인의 정보를 훼손하거나 타인의 비밀을 침해, 도용 또는 누설하여서는 아니 된다고 규정하고 있다. 이에 제63조는 벌칙으로서 제48조 제1항의 규정을 위반하여 정보통신망에 침입

에 처한다고 규정하고 있는데, 단순해킹은 그 내용을 이해한 것에 해당하지 않고, 본 죄의 미수범처벌규정이 존재하지 않으므로 처벌할 수 없다는 결론에 이르게 된다. 반면 단순해킹의 가벌성을 긍정하는 견해도 있는데, 이 견해에 의하면 형법 제316조 제2항은 추상적 위험범이며, 그 내용을 알아낸 경우뿐만 아니라 알 수 있는 상태로 확보한 것만으로도 충분하므로 단순해킹의 경우에도 처벌의 여지가 있다고 본다. 단순해킹의 가벌성에 관한 해석론으로는 박희영, 단순해킹의 가벌성에 관한 비교법적 연구, 인터넷법률 통권 제34호, 2006, 35-40면 참조.

594) 유인모, 정보형법의 과제와 전망, 형사정책 제12권 제1호, 2000, 72면.
595) 유인모, 앞의 논문, 73면.

한 자를 3년 이하의 징역 또는 3천만 원 이하의 벌금에 처한다고 규정하고, 제62조 제6호에서 제49조 위반행위에 대하여 5년 이하의 징역 또는 5천만 원 이하의 벌금에 처한다고 규정하고 있다.

이러한 현재의 정보통신망법에 의하면 '단순해킹'이란 '정당한 접근권한 없이 또는 허용된 접근권한을 초과하여 정보통신망에 침입하는 행위'를 의미한다. 이는 과거 정보통신망의 보호조치의 침해를 의미하던 단순해킹596)을 보다 확대된 의미로 규정하고 있는 것이다. 따라서 반드시 정보통신망의 보호조치의 침해를 요하지 않고, 타인의 ID나 패스워드를 알아낸 것을 기화로 정보통신망에 침입하는 것도 정보통신망법에 의하여 처벌되게 되었다.597)

따라서 이러한 단순해킹행위가 추가적인 법익침해를 야기하는 행위로서 이해될 경우에는 단순해킹 이외에 별도의 형법적 고려가 필요하다. 즉 단순해킹이 재산을 부정하게 취득하려는 목적에서 단지 수단에 불과한 경우, 말하자면 재산의 취득행위를 위해 타인의 시스템에 부당하게 접근하여 그 시스템의 데이터를 변경하여야 하는 경우에는 이러한 단순해킹은 재산취득범죄의 실현을 위한 일련의 과정속에 포함된다고 할 수 있다. 따라서 단순해킹도 재산취득범죄의 적용에 있어서 구성요건요소로서 고려될 여지가 있는 것이다. 현재 해킹을 통해 재산을 취득하는 범죄로서 고려되는 것은 컴

---

596) 개정되기 전의 정보통신망이용촉진등에관한법률 제19조는 "① 정보통신서비스제공자는 정보통신망의 안정성 및 정보의 신뢰성을 확보하기 위한 보호조치를 강구하여야 한다. ② 정보통신서비스제공자 또는 이용자는 수신자의 의사에 반하여 영리목적의 광고성 정보를 전송하여서는 아니 된다. ③ 누구든지 불법 또는 부당한 방법으로 제1항의 규정에 의한 보호조치를 침해하거나 훼손하여서는 아니 된다."고 규정하고 제29조에서 "제19조 제3항의 규정에 위반하여 정보통신망의 보호조치를 침해하거나 훼손한 자는 3년 이하의 징역 또는 3천만 원 이하의 벌금에 처한다."고 규정하고 있다.

597) 일본에서도 부정액세스행위의금지에관한법률을 1999년 8월 제정하여 제3조 제2항 제1호에서 ID, 패스워드 등의 식별부호를 무단으로 입력하는 행위를 처벌하고 있다. 자세히는 일본의 부정액세스행위금지법 개요와 과제, 정보산업, 2000. 1-2. 한국정보산업연합회, 115면 이하 참조. 웹문서로는 不正アクセス行爲の禁止等に關する法律の槪要, 일본경찰청,
http://www.npa.go.jp/hightech/fusei_ac1/gaiyou.htm 참조.

퓨터등사용사기죄를 들 수 있다.

컴퓨터등사용사기죄에 있어서 '허위의 정보 또는 부정한 명령'의 입력에는 권한 없이 타인의 정보를 입력하는 행위도 포함하는 것으로 이해된다. 또 개정된 컴퓨터등사용사기죄에 의하면 정보처리시스템에 접근할 권한이 없음에도 권한의 인증상태를 이용하여 정보를 입력하거나 권한의 인증없이 컴퓨터시스템에 접근하여 정보를 입력하는 행위도 '권한 없이 정보를 입력'한 행위에 해당될 수 있다. 따라서 단순해킹행위가 타인의 정보를 입력하거나 타인의 권한인증상태를 이용하여 정보를 입력하는 경우에는 본 조가 적용될 수 있게 된다.

타인의 ID와 패스워드를 알아낸 뒤 그 정보를 입력하여 정보통신망에 침입하는 행위는 본 조의 '허위의 정보'의 입력으로 파악할 수 있고, 일정한 권한에 의하여 정보통신망에 접속한 뒤 더 높은 권한이나 루트권한을 취득하기 위하여 일정한 프로그램을 설치하는 행위는 '부정한 명령'의 입력으로 볼 수 있다. 그리고 이러한 정보의 입력을 통해 컴퓨터에 의해 로그인한 상태로 인증을 받은 것은 컴퓨터의 정보처리에 기한 것이라고 할 수 있다. 다만 아직 그로 인한 추가적인 재산취득행위가 없음으로 인하여 아직 본 죄의 기수에 이르고 있지는 않다. 하지만 login 상태에서 그 권한을 이용하여 재산처분의 명령을 할 수 있으므로 일단 실행의 착수가 있다고 파악할 수 있다.[598)]

(2) 불법취득한 권한을 이용하여 재산상 이익을 취득

일단 해당 컴퓨터시스템에 접속에 성공한 후에는 이렇게 취득한 권한을 이용하여 컴퓨터시스템을 자신의 의사대로 조종할 수 있게 된다. 예컨대 컴퓨터시스템 내의 파일을 삭제하거나 변경하거나 또는 복사하거나 할 수 있게 된다. 또 그 컴퓨터시스템상의 프로그램을 실행시켜 타인계좌의 예금

---

598) 물론 개정된 현행 조문에 따른다면 '권한 없이 정보를 입력'한 행위에 해당할 것이다.

을 자신의 계좌로 이체시키거나 재산상 가치가 있는 파일들을 자신의 계정으로 업로드시키게 할 수도 있다. 이러한 행위는 모두 불법취득한 권한에 의하여 이루어지는 재산침해범죄로서 이 중 재산상 이익을 취득하는 경우에는 컴퓨터등사용사기죄가 적용될 것이다.

그런데 이 중 파일을 복사하는 경우에 있어서 그 재산적 가치에도 불구하고 그 파일은 절도죄에 있어서 재물에 해당하지 않는다는 이유로 절도죄를 부정하는 판결이 최근 나온 바 있다. 보통 이러한 파일의 경우에 소유권은 여전히 원래 소유자의 컴퓨터시스템에 남아 있기 때문에 소유권 침해를 이유로 절도죄의 성립을 부정함은 타당하다고 할 수 있다. 그러나 이러한 파일의 재산가치를 따져보면 그 경제적 교환가치는 부정할 수 없다고 할 수 있다. 따라서 이러한 파일은 인격권이나 비밀 이외에 재산상 이익으로 파악할 여지가 있으며 따라서 해킹을 통하여 재산적 가치가 있는 파일을 복사해 가는 행위는 저작권법이나 불공정거래법상의 처벌규정에 의하여 처벌될 수 있고, 형법상 컴퓨터등사용사기죄도 적용될 여지가 있다. 재산적 가치가 있는 정보의 부정취득에 대해서는 제3절에서 자세히 논하기로 한다.

또한 정보통신망개정법률안[599]에서는 제40조 제2호에서 "자기 또는 타인에게 재산상의 이익을 주거나 타인에게 손해를 가할 목적으로 허위의 정보를 유통시키는 행위"를 제76조 제3항에서 처벌하고 있었다. 하지만 현행 개정법률은 이 조항을 삭제하였다. 그 이유는 '허위의 정보를 유통'시킨다는 점에서 기망행위 및 그로 인한 착오에 기한 처분행위를 통한 재물 또는 재산상 이익의 취득 그리고 재산상 손해를 구성요건요소로 하는 사기죄와 차이가 있고 본 규정은 정보통신망에 올려지는 내용의 진정성을 보호하려는 데 있으며, 오프라인에서도 거짓말 그 자체는 형사처벌이 되지 않는다는 점에서 입법적으로 정당성이 결여된 것이고, 기존의 사기나 컴퓨터사기죄로서 충분히 대응할 수 있다는 점에 있다고 한다.[600]

---

599) 정보통신망법개정법률안에 대해서는 「정보통신망이용촉진등에관한법률」 개정을 위한 공청회 자료, 2000. 7. 20., 61면 이하 참조.
600) 한국형사정책연구원, 인터넷범죄의 규제법규에 관한 연구, 191-192면.

(3) 해킹과 컴퓨터의 무권한 사용의 새로운 의미

현재 해킹에 대해서는 컴퓨터시스템에 대한 무권한 접근이라는 행위 자체가 정보통신망이라는 법익에 대한 침입에 해당하며 이에 대한 처벌법규가 존재하고 있다. 그러나 침입 이후의 재산취득행위에 대하여는 정보통신망법의 적용에 한계가 있다는 점을 부인할 수 없다. 즉 침입에 대한 처벌법규만 존재할 뿐 침입 후에 추가적인 법익에 대한 침해에 대해서는 아무런 규정을 두고 있지 않다. 이러한 한계 상황에서 다시금 기존 형법상의 컴퓨터등사용사기죄 조문이 고려되어져야 한다. 그러나 이러한 재산침해는 그 위험성이 해킹으로 인한 접속 단계에서 이미 그 위험성이 구체화되어지는 것으로 볼 수 있으며 이러한 경우 컴퓨터의 무권한 사용이라는 문제가 다시 한번 주의를 환기시키게 한다.

그러나 현재의 '컴퓨터의 무권한 사용'이란 단순히 타인의 컴퓨터를 무단으로 이용하여 그 이용시간과 그 시간에 비례한 비용이라는 손해발생에 대한 논의에 한정되기 때문에 타인의 컴퓨터의 무권한 사용으로 인한 재산취득행위는 본 용어의 대상에 포함되고 있지는 않다. 그러나 컴퓨터의 무권한 사용 그 자체가 재산상 중요한 손해발생의 원천이 되기 때문에 권한 없이 타인의 컴퓨터에 접근하여 정보를 입력하거나 타인의 정보를 이용하여 재산상 이익을 얻는 행위를 처벌하지 않으면 앞서 본 바와 같이 치벌에 불균형이 발생할 수 있으며 재산취득행위가 독자적 범죄행위로 인정되지 않는 결과를 가져온다.

따라서 과거의 '컴퓨터의 무권한 사용'의 개념은 '컴퓨터의 무권한 사용 및 그 무권한을 이용한 재산취득행위'까지 포함하는 의미로 이해되어져야 할 것이다. 이렇게 이해되지 않으면 제4절에서 논의하는 바와 같이 부당하게 서비스를 제공받는 행위는 불가벌로 될 수밖에 없게 된다.

제3절 정보의 부정취득과 컴퓨터등사용사기죄의 성립 여부

Ⅰ. 재산죄의 객체로서의 정보

제4장에서 논의한 바와 같이 컴퓨터등사용사기죄에 있어서 '정보'는 우리 형법상 데이터와 전자기록이라는 용어를 모두 포괄하는 개념으로 이해될 수 있다. 그런데 전자기록은 일정한 매체와 분리되어서 논해지는 대상이 아니므로 결국 그 매체와 구별되어지는 데이터의 부정취득행위에 대하여 이를 재산범죄의 객체로 바라볼 수 있는가가 문제된다.

우리 형법은 재산범죄의 객체로서 '재물'과 '재산상 이익'이라는 두 가지를 상정하고 있다. 각 형벌법규는 이 두 가지 행위객체에 따라 '재물죄'와 '이득죄'로 구별하고 있다. 그런데 기존의 학설에 의하면 '정보'는 그 자체 유체물이 아니므로 재물에 해당하지 않는다고 한다. 또 재산에 관한 학설에 의하여 경제적 재산설에 의하면 경제적 가치가 있는 정보는 재산으로 파악할 수 있지만 법률적 재산설이나 절충설에 따르면 이를 부정할 수도 있게 된다.

하지만 정보를 일종의 재물로 파악하여 재산범죄의 객체로 인정하는 명문의 규정이 존재한다. 예컨대 손괴죄에 있어서 '전자기록'이 이에 해당한다.601) 그러나 재물영득죄인 절도죄의 객체로 인정하려면 불법영득의 의사가 존재해야 하는데 과연 이러한 전자기록을 불법영득의 의사의 객체로 바라볼 수 있겠는가 하는 점이 절도죄의 성립 여부에 관건이 된다고 할 수 있다.

결국 여기에서 문제되는 사항은 정보가 일정한 매체와 화체되어 있는 경우, 즉 전자기록으로 존재하는 경우와 단순한 데이터로만 존재하는 경우 그 양자의 존재형태에 따라서 그에 대한 법률적용이 달라질 수 있다는 점에서 논의의 실익이 있다. 이하에서는 이 양자를 구별하여 논의를 전개하고자 한다.

---

601) 물론 전자기록상의 데이터 그 자체에 대하여 재물로 보는 것은 아니다. 하지만 전자기록이라는 개념상 일정한 매체, 즉 유체물과 분리할 수 없다는 의미에서 전자기록을 일종의 재물로 파악할 수 있을 것이다.

1. 재물성의 검토

(1) 재물성의 판단기준에 대한 기존 해석론

형법상 재물의 개념에 대한 직접적인 정의규정은 두고 있지는 않지만 대체로 민법상의 물건과 같은 의미로 이해되고 있다.[602] 그러나 민법 제98조는 "본법에서 물건이라 함은 유체물 및 전기 기타 관리할 수 있는 자연력을 말한다"고 규정하고 있음에 반하여 형법 제346조는 "본장의 죄에 있어서 관리할 수 있는 동력은 재물로 간주한다"고 규정하고 이를 사기와 공갈의 죄, 횡령과 배임의 죄 및 손괴의 죄에 각각 준용하고 있다.

전통적으로 재물의 개념에 대하여는 유체성설과 관리가능성설의 대립이 존재하고 있다. 유체성설은 재물이란 유체물, 즉 외부세계의 일정한 공간을 차지하고 있는 물체에 한한다는 견해이고, 관리가능성설은 관리할 수 있으면 유체물뿐만 아니라 무체물도 재물이 된다는 견해이다. 통설은 관리가능성설을 취하면서, 형법 제346조는 관리가능성설의 입장을 입법화한 것으로서 더 이상 논쟁의 실익이 없다고 볼 수도 있지만 각 설의 입장에 따라 본조를 예외규정으로 보는가 또는 단순히 주의규정으로 보는가에 따라 동조의 준용규정이 없는 때에는 관리할 수 있는 동력을 재물이라고 할 수 있느냐에 따라 결론을 달리힐 수 있으므로 논쟁의 실익은 여전히 있다는 주장도 있다.[603]

생각건대 형법상의 재물개념이 민법상의 물건개념에 구애되지 않는다고 보아야 할 것이고,[604] 이는 형법상 재물개념에 대한 정의 규정이 없다는 이유, 따라서 형법 제346조는 단순히 주의규정에 불과하다는 이유, 재물개념이 고정불변의 개념이 아니며 재산범죄의 침해상황에 맞게 그 재물개념

---

602) 이재상, 239면; 김일수, 234면; 정성근, 형법각론, 법지사, 1996, 321면; 박상기, 237면; 이정원, 273면.
603) 이재상, 앞의 책, 239면; 박상기, 227면; 임웅, 247면.
604) 이회창 편집대표, 주석 형법(Ⅴ)[각칙 (Ⅲ)] §329-372, 한국사법행정학회, 1997, 36면.

의 해석상 유연성을 보장할 필요가 있는 점, 또 크게 보아 재산적 이익이라고 볼 수 있으나 재물죄의 객체로서 독립된 의미를 지닌 것일 뿐이라는 점[605] 등을 고려해 보면 결국 형법 제346조 규정이 가지는 의미는 형법상 재물이 유체물에 한하는가 아닌가에 있는 것이 아니라 '유체물 및 관리할 수 있는 동력' 이외의 무체물도 '재물'로서 인정할 수 있을 것인가에 있다. 따라서 본조의 논쟁실익이 본조의 준용규정이 없는 장물죄에 있어서 장물, 권리행사방해죄에 있어서의 물건에 관리할 수 있는 동력 등의 에너지도 포함되는지 여부에 대해서 양설의 차이가 있다는 정도[606]에 그치는 것이 아니라 더 나아가 이에도 해당되지 않는 재산적 가치가 있는 정보도 포함될 수 있는가에 대한 여부의 검토를 필요로 한다고 할 수 있다.

① 유체물

유체물이란 외부세계의 일정한 공간을 차지하고 있는 대상물을 말한다. 인간의 실존조건에 필요한 의식주와 관련된 대상물을 물론 인간의 문화적, 종교적, 예술적 삶과 관계된 대상물도 여기에 포함된다. 현금은 물론 유체물에 해당한다. 그러나 채권 기타의 권리 또는 청구권은 유체물이 아니다. 다만 이러한 권리가 문서 등에 화체화되면, 그 화체화된 물건 자체는 재물이 될 수 있다.[607] 예컨대 어음, 수표, 상품권 등의 유가증권 또는 예금증권 등은 유체물에 해당한다. 유체물은 반드시 고체에 한정되지 않고 액체 또는 기체도 유체물이다. 따라서 물, 가스, 증기 등도 재물이라 할 수 있다. 그러나 유체물이 재물이 되는 것은 그것이 특정한 소유자에 의해 관리될 수 있어야 한다. 그러므로 바닷물, 사막의 모래, 공기, 일, 월, 성신도 유체물이지만 특정한 소유자에 의해 관리되는 유체물이 아니기 때문에 재물이 될 수 없다.

---

605) 진계호, 전정판 형법각론, 대왕사, 1995, 377면; 정성근, 앞의 책, 329면.
606) 이회창, 앞의 책, 37-38면.
607) 김일수, 234면.

② 관리할 수 있는 동력

관리할 수 있는 동력이란 소유자의 지배관계가 형성된 무체물을 관리할 수 있는 동력을 의미한다.[608] 여기서 관리할 수 있다는 의미는 물리적 관리에 한하고 사무적 관리까지 포함한다고 보지 않는다는 것이 통설이고, 또한 동력이란 자연적 에너지, 즉 전기, 수력, 압력 등의 에너지에 한한다는 것이 통설적 입장이다.[609]

따라서 정보, 기획, 사상, 이념적 가치, 권리 등은 재물이 아니며 산업정보스파이행위나 문서를 복사하여 원본을 놓아두고 복사본만 가져간 경우,[610] 컴퓨터입력자료를 복사하여 가져간 경우에는 절도죄가 될 수 없다고 한다.[611]

③ 경제적(재산적) 가치 요부

형법적 보호를 받을 수 있는 재물이 되기 위해서는 무엇인가의 가치를 가진 것이라야 한다.

대법원은 재물이란 경제적 가치를 가질 것을 요한다는 전제에서 경제적 가치의 개념을 넓게 해석하여 주관적 가치 또는 소극적 가치만 있어도 경제적 가치가 인정되므로 재물이 된다고 판시하고 있다.[612]

따라서 객관적인 교환가치가 없더라도 주관적 가치가 있는 것이면 재물성이 인정된다. 다만 경제적 가치는 물론 주관적 가치가 없는 물건도 재물이 될 수 있는가에 대하여 이를 긍정하는 설도 있지만[613] 부정하는 것이 다수설이다.[614]

---

608) 김일수, 235면.
609) 김일수, 234면; 정성근, 324면; 이정원, 276면; 진계호, 372면.
610) 대법원 1996. 8. 23. 선고 95도192 판결(공1996하, 2931).
611) 이재상, 242면; 김일수, 235면; 박상기, 231면.
612) 대법원 1969. 12. 9. 선고 69도1627 판결(집17-4, 형18), 대법원 1976. 1. 27. 선고 74도3442 판결(공1976, 8988), 대법원 1981. 3. 24. 선고 80도2902 판결(공1981, 13810), 대법원 1996. 5. 10. 선고 95도3057 판결(공1996하, 1939).
613) 이재상, 243면.

(2) 정보의 재물성

재산범죄의 재물성에 대한 기존 학설의 대립에서 보았듯이 유체성설과 관리가능성설의 여부를 따나서 재물이 기본적으로 유체물이라는 근거에서 출발한 것임은 틀림없다고 할 수 있다.

일반적으로 전자기록에 대해서는 기억매체에 기록된 정보 자체를 재물이라고 볼 수 없고, 가시성과 가독성이 인정되지 않기 때문에 문서에 포함시키기도 어렵다고 한다.615) 그러나 형법 제366조가 [재물손괴 등]이라는 표제로 전자적기록에 대해서도 재물손괴죄를 인정하고 있는 점에서도 알 수 있듯이, 형법개정을 통해 형법전에 새로이 규정된 범죄유형은 이미 80년대 컴퓨터범죄 유형에 대처하기 위한 것이어서616) 일정한 매체에 화체되어 있지 않고 네트워크상에서만 유통되는 정보는 이러한 전자기록에 해당할 수 없다고 하더라도 그것이 일정한 매체에 화체되어 있는 전자기록으로 존재하는 경우에는 동일한 법적 보호를 받을 수 있다고 할 것이다.617) 따라서 정보가 화체되어 있는 매체 그 자체에 대해서는 기존의 해석론으로도 충분히 재산범죄의 성립을 긍정할 수 있다고 여겨진다.618)

형법 제346조가 관리할 수 있는 동력도 재물로 간주한다고 규정하고 있는데 이때 '관리할 수 있는'의 의미는 결국 이들 무체물인 동력이 일정한 용기

---

614) 정성근, 325면; 김일수, 236면; 주석형법[Ⅴ], 43면; 이정원, 278면; 임웅, 249면; 이형국, 385면.
615) 이재상, 567면; 김일수, 635면; 정성근, 728면.
616) 유인모, 정보보안을 위한 형법적 대응, 인천법학논총 창간호, 1998, 44면.
617) 전지연, 전자적 정보의 형사법적 보호에 관한 연구, 한림법학 FORUM 제8권, 1999, 62면.
618) 박상기, 251면. 또한 일본에서는 신약에 대한 비밀자료 파일을 가져와서 copy한 사안에 대하여 법원은 절도죄의 성립을 긍정하면서 정보의 재물성에 대하여 "파일에 대하여는 매체와 거기에 화체되어 있는 정보를 각자 분리해 그 재물성을 판단하는 것은 상당하지 않고, 정보와 매체가 합체되었지만 전체로서 판단해야 하며, 또 재산의 가치는 주로서 매체와 화체된 정보의 가치에 의한 것이다"라고 하였다(東京地判昭五九・六・一五判夕五三三號二五五頁).

에 의해 유체화되든가 통제가능한 작용력이 있어야 한다는 의미로 풀이된 다.[619] 또 '관리'란 물리적 관리를 의미하고 사무적, 법적 관리를 포함하는 것이 아니라고 한다. 그리고 여기에서 동력이란 열, 바람, 전기 등의 자연적 에너지를 의미한다고 할 수 있는데, 결국 이 부분에 해석에 있어서 결국 정보라는 것은 동력에 해당하지 않으므로 재물이 될 수 없다고 한다.[620]

하지만 앞에서도 이야기 한 바와 같이 제346조를 예외규정이 아니라 주의규정이라고 해석한다면 무체물 중에서 동력만을 특별취급할 필요는 없을 것이다.[621] 이러한 의미에서 "동력을 일정한 에너지에 국한시키는 해석은 너무나 형식적이고, 기존 해석상 관리가능성이 없다는 이유로 본조에 의한 재물이 될 수 없었던 전파도 현재 전파의 도용이 가능한 이상 본 조의 대상에서 배제하는 것은 타당하지 않다"[622]는 견해도 있다. 특히 관리가능성설은 그 논리의 귀결상 관리가능한 모든 무체물이 재물이라는 결론에 이르러야 함에도 물리적으로 관리가능한 것이라거나 동력에 한정된다고 하여 그 범위를 제한하고 있음은 그 이론상 취약성을 보이는 것이라고도 할 수 있다.[623] 따라서 정보과학기술의 발전과 더불어 재물의 개념은 지금보다 넓게 이해되어져야 할 것이다.

전기절도를 인정하는 근거로서 우리나라[624] 및 일본의 판례[625]는 "전류는 유체물이 아니지만 오관의 작용에 의하여 그 존재를 인식할 수 있고 이를 용기에 수용하여 독립한 존재를 인정할 수 있음은 물론, 용기에 축적하여 소지하고 한 장소에서 다른 장소로 이전하는 등 인력으로써 임의로 지배할 수 있는 가동성과 관리가능성을 병유하고 있으므로 절도죄의 성립에

619) 김일수, 235면.
620) 이재상, 242면.
621) 정성근, 324면; 임웅, 247면; 이재상, 240면.
622) 이정원, 276면. 이에 반해 임웅 교수는 전파는 관리가 불가능하다고 보아 재물에서 제외된다고 본다. 임웅, 247면.
623) 김규장, 타인의 전화기의 무단사용과 절도죄의 성부, 형사재판의 제 문제 [제2권], 형사실무연구회 편, 박영사, 1999, 105면.
624) 대법원 1958. 10. 31. 선고 4291형상361 판결(형판철32-662).
625) 日大判, 明治 36. 5. 21. 刑錄 9輯, 874면.

필요한 절취의 요건을 충족한다고 할 수 있다"고 판시하고 있다.

그러나 재물과 재산상 이익을 구별하고 있는 현행법의 취지에 비추어 관리할 수 있는 것은 물질성을 구비한 것이어야 한다고 한다.626) 따라서 이러한 물질성을 구비한 것으로서의 정보는 관리가능하며 재산범죄에 있어서 재물로 파악가능하다는 결론에 이르게 된다.

흔히 물질성이란 자연적인 의미(물리학적 의미)에서 물질성을 의미한다. 그러나 이러한 물질성은 가상공간에서도 존재할 수 있는데 이를 인공적 물질성이라고 부를 수 있지 않을까 한다.627) 예컨대 서적(자연적 물질성)이 디지털화된 전자정보(인공적 물질성)로 존재하는 경우를 들 수 있다. 이러한 인공적 물질성도 마찬가지로 관리가능한 것이라고 할 수 있다. 각 정보의 소유 주체가 분명하고 직접적으로 완전히 피해자의 관리로부터 행위자의 관리로 이전시킬 수 있다.628)

하지만 아직까지 우리 학계에서는 이러한 물질성은 결국 현실적인 이전 가능성을 전제로 하여야만 인정된다고 본다. 즉 관리가능성의 입장에서 관리가능하다는 의미는 결국 현실적 이전성을 전제로 하지 않으면 안 된다. 즉 물리적 관리가능하다는 의미는 현실적으로 이전이 가능한 것이어야 하며 사무적으로나 법적으로 이전가능한 것이어서는 안 된다는 뜻으로 이해된다. 그렇다면 일정한 매체와 결합된 전자기록은 그 매체와 결합하여서

---

626) 정성근, 322면.
627) 보통의 경우 물질성 혹은 물리적 관리란 의미는 인간의 지각에 의해서 감지될 수 있는가에 달려있다. 따라서 대부분의 유체물은 감지될 수 있다고 할 수 있다. 그러나 동력은 위와 같이 직접적으로 감지될 수 있는 것은 아니다. 동력이란 것은 눈에 보이지 않는 것이고 만져지지도 않는다고 할 수 있다. 따라서 자연적 의미의 물질성의 개념은 다른 매체를 통하여 인간의 지각에 의해서 감지될 수 있는 경우에도 인정되어져야 할 것으로 보인다.
628) 이정원, 276면. 오경식 교수도 "비밀(정보)이 누설되면 그 자체 비밀의 가치가 감소되는 것이 확실하며, 종이 등에 기록되어 보관되거나 또는 컴퓨터데이터로 입력된 후에는 물리적으로 관리가능하지 않다고 할 수 없다"고 하며 어쨌든 관리가능이라는 기준은 적어도 이 문제에 관한 한 불명확하다고 한다. 오경식, 기업비밀침해범죄, 판례월보 340호, 1999, 49면.

이전되어야만 재물로서 인정되는 것이고 만약 매체와 결합하지 않고서 그 데이터만의 이전만 있다면 그 데이터 자체는 재물죄의 객체가 되지 않는다는 의미가 된다.

(3) 소 결

이상의 검토결과 재산적 가치가 있는 정보로서 전자기록이라고 볼 수 있는 정보는 일단 재물성이 인정된다고 하지 않을 수 없다. 비록 형법규정상 전자기록에 대한 재산취득범죄규정이 존재하고 있지는 않지만 현재의 해석론으로서도 전자기록에 대해서는 재물성을 인정할 수 있고 따라서 재물죄의 객체로 받아들일 수 있다.

다만 전자기록이 아니라 단순한 데이터로만 존재하는 경우에 있어서는 재물성을 구비한 것으로 볼 수 없으므로 이러한 데이터를 형법상 어떻게 포섭해야 할 문제가 발생한다. 이러한 상황에서 정보 그 자체를 에너지와 병립하는 '정보재'로서 재산범죄의 객체로서의 지위를 가지는 것으로 바라보는 논의가 있다.[629] 그러나 모든 정보가 재물이 되는 것은 아니다. 위에서 논의한 바와 같이 재산적 가치를 가지고, 현실적, 물리적으로 완전한 관리의 이전이 가능한 정보만이 재물로 인정될 수 있다.[630]

2. 재산상 이익으로서의 정보

전자기록 이외에 단순한 데이터를 재물로 인정할 수 없다면 재산적 가치를 지니는 데이터에 대해 재산상 이익으로 파악할 여지가 생긴다.

---

629) 荒川雅行, 刑法基本講座(第5卷), 1996, 44면.
630) 유인모 교수는 재물의 개념을 관리가능한 동력에 국한하지 않고, 재산적인 가치를 가지는 관리가능한 재화라는 개념으로 확대하는 것이 타당하다고 주장한다. 유인모, 정보보안을 위한 형법적 대응 -해킹범죄를 중심으로-, 인천법학논총 98년 창간호, 47면. 같은 취지, 허일태, 사이버범죄의 현황과 대책, http://home.donga.ac.kr/~ithuh/syber. htm 참조.

재산상 이익이란 재물 이외의 일체의 재산적 가치, 이익을 의미한다. 재물도 재산상의 이익의 일종이라고 볼 수도 있지만 재물죄의 객체로서 독립된 의미를 지니고 있으므로 이득죄의 객체는 이를 제외한 재산적 이익만을 말하게 된다.

재산상의 이익의 내용, 종류의 여하는 묻지 않는다. 적극적 이익, 소극적 이익, 일시적, 영구적 이익이건 가릴 필요는 없다. 그리하여 무상으로 노무를 제공받는 것, 채권취득이나 채무면제, 권리포기, 채무이행의 연기, 기타 경제적 이익을 받는 것은 모두 재산상의 이익이 된다. 또 반드시 계수적으로 산출할 수 있는 이익이거나 피해자의 처분행위가 사법상 유효한 이익일 필요도 없다.631) 그러므로 사기, 강박으로 법률행위가 민법상 취소할 수 있는 경우에도 이에 의하여 채무면제나 채무이행의 연기를 받게 되면 재산상의 이익을 취득한 것이 된다.

따라서 일정한 재산적 가치를 가지는 것이라면 '정보'라고 할지라도 이러한 재산상 이익의 개념에 포함된다고 하지 않을 수 없다. 예컨대 회사의 기업정보를 플러피디스크에 복사해 일정한 대가를 지급받고 넘겨준 경우에도 재물죄는 성립할 수는 없지만 재물죄 이외의 재산범죄가 성립할 수 있다는 의미이다.

3. 정보의 부정취득에 대한 현행 처벌규정의 검토

그런데 우리 형법상으로 정보를 취득하는 행위는 재산범죄의 성립보다는 그러한 정보를 '비밀'이라는 용어로 대체하여 비밀침해죄로 구성하고 있다. 독일에서는 형법 제202조의a632)에서 데이터탐지죄로서 데이터복사행위를

---

631) 대법원 1975. 5. 27. 선고 75도760 판결(공1975, 519).
632) 독일 형법 제202조a [컴퓨터데이터탐지] ① 자신의 사용을 위한 것이 아닌 것으로서 권한 없는 접근으로부터 특별히 보호되고 있는 컴퓨터데이터를 권한 없이 취득하거나 타인으로 하여금 취득하게 한 자는 3년 이하의 자유형 또는 벌금형에 처한다.

처벌하고 있다. 독일에서 데이터의 개념은 우리나라의 전자기록과는 달리 송수신되는 것을 포함하는 개념이다. 그리고 그러한 데이터는 경제적 가치를 갖는 것에 달려있지도 않고 데이터가 '비밀'일 것을 요하는 것도 아니다.[633] 그리고 미국에서는 "National Information Infrastructure Protection Act of 1996(NIIPA)"에서 이러한 데이터복사행위를 처벌하고 있다.[634]

그러나 우리 형법에서는 그러한 비밀이 일정한 매체에 화체되어 있는 전자기록일 경우에만 처벌되고 전송 중인 데이터는 정보통신망법[635]에 의해서만 규율된다. 비밀이 아닌 정보는 통신비밀보호법[636]상 전기통신감청죄에 의하여 처벌될 수 있지만 이 경우에도 송·수신 중인 자료만 의미할 뿐 기록되어 있는 정보에 대해서는 처벌할 수 없다.[637] 또한 부정경쟁방지 및영업비밀에관한법률 제18조[638]에서는 영업비밀을 절취하는 행위를 처벌

---

633) Wolfgang Heinz, Computerkriminalität und Computerstrafrecht, 한양대 국제학술대회 세미나 자료, 14면.

634) 18. U.S.C.A [sections] 1030(a)(1)(2).

635) 제49조 (비밀 등의 보호) 누구든지 정보통신망에 의하여 처리·보관 또는 전송되는 타인의 정보를 훼손하거나 타인의 비밀을 침해·도용 또는 누설하여서는 아니 된다. 제62조 (벌칙) 다음 각호의 1에 해당하는 자는 5년 이하의 징역 또는 5천만 원 이하의 벌금에 처한다. 6호. 제49조의 규정을 위반하여 타인의 정보를 훼손하거나 타인의 비밀을 침해·도용 또는 누설한 자.

636) 제3조 (통신 및 대화비밀의 보호) 누구든지 이 법과 형사소송법 또는 군사법원법의 규정에 의하지 아니하고는 우편물의 검열 또는 전기통신의 감청을 하거나 공개되지 아니한 타인 간의 대화를 녹음 또는 청취하지 못한다. 제16조 (벌칙) 다음 각호의 1에 해당하는 자는 7년 이하의 징역에 처한다. 1. 제3조의 규정에 위반하여 우편물의 검열, 전기통신의 감청 또는 공개되지 아니한 타인 간의 대화를 녹음 또는 청취하거나 그 취득한 통신 또는 대화의 내용을 공개하거나 누설한 자.

637) 강동범, 전자적 자료의 침해에 대한 처벌과 인권보장, 법학심포지엄 [정보화사회의 인권보장], 2000. 12. 4. 53면.

638) 제18조 (벌칙) ①다음 각호의 1에 해당하는 자는 7년 이하의 징역 또는 1억 원 이하의 벌금에 처한다. 1. 기업의 임원 또는 직원으로서 그 기업에 유용한 기술상의 영업비밀을 정당한 이유없이 외국에서 사용하거나 외국에서 사용될 것임을 알고 제3자에게 누설한 자 2. 기업의 임원 또는 직원이었던 자로서 부정한 이익을 얻거나 그 기업에 손해를 가할 목적으로 그 기업에 유용한 기술상의 영업비밀을 계약관계 등에 의하여 비밀로 유지하여

할 수는 있지만 이때의 행위 주체는 기업의 임원 또는 직원 내지 임원 또는 직원이었던 자에 한정되기 때문에 여기에 해당하지 않는 제3자의 행위에 대해서는 처벌할 수가 없다.[639]

따라서 재산적 가치가 있는 정보의 복사는 제한적으로나마 규제는 가능하지만 기타의 경우에는 처벌하기 곤란할 것이다. 그리고 그러한 정보의 복사는 절취에 해당하는 것으로 보아 기본적으로 재산범죄로 포섭해야 할 것인데 기존 해석론적인 문제로 인해 사생활보호를 목적으로 하는 비밀침해죄로 구성하는 태도는 바람직하지 않다고 여겨진다.[640] 나아가 우리 형법은 독일형법과는 달리 데이터의 '취득'이라는 요건을 갖추고 있지도 않다. 이러한 면에서 데이터복사에 대하여 재산범죄로 규율할 수 있는 고려가 필요하다.

크게 두 가지 면에서 살펴볼 수 있을 것이다.

첫째, 절도죄적 구성이다. 기존 해석론상 점유의 배제가 없는 새로운 점유의 취득에 대해서는 절도죄의 성립을 긍정할 수 없다. 그러나 이러한 경우 위의 예에서와 같이 처벌의 흠결이 발생할 수 있다. 이러한 경우 점유의 배제라는 요소에 대한 재해석을 통하여 이를 극복할 수 있지 않을까 한다. 즉 타인의 점유의 배제라는 것은 점유자의 의사에 반하여 재물에 대한 사실상의 지배를 제거하는 것을 의미하는데 이때 타인의 점유라는 것은 결국 타인의 독점적 배타적 지배권을 의미한다고 할 수 있다.[641] 행위자가

야 할 의무에 위반하여 외국에서 사용하거나 외국에서 사용될 것임을 알고 제3자에게 누설한 자.

639) 오경식, 기업비밀침해범죄(산업스파이사건에 대하여), 판례월보 340호, 1999, 48면.

640) 재산적 정보를 삭제하고 복사해간 경우에는 손괴죄가 성립하고, 삭제하지 않고 복사해간 경우에 비밀침해죄가 성립한다고 한다면, 사실 불법은 손괴죄에 있어서 더 크다고 하지 않을 수 없음에도 법정형(비밀침해죄는 3년 이하 징역, 500만 원 이하 벌금, 손괴죄는 3년 이하 징역, 700만 원 이하 벌금)은 거의 동일하다.

641) 형법상 점유는 주관적, 정신적 요소와 객관적, 물리적 요소 및 사회적, 규범적 요소로 이루어진다고 한다면 객관적, 물리적 요소 및 주관적, 정신적 요소도 결국 사회적, 규범적 요소에 의해 결정된다고 할 수 있다. 이재상, 249면 이하.

이러한 타인의 독점적 배타적 지배권을 침해하면 결국 타인의 독점적 점유의 침해로 인정되어 절도죄가 성립할 수 있을 것이다. 따라서 타인의 물리적 점유를 침해하지 않더라도 독점적 점유의 침해로 인해 자신의 재물을 타인이 사용하게 된다면 이러한 정신적 점유의사의 침해로 보아 절도죄의 성립을 인정할 수 있지 않을까 한다. 이렇게 점유배제를 인정할 수 있게 된다면 불법영득의사의 인정도 가능하게 된다. 즉 소극적 요소로서 소유자를 종래의 독점적 배타적 지위에서 제거하여 자신만의 소유물로서 사용할 수 없게 하는 의사가 인정되는 것이다. 또 영득의사의 객체에 가치를 포함하므로 객체의 가치를 실질적으로 침해하고 취득할 의사가 있다고 한다면 불법영득의사를 인정할 수 있을 것이다.[642]

그러나 이러한 이론구성은 정신적 점유의사의 침해가 결국 개인의 사생활의 비밀의 침해와 별반 다르지 않다는 반론에 부딪칠 수 있다. 나아가 절도죄는 재물을 그 대상으로 하는데 현실적 이전가능성이 존재하지 않는 이러한 정보에 대해서 재물성을 인정하는 것은 현재의 해석론으로서는 인정되기 어렵다고 할 수 있다. 최근에 나온 하급심 판결에서도 파일의 복사는 절도죄에 의하여 처벌할 수 없다는 입장을 분명히 밝힌 바 있다.[643]

둘째, 손괴죄적 구성이다. 손괴죄는 점유의 배제를 대상으로 하지 않고

---

642) 오경식, 앞의 논문, 53면.
643) "컴퓨터 파일을 복사하는 것은 절도행위가 아니라는 판결이 나왔다. 서울지법 형사항소5부(재판장 조용구 부장판사)는 6일 전 직장에서 개발 중이던 프로그램을 무단복사한 뒤 경쟁업체로 직장을 옮긴 혐의로 기소돼 1심에서 징역 8월에 집행유예 2년이 선고된 정 모(26) 씨에 대한 항소심 선고 공판에서 절도죄 부분에 대해 무죄를 선고했다. 재판부는 그러나 정씨가 회사에서 개발 중인 프로그램을 무단복사해 경쟁업체로 옮긴 혐의(부정경쟁방지법 위반)에 대해서는 유죄를 인정, 벌금 500만 원을 선고했다. 재판부는 판결문에서 "컴퓨터 파일은 유체물로 볼 수 없기 때문에 파일을 복사한 것만으로 파일에 대한 소유권이나 점유권에 피해가 발생한 것으로 인정할 수 없다"고 밝혔다. 소프트웨어 개발업체인 D사에 근무했던 정씨는 급여문제 등으로 회사와 갈등을 빚다가 퇴직하기 직전인 작년 11월 당시 회사가 개발 중이던 방화벽 프로그램 등을 CD롬 1장에 몰래 복사한 뒤 경쟁업체인 N사에 취업한 혐의로 기소됐다." 중앙일보, 20001. 8. 6.자.

다만 그 효용을 해하는 것으로 족하기 때문에 타인의 점유를 배제하지 않는 재물취득에 적용할 수 있는 잇점이 있다. 이때 그 기타 방법으로 효용을 해한다는 의미를 넓게 이해하여 단순히 정보를 사용할 수 없게 하는 것과 기록내용을 변경하는 것[644] 이외에 그 전자기록이 가지는 제한적 사용가치를 해하여 그 본래의 용도에 사용할 수 없게 하는 것도 포함하는 것으로 이해하는 것이 바람직하다. 예컨대 사용자에게 10번의 복사만을 허용하는 정보가 있다고 하자. 이 정보를 타인이 복사한 경우 그에게는 10번이 가지는 사용가치의 침해가 있게 된다. 이 경우 단순한 사용가치의 감소에 대하여는 불법영득의 의사가 없다고 하는 해석론에 의하면 이러한 정보에 대하여는 절도죄를 인정할 수가 없게 된다. 따라서 이 경우에는 그러한 정보의 효용을 해하는 것으로 바라볼 수 있지 않을까 한다. 손괴죄가 성립하기 위해서는 반드시 물리적 훼손을 동반할 필요도 없다. 따라서 정보를 컴퓨터내의 다른 곳으로 옮겨 놓거나 옮기지 않더라도 다른 정보와 섞어 놓아 발견할 수 없게 하더라도 손괴죄가 성립한다.[645] 이는 점유의 배제가 없는 정보의 복사행위와 완전히 동일하다.

　나아가 손괴죄는 영득의 의사를 필요로 하지 않으므로 영득의 의사가 있는 재물의 손괴도 개념상 부정할 수도 없다고 하겠다. 또 비밀침해죄의 법정형과 손괴죄의 법정형을 비교해보면 거의 차이가 나지 않는 점도 비밀침해죄에서 포섭할 수 없는 재산범죄로서의 정보절도를 손괴죄로 처벌하는 것에 무리가 없다고 생각한다. 다만 그 효용을 해한다는 의미를 손괴·은닉과 동일한 불법평가가 가능한 방법이어야 한다는 구성요건적 내재성에 의하여야 한다는 논거에 따르면[646] 과연 정보의 복사행위를 위와 같은 행위로 평가할 수 있는지는 다소 의문의 여지가 있음을 부인할 수 없다.

　생각건대 재산적 가치가 있는 정보를 부정하게 취득하는 행위는 손괴죄적 구성에 의하여 처리하는 것이 타당하다고 생각한다. 단순한 정보의 복

---

644) 이재상, 429면; 임웅, 459면; 김일수, 333면; 박상기, 396면.
645) 이정원, 466면.
646) 이정원, 467면.

사행위는 손괴죄에서 의미하는 구성요건적 내재성에 의해 부인되어야 하겠지만 그 정보가 재산적 가치를 가지고 있고, 또 그 정보의 취득 자체가 정보의 사용가치에 감소를 가져오고, 손괴, 은닉과 동일한 불법평가가 가능한 행위라면 손괴죄에 의하여 충분히 처리할 수 있는 문제라 할 수 있다.

이러한 의미에서 정보를 이전시킨다거나, 그 정보에 새로운 프로그램을 입력하여 기록에 접근할 수 없게 하거나, 기록에 새로운 내용을 추가하거나 일부를 삭제하거나 다른 정보와 연결하여 다른 정보내용을 갖게 하는 것은 손괴죄에 해당한다고 할 수 있다.[647] 또 파일의 속성을 바꾼다거나 다른 디렉토리에 옮겨놓아 찾기 어렵게 만드는 경우, 즉 도스에서 파일을 hidden속성으로 바꾸어 dir 명령어로 쉽게 찾을 수 없게 하는 경우도 포함된다.[648]

그러나 손괴죄에 의하여 처리할 수 없는 그러한 정보의 취득행위는 어떻게 파악할 것인가 하는 문제가 있다. 예컨대 전자기록상의 재산적 가치가 있는 데이터만을 타인의 계좌나 계정으로 옮기는 경우에는 그 전자기록 자체의 효용을 해하는 것은 아니므로 손괴죄로는 처벌할 수 없다. 하지만 그 데이터의 이전을 통하여 행위자는 재산상 이익을 취득하고 있다. 이러한 경우에 있어서는 결국 그 정보를 재산상 이익으로서 인정한 다음 재산상 이익을 보호대상으로 하고 있는 개별 형법규정의 포섭의 문제로 해결해야 할 것으로 보인다.

II. 온라인게임의 아이템

1. 최근 리니지 사건에 관한 판결[649]

(서울지법 서부지원 2000. 11. 8. 선고 2000고단1366 판결)

---

647) 이재상, 429면; 임웅, 459면; 김일수, 333면; 박상기, 396면.
648) 김일수, 334면.
649) 본 사건에 관한 분석으로 변종필, 인터넷 게임 아이템과 재산범죄, 인터넷 법률 통권 제5호, 2001, 26면 이하 참고.

(1) 사실관계

피고인(엄○덕)은 1992. 10. 16. 서울고등법원에서 특정범죄가중처벌등에 관한법률위반(특수강간)으로 징역 3년 6월을 선고받아 1995. 11. 10. 그 형의 집행을 종료한 자인바, 분리 전 공동피고인 전○영이 2000. 3. 3. 23:30 경 고양시 덕양구 관산동 소재 "해커인터넷 PC방"에서 피해자 김○수(남, 21세)와 인터넷 온라인게임의 일종인 "리니지(Lineage)"게임을 하다가 위 피해자에게 공소 외 이○환 계정의 리니지게임 아이템(리니지게임에서 사용되는 인터넷상의 가상 무기와 방어구)을 잃게 되자, 피고인은 위 전○영, 공소 외 이○환, 성명불상자 1명과 함께 피해자를 직접 찾아가 이를 빼앗아 오기로 하고는 공동하여, 2000. 3. 4. 05:20경 서울 서대문구 북아현1동 136-9 지하1층 소재 피해자가 종업원으로 근무하는 네트온PC방으로 찾아가 피고인은 주먹으로 피해자의 얼굴을 3회 때리고, 위 이○환은 손바닥으로 피해자의 머리를 수회 때리고, 위 전○영과 성명불상자는 피해자의 주위에서 세를 과시하며 피해자에게 리니지게임 아이템을 돌려 달라고 하고 이에 불응하면 동인에게 어떤 위해를 가할 듯한 태도를 보여, 이에 겁을 먹은 피해자로부터 동인의 리니지게임 계정(ID) 및 비밀번호를 알아낸 다음 피고인이 그곳에 있던 컴퓨터를 이용하여 피해자 계정의 리니지게임 아이템인 일본도, 반사 방패, 판금 갑옷, 부츠, 보호 망토, 기사의 면갑 등 6점 시가 합계 약 20만 원 상당을 피고인의 계정(ID)으로 옮겨가 이를 갈취하고, 피해자에게 치료일수 미상의 구강 내부 열창상을 가한 것이다.

(2) 법률의 적용

위 사건에 대하여 법원은 폭력행위등처벌에관한법률 제2조 제2항, 제1항, 형법 제350조 제1항, 제257조 제1항, 즉 상해죄와 공갈죄를 적용하여 징역 6월의 실형을 선고하였다.

(3) 사안의 검토

정보화사회로 일컬어지는 오늘날 많은 재산적 가치를 지닌 정보들이 온라인시스템에 의해 공유되는 현실에서 이러한 정보를 부정하게 취득하는 행위는 곧 재산상의 침해로 직결되므로 재산범죄의 성립을 배제한 처벌은 의미가 없게 된다. 그러나 현재 형법상 재물의 개념은 본래 민법상의 물건, 가동물건, 유체물의 의미로 파악되다가 전기의 등장과 함께 도전의 문제가 제기되면서 제346조의 주의규정을 두어 관리가능한 동력도 재물로 간주한다는 규정을 두어 입법적인 해결을 하였으나 재물의 개념을 관리가능한 동력이란 개념으로 한정한 결과 정보는 자산가치가 큰 관리가능한 대상임에도 불구하고 재물성을 인정할 수 없다고 보는 것이 현재 지배적인 견해이다.[650)

이러한 상황에서 본 사안은 게임 아이템에 대하여 일단 재산으로 인정한 최초의 판결로 볼 수 있다. 여기서 게임 아이템이라는 것은 기존의 해석론상 유체물도 아니고 관리할 수 있는 동력도 아닌 이른바 재산적 가치를 지닌 전자정보를 의미한다고 할 수 있다. 이는 재산범죄에서는 규정하고 있지 않은 전자적 정보의 재산성을 인정한 판결이라고 할 수도 있다. 물론 재물손괴죄에 있어서 전자적기록이 규정되어 있기는 하지만 이러한 전자적기록이라는 것은 항상 매체와 연결되어서 파악되어지는 것으로서 정보와 매체를 구분하여 판단하는 것은 아니다. 따라서 정보 그 자체에 대한 재산성의 인정은 이 판결이 최초의 사례라고 할 수 있다.

그러나 정보 그 자체에 대한 재산성의 인정이 곧바로 정보를 재물죄에 있어서 '재물'로 볼 수 있다는 것은 아니다. 재판부는 '재산상 이익'으로 파악하고 있다.[651) 이에 따르게 되면 결국 정보란 재산상 이익이며 순수한 재물죄인 절도죄, 횡령죄, 장물죄, 손괴죄는 성립하지 않는다는 결론이 된다.

그러나 교환가치 즉 경제적 가치가 있는 정보를 이득죄의 객체로만 파

---

650) 유인모, 가상공간의 범죄와 형법, 비교법학 제9집, 부산외국어대학교 비교법연구소, 1998, 20면.
651) 이는 담당판사와 직접 연락을 취해서 알게 된 사실이다.

악한다는 것은 쉽게 납득이 가지 않는다. 왜냐하면 이러한 정보는 사실적 의미에서 점유와 소유권까지 침해된 것이어서 이는 탈취죄 내지 영득죄에 해당한다고 보는 것이 법감정에 합당하다고 보여지기 때문이다. 즉 리니지 아이템에 대한 침해는 피해자로부터 아이템의 사용권을 완전히 박탈하고 (피해자는 더 이상 그 아이템을 사용할 수 없다) 자신의 소유물로서 사용, 처분할 수 있다. 만약 재산상 이익으로만 파악하게 되면 사기죄에 있어서는 타인의 처분행위 없이 이익을 취득하는 행위를 처벌할 수 없게 되고, 제3자에게 그러한 정보를 넘긴 경우에 그 제3자에게 장물죄의 죄책을 물을 수 없게 된다. 또 손괴죄에 있어서는 정보의 또 다른 부분인 전자적기록의 효용을 해하는 행위를 처벌할 수 있는데[652] 그와 유사한 행위를 처벌할 수 없게 된다는 것은 매우 불합리한 것이라고 볼 수 있다.

　이러한 의미에서 본 판결은 그 의의에도 불구하고 아직 논의의 여지가 남게 된다. 결국 리니지 아이템을 전자기록으로 파악하는가, 아니면 단순한 데이터(재산상 이익)로 파악하는가에 따라 그 법적용을 달리하게 된다고 할 수 있다.

2. 아이템의 법적성질

(1) 전자기록으로서의 성질

　리니지 아이템 그 자체는 하나의 전자적 정보라고 할 수 있다. 그리고 형법은 그러한 전자적 정보를 '전자기록'이라는 용어로 표현하고 있다. 그런데 이러한 전자기록은 정보와 매체가 결합된 형식으로 분리되어서 판단되지는 않는다. 즉 정보 그 자체는 소위 '비밀'이라는 개념으로 전환되어 보호되고 있고[653] 매체와 결합되어 있지 않은 순수한 '정보' 그 자체가 형

---

652) 손괴죄의 보호법익은 소유권 자체가 아니라 소유권의 이용가치이기 때문이다.
　　이재상, 424면; 박상기, 394면; 김일수, 329면; 임웅, 455면; 정성근, 584면.
653) 우리나라에서는 형법개정을 통하여 비밀침해죄에서 전자기록에 대한 규정

법상 재산범죄의 보호객체로 되지는 않고 있다.[654] 다만 형법 제366조(손
괴죄)에서는 전자기록에 대한 손괴죄를 규정하고 있어 이 한도 내에서 재
산범죄의 인정이 가능하게 된다.

그렇다면 리니지 아이템의 성질을 살펴보도록 하자.

인터넷상에서 온라인게임이라는 것은 게임회사가 사용자에게 일정한 금
액을 받고 게임회사가 제공하는 게임서버(컴퓨터시스템)에 그 사용자가 사
용할 수 있는 일정한 계정을 발급하게 된다. 사용자가 발급받은 계정의 ID
와 패스워드를 입력하여 그 서버에 접속하게 되면 그때부터 그 사용자의
게임상의 모든 행위는 그 서버컴퓨터가 사용자에게 할당한 계정상에 일정
한 데이터로서 기록되게 된다. 따라서 사용자가 아이템을 취득하게 되면
그 서버컴퓨터상의 프로그램에 따라 그 사용자계정에 일정한 '아이템을 취
득하였다'는 데이터가 기록되게 된다. 그 후 그 기록된 데이터에 따라 차후
에 접속하게 되면 서버 컴퓨터는 최후에 기록된 데이터를 근거로 프로그램
을 실행시키게 된다.

그렇다면 일단 온라인게임의 아이템 그 자체는 서버 컴퓨터상에 전자기
록으로서 존재한다고 볼 수 있다. 따라서 이러한 데이터를 훼손하거나 은
닉시키는 행위가 발생하면 일단 손괴죄가 성립할 수 있고, 행위에 따라서
전자기록위작, 변작죄가 성립할 가능성이 있다. 예컨대 해킹을 통해 타인의
리니지게임 계정에 접속한 다음, 그 계정에 존재하는 파일을 삭제하거나
다른 파일로 교체하거나 하는 경우를 들 수 있다.

을 두고 있으나 여기에서의 전자기록은 일정 매체에 화체되어 있는 정보를
의미하게 되어 순수하게 전송 중인 정보에 대해서는 규율할 수 없다. 이에
반하여 독일 형법 제202조의a는 제2항에서 전송 중인 데이터도 포함하여
규율하고 있다.

654) 80년대의 컴퓨터범죄는 PC를 중심으로 이루어졌고 95년의 형법개정도 이
러한 인식의 바탕위에서 이루어진 것이다. 따라서 '전자적기록'의 의미는
일정한 매체가 필요하게 되고 그러한 매체상에 저장되어 있지 않은 오늘날
의 네트워크상에서 이루어지는 많은 법적 문제에 대해서는 결국 특별법상
의 규율을 받을 수밖에 없게 되었다.

(2) 재산상 이익으로서의 아이템

그러나 그러한 데이터에 대하여 권한 없이 자신이나 타인에게 이전시킨 경우에는 그 데이터에 대한 직접직 침해행위는 존재하지 않는다. 다만 타인의 정보를 이용하여 접속한 뒤 그 리니지 아이템의 이전 여부에 대한 처분을 할 수 있는 컴퓨터에 '데이터 이전에 관한 정보'를 입력하여 그 컴퓨터에 의하여 데이터의 변경이 이루어지게 되는 구조가 발생한다. 따라서 직접적으로 그 데이터에 대한 변경이 이루어지는 것이 아니라 그 데이터의 변경을 서버컴퓨터에 요구하는 것에 불과하다는 점에서 이러한 행위는 그 데이터에 대한 직접적(물리적)인 '손괴, 은닉' 행위가 아니라 다만 컴퓨터에 대한 일정한 데이터의 변경만을 지시한 것에 불과하다. 그러나 이러한 경우에도 결국 그 데이터의 변경으로 인해 리니지 아이템의 이용가치를 침해한 것으로 손괴죄가 성립한다고 볼 수 있다. 그런데 이러한 행위에서 그 데이터의 변경으로 인하여 재산적 가치가 이전되었다고 할 경우에는 단순한 이용가치의 침해뿐만 아니라 그 재산상의 손해도 있다고 하지 않을 수 없다. 따라서 이러한 경우에는 손괴죄에 더하여 그 재산의 이전에 관한 형법상 고려가 필요하다고 하지 않을 수 없다.

리니지 아이템은 현실적으로 게임이용자들에 의해 일정한 가격이 형성되어 금전으로 매매되고 있다. 이러한 점에서 그 리니지 아이템은 경제적 교환가치를 지니고 있다고 할 수 있다. 앞에서 논한 바와 같이 이러한 아이템이 재산범죄의 객체가 되려면 재산의 인정범위에 따라 그 결론이 달라질 수 있다. 법률적 재산설이나 절충설의 입장에 선다면 부당한 아이템취득을 재산상 이익을 취득한 경우로 보기 어려울 것이다. 왜냐하면 이미 게임 이용약관에 의해 게임이용자들 간의 아이템 매매행위는 금지되어 있는 위법한 행위로서 법률의 범위 내에서 보호받을 수 없기 때문이다. 그러나 경제적 재산설에 의하면 불법재산이라도 경제적 교환가치가 있다면 재산으로 인정할 수 있으므로 재산범죄에 해당하게 된다. 판례는 경제적 재산설에 의하여 이러한 경우 재산상 이익의 취득으로 볼 수 있다는 입장이다.

생각건대 리니지 아이템은 그것이 교환가치가 있다는 점에서 일단 재산으로 인정할 수 있고, 약관에 의하여 이용자 간에 현금거래를 금지하고 있다고 하더라도 그 약관의 유효성을 근거로 이러한 아이템의 경제적 가치를 부인하는 것은 무리라고 생각한다.655) 또 위와 같은 경우 이러한 경제적 교환가치가 있는 데이터를 재산으로 인정하지 않는다면 이러한 데이터를 취득한 자가 현실적으로 금전과 교환을 목적으로 하더라도(즉 이득의사가 있더라도) 단순한 데이터의 효용가치의 침해로밖에 인정할 수 없다는 것은 도저히 인정할 수 없다. 왜냐하면 행위자의 행위는 처음부터 재산을 취득할 목적으로 이루어진 행위이며 단순히 피해자로 하여금 그 아이템을 사용하지 못하도록 할 의사는 그 행위의 본질적 요소가 아니기 때문이다.

따라서 리니지 아이템을 자신의 계정으로 옮기는 행위는 그 데이터에 대한 이득의사에 기한 재산취득행위로 파악해야 하고 이러한 행위를 위해 타인의 계정상의 전자기록에 대한 침해는 재산취득의 수단에 불과한 불가벌적 사전행위라고 하지 않을 수 없다. 따라서 이러한 경우 손괴죄는 성립하지 않으며 재산상 이익의 취득을 목적으로 컴퓨터에 일정한 정보를 입력하는 컴퓨터등사용사기죄의 성립을 검토해보지 않을 수 없다.

3. 컴퓨터등사용사기죄의 성립 여부

다시 위의 사례를 살펴보기로 한다. 타인의 온라인게임 ID와 비밀번호를 알고 있는 것을 기화로 온라인게임서버에 그 타인의 계정으로 접속한 뒤 그 타인이 가지고 있던 리니지게임의 아이템을 자신의 계정으로 이전시켰다.

이때 이 온라인게임서버에 그 타인의 계정으로 접속하는 행위는 일단 정보통신망법에 저촉되는 행위로 취급된다. 문제는 그 온라인게임서버에 연결되어 있는 자신의 컴퓨터를 통하여 그 서버컴퓨터에 마치 자신이 그

---

655) 만일 게임 이용약관이 불공정한 것이어서 무효라고 한다면 사정이 달라질 것이다.

계정의 진정한 이용자인 것처럼 가장한 점에 있어서 컴퓨터에 대한 가상적인 기망에 해당하고 그 컴퓨터 등 정보처리장치에 허위의 정보 혹은 권한 없이 정보를 입력한 것에 해당한다.

그리고 그 컴퓨터프로그램에 입력된 정보를 처리하여 타인의 계정에서 자신의 계정으로 그 아이템이 이전되었으므로 그 이전에 의해 행위자는 현실적으로 경제적 교환가치가 있는 데이터의 취득이 존재하므로 결국 '재산상 이익'의 취득이 있다고 할 수 있다. 나아가 그 계정의 진정한 이용자는 자신의 아이템이 이전됨으로 인하여 재산상 손해의 발생도 있다고 할 수 있다. 따라서 본 사례에서 리니지 아이템을 부정하게 취득하는 행위는 결국 형법 제347조의2 컴퓨터등사용사기죄에 의하여 처벌할 수 있다.

다음으로 리니지 아이템에 대한 판결에 대해 다시 살펴보도록 하자.

이 사건에 있어서도 타인의 계정에 들어가 리니지 아이템을 취득한 점에 있어서는 컴퓨터등사용사기죄가 성립할 수 있다. 그러나 문제는 그러한 재산취득 이전에 공갈이라는 수단이 함께 투입되는 경우에 본 죄와 공갈죄와의 관계가 문제될 수 있다.

학설상 사기죄와 공갈죄와의 관계에서 기망과 공갈의 두 가지 수단을 병용하여 재물 등을 교부받는 때에 사기죄가 성립하는가 또는 공갈죄가 성립할 것인가가 문제되고 있다. 이에 대하여 견해가 나뉘고 있다. 다수의 견해는 사실관계에 따라서 기망과 공갈의 어느 요소가 피해자의 의사형성에 영향을 미쳤는가에 의하여 결론을 달리한다고 한다. 즉 기망이 공갈을 강화하거나 효과있게 하기 위하여 사용되어 외포심으로 인하여 처분행위가 있었던 경우에는 공갈죄만 성립하고, 기망의 수단으로 공갈이 행하여져서 피해자가 착오 때문에 처분한 때에는 사기죄가 성립한다고 한다. 그러나 공갈과 기망이 피해자의 의사형성에 독립된 요소로 함께 영향을 미친 때에는 사기죄와 공갈죄는 상상적 경합이 된다고 한다.[656] 이에 반해 사기죄와 공갈죄는 택일관계에 있으며, 둘 사이에 상상적 경합은 인정되지 않는다고

---

656) 이재상, 354면; 김일수, 395면; 이정원, 402면; 임웅, 374면.

보는 견해도 있다.[657]

그런데 본 판결에서 문제되는 상황은 공갈의 수단으로 인하여 피해자의 재산처분행위가 있었는가 하는 점이다. 본 사례에서 피해자가 직접적으로 리니지 아이템을 행위자에게 이전시키는 상황은 발생하지 않는다. 행위자가 상대방에게 외포심을 일으켜 상대방이 묵인하고 있는 동안에 스스로 타인의 계정에 들어가 재산을 취득한 행위만이 있을 뿐이다.

이 경우 사기죄와 공갈죄의 관계에 대한 다수의 학설은 처분자의 행위가 작위, 부작위 혹은 묵인에 의한 경우도 모두 가능한 것으로 바라보고 있다.[658] 이에 반해 공갈죄의 재산처분행위는 오직 작위 또는 방치에 의해서만 이루어진다고 하는 소수설이 있다.[659] 판례는 공갈을 통해 타인의 현금카드를 갈취한 후, 현금자동지급기에서 현금은 인출한 행위에 대하여 현금인출에 대한 절도를 인정하지 아니하고 공갈죄만 성립한다고 판시한 바 있다.[660]

생각건대 사기죄와 공갈죄에 있어서 필수적인 요건인 '재산처분행위'는 '인간'에 의하여 이루어진다는 의미에서는 피해자의 처분의사는 가해자의 이득의사와 일치한다고 할 수 있으나, 컴퓨터등사용사기죄에 있어서 재산

---

657) 배종대, 354면.
658) 이재상, 349면; 김일수, 390면; 이정원, 400면; 박상기, 326면.
659) 배종대, 351면.
660) 대법원 1996. 9. 20. 선고 95도1728 판결(공1996하, 3244) "예금주인 현금카드 소유자를 협박하여 그 카드를 갈취하였고, 하자 있는 의사표시이기는 하지만 피해자의 승낙에 의하여 현금카드를 사용할 권한을 부여받아 이를 이용하여 현금을 인출한 이상, 피해자가 그 승낙의 의사표시를 취소하기까지는 현금카드를 적법, 유효하게 사용할 수 있고, 은행의 경우에도 피해자의 지급정지 신청이 없는 한 피해자의 의사에 따라 그의 계산으로 적법하게 예금을 지급할 수밖에 없는 것이므로, 피고인이 피해자로부터 현금카드를 사용한 예금인출의 승낙을 받고 현금카드를 교부받은 행위와 이를 사용하여 현금자동지급기에서 예금을 여러 번 인출한 행위들은 모두 피해자의 예금을 갈취하고자 하는 피고인의 단일하고 계속된 범의 아래에서 이루어진 일련의 행위로서 포괄하여 하나의 공갈죄를 구성한다고 볼 것이지, 현금지급기에서 피해자의 예금을 취득한 행위를 현금지급기 관리자의 의사에 반하여 그가 점유하고 있는 현금을 절취한 것이라 하여 이를 현금카드 갈취행위와 분리하여 따로 절도죄로 처단할 수는 없다."

처분행위는 인간이 아니라 컴퓨터에 의하여 이루어지고 있다는 점에서 공갈죄와 본죄와의 관계는 결국 컴퓨터의 재산처분행위가 피공갈자의 처분행위와 동일시할 수 있는지에 달려있다고 할 수 있다.

먼저 공갈에 의해 피공갈자가 자신의 계정에서 타인의 계정으로 리니지 아이템을 넘겨준 경우에는 공갈에 의한 피공갈자의 직접적인 재산처분행위가 있다고 볼 수 있으므로 공갈죄만 성립하게 된다.

그러나 공갈에 의해 피공갈자의 의사를 억압한 상태에서 공갈자 스스로 컴퓨터에 타인의 정보를 입력하여 자신의 계정으로 아이템을 옮기는 경우에 있어서는 피공갈자의 처분행위라는 것이 존재하지 않는다. 리니지 아이템의 처분행위는 오로지 컴퓨터에 의해서 전자적으로 이루어질 뿐이며, 컴퓨터는 공갈의 대상이 될 수 없다. 컴퓨터는 입력된 정보에 의하여 재산처분에 관한 정보처리를 할 뿐이다. 따라서 컴퓨터는 공갈죄에 있어서 피공갈자의 지위에 있는 것은 아니라 다만 입력한 데이터에 의하여 피기망자의 지위에 서는 것뿐이라고 할 수 있다. 그리고 컴퓨터등사용사기죄에 있어서 입력된 데이터는 타인을 기망하여 취득한 것이든, 절취한 것이든, 위조한 것이든, 공갈에 의한 것이든 그것은 모두 컴퓨터에 입력되는 순간 '허위 또는 부정'의 평가를 받을 뿐이며 그 데이터가 어떠한 방법에 의하여 취득되었는지는 고려하지 않는다. 이러한 의미에서 먼저 시작된 범죄인 공갈죄의 행위는 폭행, 협박인 데 반하여 타인의 비밀번호 등을 입력하여 리니지 아이템을 취득하는 행위의 실질은 컴퓨터 관리자를 기망하여 재산을 교부받는 행위라는 점에서 서로 구별된다고 할 수 있다.

따라서 타인을 공갈하여 비밀번호를 취득한 후 그 비밀번호를 이용하여 공갈자가 직접 컴퓨터 등에 그 비밀번호를 입력하여 피공갈자의 리니지 아이템을 자신의 계정으로 옮긴 경우에는 공갈죄 외에 컴퓨터등사용사기죄가 적용되어야 한다고 할 수 있다.

결론적으로 본 리니지판결에서도 공갈에 의하여 리니지 아이템을 취득한 행위에 대해 별도로 컴퓨터등사용사기죄를 적용하지 않은 것은 부당하다고 할 수 있다.[661]

Ⅲ. 전자화폐와 컴퓨터등사용사기죄

1. 전자화폐의 개념

전자화폐는 전자통화, 사이버머니, 사이버캐시, 디지털머니, 디지털캐시, e캐시 등 다양한 호칭이 있지만 명확한 정의가 존재하고 있는 것은 아니다.662) 예컨대 전자화폐란 "화폐가 전자적 기술 또는 디지털 기술에 의해 기록되어져 있는 것"663)이라고 하거나, "전자상거래를 위해서는 인터넷상 가상공간이 필요하고 그 공간에서 화폐를 대신하여 지불수단으로 사용할 수 있는 개별 데이터를 필요로 하는데 여기에서 개별 데이터는 전자적인 자금의 자동이체를 가능하게 하는 수단으로 일명 전자화폐(E-Cash)라고 하기도 한다"고 정의하기도 한다.664) 또 전자화폐 공동이용시스템 구축사업을 추진하고 있는 금융결제원에서는 전자화폐를 전자지갑이라는 용어로 사용하면서 '전자지갑이란 IC칩이 내장된 플라스틱 카드나 PC 등의 전자기기에 은행예금을 근거로 일정액을 전자적인 방법으로 이전하여 저장한 후 단말기 등을 이용하여 현금처럼 지급하고, 가치의 재충전이 가능하도록 한 현금대체수단이다'라고 정의하고 있다.665) 위와 같은 설명에 의하면 전자화폐는 은행 기타 전자화폐 발행자가 카드 또는 컴퓨터 시스템을 통하여

---

661) 손동권, 신용(현금)카드 부정사용의 유형별 범죄성립과 죄수, 형사판례연구 [7], 1999, 350면 이하에서도 대법원 1996. 9. 20. 선고 95도1728 판결(공 1996하, 3244)에 대한 평석에서 공갈죄와 컴퓨터등사용사기죄(혹은 절도) 의 경합을 인정하여야 한다고 보고 있다.

662) 荒川雅行, 情報刑法の現代的課題 -いわゆる電子マネ-を中心として-, 中山研一先生古稀祝賀論文集 第2卷 經濟と刑法, 成文堂, 1997, 153면; 전수아, 정보사회의 화폐: 전자화폐, 정보사회의 새로운 화폐와 화폐금융 정책, 정보통신정책연구원, 1998. 12. 85면.

663) 강임호, 전자화폐와 통화량, 정보사회의 새로운 화폐와 화폐금융 정책, 정보통신정책연구원, 1998. 12. 64면.

664) 유용봉, 인터넷 사업자의 형사법적 책임, 형사법연구 제11호, 1999, 267면.

665) 금융결제원, IC선불카드(전자지갑)업무 개요 및 추진현황, 1997. 10. 14., 1면.

일정한 화폐가치를 전자기호로 저장하고 그 지급을 보장하는 것으로서 정보통신회선을 통하여 자금결제가 이루어지는 화폐라고 할 수 있다.[666) 이러한 전자화폐가 개발된 배경으로는 전자통신기술의 혁신에 따른 IC칩의 대용량화 및 저렴화, 정보네트워크화 및 암호기술의 발달, 자기띠카드의 위변조 확대에 따른 이의 예방수요 증대, 현금사용비중의 하락추세 등을 들 수 있다.

기타 "전자화폐 제도는 암호를 이용하여 전자상거래를 뒷받침하는 제도로서 은행잔고가 있는 사용자가 거래은행의 인증이 되지 아니한 전자화폐에 전자서명하여 은행의 컴퓨터에 송부하면, 은행은 본인임을 확인하고, 전자서명으로 인증하여 사용자의 컴퓨터에 전송하고, 이를 수신한 사용자가 자신이 대금을 결제하여야 할 상대방의 컴퓨터로 전송하면 상대방은 전송된 전자화폐를 인증한 은행에 조회함으로써 정상적인 전자화폐임이 확인되면 대금으로 수령하여 자신의 거래은행에 예금하거나 다른 전자거래에 사용할 수 있도록 하는 방법이다"라고 하는 견해도 있지만[667) 이 경우 후술하는 전자화폐의 종류에서 보듯이 다양한 전자화폐를 포섭하지 못하고, 현재 전자화폐의 개발과 실용화의 측면에서 보더라도 이와 같은 정의는 다양한 형태의 전자화폐의 존재를 부인하는 결과가 되기 때문에 넓게 전자화폐를 개념정의하는 것이 바람직하다고 생각한다.[668)

---

666) 정완용, 전자화폐에 의한 전자결제제도, 경희법학 제33권 제2호, 1998, 133면.
667) 최영호, 정보범죄의 현황과 제도적 대처방안, 한국형사정책연구원, 1998, 114면.
668) 전자화폐를 Electronic money와 Electronic cash로 엄격히 구분하는 견해도 있는데, 특별히 구분된 개념을 사용하자면 전자는 후자뿐만 아니라 국내외의 모든 결제망을 통해 흐르는 전자화된 자금들을 모두 포괄하는 개념이며, 후자는 특히 소액결제를 위한 지불수단을 의미한다고 할 것이다. 전수아, 앞의 논문, 85면.

2. 전자화폐의 종류

전자화폐의 유형에 대하여는 여러 가지 기준이 있으며, 따라서 각종의 전자화폐가 어느 한가지의 유형에 속하는 것은 아니며, 각각의 기준에 따라 여러 유형에 해당할 수 있다.669) 여기서는 크게 IC카드형 전자화폐와 네트워크형 전자화폐에 대해서만 논의하기로 한다.

---

669) 크게는 IC카드를 이용한 시스템과 인터넷(네트워크)을 이용한 시스템으로 나눌 수 있고, 결제형태에 따라서 현금을 대체하는 시스템, 수표를 대체하는 시스템, 신용카드를 대체하는 시스템 및 계좌이체를 대체하는 시스템 등으로 구분할 수 있다. 또 전자화폐카드의 종류는 카드 소지자 간에도 화폐가치의 이전가능성에 따라 개방형(open-loop)과 폐쇄형(closed-loop)으로 구분된다. 폐쇄형의 경우 가치흐름이 카드발행기관 → 카드 소지자 → 가맹점 → 카드발행기관으로만 흐르게 되어 있다. 이에 반해 개방형은 카드발행기관에 통보할 필요없이 카드 소지자 간 자금이전이 가능하다. 개방형은 현재로서는 영국의 Mondex가 유일하며 폐쇄형의 경우는 대부분의 국가에서 개발되고 있는 형태로서 기존의 전화카드나 지하철이용권 등 단일목적 선불카드에 범용성만을 추가한 것이다. 개방형의 경우 가치이전사실이 발행기관에 통보되지 않기 때문에 발행기관은 가치보유자를 파악할 수 없는 반면 이용자들은 익명으로 결제가 가능하다는 장점이 있다. 그러나 발행기관으로서는 전자화폐가 위조될 경우 동 사건의 조기발견은 물론 범인의 확인이 매우 어렵기 때문에 개방형 전자화폐카드를 도입하기 위해서는 위조방지책이 사전에 마련되어야 한다. 특히, 위조방지책은 전자화폐카드의 보급에 관건이 될 뿐만 아니라 사용자보호 및 발행기관의 경영안정에도 중요한 과제가 되기 때문에 위조의 동기유발요인을 억제시키기 위해 위조를 매우 어렵게 할 필요가 있다. 이 밖에 전자화폐카드는 계정처리방법에 따라 예금구좌에서 카드로 입금 시 자기앞수표발행과 같이 별단계정으로 처리하여 이자를 지급하지 않는 범용선불카드방식과 직불잔액으로 표시하고 이자를 지급하는 off-line 지불카드방식으로 구분하기도 한다. 정완용, 앞의 논문, 133-136면 참조.

① IC카드670)형 전자화폐

보통의 화폐는 화폐 본체와 통화로서의 가치(정보)가 일체가 되고 있지만 전자화폐는 통화로서의 가치 즉 금액이라고 하는 정부를 본체로부터 분리하고 이 정보만큼의 가치를 가지고 유통되어 실제의 결제에 충당되는 것을 의미하는데, 이 금액의 정보를 전자화하고 IC카드의 속의 반도체에 기록, 사용하는 것이 IC카드형 전자화폐이다. 카드 내의 정보를 갱신함으로써 금액을 증액하거나 금액을 자동 납부하는 방식으로 거래 상대방에게 지급할 수 있다는 점에서 '전자지갑'이라고 불리는 것도 있다. 카드발행에 관한 신용 조사나 금리도 불필요하고, 정보(금액)를 계속해서 갱신할 수 있으므로 되풀이하여 사용가능한 점에서 대금 선불카드와 다르며, 남은 부분의 재현금화도 가능하고 거래의 결제에 은행 등의 금융 기관이 관여하지 않는 점에서는 크레디트카드와도 다르다. 무기명이라고 하는 점에서는 수표와도 다르다.

이러한 형태의 전자화폐는 이미 실험 단계에서 실용 단계에 와 있고, 영국의 몬덱스카드, 비자 캐시, 마스터 캐시, 그리고 최근에 우리나라에서 상용화되어 있는 대부분의 전자화폐가 이 IC카드형 전자화폐에 속한다고 할 수 있다.

② 네트워크형 전자화폐

IC카드형 전자화폐가 IC카드라는 매체물을 필요로 하는 것과는 달리 금액의 정보(데이터)만을 유통시키는 것이 네트워크형 전자화폐이다. 즉 별도의 카드를 소지하지 않고서도 은행의 주 컴퓨터의 전산망 내지는 인터넷

---

670) IC(intergrated Circuit)카드란 고밀도 집적회로가 붙어 있는 카드를 말한다. IC카드는 마이크로프로세서(연산처리장치)를 포함한 것과 그렇지 않은 것으로 분류할 수 있는데 연산처리장치가 없는 칩카드를 메모리카드라고 하며, 메모리카드는 미리 프로그램되어 있는 명령에 의하여 단순한 일을 처리하는데 공중전화카드(프랑스의 경우) 등이 그 예이다. 연산처리장치가 있는 칩카드를 스마트카드라고 하며 스마트카드는 ROM, RAM 및 CPU로 구성되어 있다.

을 통하여 거래은행 또는 가상은행 등에 개개인의 화폐가치에 해당하는 정
보를 저장하여 두고 있다가 필요시에 네트워크를 통하여 대금결제를 할 수
있으며, 이러한 방식에 의하여 일방적인 정보의 수신이 아니라 쌍방향으로
송·수신할 수 있다는 장점을 가지고 있다.[671]

그러나 이런 종류의 전자화폐는 그것이 네트워크상에서 교환되도록 되
면 될수록, 전자화폐데이터의 도용이나 개변 등의 위험성이 더욱 증대될
수 있다. 즉 데이터(정보)의 안전성에 있어서 문제가 발생할 가능성이 크
다고 할 수 있다. 그러한 안전성을 확보하기 위해서는, 전자화폐의 금액 정
보를 암호화하거나 또는 거래의 정당한 당사자인가를 확인하는 인증절차를
밟도록 하여 데이터나 거래의 안전을 도모하지 않으면 안 된다. 이런 종류
의 전자화폐로는 이캐시(e-cash), cyber coin 등을 들 수 있다.

그 밖에 암호화의 대상을 크레디트카드번호와 유효 기한으로 하고 있는
지급지시형 전자화폐라고 하는 사이버캐시(cyber cash)도 있지만,[672] 이것
은 금액 정보를 암호화하는 것이 아니고 지급체제가 크레디트카드와 다르
지 않기 때문에 엄밀하게는 전자화폐라고는 할 수 없다는 견해가 있다.[673]
그러나 전자화폐의 지급체계가 신용카드와 다르지 않다는 이유로 배제할
것이 아니라 오히려 현실의 제도를 응용할 수 있으면 더욱 편리할 것이라
는 관점에서 받아들여야 할 것이고, 오히려 현재의 전자화폐는 네트워크형
보다는 IC카드형 전자화폐를 선호하고 있는 실정이고 특히 신용카드회사에
서 적극적으로 개발하고 있다는 점에서 신용카드 지급시스템을 응용한 전
자화폐도 인정되어야 할 것으로 보인다.

---

671) 정완용, 앞의 논문, 134면.
672) 최영호, 앞의 논문, 118면.
673) 荒川雅行, 앞의 논문, 155면.

3. 전자화폐의 법적 성질[674)

전자화폐의 형법적 문제를 고찰하기 전에 먼저 전자화폐에 대한 법적 성질을 살펴보아야 할 것이다.

① 통화간주설

먼저 전자화폐를 현금대체수단으로서의 성질을 가지는 것으로 보고 전자화폐를 통화로 간주하는 견해를 생각해 볼 수 있을 것이다. 현재 전자화폐에 대해서 가장 활용도가 높은 것으로서 생각되는 분야는 소액의 결제에 있어서 신용카드를 대신하는 수단으로 이용하자는 것에 있다. 즉 10만 원 이하의 대금결제에 있어서는 현금 대신에 전자화폐를 사용하도록 하여 전자거래의 활성화에 기여하도록 하는데 전자화폐 시스템의 상용화의 취지가 있다는 것이 대부분의 견해이다. 또한 저가의 주화나 지폐를 만드는 데 드는 비용이 실제 화폐가치보다 높다는 이유로 전자화폐(특히 이코인)를 이용하는 것이 잇점이 있다는 견해에 비추어 보아서도 전자화폐를 주화나 지폐와 다르게 볼 이유는 없다는 견해를 생각해 볼 수 있다.

그러나 이 견해는 전자화폐는 '전자현금'이라는 좁은 개념으로만 파악하여 다양한 전자화폐의 유형을 포섭하지 못하는 결론을 가져오는 단점이 있다. 또 전자화폐는 강제통용력이 아직 없다고 볼 수 있으므로 아직 통화로 간주할 수는 없다고 할 수 있다.[675)

② 신용카드유사설

전자화폐는 기본적으로 그 자체가 통화와 같은 외관을 지닌다고 할 수 없고, 전자화폐의 구입도 은행이나 신용카드회사를 통하여만 구입할 수 있다는 점, 전자화폐로 구입할 수 있는 쇼핑몰이나 거래처도 제한되어 있다는 점 등을 고려하면 기존의 신용카드와 별반 기능에 있어서 다른 점은 찾

---

674) 이하의 분류는 전적으로 개인적 견해임을 밝혀둔다.
675) 김일수, 574면.

아보기 어려우므로 신용카드와 동일하게 파악하면 족하다는 견해를 상정해 볼 수 있다. 또 현재와 같이 전자화폐에 대한 통일적인 법률이 없는 이상 신용카드에 대한 사항을 규정한 여신전문금융업법을 적용할 수 있어서 입법의 불비에 대비할 수 있다는 장점이 있다고 할 수 있다.

그러나 현재 개발되고 있는 전자화폐의 지불시스템은 기본적으로 신용카드를 중심으로 이루어지고 있는 것은 사실이지만, 반드시 신용카드와 동일한 법적 성질을 지닌다고 할 수 없다. 특히 전자화폐 자체가 가치를 저장하고 있는 점에서는 단순히 이용 권한만을 가지고 있는 신용카드와 동일하게 볼 수 있는지는 의문이다.

③ 유가증권설

전자화폐는 일정한 정보가 IC카드에 전자적 방법으로 기록되어 있고, 이 카드를 카드리더기 등을 통하여 그 정보가 해독되어 당해 카드가 발행인에 의하여 진정하게 발행된 것임이 확인된 경우, 그 금액 상당의 물품이나 서비스를 제공받을 수 있다는 점에서 현재의 공중전화카드와 별반 다를 바 없으며, 공중전화카드는 현재 유가증권에 해당한다는 것이 판례[676]의 입장이므로, 전자화폐도 유가증권으로서의 성질을 가진다고 보아야 한다는 견해를 들 수 있다.

그러나 공중전화카드에 대해서도 유가증권성에 관한 의문이 있고, 기본적으로 유가증권은 문서의 특수한 형태이므로 공중전화카드와 같이 문자와 결합한 매체가 아닌 전자화폐의 경우에는 유가증권이라고 할 수 없다는 견해가 있다.[677]

④ 전자기록설

위 3가지 견해의 가장 큰 오류는 전자화폐를 카드형 전자화폐로만 파악

---

676) 대법원 1998. 2. 27. 선고 97도2483 판결(공1998상, 962).
677) 오영근, 유가증권위조죄 해석상의 문제점, 형사판례연구 [7], 392-393면.

하였다는 점에 있다. 전자화폐는 위와 같이 카드형만 있는 것이 아니라 네트워크형 전자화폐도 있다는 점을 간과하고 있다. 네트워크형 전자화폐는 유체물인 카드가 존재하는 것이 아니라 전자적 데이터만이 오고갈 뿐이다. 이러한 경우에 위와 같이 통화나 신용카드, 유가증권 등과 같은 법적 성질을 인정하기는 어렵다고 할 수 있다. 따라서 컴퓨터 등에 저장되어 있는 전자화폐정보에 대해서 손괴하거나, 부정한 명령을 입력하거나 한 경우에는 손괴죄나 컴퓨터등사용사기죄, 전자기록위작변작죄 등의 성립을 인정할 수 있는 법해석이 필요해 지며, 전자화폐를 전자기록으로 해석하지 않으면 안 된다는 결론에 이르게 된다.

그러나 이와 같은 필요성에도 불구하고 통신 중이나 전송 중인 데이터에 대하여 전자기록으로 인정하지 않고 있는 현재의 해석론으로는 전자화폐의 전자적 정보가 저장 중인 경우에만 인정할 수밖에 없다는 단점이 있다.[678]

⑤ 소 결

전자화폐의 법적 성질을 어떻게 파악하여야 할 것인가를 형법을 기준으로 바라본다면 전자화폐의 종류에 비추어 각기 다르게 해석할 수 있는 여지가 생기게 된다. 그러나 전자화폐는 IC카드형이든 네트워크형이든 그 경제적 및 기능적 특성이 유사하므로 장차 컴퓨터 통신망을 통해 IC카드형 전자화폐의 가치 재저장을 행하는 등의 기술이 발달하여 양 유형의 통합화가 궁극적으로 이루어질 것으로 보이므로[679] 그것이 카드형이든지 네트워트형이든지에 상관없이 통일적인 법규에 의해 관리되어야 하는 것이 바람직하다고 생각된다. 그러나 그러한 법률이 존재하지 않고 있는 현재로서는 해석론으로서 최대한 금융질서나 신용거래의 보호에 대한 고려를 하지 않으면 안 된다고 생각한다.

---

678) 강동욱, 정보통신망이용에 있어서 개인정보침해에 대한 형사법적 대응방안에 관한 고찰, 한양법학 제9집, 1998, 25면.
679) 금융결제부(전자금융과), 전자화폐의 발행과 규제에 관한 BIS보고서, 1996. 8, 2면 참조.

생각건대. IC카드형 전자화폐이든지 네트워크형 전자화폐이든지 이 양자 모두 플라스틱카드나 컴퓨터 저장매체에 그 정보가 저장되어 있을 것을 요하므로 일단 형법상 '전자기록'으로 파악하는 것이 타당하다고 생각한다. 따라서 전자화폐를 훼손하거나 변경하거나 하는 경우에는 손괴죄에 의하여 처벌되고, 이를 위조. 변조한 경우에는 전자기록위작변작죄에 해당할 것이다. 다만 전송 중인 데이터로서 전자화폐가 존재하는 경우에는 그 전송 중인 데이터를 불법으로 취득한 행위는 절도죄에 있어서 재물에 해당하지 않으므로 이에 대한 처벌법규를 찾아보지 않을 수 없다.

또 타인의 IC형 전자화폐를 카드리더기(컴퓨터)에 삽입하여 그 금액만큼을 물건을 교부받거나 서비스를 이용받은 경우, 나아가 그 금액만큼을 자신의 계좌로 이체시킨 경우라 할지라도 그 IC카드형 전자화폐를 소유자에게 되돌려준 경우 사용절도로 취급하여 처벌할 수 없는 것인가의 문제가 발생할 수 있다.

전자화폐에서 중요한 것은 그 전자화폐의 존재형태에 있는 것이 아니라 실질적으로 재산적 가치의 감소에 있다고 하지 않을 수 없고 그렇다면 그러한 재산적 가치가 있는 정보의 이전이 형법상 어떻게 포착해야 하는지 검토해 보아야 할 것이다.

4. 전자화폐의 부정사용행위에 대한 형법상 처벌법규

타인의 전자화폐를 부정하게 취득하거나 이용하는 행위에 대하여 형법상 어떻게 대응할 수 있는가의 문제는 결국 전자화폐의 재산적 가치가 있는지 여부에 대한 평가에 있다고 하지 않을 수 없다. 전자화폐 자체에 재산적 가치가 있다고 본다면 IC카드형 전자화폐의 경우는 그 전자화폐의 불법한 취득 자체에 대하여 절도나 사기죄가 성립하게 된다. 그리고 그 전자화폐의 사용을 위해서 ID나 비밀번호 등의 보안체제가 마련되어 있다면 절취한 전자화폐를 사용할 경우 컴퓨터등사용사기죄의 성립이 고려될 수 있다.

① 전자화폐의 재물성

IC카드형 전자화폐는 일정한 매체에 금액 기다 개인의 신싱에 관한 정보가 기록되어 있으므로 일단 형법상 '전자기록'으로 파악할 수 있다. 그러나 일정한 매체에 기록되어 있기 때문에 '전자기록'으로서의 의미를 가지지만 재산범죄의 영역에 들어오게 되면 그 매체 자체의 재산적 가치는 그다지 중요한 것이 못된다. 중요한 것은 그 매체에 기록된 데이터, 즉 재산에 관한 정보라고 할 수 있다. 이렇게 파악할 때 매체 자체에 대한 소유나 점유의 이전 없이 그 정보의 이전에 대해서 절도죄나 사기죄의 성립이 가능할 것인가의 문제가 발생한다. IC카드형 전자화폐는 외관상 현금카드나 신용카드 등과 별반 차이가 나지 않는다. 실제 IC카드형 전자화폐는 실제 현금카드나 신용카드의 기능을 모두 가진 것일 수도 있다. 그러나 현금카드나 신용카드가 그 자체 재산적 가치를 저장한 것이 아니라 재산의 변동을 가져 올 수 있는 열쇠의 기능을 가진 것에 불과한 반면[680] 전자화폐는 그 자체 재산변동의 실질을 이루는 통화로서의 기능을 한다. 따라서 IC카드형 전자화폐를 절취한 경우 그 카드 자체에 대하여는 절도죄가 성립하지만 그 카드를 일시사용하고 반환한 경우에 있어서 기존의 카드에 대한 형법적 평가와는 달리 취급될 수 있다. 왜냐하면 기존의 카드를 반환한 경우 그 카드 자체에 대한 어떠한 재산적 가치가 감소된 바는 없지만 IC카드형 전자화폐의 경우에는 이미 재산적 가치의 감소가 존재하기 때문이다.

사례 1. A는 B가 잠시 자리를 비운 사이에 B의 지갑에서 현금카드를 꺼내어 근처 현금자동지급기에서 50만 원을 인출하고, 다시 B의 지갑에 그 카드를 넣어 놓았다.
사례 1-1. 위의 사례 1에서 현금카드 대신 전자화폐를 사용한 경우.

위의 사례 1과 같은 사례에서 대법원은 "타인의 재물을 점유자의 승낙

---

680) 유용봉, 전자화폐의 부정사용에 관한 형법적 고찰, 한국형사정책연구원, 2000, 16면.

없이 무단사용하는 경우에 있어서 그 사용으로 인하여 물건 자체가 가지는 경제적 가치가 상당한 정도로 소모되거나 또는 사용 후 그 재물을 본래 있었던 장소가 아닌 다른 곳에 버리거나 곧 반환하지 아니하고 장시간 점유하고 있는 것과 같은 때에는 그 소유권 또는 본권을 침해할 의사가 있다고 보아 불법영득의 의사를 인정할 수 있을 것이나 그렇지 아니하고 그 사용으로 인한 가치의 소모가 무시할 수 있을 정도로 경미하고 또한 사용 후 곧 반환한 것과 같은 때에는 그 소유권 또는 본권을 침해할 의사가 있다고 할 수 없어 불법영득의 의사를 인정할 수 없다."고 하고 나아가 "은행이 발행한 현금카드를 사용하여 현금자동지급기에서 현금을 인출하였다 하더라도 그 현금카드 자체가 가지는 경제적 가치가 인출된 예금액만큼 소모되었다고 할 수는 없을 것인바"라고 하여 절도죄의 성립을 부정하고 있다.[681]

이러한 대법원의 판단에 따르면 불법영득의사의 객체로서 그 카드가 가지는 경제적 가치의 감소가 없는 경우에는 일반적인 사용절도로서 불법영득의 의사를 인정할 수 없게 되어 절도죄가 성립하지 않는다는 결론에 이르게 된다. 그러나 이러한 판단의 반대해석으로 "그 카드가 가지는 경제적 가치의 감소가 있는 경우"에는 불법영득의 의사를 인정할 수 있는 근거가 되기도 한다. 따라서 그 카드 자체에 일정한 재산적 가치가 화체되어 있는 경우에는 그 카드를 사용하여 반환하더라도 절도죄가 성립하게 된다. 따라서 사례 1-1에서 IC카드형 전자화폐의 경우에 일시 사용하고 반환하더라도 절도죄의 성립을 부인할 수 없다.

사례 2. A는 B의 신용카드를 절취한 후 B의 신용카드 비밀번호를 입력하고 현금자동지급기에서 100만 원의 현금을 인출하였다.
사례 2-1. 위의 사례 2에서 신용카드 대신 전자화폐를 사용한 경우.

---

681) 대법원 1998. 11. 10. 선고 98도2642 판결(공1998하, 2907). 신용카드의 경우에는 대법원 1999. 7. 9. 선고 99도857 판결(공1999하, 1675).

사례 2가 사례 1과 차이가 나는 점은 일단 타인의 카드를 반환할 의사
가 없다는 점에서 이미 그 카드 자체에 대한 절도죄는 성립한다고 할 수
있다. 다만 타인의 비밀번호를 입력하여야만 현금을 인출할 수 있다는 점
이다. 이 경우 그 현금인출에 대하여 절도죄를 인정할 수 있을 것인가 하
는 점이다.

현재 타인의 카드를 이용하여 현금자동지급기에서 현금을 인출하는 행
위에 대하여 견해의 대립이 있기는 하지만 일단 '재물'의 취득이라는 점에
대해서는 부인하지 않는다. 다만 그 재물이라는 것의 소유자는 은행이라는
점에 있다. 즉 은행의 소유 및 점유를 침해하는 것이다.

그런데 사례 2-1에서처럼 IC카드형 전자화폐를 사용하는 경우에는 은행
의 소유 및 점유를 침해하는 것이 아니라 그 카드의 소유자의 소유 및 점
유가 침해되고 있는 것이라고 할 수 있다. IC카드형 전자화폐 그 자체에
이미 그 가치의 소유 및 점유의 의사가 표현되어 있다고 할 수 있기 때문
이다.

따라서 IC카드형 전자화폐를 사용하여 현금자동지급기에서 현금을 인출
하는 경우에는 위 현금카드나 신용카드와 마찬가지로 은행의 점유 및 소유
의사를 침해하는 것으로 볼 여지는 있지만 그 현금인출과 더불어 카드의
원래 소유자의 의사에 반한 재산감소가 존재한다고 할 수 있다.[682] 즉 전
자화폐의 금액데이터의 감소와 현금의 인출은 동 가치로 평가되고 있다.
따라서 전자화폐를 현금자동지급기에 삽입하여 현금을 인출하는 행위는 전
자화폐의 절취에 수반한 불가벌적 사후행위라고 볼 수 있다. 그렇다면 기
존의 학설에서 견해의 대립이 있는 현금자동지급기 현금인출행위는 IC카드
형 전자화폐의 경우에 있어서는 절도죄의 성립에 아무런 문제가 없다고 할
수 있다.

다만 문제는 이러한 카드를 사용할 경우 ID나 패스워드 등을 입력해야

---

682) 현금카드와 신용카드와는 달리 전자화폐는 은행의 계좌를 통하지 않고서
    거래가 이루어지기 때문이다.

만 하는 점에 있다. 즉 타인의 정보를 입력해야만 그 전자화폐를 사용할
수 있을 때 그 '타인의 정보의 입력'을 어떻게 파악해야 하는 것이다. 이
경우 그 타인의 정보를 입력하는 행위는 컴퓨터등사용사기죄에서 말하는
'허위의 정보 또는 부정한 명령 내지 권한없이 정보'를 입력하는 행위로 포
착할 수 있는가를 고려해 볼 수 있을 것이다.

원래 현금카드나 신용카드에서 제공하는 정보들은 은행이나 신용회사의
관계에서 존재하는 것이다. 따라서 그 정보를 권한 없이 사용하는 것은 은
행이나 신용회사의 의사에 반하는 것으로서 컴퓨터에 대한 가상적인 기망
이 될 수 있다는 점을 전술한 바 있다.

그런데 IC카드형 전자화폐의 경우에는 이미 은행이나 신용회사 등과의
관계 속에서 존재하는 정보가 아니다. 그 카드 자체의 사용에 관한 정보이
므로 컴퓨터에 그 카드의 사용권한의 정보만을 입력하는 것에 불과하다.
즉 그 카드가 컴퓨터에서 읽혀질 수 있는가 없는가만을 검사하는 정보에
불과하다. 따라서 컴퓨터의 입장에서는 그 카드의 소유자가 누구인지를 알
필요가 없다. 이렇게 파악하면 타인의 정보를 이용하는 것은 이미 카드의
절취한 그 당시에 그 카드의 본래 용도로 사용되어진 것에 불과하다고 할
수 있다. 따라서 절도죄의 불가벌적 사후행위에 해당한다고 할 수 있다.

그런데 절취한 전자화폐를 이용하여 모 백화점에서 물품을 구입하고, 동
전자화폐를 지불수단으로 동 백화점에 설치된 전자자금을 이체할 수 있는
자동지불기를 사용한 행위에 대하여 이러한 경우는 형법 제347조의2상의
컴퓨터삼각사기(DECB: Dreieckcomputerbetrug)에 해당한다고 보아 컴퓨
터등사용사기죄의 성립을 긍정하는 견해가 있다.[683] 이 견해에 따르면 백
화점의 자동지불기가 사기죄에 있어서 피기망자 내지 처분권한을 가지고
있다는 근거에서 피해자와 피기망자가 일치하지 않은 컴퓨터삼각사기에 해
당한다고 한다.

그러나 이 견해에 있어서 크게 두 가지 점에 있어서 문제가 있다고 생

---

683) 유용봉, 전자화폐의 부정사용에 관한 형법적 고찰, 한국형사정책연구원,
2000, 114면 이하.

각한다.

첫째, 전자화폐는 현금카드와 동일하게 비교할 수 있는 것이 아니다. 위의 견해에 의하면 전자화폐를 카드리더기에 삽입하는 것이 현금인출카드를 사용하는 경우와 동일하게 비교할 수 있다는 것을 전제로 하고 있다.[684] 하지만 현금인출카드와 전자화폐는 외형상 비밀번호를 컴퓨터에 입력한다는 것에서 동일하지만 전자화폐는 그 비밀번호를 입력함과 동시에 자동적으로 전자화폐의 가치의 감소를 가져오는 반면에 현금인출카드는 컴퓨터에 대한 사용의 승인을 얻은 것에 불과하다. 따라서 후자의 경우에는 재산의 이전에 관한 구체적인 정보를 입력하여야 하며 이 행위에 의하여 컴퓨터에 의한 재산처분의 정보처리가 이루어지게 된다. 다시 말하면 전자화폐는 비밀번호를 입력하는 순간 컴퓨터등사용사기죄의 기수에 이르게 되고, 현금인출카드는 미수에 그치게 되는 것이다. 따라서 전자화폐와 현금인출카드의 삽입을 동일한 행위로 파악하는 것은 부당하다고 하지 않을 수 없다.

둘째, 재물의 취득과 재산상 이익의 취득을 달리 평가하고 있다. 위의 견해는 백화점에서 물건을 교부받은 것은 전혀 고려하지 않고 오로지 전자화폐의 가치가 감소되었다는 것에만 의미를 두고 컴퓨터등사용사기죄의 성립을 인정하고 있다. 즉 재산상 이익을 취득하는 것으로만 파악하고 있다는 점이다. 그러나 재산상 이익을 취득하였다는 것은 재물의 교부 그 자체에서 발생하는 것이므로[685] 본 사례에서 백화점에서 재물의 교부를 받은 것이 본 죄에서 평가되지 않는다면 구체적으로 행위자가 재산상 이익을 얻은 것이 무엇인지 알 수 없게 된다. 즉 재물의 교부가 있다면 재산상 이익의 취득이라는 점을 고려할 필요가 없다는 것이 된다.[686]

그런데 본 사례에서 위의 견해는 재물의 취득에 대해서는 전혀 고려하지 않은 채 오로지 컴퓨터가 전자화폐상 금액인 재산을 처분할 수 있는 권

유용봉, 앞의 책, 130면.
685) 김일수, 369면.
686) 재물과 재산상 이익의 표지는 상호배척적이어서 하나의 객체에 동시 성립할 수 없는 개념이다. 신동운, 앞의 논문, 333면.

한이 있다는 점에만 착안하여 전자화폐의 금액데이터의 감소가 피해자의 손해 및 기망자의 이득취득에 해당한다는 이유로 컴퓨터등사용사기죄의 성립을 긍정하고 있다. 그리고 그 이득의 의사는 "제3자인 정보처리장치를 불가피한 중간과정으로 이용하려는 의사"[687]이라고 하고 있다. 그러나 그 금액데이터의 감소는 재물의 교부를 받으려는 의사에 기인한 것으로서 단순히 컴퓨터를 이용하려는 의사를 재산상 이익을 취득하려는 의사로 파악할 수는 없다.

따라서 본 사례에서 전자화폐의 금액의 감소는 절취한 전자화폐의 본래적 용도에 수반한 불가벌적 사후행위라고 파악하는 것이 타당하며 별도로 컴퓨터등사용사기죄가 성립하는 것은 아니다.

② 재산상 이익으로서의 취급

전자화폐 가운데 네트워크형 전자화폐의 경우에 있어서는 IC카드형 전자화폐와는 달리 직접적인 점유의 침해가 없이 네트워크상으로 가치의 이전이 가능하다. 따라서 그러한 가치의 이전에 대해서는 형법상 재산상 이익으로 파악하여 사기죄나 컴퓨터등사용사기죄의 성립을 고려할 필요가 있다.

즉 타인의 정보를 입력하여 전자화폐를 발행받거나 가맹점에서 상품이나 용역의 구입대금으로 타인의 전자화폐로 지급하는 경우이다.

먼저, 전자화폐가 재산상 이익인지 여부를 살펴보자.

전자화폐는 "금전적 가치를 IC카드 또는 컴퓨터시스템에 저장하여 이를 이전함으로써 결제에 사용하는 디지털정보"라고 할 수 있다.[688] 이러한 개념정의에 따르면 전자화폐는 일정한 매체에 저장되어 있는 정보 즉 '전자기록'이라고 할 수 있고, 전송 중일 경우에는 '데이터'도 이에 포함된다고 해석된다. 네트워크형 전자화폐는 그것인 자신의 컴퓨터프로그램상(전자지

---

687) 유용봉, 앞의 책, 146면.
688) 정진명, 전자화폐의 법적문제,
　　　http://icic.sppo.go.kr/database__case/innerdata12.htm

갑)에 저장되어 있는 상태일 경우에는 전자기록일 수도 있고, 그것이 단지 발행자와의 계약에서 네트워크상으로만 존재할 경우에는 '데이터'라고 할 수 있다. 이렇게 파악하게 되면 네트워크상에 존재하는 데이터는 사용자가 그 전자화폐의 사용권한을 입력하여 이를 대불지급의 수단으로 사용할 수 있게 된다.

이러한 상황에서 타인의 신용카드정보를 입력하여 전자화폐발행자로부터 네트워크형 전자화폐를 발행받은 경우, 또는 타인의 전자지갑에서 일정 금액만큼의 전자화폐를 자신의 전자지갑으로 이전시킨 경우 컴퓨터등사용사기죄를 적용할 수 있는가의 문제이다.

컴퓨터등사용사기죄가 성립하기 위해서는 컴퓨터 등 정보처리장치에 허위의 정보 또는 부정한 명령을 입력하거나 권한없이 정보를 입력하여 정보처리하게 하여 '재산상 이익'을 취득하여야 한다. 따라서 전자화폐를 발행받는 행위가 '재산상 이익'의 취득으로 볼 수 있는지, 타인의 전자지갑에서 일정한 금액의 데이터(전자화폐)를 자신의 전자지갑으로 이전시키는 것을 '재산상 이익'의 취득으로 볼 수 있는지에 달려있다.

전자화폐는 그 자체가 디지털정보이기는 하지만 그 실질은 실제 거래관계에서 지불의 수단으로 사용되는 통화로 볼 수 있다. 다만 통화는 실제 국가 또는 국가에 의하여 발행권한이 부여된 기관에 의하여 금액이 표시된 지불수단으로서 강제통용력이 인정된 것을 의미하므로[689] 비금융기관도 발행가능한 전자화폐는 통화로는 볼 수 없다. 그러나 실제 전자화폐는 통화와 1 대 1로 교환가능하고 실제 통화와 동일한 가치를 가지고 있으므로 재산으로서의 가치는 부인할 수 없다. 따라서 전자화폐도 재산범죄의 영득의 대상으로 파악할 수 있다. 이때 우리 형법체계상 재물과 재산상 이익을 엄격히 구별하는 입장에서는 IC카드형 전자화폐는 전자기록으로서의 '재물', 그리고 네트워크상의 데이터로 존재하는 전자화폐는 '재산상 이익'으로서 파악할 수 있다. 마찬가지로 제4장에서 소개한 울산지법 2001. 5. 3. 선고

---

689) 이재상, 507면; 김일수, 574면; 박상기, 456면; 임웅, 551면.

2001고단1059 판결에서 우리 하급심법원은 인터넷상에서 전자화폐를 발행하는 icash라는 사이트에서 타인의 카드번호를 입력하여 icash라는 전자화폐를 구입한 행위에 대하여 컴퓨터등사용사기죄를 적용하여 처벌하였다. 이러한 법원의 입장은 전자화폐를 재산상 이익으로 파악하고 있는 것으로 이해된다. 따라서 타인의 정보를 입력하여 전자화폐를 구입한 행위는 컴퓨터등사용사기죄에서 말하는 허위의 정보를 입력하여(혹은 권한없이 정보를 입력하여) 재산상 이익을 취득한 행위로 포섭할 수 있을 것이다.

다음으로 타인의 네트워크형 전자화폐로 대금을 지불하거나 타인의 전자지갑에서 자신의 전자지갑으로 데이터를 이전시키는 행위에 대해서 살펴보자.

네트워크형 전자화폐로 대금을 지불하는 경우란 인터넷 쇼핑몰 등에서 물건을 구입하거나 소프트웨어 등 정보를 제공받기 위하여 네트워크형 전자화폐에 내장되어 있는 금액데이터를 제공하는 것이다. 이때 타인의 전자화폐의 승인번호나 비밀번호 등을 입력하는 행위는 컴퓨터등사용사기죄에 있어서 '허위의(혹은 권한 없이) 정보'를 입력한 것이라고 할 수 있다. 그리고 이러한 정보를 입력하여 해당 인터넷 쇼핑몰 내지 인터넷 콘텐츠 제공회사의 컴퓨터상에 재산변동의 정보처리(소프트웨어를 다운받을 수 있게 하는 승인 또는 서비스사용의 승인 및 전자화폐상의 금액데이터의 감소)가 이루어지게 되었다. 이를 통해 물건이나 소프트웨어를 제공받거나 서비스를 이용할 수 있게 되었다면 컴퓨터등사용사기죄에 있어서 재산상 이익을 취득하였다고 할 수 있을 것이다.

나아가 타인의 전자지갑에서 자신의 전자지갑으로 권한 없이 금액데이터를 이전한 경우에 있어서는 타인의 전자지갑이 설치되어 있는 컴퓨터시스템에 일단 접속해야 한다는 점에서 컴퓨터에 대한 기망행위를 인정할 여지가 있다. 즉 권한 없이 타인의 이러한 컴퓨터에 전자화폐의 정당한 소유자가 아닌 자가 전자화폐의 소유자의 정보를 입력하여 자신 또는 제3자의 전자지갑으로 프로그램상에 다운로드된 전자화폐데이터를 이전시킨 경우에는 컴퓨터등사용사기죄에 있어서 '허위의 정보'(혹은 권한없이 정보)를 컴퓨터에 입력한 것으로 볼 수 있고 그 이전된 데이터는 재산상 이익으로 보아 본 조에 의하여 처벌할 수 있게 된다.

Ⅳ. 사이버머니

1. 사이버머니의 개념

사이버머니란 인터넷상에서 제공하는 서비스(오락, 쇼핑, 게임, 기타)를 이용하기 위해 지불수단으로 사용가능한 전자적 정보를 의미한다.

사이버머니는 온라인상의 지불수단이라는 점에서 일응 전자화폐와 유사하지만 전자화폐는 그 실질이 통화와 같은 기능을 하므로 사실상 현금과 1대 1 교환이 가능한 정보라는 점에서 실제 통화와 같은 가치를 지니지 않는 사이버머니는 전자화폐와 구별된다.

또 사이버머니는 실제 현실적으로 교환가능하다는 점에서 경제적 교환가치가 있다는 점에 온라인게임상의 리니지 아이템과 동일한 성격을 지닌다. 그러나 리니지 아이템은 그 온라인게임이라는 서비스를 이용할 목적으로만 경제적 교환가치가 존재할 뿐이지만 사이버머니는 온라인게임상에서만 사용되는 것도 있고, 서비스포인트와 일정한 포인트가 적립되면 그 포인트를 이용하여 수많은 제휴회사를 통해 여러 가지 서비스를 제공받거나 현물로 교환가능하다는 점에서 경제적 교환가치뿐만 아니라 통화와 같은 범용성을 가진다고 할 수 있다.

어쨌든 사이버머니도 넓은 의미에 있어서는 전자화폐라고 할 수 있고, 포인트카드와 같이 일정한 매체에 화체되어 있는 형태의 것도 포함한다고 할 수 있다.

2. 사이버머니의 법적 성질

① 전자기록

사이버머니는 현실에 있어서 유체성을 가지고 있지 아니하므로 형법상 재물로 취급되지는 않는다. 하지만 사이버머니는 그 자체 데이터로서 일정한 매체에 화체되어 있는 경우에 있어서는 형법상 전자기록으로 볼 수 있다. 각종 인터넷서비스의 이용을 위해 사용되는 이러한 사이버머니는 이러한 서비스를 제공하는 회사의 회원관리 프로그램상에서 일정한 데이터로 존재하므로 그 한도 내에서 전자기록으로 파악하더라도 무방하다. 따라서 이러한 데이터를 위조, 변조하거나 하는 경우에는 전자기록 위작, 변작죄에 의하여 처벌될 것이다. 만약 이러한 데이터를 훼손하는 경우에는 리니지 아이템과 마찬가지로 손괴죄에 의하여 처벌될 것이다.

② 서비스포인트카드의 경우

서비스 포인트카드에 내장된 서비스포인트도 사이버머니라고 할 수 있는데, 이러한 포인트카드를 절취한 경우에는 그 포인트카드 자체는 형법상 재물에 해당하므로 절도죄가 성립한다고 할 수 있다. 그리고 절취한 포인트카드를 손괴하거나 타인에게 제공하는 행위는 절도죄의 불가벌적 사후행위에 해당한다.

하지만 이러한 포인트카드를 임시사용하고 돌려준 경우에도 절도죄가 성립할 것인가가 문제된다. 이 경우에도 전자화폐와 마찬가지로 포인트 자체가 일정한 재산적 가치가 있는 것으로 바라본다면 절도죄의 성립을 긍정할 여지가 있다.

그러나 IC카드형 전자화폐상 데이터는 그 자체가 현금과 동일한 재산적 가치를 지니고 있어서 카드의 사용으로 인하여 금액데이터가 감소되면 그 카드 자체의 경제적 가치가 감소된 것으로 볼 수 있는 반면에 포인트카드상의 포인트는 자신이 물건을 사거나 서비스를 이용함으로 인하여 얻게 되는 반사적 이익으로서 기업의 장래 부채로서의 성격을 지닌다. 따라서 이용자가 포인트를 적립하면 할수록 기업에 있어서는 손실의 증가가 이루어진다고 할 수 있다. 그 포인트가 일정한 범위 내에 적립되면 그 포인트의 사용 여부는 순전히 이용자의 의사에 달려있다고 할 수 있다. 즉 포인트 자체는 현실적 교환가치가 있다고 할 수 있으나 그 포인트의 소비는 이미 발생한 재산상 손해가 현실화한 것에 불과하며, 기업에 대해 가지는 청구권으로서 존재할 뿐이다. 또 포인트카드의 경제적 가치는 그 포인트의 적립과 관련된 기능에 있을 뿐이어서 포인트가 소비되었다고 하여 그 카드의 경제적 가치가 상당한 정도로 소모되었다고 볼 수 없으며, 사용 후 반환한 경우 그 소유권을 침해할 의사가 있다고 보기도 어렵다.

따라서 타인의 포인트카드를 일시 사용한 행위는 절도죄로 처벌할 수 없다고 보아야 한다.

그런데 이러한 서비스포인트카드를 절취한 후 그 카드를 사용하기 위해 그 컴퓨터에서 신원확인을 위한 비밀번호 등을 요구받는 경우에는 일단 컴퓨터에 타인의 정보를 입력해야 그 물건이나 서비스의 제공을 받을 수 있기 때문에 컴퓨터에 대한 기망가치가 존재하게 된다. 이러한 경우 컴퓨터 등사용사기죄의 성립 여부가 고려되어 진다.

일반적으로 포인트카드의 경우 그 카드 자체에는 사용자의 정보가 기록되어 있다. 그러나 포인트 자체는 그 카드상에 내장되어 있는 것이 아니라 가맹점 단말기에 그 포인트카드를 입력하여 포인트를 제공하는 회사의 중앙서버상에 존재하게 된다. 카드 사용자가 카드의 포인트를 사용하기 위하여 가맹점에 의사표시를 하게 되면 가맹점은 그 카드에 내장된 정보를 이용하여 포인트를 사용한다는 정보를 중앙서버에 전송하게 되고 이러한 정보를 입력받은 회사의 중앙서버는 이를 승인하는 정보를 다시 가맹점에 보내게 된다. 이 과정에서 포인트카드의 포인트데이터의 감소가 존재하게 되는 것이다. 이러한 과정에서 보면 포인트카드를 사용하는 자는 가맹점의 단말기 입력자를 간접 정범으로 하는 타인의 정보를 입력하게 하였다고 할 수 있고, 그 결과 재산상 이익을 취득한 경우에는 컴퓨터등사용사기죄의 적용범위에 들어온다고 할 수 있다.

한편 인터넷상의 서비스를 제공받기 위하여 위조한 사이버머니로 지불한 경우라든가 사이버머니를 확보하기 위하여 사이버머니 발행회사의 컴퓨터프로그램상에 초과발행의 데이터를 삽입하여 그 프로그램이 부정한 사이버머니발행의 정보처리를 하게 하는 경우에 이러한 행위는 어떻게 포섭해야 하는지 문제될 수 있다.

3. 사이버머니의 부정취득의 사례

최근 사이버머니의 부정취득행위에 대한 사례가 속속 등장하고 있다. 아직까지 법원의 판결로서 사이버머니의 부정취득에 대한 문제를 다룬 것은 보이지 않지만 최근의 신문기사들을 살펴보면 사이버머니를 불법으로 취득하는 행위에 대하여 검찰이 적극적으로 대응하고 있는 것으로 보인다. 그러나 그러한 행위의 구체적 처벌법규는 서로 상이하다. 이하 신문기사에서 소개된 사례들을 살펴보면 다음과 같다.

(1) 사례 1[690]

A 등은 지난 6월 모 공대 중퇴생인 프로그래머 B 등 해커 두 명을 고용해 C게임사의 사이버머니 생성기에 침입, 1만9천여 개의 ID를 임의로 만든 뒤 (프로그램조작을 통해) 2백조 원씩의 사이버머니를 채워 넣은 혐의로 구속되었다. 이들은 주민등록번호 생성기를 통해 가짜 주민등록번호를 만들어[691] 게임사에 ID를 등록하는 수법을 썼으며, B 등 두 해커에게 5천만 원을 대가로 준 것으로 밝혀졌다. 이들은 이렇게 만들어낸 사이버머니를 ID 한 개당 15만~20만 원씩 D 등에게 팔아 9억 8천여 만 원을 챙겼다.

---

690) 한국일보 2001. 8. 29.자.
691) 허위의 주민등록번호 생성프로그램을 다른 사람에게 전달하거나 유포한 자에 대해서는 최근 개정된 주민등록법 제21조 제2항 제4호에 의하여 처벌된다.

판매는 E 등 11명의 판매책을 통해 이뤄졌다.(정보통신망이용촉진및정보보
호등에관한법률위반 혐의)

(2) 사례 2[692]

A는 모 게임사이트가 제공하는 포커게임의 패를 볼 수 있는 프로그램
(일명 포커뷰어)을 만들어 작년 10월부터 지난 3월까지 게이머들의 패를
알아내는 수법으로 '포커 머니'를 딴 뒤 B 등에게 팔아 2천 200여 만 원을
챙긴 혐의다. A는 게임서버가 카드 패에 관한 정보를 게이머의 컴퓨터에
전송해주는 점에 착안, 자신의 컴퓨터에 전송된 게임정보를 분석하는 프로
그램을 직접 제작한 것으로 드러났다.(통신비밀보호법위반 혐의)

(3) 사례 3[693]

A는 ○○카드와 제휴, 사용실적을 휴대폰 무료통화서비스로 바꿔주는
인터넷 사이트에 접속한 뒤 서울 모 대학 야간과정에 다니며 알게 된 사람
의 개인신상정보를 도용, 김 모 씨 등 72명을 회원으로 가입시키고 이들의
카드 사용실적인 43만여 점을 가로챘다. A는 22점당 10초간 무료통화가
가능한 서비스포인트를 자신과 가족, 여자친구 등 앞으로 돌려놓은 뒤 약
3,260여 분간 휴대전화를 무료로 이용한 것으로 드러났다. 서비스포인트란
서비스카드사가 제휴업소 등에서의 사용금액에 따라 일정액을 적립, 관련
업체에서 현금처럼 사용할 수 있도록 만든 일종의 사이버머니를 말한다.
(컴퓨터등사용사기 혐의)

4. 컴퓨터등사용사기죄의 적용 여부

사이버머니란 인터넷상에서 제공하는 서비스(오락, 쇼핑, 게임, 기타)를

---

692) 경향신문 2001. 3. 17.자.
693) 경향신문 2001. 7. 26.자.

이용하기 위해 지불수단으로 사용가능한 전자적 정보를 의미한다. 이러한 사이버머니는 보통은 인터넷서비스제공자 내지 쇼핑몰에서 거래의 활성화를 위해 사용자에게 서비스포인트의 형태로 제공하는 경우와 인터넷게임상에서 사용하기 위한 가상의 화폐로 사용자에게 제공하는 경우가 있다.

그러나 이러한 서비스포인트나 가상의 화폐 등의 사이버머니는 실제 현금과 교환 가능하다는 점에서 리니지 아이템처럼 재산상 이익으로 평가될 수 있다.

"현재 사이버머니의 가치가 높게 책정된 모 온라인게임의 경우 사이버머니와 현금이 암시장에서 3 대 1 정도의 비율로 거래되고 있다. 게임상의 사이버머니 9만 원이 현금 3만 원과 교환되는 셈이다. 능숙한 게이머도 종일 게임을 해야 사이버머니 9만 원 정도를 벌 수 있기 때문에 판매상을 통해 현금을 주고 사이버머니를 사거나 해커를 고용해 사이버머니를 훔치는 경우가 발생하고 있다. 이 조직들은 사이버머니를 대량 확보키 위해 해커를 고용, 인터넷게임 사이트를 해킹하는가 하면, 사이버머니를 팔 ID(신분증명)를 얻기 위해 타인의 주민등록번호를 도용하기도 한다. 올 들어 8월까지 서울경찰청에 적발된 게임관련 범죄는 모두 121건으로, 작년 같은 기간의 41건에 비해 3배나 증가했다고 한다."[694]

따라서 이러한 사이버머니는 일단 재산적 가치를 지닌 정보로서 재산범죄의 영역에서는 '재산상 이익'으로 파악된다.

인터넷상에서의 지불수단으로 위조한 사이버머니를 제공한 경우, 이때 그 제공의 방식은 사이버머니라고 하는 데이터를 제공한다는 점에서 컴퓨터등사용사기죄에 있어서 '정보'의 입력에 해당한다. 그리고 그 데이터는 진실한 것이 아니라는 점에서 '허위'의 데이터에 해당한다. 이러한 데이터의 입력에 의하여 행위자는 일정한 급부를 제공받고 있으므로 결국 컴퓨터등사용사기죄에서의 재산취득행위라고 볼 수 있다.

또한 위조한 서비스포인트카드를 입력하여 서비스를 제공받는 경우에

---

694) 조선일보 2001. 9. 4.자.

있어서는 서비스포인트카드가 '전자기록'에 해당하므로 본 조에 있어서 '정보'의 입력에 해당한다. 또 그 전자기록이 위조된 것이어서 진실에 반하는 '허위의 정보'에 해당한다고 할 수 있다. 따라서 본 조에 의하여 처벌된다고 할 수 있다. 다만 절취한 서비스포인트카드를 사용하는 경우는, 타인의 정보를 입력해야 하는 경우에만 본 조가 적용가능하다고 할 것이다.

사이버머니를 부정하게 취득하는 위의 사례 1에서 행위자는 해당 컴퓨터 서버상의 프로그램상의 오류를 이용하여 그 프로그램상에 허위의 데이터를 입력하여 원래 예정되어 있던 금액 이상의 사이버머니를 생성시키는 정보처리를 발생시켰다. 이에 따라 그 계정에 200조 원에 해당하는 사이버머니가 이전되었고, 이 경우 그 프로그램은 본래 용도에 맞도록 처리할 수 없게 되었다고 할 수 있다. 그렇다면 이러한 데이터의 입력은 프로그램상의 조작행위로서 컴퓨터등사용사기죄에 있어서의 프로그램에 '부정한 명령'을 입력한 것으로 볼 수 있다. 그 결과 사이버머니를 취득하였으므로 재산상 이익을 취득한 것으로서 컴퓨터등사용사기죄에 의하여 처벌되어야 할 것이다.[695]

사례 2에서는 인터넷 온라인게임상에서 타인의 포커패를 본 것은 부정한 프로그램을 컴퓨터에 입력한 행위를 통하여 이루어진 것이므로 통신비밀뿐만 아니라 컴퓨터 등에 '부정한 명령'을 입력한 것으로도 파악할 수는 있다. 그러나 부정한 프로그램의 입력은 통신의 비밀을 침해하기 위한 것에 불과하고 그 뒤 사이버머니를 취득한 것은 사람의 행위에 의하여 이루어진 것이므로 컴퓨터등사용사기죄에 있어서 컴퓨터 등의 '정보처리'의 결과 재산상 이익을 취득한 것은 아니라고 할 것이므로 컴퓨터등사용사기죄는 적용할 수 없다고 할 수 있다.

사례 3에서 타인의 신상정보를 무단 도용한 행위는 인터넷서비스회사의 컴퓨터에 '허위의 정보 혹은 권한없이 정보'를 입력한 것으로 볼 수 있고,

---

695) 이 경우 게임회사에게 게임서비스 제공업무를 방해한 것으로도 볼 수 있으므로 컴퓨터등장애업무방해죄도 성립한다고 보는 것이 판례의 입장이다. 서울지법 2003. 8. 28. 선고 2003고단6543 판결 참고.

정보를 입력한 결과 타인도 모르게 컴퓨터에 의하여 자동적으로 자신 또는 제3자의 서비스포인트계정으로 사이버머니가 이전되었으므로 이는 재산상 이익을 취득한 것으로 파악할 수 있다. 따라서 본 사례에서는 컴퓨터등사용사기죄가 적용된다고 할 것이다.

제4절 서비스의 이용과 컴퓨터등사용사기죄의 성립 여부

I. 컴퓨터의 무권한 사용

1980년대의 컴퓨터범죄의 유형으로 컴퓨터의 무권한 사용이 있었다. 이는 자기의 데이터처리의 시행을 위하여 권한 없이 타인의 컴퓨터를 사용하는 것으로서 '시간절도' 내지 '용역절도' 혹은 '컴퓨터서비스절도' 등으로 불린 바 있다.

컴퓨터 무권한 사용은 형법으로 규율하기 어렵다. 물론 전기를 권한 없이 소비하는 것이므로 시간절도로 보아 절도죄를 인정하는 견해가 있었던 것은 사실이나 대부분의 경우에 있어서는 컴퓨터 무권한 사용의 본질은 전력소비나 컴퓨터의 마모라는 컴퓨터의 사용권의 침해에 있으므로 절도죄가 성립하기 어렵다고 보아야 한다. 그리고 절도죄의 성립에 필요한 불법영득의사도 인정하기 어려운 점도 절도죄의 성립에 장애요소가 된다.696)

그러나 컴퓨터 무권한 사용의 본질은 해당 컴퓨터를 '사용'하였다는 것에 있을 뿐 그 컴퓨터가 어떠한 정보를 제공하는지에 대한 컴퓨터의 정보제공의 '내용'에 대해서는 아무런 의미를 두지 않는다. 이러한 의미에서 오늘날 컴퓨터의 정보제공의 내용이 일정한 재산적 가치를 가진다는 점에 있어서 컴퓨터가 제공하는 서비스(급부)를 부당하게 제공받는 행위에 대한

---

696) 백광훈, 인터넷범죄의 규제법규에 관한 연구, 한국형사정책연구원, 2000, 248면.

처벌의 필요성이 제기되고 있다. 독일에서는 독일 형법 제265조의a에서 이러한 급부사취에 대하여 대응하고 있다. 우리 형법도 제348조의2에서 유료자동설비에 의해 제공받는 서비스를 부당하게 제공받는 행위를 처벌하고 있다. 그러나 이러한 조문은 그 대상이 '유료자동설비'에 한정되어 있다는 점에서 일정한 제한이 있다.[697]

오늘날 컴퓨터에 의하여 제공되는 서비스는 유료로 고가의 정보를 제공하는 경우도 있고 무료로 제공되는 경우도 있다. 그러나 무료로 제공되더라도 그 서비스의 제공은 모든 사람이 아니라 그 서비스를 이용하고자 하는 사람에 제한적으로 인정되고 있다. 왜냐하면 그 무료의 서비스를 제공하기 위해 비용을 투입하는 대신 그 서비스를 이용하고자 하는 사용자의 정보제공을 받아 간접적인 사업목적을 위해 이용할 목적이 그러한 서비스에 담겨 있는 것이다. 따라서 사실상 무료로 제공받는 경우라 할지라도 그 이면에는 고도의 경제적 계산이 깔려있는 셈이므로 결국 자기정보의 제공을 대가로 그 서비스를 이용하는 것이라고 할 수 있다.

이러한 점에서 타인의 정보를 이용하여 그 서비스를 제공받는 행위는 이용자 및 사용자의 경제적 사용가치에 대한 침해로 받아들여질 수 있고, 이러한 점에서 재산범죄의 영역에서 고려해야 할 의미가 있는 것이다.

II. 서비스의 무권한 사용

1. ID도용의 의의

ID도용(Identity theft)은 신원도용으로서 타인의 PC통신 내지 인터넷서비스의 접속고유번호 즉 ID를 권한 없이 사용하여 해당 통신사에서 제공하는 PC통신 내지 인터넷서비스를 받는 행위를 말한다. ID도용은 인터넷시

---

697) 자세한 내용은 편의시설부정이용죄 부분에서 논하도록 한다.

대의 대표적 일탈행위 중의 하나라고 할 수 있는데, 특히 인터넷을 통한 개인정보 유출이 급증하면서 타인의 신상정보를 훔쳐 카드발급이나, 대출, 구매 등에 이용하는 신원도용범죄가 확산되고 있는 실정이다.[698]

이러한 ID도용행위는 이를 통하여 다른 범죄를 범할 수 있는 계기를 제공한다는 점에서 위험성이 있는 행위이다. ID도용은 백오리피스프로그램과 같은 해킹방법에 의하여 수행될 수 있고, 타인이 컴퓨터에 ID를 누르는 순간 그것을 엿봄으로써 알아내는 경우도 있다. 또 범죄의도를 가진 자에게 그 ID가 누출되는 경우도 있다.

현재 정보통신망의 보호조치의 침해 없이 ID만 도용하는 경우에 이를 비밀침해죄의 구성으로 파악하여 현재 우리 형법상 이에 대한 처벌규정은 존재하지 않는다는 견해가 있다.[699]

이에 따르면 "현행 정보통신망법(개정되기 전의 정보통신망법)상 비밀도용죄에 해당되지 않는가의 문제가 제기될 가능성은 존재하고 있으나 ID 자체는 공개되어 있다는 점에서 누구나 접근이 가능하므로 이를 비밀이라고 볼 수 없다는 점과 본죄를 단순 ID도용행위에 대한 처벌규정이라고 해석하기에는 법정형이 과중하다는 점을 고려할 때 본죄의 적용은 부정되어야 한다고 보아야 한다."[700]고 한다.

2. ID도용의 새로운 문제

위와 같이 ID도용의 문제를 비밀침해죄의 구성으로 이해하는 한 ID도용행위 자체를 처벌하는 것은 불가능하다고 볼 수 있다. 형법상 비밀침해죄에 있어서 타인의 시스템이 침입만 하고 그 내용을 알지 못한 경우에는 미수범처벌규정이 존재하지 않으므로 처벌될 수 없기 때문이다.[701]

---

698) 백광훈, 앞의 책, 85면.
699) 백광훈, 앞의 책, 249면.
700) 정보통신망법 제49조 참조.
701) 백광훈, 앞의 책, 249-250면 참조.

그러나 현재 개정된 정보통신망법에 의하면 "누구든지 정당한 접근권한 없이 또는 허용된 접근권한을 초과하여 정보통신망에 침입하여서는 아니 된다."고 규정하고 있어 과거와 달리 ID를 도용하여 타인의 컴퓨터시스템에 접속하는 행위를 처벌하고 있다.[702] 또 일본에서도 부정액세스방지법에서 타인의 ID와 패스워드 등의 식별부호를 무단으로 입력하는 행위를 처벌하고 있다.[703] 그렇다면 이제 ID도용의 문제는 그 처벌 여부에 있는 것이 아니라 ID 도용을 통해 추가적인 법익침해가 이루어지는 행위가 발생하는 경우, ID도용행위 자체를 어떻게 파악할 것인가에 있다고 하지 않을 수 없다.

예컨대 ID도용의 문제가 재산범죄의 영역으로 들어오게 되면 논의는 달라지게 된다. 이미 컴퓨터시스템(인터넷서비스제공자)이 제공하는 서비스가 재산적 가치를 가지고 있다면 만약 이러한 서비스를 제공하는 컴퓨터시스템에 ID도용을 통해 접속하는 경우, 이미 재산상 이익을 취득한 것이라고 볼 수 있기 때문이다.

형법상 컴퓨터등사용사기죄에 있어서는 미수범을 처벌하는 규정을 두고 있다. 이때 컴퓨터등사용사기죄에 있어서 실행의 착수시점을 '정보'를 입력한 때라고 한다면 그러한 정보가 '허위의 정보'인지 '부정한 명령'인지에 따라 본 죄를 적용할 수 있다. 그런데 ID라는 정보가 여기에 해당하는지가 본 죄 적용의 관건이 된다.

현금카드 부정사용행위에서 타인의 ID와 비밀번호를 소지하는 것 자체는 아직까지 형법상 처벌대상이 되지 않는다. 왜냐하면 입력하기 전까지는 아직까지 본 죄에 있어서 허위의 정보인지 부정한 명령인지에 해당하지 않으며 그 타인의 비밀번호라는 정보는 컴퓨터에 대한 단순 사용권한데이터에 불과하기 때문이다. 실행의 착수가 있다고 하기 위해서는 그 정보의 입력행위가 재산권의 득실변경에 관한 직접적인 재산처분의 실행행위로 평가

---

702) 정보통신망법 제48조 제1항.
703) 일본의 부정액세스행위금지법 개요와 과제, 정보산업, 2000. 1-2. 한국정보산업연합회, 115면 이하 참조. 웹문서로는 不正アクセス行爲の禁止等に關する法律の槪要, 일본경찰청,
    http://www.npa.go.jp/hightech/fusei_ac1/gaiyou.htm 참조.

362

될 수 있는 경우에 인정된다고 할 수 있다. 그리고 타인의 비밀번호를 입력하는 행위를 본 죄에 있어서 '허위의 정보 내지 권한없이 정보'를 입력한 것으로 볼 수 있는 점을 앞에서 살펴본 바 있다.

그런데 컴퓨터(인터넷, PC통신)가 제공하는 서비스 자체가 이미 재산적 가치가 인정되는 경우가 있다. 유료의 주식정보, 기업정보, 영화제공, 음악제공 등은 이러한 서비스가 어떠한 구체적 명령을 통하여 이루어지는 것이 아니라 ID의 확인에 의해서 즉각적으로 제공되어진다. 따라서 ID도용행위 그 자체에서 실행의 착수를 인정하지 않을 수 없다. 기수는 그러한 서비스를 제공받는 순간 재산상 이익의 취득을 인정할 수 있다.

그렇다면 ID도용행위는 재산범죄의 영역에서는 적어도 그 위법성을 인정할 수 있다고 하지 않을 수 없고 컴퓨터등사용사기죄의 미수로 처벌가능하다고 하지 않을 수 없다.

3. 전기통신역무 및 정보통신서비스의 의미

제4장에서 소개한 타인의 KT카드의 번호 및 비밀번호를 이용하여 카드식 공중전화기에서 전기통신역무를 제공받은 사례[704]에서 하급심 법원은 컴퓨터등사용사기죄의 성립을 긍정하고 있다.

이에 따르면 전기통신역무는 본 조의 '재산상 이익'에 해당하는 것으로 파악할 수 있다. 그러나 전기통신역무는 단순히 전화통화역무뿐만 아니라 전기통신설비를 이용하여 타인의 통신을 매개하거나 전기통신설비를 타인의 통신용으로 제공하는 것을 의미하므로[705] 인터넷서비스회사가 제공하는 전기통신역무도 이에 해당한다.[706]

---

704) 서울지법 동부지원 2000. 5. 4. 선고 2000고단1077 판결.
705) 전기통신기본법 제2조 제7호.
706) 정보통신망법 제2조 제1항 제2호 "정보통신서비스"라 함은 전기통신기본법 제2조제7호의 규정에 의한 전기통신역무와 이를 이용하여 정보를 제공하거

그런데 이에 더 나아가 정보통신서비스의 제공받는 것도 재산상 이익을 취득한 것으로 볼 수 있는지 문제된다. 왜냐하면 판례는 '전기통신역무'에 대하여 재산상 이익으로 파악하고 있지만 이를 제한적으로 해석한다면 '정보통신서비스'에 대해서는 본 조문이 적용될 수 있는지는 아직 알 수 없기 때문이다. 그렇다면 전기통신역무와 정보통신서비스의 실질적 차이가 어디에 있는지는 구체적 내용을 다시 살펴보지 않을 수 없다.

전기통신기본법 제2조 제7호에 규정되어 있는 전기통신역무란 "전기통신설비를 이용하여 타인의 통신을 매개하거나 전기통신설비를 타인의 통신용으로 제공하는 것을 말한다". 여기에서 '전기통신'이란 "유선·무선·광선 및 기타의 전자적 방식에 의하여 부호·문언·음향 또는 영상을 송신하거나 수신하는 것을 말한다."(같은 법 제2조 제1호) 그리고 이러한 전기통신역무를 제공하는 자를 전기통신사업자라고 한다(전기통신사업법 제2조 제1항 제1호). 그리고 이러한 전기통신사업자가 제공하는 전기통신역무와 이를 이용하여 정보를 제공하거나 매개하는 것을 정보통신서비스라고 할 수 있다.

그렇다면 정보통신서비스는 결국 전기통신서비스제공자가 누구인지에 따라 결정되는 것이지 제공되는 서비스의 실질이 다르다고는 볼 수 없다.[707]

4. 정보통신서비스와 컴퓨터등사용사기죄의 성립 여부

정보통신망법 제2조 제3호는 '정보통신서비스제공자라 함은 전기통신사업법 제2조 제1항 제1호의 규정에 의한 전기통신사업자와 영리를 목적으로 전기통신사업자의 전기통신 역무를 이용하여 정보를 제공하거나 정보의 제

나 정보의 제공을 매개하는 것을 말한다.
[707] 이하 정보통신서비스제공자의 개념 및 범위에 대해서는 김연수, 개인정보보호, 사이버출판사, 2001, 383-386면 참조.

공을 매개하는 자를 말한다'고 규정하고 있다.

따라서 정보통신서비스는 전기통신역무와 전기통신 이외에 '영리를 목적으로' 정보제공 및 매개하는 것을 의미한다고 할 수 있다. 여기에서 영리를 목적으로 한다고 함은 자기 또는 제3자가 재산상 이익을 얻기 위한 목적을 말한다고 할 수 있다. 이익은 전기통신 역무를 이용하여 정보를 제공하거나 정보의 제공을 매개하는 업무에 종사하여 얻는 대가를 말하며 계속 반복적이지 않아도 상관없다.

그렇다면 전기통신역무 이외의 정보통신서비스도 결국 재산상 이익을 목적으로 제공되는 서비스이므로 이러한 서비스를 제공받기 위하여 컴퓨터에 허위의 정보를 입력하게 된다면 본 조에 있어서 '재산상 이익'의 취득으로 파악하지 않을 수 없다.

따라서 '전기통신역무'와 '정보통신서비스'는 결국에 있어서 '통신'을 전제로 이루어진 서비스라는 점에서 그것이 전기통신역무인지 정보통신서비스인지는 그 실질에 있어서 차이가 없다고 할 수 있으므로 정보통신서비스도 역시 '재산상 이익'으로 볼 수 있다.

따라서 인터넷회사가 제공하는 인터넷서비스도 전기통신역무와 마찬가지로 결국 컴퓨터등사용사기죄에서 말하는 '재산상 이익'으로 볼 수 있으며, 타인의 정보를 입력하여 인터넷서비스를 제공받는 행위, 즉 타인의 ID 도용행위는 본 조에 의하여 처벌받을 수 있다는 것을 의미하게 된다.

그런데 기존의 판례에 있어서 타인의 전화를 무단으로 사용한 행위에 대하여 사기죄의 성립을 부정한 경우가 있다. 즉 대법원 1999. 6. 25. 선고 98도3891 판결에서 대법원은 "사기죄가 성립하기 위해서는 기망행위와 이에 기한 피해자의 처분행위가 있어야 할 것인바, 타인의 일반전화를 무단으로 이용하여 전화통화를 하는 행위는 전기통신사업자인 한국전기통신공사가 일반전화 가입자인 타인에게 통신을 매개하여 주는 역무를 부당하게 이용하는 것에 불과하여 한국전기통신공사에 대한 기망행위에 해당한다고 볼 수 없을 뿐만 아니라, 이에 따라 제공되는 역무도 일반전화 가입자와 한국전기통신공사 사이에 체결된 서비스이용계약에 따라 제공되는 것으로서 한국전기통신공사가 착오에 빠져 처분행위를 한 것이라고 볼 수 없으므로, 결국 위와 같은 행위는 형법 제347조의 사기죄를 구성하지 아니한다 할 것이고, 이는 형법이 제348조의2를 신설하여 부정한 방법으로 대가를 지급하지 아니하고 공중전화를 이용하여 재산상 이익을 취득한 자를 처벌하는 규정을 별도로 둔 취지에 비추어 보아도 분명하다."고 판시하고 있다.

이러한 대법원의 입장에 따르면 단순히 전기통신역무를 무단사용하는 것은 현행법상 처벌할 수 없으며, 다만 공중전화의 경우에 있어서는 편의시설부정이용죄에 의하여 처벌할 수 있다는 것을 의미한다. 하지만 일단 전기통신역무에 대해서는 재물이 아니라[708) 재산상 이익으로 파악하는 것으로 보여진다.

그러나 공중전화를 이용하여 재산상 이익을 취득하는 행위가 모두 편의시설부정이용죄에 의하여 처벌되는 것은 아니다. 왜냐하면 이 공중전화는 컴퓨터등사용사기죄에 있어서 '컴퓨터 등 정보처리장치'에도 해당하기 때문이다.

Ⅲ. 편의시설부정이용죄와의 관계

[형법개정안 제213조[편의시설부정이용] ① 부정한 방법으로 대가를 지급하지 아니하고 자동판매기, 공중전화, 기타 유료자동설비를 이용하여 재물 또는 재산상의 이익을 취득한 자는 3년 이하의 징역, 500만 원 이하의 벌금, 구류 또는 과료에 처한다.

② 부정한 방법으로 대가를 지급하지 아니하고 공중교통기관을 이용한 자는 1년 이하의 징역, 200만 원 이하의 벌금, 구류 또는 과료에 처한다.]

[현행 형법 제348조의2[편의시설부정이용] 부정한 방법으로 대가를 지급하지 아니하고 자동판매기, 공중전화 기타 유료자동설비를 이용하여 재물 또는 재산상의 이익을 취득한 자는 3년 이하의 징역, 500만 원 이하의 벌금,

---

708) 대법원 1998. 6. 23. 선고 98도700 판결(공1998하, 2037).

구류 또는 과료에 처한다.]

1. 편의시설부정이용죄의 입법취지 및 보호법익

편의시설부정이용죄는 근래 자동자판기 등 자동편의시설의 보급이 확대되고 있는 반면 부정이용사례도 급증하고 있어 이에 대한 적절한 대책이 없이는 공중의 편의에 제공하는 자동편의시설의 안전한 보급이 어려우리라는 점을 고려하여 개정형법에서 신설하였다.

본조는 일반적으로 사기행위가 사람을 기망하는 편취행위인 경우와 정보처리장치에 허위의 정보 또는 부정한 명령을 입력하여 편취하는 경우에 성립하는 데 비하여 사람을 기망하지도 않고 정보처리장치에 허위 또는 부정한 명령의 입력을 한 사실도 없지만 자동설비를 함부로 도용하는 행위를 처벌하기 위한 규정으로 이번 개정형법에서 컴퓨터등사용사기죄 등과 함께 신설된 것이다.

본조는 공중전화나 기타 유료자동설비를 도용하는 행위를 처벌할 수 있도록 함으로써 종래의 형법에서 재물의 개념에 대한 해석과 관련하여 논란이 있던 '서비스'에 대한 절도행위를 처벌하기로 한 새로운 법이념의 표현임과 동시에 컴퓨터 또는 정보처리장치에는 해당하지 않지만 유사한 설비를 함부로 도용하는 행위를 처벌할 수 있도록 하였다는 점에서 컴퓨터등사용사기죄를 보완하는 규정이기도 하다.[709]

부정한 방법으로 자동판매기 등을 이용하여 재물을 취득하는 행위는 절도죄로 규율할 수 있다고 하여도 대개는 경미한 범죄이기 때문에 법정형을 가벼운 본죄로 처벌하는 것이 합목적적일 수 있고, 부정한 방법으로 공중전화 등 자동설비를 이용하는 경우는 재물의 취득을 하지 않았고 사람에 대한 기망행위가 없기 때문에 절도죄나 사기죄로 처벌할 수 없었던 것을 본조에 따라 새롭게 처벌할 수 있게 된 것이다.

---

709) 주석 형법(Ⅴ) [각칙(Ⅲ)], 1997, 380면.

그러므로 입법자는 본조의 구성요건을 통하여 한편으로는 사기죄의 처벌범위를 확대하면서 다른 한편으로는 절도죄의 성립범위를 제한하기 위한 의도를 가지고 있었다고 본다.

본죄의 보호법익은 재물 또는 재산상의 이익이다.

2. 컴퓨터등사용사기죄와의 관계

① 유료자동설비

본 조는 자동판매기, 공중전화 기타 유료자동설비와 같은 편의시설이나 여기에서 자동판매기와 공중전화는 유료자동설비의 예시에 불과하다. 여기서 유료자동설비라 함은 방법의 여하를 불문하고 일정한 대가를 지급하면 상당한 물건이나 용역을 제공받을 수 있는 자동장치를 말하므로 지하철이나 특정한 관람장소 등에 대한 출입의 대가를 수령하기 위한 출입허가장치, 유료도로의 톨게이트에 설치된 입장허가장치, 자동보관함 그리고 여가나 레크리에이션 등을 위한 서비스장치, 전자식 자동혈압, 당뇨측정기 등 건강기준 측정장치와 같은 편의시설이나 정치가 이에 해당한다. 그러나 현금자동지급기는 이용자가 현금자동지급기능이라는 포괄적인 기능에 대한 수수료를 지급하는 외에 사용 시마다 별도의 대가를 지급하는 것이 아니므로 본조에서 말하는 자동설비라고 할 수 없다.[710]

따라서 컴퓨터등사용사기죄에서 말하는 '컴퓨터 등 정보처리장치'는 비록 유료자동설비가 컴퓨터의 일종이기는 하지만 이 한도 내에서 제외되는 것으로 이해할 수 있다. 그러나 실제에 있어서 대가의 지급을 목적으로 하는 유료자동설비라고 하여도 현대의 컴퓨터기술의 발전은 컴퓨터와 유료자동설비의 구별을 모호하게 하는 것은 사실이다.

예컨대 카드식 공중전화기의 경우를 살펴보자. 카드식 공중전화기는 그 자체 컴퓨터라고 할 수 있다. 그러나 선불카드인 전화카드(전자기록)의 삽

710) 형사법개정특별심의위원회 회의록 [제5권], 제45차 소위원회, 301면 참조.

입을 통하여만 작동하는 유료의 자동설비라고도 할 수 있다.

② 부정한 방법으로 대가를 지급하지 아니하고 이용함(부정한 이용)

부정한 이용이란 자동편의시설의 권한 없는 이용이나 이용규칙, 방법에 반하여 사용하는 것을 의미한다. 예를 들면 자동판매기에 위조주화 등을 투입하여 물품을 취득하거나 공중전화를 이용하는 행위를 들 수 있고 승차권을 구입하지 아니하고 공중교통수단을 이용하는 것을 들 수 있다.

그런데 현재의 조문으로 입법화되기 이전 형법개정안에서 일본의 조문을 빌려오면서 일본과 동일하게 공중교통기관을 대가를 지급하지 않고 이용한 행위도 처벌하고 있었다. 본 조문은 일본 형법개정초안 제339조 제1항 자동설비부정이용죄와 비교해 보면 조문이 동일하다. 그러나 현재의 조문은 무임승차에 관한 제2항을 삭제한 채 제1항의 행위만을 규정하고 있다. 입법과정에서 무임승차에 대한 것은 경범죄처벌법에 의하여 처벌할 수 있으므로 중복되는 것이 아닌가 하는 문제제기가 있었다.[711] 그러나 경범죄처벌법은 자동설비를 이용하지 않은 경우도 포함되어 있어서 중복되는 점은 많지만 형법은 범위가 좁다고 설명하고 있다.

생각건대 공중교통수단을 이용하더라도 그 수단이 유료자동설비에 대한 부정한 이용을 전제로 한 것이라면 군이 개정안 제2항의 행위를 따로 규정할 필요는 없다고 할 것이다. 그리고 무임승차에 대한 일반규정을 두는 것은 본 조문이 사기죄의 처벌범위를 확대하고 절도죄의 처벌에 대한 경감규정으로 입법화한 취지에 비추어 지나치게 형사처벌의 범위를 확대하는 것으로 부당하다고 생각된다.

그런데 위조된 전화카드 내지 승차권을 투입하여 그 서비스를 이용하는 경우 본 조에 해당할 것인가 아니면 컴퓨터등사용사기죄에 해당할 것인가가 문제된다. 이 경우 박상기 교수는 '본죄는 특수매체기록 등의 정보조작 이외의 방법으로 대가를 지급하지 않고 자동편의시설을 부정이용하는 행위

---

711) 형사법개정심의위원회 소위원회 회의록 제5권, 302면 이하.

를 처벌대상으로 하는 것이며 컴퓨터등사기죄는 특수매체기록 등에 부정한 명령 등을 입력하여 정보처리를 하게 하고 이를 통하여 재산상의 이익을 취득하는 것을 요건으로 하므로 전화카드나 선불카드, 지하철 정액권상의 자기스트라이프에 부정한 명령을 입력하여 사용금액을 초과한 다음에도 계속 이용하는 행위는 컴퓨터등사용사기죄에 해당한다'고 한다.712)

이에 반하여 김일수 교수는 "허위의 잔고가 기록된 IC카드나 선불카드를 사용하여 서비스를 받는 경우, 이러한 카드는 대개 자기스트라이프로 된 가치증권의 성격을 지니므로, 자동정보처리장치에 부정한 명령을 입력하여 정보처리를 하게 하여 재산상 이익을 취득하는 컴퓨터등사용사기죄와는 원칙적으로 행위객체 및 행위양태를 달리한다. 이 경우에 부정한 자료를 자동편의시설에 투입하여 작동시키는 행위는 컴퓨터등사용사기죄와 중첩한다. 본죄는 컴퓨터등사용사기죄에 대해 유료자동설비라는 표지가 추가된 것이므로 일종의 특별관계에 있다. 따라서 특별법은 일반법에 우선한다는 원칙에 따라 법정형이 더 가벼운 본죄를 우선 적용해야 한다"고 하고 있다.713)

생각건대 본조의 체계와 입법취지를 살펴보면 결국 대가를 지급하지 않는 것 자체가 부정한 이용이라고 말하지 않을 수 없다. 유료자동설비는 결국 대가의 지급을 전제로 하는 것이기 때문에 대가의 지급이 없다는 것이 결국 부정한 것이고 그 방법은 제한이 없다고 할 수 있다. 따라서 대가의 지급이 없는 한 부정한 명령의 입력도 본 조에 해당한다고 할 수 있고 다만 양 죄와의 관계가 문제된다고 할 수 있다.

그런데 컴퓨터등사용사기죄가 사람의 개입이 없는 경우에 사기행위에 대한 보충적 구성요건인 데 반하여 본 죄가 컴퓨터등사용사기죄에 대한 보충적 구성요건인가에 대하여는 의문의 여지가 있다. 왜냐하면 본 죄는 '대가의

---

712) 박상기, 319-320면.
713) 김일수, 384면; 손동권, 절도죄의 구성요건과 이와 관련된 개정형법의 내용, 법정고시, 1996/8, 36면, 각주 34)에서도 "개정형법이 이러한 행위를 처벌하는 편의시설부정이용죄라는 특별규정을 또다시 둔 것은 그 행위를 컴퓨터등사용사기죄보다 가볍게 처벌하려는 것으로 보아야 한다"고 보고 있다.

지급 없이'라는 요건을 통하여 특별히 유료자동설비의 기능을 보호하기 위한 규정으로 이해되기 때문에[714] 단순히 재산상 이익만을 대상으로 하는 컴퓨터등사용사기죄와는 그 보호법익과 기능에 있어서 차이가 있기 때문이다.

또 컴퓨터인 유료자동설비에 삽입된 전자기록은 컴퓨터등사용사기죄에 있어서 '정보'에 해당하는 것이므로 컴퓨터등사용사기죄와 본 조는 하나의 행위로 수개의 죄가 되는 상상적 경합관계에 있다고 할 수 있고 상상적 경합의 경우에는 형이 중한 컴퓨터등사용사기죄의 형으로 처단하게 될 것이다.[715]

나아가 본 조문을 특별규정으로 바라보는 견해는 본 조문이 컴퓨터등사용사기죄의 특별규정이 아니라 절도죄나 사기죄의 특별규정으로서 신설된 것임을 간과한 것이다. 형법개정 시 입법자는 본 조의 신설에 대한 검토과정에서 독일식과 일본식 모델을 두고 논의를 한 결과 위원들의 표결에서 6:4로 일본식의 모델을 선택하였다고 한다. 즉 구성요건을 절도 등 다른 죄에 해당하지 않는 경우에만 적용되도록 하는 독일식 모델과 절도 등 다른 죄에 해당되더라도 본 조문에 의하여 처벌할 수 있도록 규정하자는 일본식 모델에서 후자의 일본식 모델을 채택한 것이라고 한다.[716] 이러한 입법자에 의사에 따르면 본 죄는 절도죄와 사기죄와의 관계에서 특별관계에 있다는 것일 뿐 컴퓨터등사용사기죄와 특별관계에 있다고 보는 것은 아니었다. 따라서 본 조문과 컴퓨터등사용사기죄가 중첩되는 경우에 본 조만을 적용해야 한다는 견해는 입법자의 의사를 제대로 살피지 못한 흠결이 있다고 생각한다.

우리나라의 편의시설부정이용죄는 일본 개정형법초안의 자동설비부정이용죄와 독일의 급부사취죄를 참고로 하여 신설된 조항이다.[717] 특히 우리 조문의 내용은 일본의 자동설비부정이용죄와 동일한 문언을 사용하고 있

---

714) 박상기, 319면; 이재상, 340면.

715) 같은 취지 임웅, 364면; 박상기, 320면.

716) 형사법개정자료(Ⅷ), 형법개정요강 소위원회심의결과, 1989, 266면.

717) 앞의 형사법개정특별심의위원회 제45차 소위원회 자료, 1987, 295면 참조.

다. 일본 개정형법초안의 자동설비부정이용죄는 사기죄나 절도죄뿐만 아니라 전자계산기사용사기죄에 대해서도 특별경감규정으로 받아들여지고 있다. 그 이유는 일본의 재산범죄체계에서 절도죄나 사기죄는 10년이라는 징역형만을 규정하고 있어서 경미한 범죄에 대해서 지나친 형벌을 가하는 것은 법감정에 맞지 않다는 고려 때문이다. 그러나 이러한 일본에서의 논의를 우리 형법상에서 이해하게 되면 이러한 견해는 전적으로 지지될 수는 없다. 왜냐하면 우리 형법상 재산범죄의 체계로는 일본의 사기죄나 절도죄와 같이 단순히 징역형만을 규정하고 있는 것이 아니라 벌금형도 규정하고 있으므로, 일본과 같이 지나친 형벌이라는 문제는 양형이나 소송 단계에서 적절히 운용하면 충분하다고 생각한다. 이러한 의미에서 우리 조문상 편의시설부정이용죄를 컴퓨터등사용사기죄의 특별규정으로 이해하려는 견해는 일본과 같은 재산범죄체계를 가지고 있지 않은 우리의 실정과는 맞지 않다고 생각한다.

3. KT카드 부정사용행위에 대한 형사책임

앞에서 본 바와 같이 타인의 일반전화를 무단으로 사용한 경우가 아니라 공중전화를 무단으로 사용한 경우에는 형법 제348조의2 편의시설부정이용죄로 처벌된다고 할 수 있다. 따라서 위조주화를 사용하거나 공중전화의 작용상의 결함을 이용하는 등 부정한 방법을 통하여 공중전화를 이용한 경우에는 본 조에 의하여 처벌받게 된다.

그런데, 오늘날의 공중전화는 주화를 사용하는 방식이 아닌 전화카드를 사용하는 방식으로 대체되고 있으며 공중전화를 부정이용하는 방법도 전화카드의 부정작출 내지 타인의 전화카드를 절취하는 방법이 주를 이루고 있다.[718) 한편으로 전화카드 자체를 사용하지 않고도 전화를 이용하는 방법

---

718) 예컨대, 공중전화카드에 은박지를 부착해 카드인식기에 혼란을 주는 수법으로 국제전화를 공짜로 사용하거나(문화일보, 2002. 4. 11.자), 공중전화기에 카드를 넣은 뒤 후크를 빨리 두드려 감지기를 교란시키는 수법으로 국

이 개발되고 있으며, 예컨대 전화카드 자체에 특정한 번호가 부여되어 있고 비밀번호를 사용하면 통화를 할 수 있는 후불식 통신카드제도(소위 KT카드제도)를 부정이용하는 사례도 나타나고 있다. 이것은 단순히 공중전화를 이용하는 것만이 아니라 공중전화시스템이 컴퓨터에 의해서 제어되는 경우 그 컴퓨터시스템에 일정한 정보를 입력하는 방식으로 이루어지고 있는 것이다. 따라서 현재의 공중전화기와 같은 유료자동설비는 단순히 기계적 통신수단으로만 파악할 수 없고 그 자체 컴퓨터와 같은 기능(네트워크 컴퓨터)을 하고 있음으로 해서 공중전화를 부정이용하는 경우, 본 죄와 컴퓨터등사용사기죄의 성립 여부가 동시에 검토되어져야 하는 문제점을 제기하고 있다.

현재 타인의 KT카드를 부정사용한 행위에 대하여 대법원 2001. 9. 25. 선고 2001도3625 판결에서는 "편의시설부정이용의 죄는 부정한 방법으로 대가를 지급하지 아니하고 자동판매기, 공중전화 기타 유료자동설비를 이용하여 재물 또는 재산상의 이익을 취득하는 행위를 범죄구성요건으로 하고 있는데, 타인의 케이티전화카드(한국통신의 후불식 통신카드)를 절취하여 전화통화에 이용한 경우에는 통신카드서비스 이용계약을 한 피해자가 그 통신요금을 납부할 책임을 부담하게 되므로, 이러한 경우에는 피고인이 '대가를 지급하지 아니하고' 공중전화를 이용한 경우에 해당한다고 볼 수 없어 편의시설부정이용의 죄를 구성하지 않는다"고 판시하였다. 그리고 대법원 2002. 6. 25. 선고 2002도461 판결에서 이와 같은 KT카드 부정사용행위에 대하여 형법 제236조의 사문서부정행사죄로 처벌하였다. 그러나 KT카드 부정사용행위에 대한 현재의 대법원의 입장은 편의시설부정이용죄의 입법취지나 컴퓨터등사용사기죄와의 관계 및 형법상 전자기록과 문서와의

제통화를 국내 전화요금으로 건 경우이다. 한국통신 관계자는 "연간 피해액이 정확히 얼마나 되는지 모른다"면서 "보완장치를 개발해도 새로운 수법이 또 생겨 공중전화기를 공짜로 사용하는 문제는 세계적인 골칫거리"라고 밝혔다. 한국통신은 지난해(1998년) 공중전화기를 통한 공짜 국제통화 사용을 막기 위해 보완장치를 개발, 설치했다. 대한매일, 1999. 4. 2.자.

관계에 비추어 볼 때 쉽게 수긍하기 어렵다.[719]

4. 소 결

앞으로 정보과학기술의 발전에 따라 대부분의 유료자동설비가 컴퓨터화가 될 것이라는 점은 분명하다. 특히 새로운 전자적 지불수단은 기존의 유료자동설비가 더 이상 존속하기 어렵게 만들고 있다. 왜냐하면 이러한 지불수단은 유료자동설비가 그 자체 정보처리능력을 가지지 않으면 실용화될 수 없기 때문이다. 따라서 이러한 유료자동설비를 부정이용하는 방법도 단순히 동전의 투입이나 기계적 결함을 이용하는 행위에 의해서가 아니라 부정작출한 전자기록을 입력하거나 부당한 프로그램을 입력하는 방법을 통하여 물품제공을 받거나 기타 재산적 급부를 제공받는 것으로 대치될 것이다. 그리고 특히 보안시스템의 개발과 이에 대한 사회적 신뢰는 권한 없이 정보를 입력·변경하여 유료자동설비를 이용하는 행위에 대처하기 위하여 상당한 비용을 지불하게 될 것이다. 이러한 점에서 유료자동설비를 부정하게 이용하는 행위의 대부분은 컴퓨터등사용사기죄의 적용을 통하여 해결하려고 할 것이고 이러한 점에서 편의시설부정이용죄가 형법상 차지하는 존재의미도 점점 줄어들 수밖에 없다.

그러나 편의시설부정이용죄는 절도죄나 사기죄에 해당하는 행위라 할지라도 그 피해액이 사소하고 유형적으로 범죄정상이 가벼워 특별히 법정형을 낮추어 규정하겠다는 입법취지가 있으므로, 이러한 입법자의 의사를 고려하면 결코 그 의미가 퇴색되어서는 안될 것이다. 특히 앞으로의 추세에 비추어 본 조문이 컴퓨터등사용사기죄와의 관계에서 보충적 규정으로서의 의미밖에 남지 않는다고 할 지라도 현재의 컴퓨터등사용사기죄 조문이 보

---

719) 위 판결들에 대한 비판적 평석으로 이정훈, 편의시설부정이용죄 -컴퓨터등사용사기죄와의 관계를 중심으로-, 비교형사법연구 제4권 제2호, 2002 및 이정훈, 형법상 문서와 전자기록과의 관계, 비교형사법연구 제5권 제2호, 2003 참고.

호목적과 기능이 서로 다른 영역에까지 확대 적용되는 것은 경계해야 할 것이다. 이러한 의미에서 편의시설부정이용죄와 컴퓨터등사용사기죄의 관계를 분명히 하고 입법론으로 컴퓨터등사용사기죄의 특별경감규정을 신설하는 방안을 검토할 필요가 있다고 하겠다.

제6장 결 론

I. 1995년 컴퓨터등사용사기죄 규정의 입법과정상의 문제제기

1995년 12월 형법일부개정에 의하여 삽입된 컴퓨터등사용사기죄 규정은 컴퓨터를 악용한 재산범죄에 대처하기 위하여 사기죄의 보충적 구성요건으로 신설되었다. 본 규정은 그 당시 우리나라와 비슷한 조문체계를 가지고 있었던 1986년의 독일 형법상 컴퓨터사기죄와 1987년 일본 형법상 전자계산기사용사기죄와 유사한 조문으로 구성되어 있다.

그런데 1995년 컴퓨터등사용사기죄 조문은 입법과정상에서 보면 일본의 형법조문을 직접적인 모델로 채택하였다는 것을 알 수 있다. 그러나 조정안을 거치면서 현재의 조문체계로 만들어지게 되었는데, 이 과정에서 본 조문은 원형은 일본의 조문을 옮겨오고는 있지만 독일조문을 의식하여 간략화된 것으로 보인다.

또 1995년 컴퓨터등사용사기죄 조문에 대한 입법 당시의 논의를 살펴보면 1980년대 당시의 컴퓨터환경을 염두에 둔 것으로서 앞으로의 기술발전 과정을 지켜보면서 필요에 따라 개정할 수 있으리라는 것을 상정하고 있다.

그러나 1992년 이미 확정된 1995년 컴퓨터등사용사기죄 조문안은 국회의 파행으로 인해 입법의 통과가 지연되다가 1995년에 이르러서야 형법개정안이 수정된 채 통과되었고 그 과정에서 본 조문의 해석을 둘러싼 많은 논의들이 법안에 수용되지 못한 점이 현재 본 조문의 해석을 둘러싼 많은 논쟁거리를 제공하고 있다.

Ⅱ. 독자적 해석기준의 마련

초기 본 조문을 둘러싼 대표적인 논쟁의 대상이 된 것은 현금자동지급 기에서 절취한 타인의 현금카드 혹은 신용카드를 이용하여 현금을 인출한 행위를 어떻게 처벌할 것인가였다. 이에 대하여 입법자는 현금인출행위는 절도에 해당한다고 보았으나 학설은 이러한 입법자의 의사에도 불구하고 신설된 컴퓨터등사용사기죄, 혹은 무죄설이 주장되었다.

특히 형법개정이유서에서 입법자가 밝힌 '진실한 자료를 부정하게 사용' 하는 경우에 컴퓨터등사용사기죄에 있어서 '부정한 명령'의 입력으로 보아 타인의 현금카드나 신용카드를 사용하는 경우에는 컴퓨터등사용사기죄에 의하여 처벌된다고 주장하는 학자들이 다수를 이루게 되었다.

그러나 본 조문이 연혁적으로 독일과 일본의 조문에 영향을 받았다는 점, 특히 일본의 조문과 동일한 조문형식을 취하고 있다는 점에서 '부정한 명령의 입력'의 해석은 특히 프로그램조작을 강조하기 위해 입법자가 특별 히 채택한 구성요건요소라고 하지 않을 수 없으며 이 행위유형의 해석도 '프로그램조작'에 한하는 것으로 파악하지 않을 수 없다. 따라서 다수의 학 설과는 달리 타인의 현금카드나 신용카드를 부정하게 사용하는 행위는 본 조문의 '부정한 명령'의 입력에 해당하지 않는다고 할 것이다. 다만 그 '부 정한'의 의미는 독일에서와는 달리 주관적 관점과 객관적 관점을 모두 고 려해야 할 것이다.

그렇다면 입법자가 처음부터 고려한 현금지급기남용행위는 결국 '허위의 정보의 입력'이라는 구성요건요소에서 파악되어야 한다고 생각한다.

1995년 컴퓨터등사용사기죄의 신설 당시의 입법연혁과 문언해석, 그리고 조문체계상으로 본 조문이 사기죄의 보충규정이라는 점을 비추어 보면 본 조문의 해석도 사기죄의 해석론을 기준으로 파악하지 않을 수 없다. 그렇 다면 '허위의 정보 또는 부정한 명령'의 입력은 사기죄에 있어서 '기망행위' 와 동일한 평가가 이루어져야 할 것이다. 컴퓨터는 '착오'를 일으키지 않으므로 사실상 '기망'이라는 요소를 인정할 수 없다. 하지만 입법자는 '타인을 기망하여야' 하는 기존의 사기죄 규정에 더하여 컴퓨터에 정보를 입력하는 행위유형을 신설함으로써 그 흠결을 보충하고자 하는 입법적 결단을 내린 것이라고 볼 수 있다. 그렇다면 사기죄에 있어서 허위의 의사표시에 의하여 타인을 착오에 빠뜨리게 하는 '기망행위'는 본 조문에 있어서 '허위의 정보'를 입력하여 컴퓨터가 입력된 정보에 대한 사실 여부, 즉 신원확인이나 그 정보 자체의 진실 여부에 대한 (가상적인) 착오를 일으켜 정당한 권한자로 받아들이게 하는 행위로 이해할 수 있을 것이다. 즉 은행원이라는 '사람' 대신에 '컴퓨터'라는 정보처리장치에 대한 기망행위로 파악할 수 있다는 것을 의미한다. 이렇게 파악할 때 권한 없이 타인의 정보를 컴퓨터에 입력하여 재산상 이익을 취득하는 행위도 본 조문에 의하여 처벌할 수 있게 된다. 그러나 이때 권한이 없다는 의미는 정보의 입력을 위해서 권한 여부를 검사하는 컴퓨터에 한정해서 고려되어져야 한다.

그런데 본 조문에서 컴퓨터 등 정보처리장치의 개념에 대해서 아무런 정의 규정을 두고 있지 않다. 따라서 컴퓨터 등 정보처리장치는 일본에서의 것과 같이 업무용컴퓨터나 휴대용컴퓨터라는 기술적 개념에 제한되지 않고 정보를 처리할 수 있는 장치라는 일반적 개념으로 파악할 수 있으며, 이러한 장치를 통해 재산권의 변동을 가져오는 전자기록의 작성을 자동적으로 가져오게 한다면 TV나 전화기, 휴대폰 등도 본 조에 있어서 정보처리장치에 해당한다고 할 수 있다. 본 조 신설 이후에 나타나는 하급심 판결들을 살펴보면 전화를 통하여 타인의 비밀번호 등을 입력하는 행위, 예컨대 폰뱅킹의 경우에도 컴퓨터등사용사기죄를 적용하고 있는데 이는 본 조의 정보처리장치의 의미를 보다 확대된 개념으로 받아들이고 있는 것이라고 할 수 있다.

나아가 본 조의 '정보처리'라는 개념은 일본 형법상의 '재산권의 득상변경에 관한 전자적기록의 작성'이라는 개념과 동일한 것이 아니라 위의 정보처리장치와의 개념적 관련성에서 파악하여야 하며 이에 따라 입력된 정보에 의한 전자기록의 작성과 입력된 정보의 전송을 포함하는 것으로 보아

378

야 한다.

우리 형법은 컴퓨터범죄의 도입 시에 일본 형법상의 '전자적기록'이라는
표지를 받아들이고 있다. 독일에서는 데이터라는 용어를 사용하고 있는데
이때 데이터라는 용어는 단순히 일정한 매체에 기록되어 있는 것에 한정되
는 것이 아니라 전송 중인 것도 포함하는 것으로 이해되고 있다. 그러나
우리나라에서 '전자기록'이라는 것은 일정한 매체에 화체되어 있는 경우에
만 의미를 가지는 것으로서 전송 중인 데이터는 아직 형법상의 보호대상이
되지 않는 것으로 파악하고 있다.

하지만 컴퓨터등사용사기죄에 있어서는 '정보'라는 요소를 사용하고 있
는데, 이 '정보'라는 것은 컴퓨터에 입력될 순간에는 '전자기록'과 '데이터'
라는 양자를 포함하는 것으로 파악할 수 있으므로, 본 조문은 우리 컴퓨터
형법상 매우 독자적 지위를 가지는 것으로 파악된다.

Ⅲ. 사이버형법과 컴퓨터등사용사기죄

1990년대 중반을 접어들면서 인터넷이라는 새로운 정보통신기술의 발전
과 더불어 과거에 예상하지 못했던 새로운 범죄유형들이 등장하게 되있다.
이러한 새로운 범죄유형은 기존 형법상의 해석론으로 그 대처에 한계가 있
다는 고려하에 특별법의 신설 등으로 대처하고 있는 실정이다. 하지만 이
러한 임기응변식 대처는 정보통신기술의 발전과 더불어 법적 안정성과 예
측가능성을 담보하지 못하므로 보다 근본적인 대책방안이 강구되어야 할
것이다.

그러나 현재의 형법해석론으로 이러한 행위유형들에 대한 대처가 가능
하다면 새로운 입법은 현행 형법의 해석론의 틀 안에서 고려되어져야 하
며, 이러한 컴퓨터환경에 대한 위험성을 이유로 기존의 법치국가적 형법의
제한을 벗어나는 것은 아직 시기상조라 하지 않을 수 없다.

현재 학계와 실무에서 이러한 새로운 사이버상의 범죄행위에 대하여 기존 형법을 새롭게 해석하려는 논의가 나타나고 있다. 이 중 하나가 '정보'를 재산으로 파악하려는 견해이다.

즉 정보는 과거 재물로서 파악되지 않는 것으로서 기존 형법상 절도죄가 성립하지는 않지만 경제적 재산개념상 '재산상 이익'으로 파악할 수 있다는 견해이다. '정보'를 재산상 이익으로 파악하게 되면 현재의 인터넷환경에서 제공되는 무형의 재산인 소프트웨어나 서비스, 그리고 전자화폐나 사이버머니 등의 부정취득행위를 본 조에 의하여 처벌할 수 있게 된다.

최근의 하급심 판결 내지 대법원 판결에서도 온라인게임상의 아이템과 전자화폐를 재산상 이익으로 파악하고 이러한 전자적 정보를 부정취득하는 행위에 대하여 본 조를 적용하고 있다.

또 사이버범죄의 전형적인 예로 등장하는 해킹에 대해서 과거에 이러한 행위는 정보통신망의 침해 및 비밀침해의 유형으로만 파악하여 해킹을 통한 재산범죄에 대해서 충분히 대처할 수 없었던 것이 사실이다. 그러나 '정보' 등을 재산상 이익으로 파악하게 되면 해킹을 통한 재산취득행위에 대하여 본 조를 적용할 수 있게 된다.

또한 이러한 해킹행위 그 자체는 과거 가벌성이 없는 것으로 파악되었지만 현재 단순해킹 자체가 처벌의 대상이 되고 있고, 이러한 해킹행위가 재산취득의 실행의 착수행위로 파악하지 않으면 사이버범죄의 특성상 본 조문의 미수규정을 무의미하게 만들게 될 것이다. 따라서 타인의 정보를 이용하는 행위 그 자체가 오늘날 사이버공간에서는 즉각적인 재산권의 침해를 가져오는 행위로 평가되고 있다고 볼 수 있다.

또 본 조문은 사기죄의 보충규정으로서 재산권이 보호법익이며 그 보호의 정도 침해범으로서 파악되고 있지만, 오늘날 전자상거래의 발전과 더불어 거래의 진실성도 본 조에 있어서 2차적 보호법익으로 인정하지 않으면 안 된다. 왜냐하면 실제 재산상의 손해발생이 없는 경우에도 컴퓨터 등을 악용하여 재산상 이익을 취득하는 사례들에 있어서는 컴퓨터를 통한 거래가 정당한 권한 없는 자에 의하여 이루어지고 있기 때문이다. 타인의 계좌를 이용하여 주식거래를 하는 사례에서 재산상 손해는 오로지 그 거래 조작의 우연성에 의하여만 발생하게 되므로 본 조문이 의미를 가지기 위해서는 권한 없는 컴퓨터의 조작행위에 대해서도 대처하지 않으면 안 된다.

나아가 과거 컴퓨터범죄의 한 유형으로 고려되고 있기는 했지만 입법화하지 않았던 컴퓨터의 무권한 사용 내지 컴퓨터의 시간절도라는 개념은 오늘날 정보의 재산성을 인정하고 전기통신역무 내지 정보통신역무를 재산상 이익으로 파악하는 현실에 있어서 정보의 무권한 사용 내지 정보통신서비스의 무권한 사용이라는 개념으로 파악하여 본 조문이 이러한 무권한 사용 행위에 대응할 수 있는 규정임을 인식해야 할 것이다.

Ⅳ. 입법론의 모색

컴퓨터등사용사기죄의 규정에서 가장 논란이 된 부분은 본 규정이 사기죄의 보충규정으로서 이해되고는 있지만 사기죄와는 달리 행위객체로서 '재물'이라는 표지를 의도적으로 삭제하고 '재산상 이익'만을 규정하고 있다는 점이다. 이에 따라서 컴퓨터 등의 부정조작을 통해 재물을 취득하는 행위는 본 조문에 의하여 처벌할 수 없게 된다.

이러한 현행 조문의 적용상의 문제에 대해 재물도 크게 보면 재산상 이익에 포함된다고 파악하여 재물의 취득도 본 조문에 의하여 처벌할 수 있다고 보는 견해들이 존재한다. 그러나 우리 형법조문체계상 재물과 재산상 이익을 명확하게 구별하고 있고 본 조문의 입법자의 의사도 '재물'을 본 조문에서 의도적으로 삭제한 것을 밝히고 있는 이상, 본 조문에 재물이 포함된다고 해석하는 것은 유추해석이라고 하지 않을 수 없다.

그러나 컴퓨터 조작을 통해 재물을 취득하는 행위를 기존의 절도죄나 사기죄로만 파악하는 것은 본 조문의 독자적 의미를 되살리지 못하는 것임에는 분명하므로 입법론상 '재물'을 본 조문에 추가하는 것이 타당하다고 생각한다.

한편 편의시설부정이용죄와 본 죄와의 관계에서 편의시설부정이용죄와 컴퓨터등사용사기죄는 특별관계에 있으므로 양 죄가 경합할 때에는 편의시설부정이용죄만 성립한다는 견해가 있으나, 본 조의 입법연혁을 살펴보면 편의시설부정이용죄는 절도죄와 사기죄의 특별규정으로 신설된 것에 불과할 뿐 본 죄와는 특별관계가 아니며, 다만 기존의 유료자동설비라는 것이 오늘날 대부분 컴퓨터화되어가는 것이 추세에 있으므로 편의시설부정이용죄의 적용범위는 본 죄에 의하여 매우 제한적으로 적용되지 않을 수 없다.

따라서 입법론적으로 컴퓨터등사용사기죄의 경감규정으로 대가의 지급을 통해서만 작동하는 컴퓨터 등 정보처리장치를 악용하여 재산을 취득하는 규정을 신설하는 것이 타당하다고 생각한다.

V. 마무리하며
-2001년 컴퓨터등사용사기죄의 해석론과 전망-

본 연구는 2001년 12월 1일자로 심사가 마무리되어 통과되었다. 그런데 2001년 12월 29일 법률 제6543호로 형법 제347조의2 컴퓨터등사용사기죄가 개정되어, 2002년 6월 30일부터는 개정된 컴퓨터등사용사기죄가 적용되게 되었다. 이에 따라 본 연구는 현재의 조문해석론과 더불어 개정조문상의 추가된 행위구성요건에 대한 해석론을 보충하게 되었다.[720]

2001년 형법일부개정의 취지에 의하면 지금까지 본 조문에 있어서 해석상 다툼이 있던 것을 입법적으로 해결하고자 '권한 없이 정보를 입력·변경'하는 행위구성요건을 추가하였다고 한다. 그러나 추가된 행위구성요건은 그 입법취지에도 불구하고 기존의 해석상 문제점들을 해결할 수 있다고 보

---

720) 제4장 제5절 부분.

기는 어렵다. 개정조문은 '재물'이라는 구성요건을 추가하지 않았기 때문에 현금자동지급기에서 현금을 인출하는 행위에 대해서는 여전히 해석상 다툼이 계속될 것이다. 나아가 '권한 없이 정보를 입력·변경'하는 행위구성요건의 해석을 둘러싸고 그 적용범위와 한계에 대해서 많은 논의가 이루어질 것이지만, 본 조문의 형법체계상의 지위나 입법취지, 기존 구성요건과의 관계에 비추어볼 때 추가된 행위구성요건은 '허위의 정보 또는 부정한 명령의 입력'이라는 기존 구성요건에 해당되지 않는 경우에 보충적으로 적용되는 구성요건으로 이해하는 것이 타당하다고 생각한다.

참고문헌

1. 국내문헌

[단행본]

강동범, 컴퓨터범죄시론, 경진사, 1989.

김연수, 개인정보보호, 사이버출판사, 2001.

김일수, 형법각론(새로 쓴 제4판), 박영사, 2001.

김태헌, 정보통신개론, 기술연구사, 1995.

박상기, 형법각론 전정판, 박영사, 2000.

배종대, 형법각론, 홍문사, 1999.

법무부, 형법개정법률안 제안이유서, 형사법개정자료(XIV), 1992. 10.

법무부, 정보통신분야의 법률문제, 법무자료 제198집, 1995.

M. 이센 카트시/김유정 역, 디지털시대의 법제이론, 나남출판, 1997.

신각철/김문일, 최신 컴퓨터범죄론, 법영사, 1997.

신동운, 형법각론, 한국방송통신대학, 1988.

양광민, 전용진, 정보처리론, 법문사, 1991.

유용봉, 전자화폐의 부정사용에 관한 형법적 고찰, 한국형사정책연구원,
    2000.

이재상, 형법각론 제4판, 박영사, 2001.

임 웅, 형법각론, 법문사, 2001.

이 철, 컴퓨터범죄와 소프트웨어보호, 박영사, 1995.

이형국, 형법각론연구 Ⅰ, 법문사, 1997.

이회창 외, 주석 형법(Ⅴ) [각칙 (Ⅲ)], 1997.

정보통신부, 정보통신망이용촉진등에관한법률 개정을 위한 공청회, 2000. 7.

정상조 엮음, 인터넷과 법률, 현암사, 2000.

정성근, 형법각론, 법지사, 1996.

정진욱/안성진, 정보통신과 컴퓨터네트워크, ohm사, 1998.

최영곤/도상호, 디지털정보의 보안, 박영사, 2000.

최영호, 컴퓨터와 범죄현상, 컴퓨터출판, 1995.

최영호, 정보범죄의 현황과 제도적 개선방안, 한국형사정책연구원, 1998.

한국형사정책연구원, 컴퓨터범죄에 관한 연구, 1993.

한국형사정책연구원, 사이버범죄의 실태와 대책, 제25회 형사정책세미나,
    2000. 5.

한국형사정책연구원, 사이버범죄에 관한 연구, 2000년도 법무부 용역과제,
    2000.

한국형사정책연구원, "미래"와 한·독·일의 형법, 한·독·일 국제형법학
    술대회, 2000.

한국형사정책연구원, 인터넷범죄의 규제법규에 관한 연구, 2000.

한국형사정책연구원, 사이버공간에서의 범죄피해 -개인 인터넷사용자를
    중심으로-, 2000.

한국형사정책연구원, 전자상거래 관련범죄의 규제에 관한 연구, 2000.

형사법개정특별심의위원회, 형법개정의 기본방향, 형사법개정자료(Ⅱ), 1985.
    11. 22.

형사법개정특별심의위원회, 형법개정의 제논점, 형사법개정자료(Ⅲ), 1985.
    12. 2.

형사법개정특별심의위원회, 형법개정의 기본방향과 문제점, 형사법개정자료
    (Ⅵ), 1985. 12. 30.

형사법개정특별심의위원회, 형사법개정작업추진경과, 형사법개정자료(Ⅶ), 1988. 11. 14.

형사법개정특별심의위원회, 형법개정요강 소위원회심의결과, 형사법개정자료 (Ⅷ), 1989. 1.

형사법개정특별심의위원회, 일본 형법개정작업경위와 내용, 형사법개정자료 (Ⅸ), 1989.

[논 문]

강동범, 컴퓨터범죄처벌규정에 대한 비교법적 고찰, 서울시립대학교 법학논집, 1999.

강동범, 형법개정법률안의 컴퓨터범죄규정에 대한 검토, 법조, 1993/3.

강동범, 컴퓨터등사용사기죄, 고시연구, 2000. 7.

강동범, 자기신용카드의 부정사용행위에 대한 형사책임, 형사판례연구 [5], 1997.

강동범, 컴퓨터해킹과 형법, 경성법학 제6호, 1997.

강동범, 사이버범죄와 형사법적 대책, 형사정책연구 11권 2호, 2000년 여름호.

강동범, 전자적 자료의 침해에 대한 처벌과 인권보장, 법학심포지엄, 2000. 12.

강동욱, 정보통신망이용에 있어서 개인정보침해에 대한 형사법적 대응방안 에 관한 고찰, 한양법학 제9집, 1998.

강영호, 신용카드업법 제25조 제1항 소정의 부정사용죄와 절도죄와의 관계, 법조 96/8.

강임호, 전자화폐와 통화량, 정보사회의 새로운 화폐와 화폐금융 정책, 정 보통신정책연구원, 1998.

김규장, 타인의 전화기의 무단사용과 절도죄의 성부, 형사재판의 제 문제 [제2권], 형사실무연구회 편, 박영사, 1999.

김석환, 신용카드범죄에 관한 최근 판례고찰, 형평과 정의 제11집, 1997.

김성환, 컴퓨터등사용사기죄에 관한 고찰 -컴퓨터를 이용한 신용카드부정
　　　사용에 관한 고찰을 포함하여-, 관동대경제기술법연구 I, 1999.

김영대, 신용카드범죄에 관한 연구, 검찰 통권 제107호, 1996.

김영환, 법의 대상으로서의 정보 -소위 "정보법"의 이론적 착안점에 관하여-,
　　　정보사회에 대비한 일반법연구(II), 통신개발연구원, 1998.

김영환, 현금자동지급기의 부정사용에 관한 형법적인 문제점, 판례월보 329호.

김우진, 신용카드부정사용죄의 기수시기, 형사판례연구 [3], 1995.

김종원, 마무리 단계에 들어선 형법개정작업을 생각하며, 사법행정, 1992. 5.

김종섭, 사이버범죄 현황과 대책, 한국형사정책학회 2000년도 동계학술회의
　　　자료.

김준호, 미국 법무부의 컴퓨터범죄에 대한 대책, 검찰(통권 제111호), 대검
　　　찰청, 2001.

김일수, 사기죄해석론에서 몇 가지 문제점, 고려대법학논집 29집, 1993.

류석준, 컴퓨터사기죄의 행위방법에 대한 비교법적 검토, 비교형사법연구
　　　제7권 제1호, 2005.

박상기, 형법개정안에 대한 의견, 고시계, 1992. 8.

박상기, 1990년대 재산범죄에 관한 대법원판례의 동향, 형사판례연구[9],
　　　2001.

박희영, 단순해킹의 가벌성에 관한 비교법적 연구, 인터넷법률 통권 제34호,
　　　2006.

백광훈, 인터넷 정보내용범죄의 유형과 그 처벌법규, 제3차 정보통신윤리학술
　　　포럼, 2001. 9.

변종필, 인터넷게임 아이템과 재산범죄, 인터넷법률 5호, 2001.

서익원, 사기죄에 있어서의 재산상의 이익, 검찰 40호, 1971.

손동권, 신용(현금)카드 부정사용의 유형별 범죄성립과 죄수, 형사판례연구 제7권, 형사판례연구회, 1999.

손동권, 절도죄의 성립요건과 이와 관련된 개정형법의 내용, 법정고시, 1996/ 8.

신각철, 미국의 컴퓨터범죄방지법 개요, 순간법제 제274호, 법제처, 1989. 8. 10.

신동운, 횡령죄와 배임죄의 관계, 유일당오선주교수정년기념논문집, 2001.

심재무, 컴퓨터해킹과 형법, 경성법학 제6호, 1997.

심희기, 사이버범죄의 유형과 실태, 수사연구, 2000. 6.

안경옥, 신용카드부정취득, 사용행위에 대한 형사법적 고찰, 형사법연구 11호, 1999.

안경옥, 사기죄의 기수 -재산상 손해발생의 요부와 관련하여-, 형사판례 연구[6], 1998.

양근원, 사이버범죄의 특징과 수사방향, 수사연구, 2000. 6.

오경식, 기업비밀침해범죄(산업스파이사건에 대하여), 판례월보 340호, 1999.

오영근, 유가증권위조죄 해석상의 문제점, 형사판례연구[7], 1999.

원혜욱, 인터넷범죄의 특징과 범죄유형별 처벌조항, 형사정책연구 11권 2호, 2000년 여름호.

원혜욱, 컴퓨터관련증거의 증거조사와 증거능력, 수사연구, 2000. 6.

유용봉, POS-지불-시스템상 개별데이터(Codekarte)의 부정사용 - 컴퓨터 범죄에 있어서 형법적 고찰 -, 형사법연구 제10호, 1997

유용봉, 개별 데이터의 습득과 절도죄 성립 여부, 현대 형사법의 쟁점과 과제, 동암이형국교수화갑기념논문집, 법문사, 1998.

유용봉, 인터넷사업자의 형사법적 책임, 형사법연구 제11호, 1999.

유인모, 정보형법의 과제와 전망, 형사정책 제12권 제1호, 2000.

유인모, 가상공간을 매개로 한 새로운 컴퓨터범죄와 형법, 인천대 논문집 제21집, 1996.

388

유인모, 정보보안을 위한 형법적 대응 -해킹범죄를 중심으로-, 인천법학 논총, 1998.

유인모, 가상공간의 범죄와 형법, 부산외대 비교법학 제9집, 부산외국어대 학교 비교법연구소, 1998.

이보녕, 컴퓨터범죄에 대한 형법적 대책 -그 입문적 고찰-, 형사법연구 제1호, 1988

이용식 역, 신용카드 부정사용의 처리: 특히 사기죄를 중심으로(요약), 한독 법학 12호, 한독법률학회, 1996.

이희권, 사기죄에 있어서의 재산상 손해의 개념, 검찰 66호, 대검찰청, 1977.

이재상, 현금카드의 사용절도와 부정사용, 고시계, 96/11.

이재상, 형법각칙의 개정방향과 전망, 형사법연구 제3호, 1990.

이정훈, 최근 형법개정조문(컴퓨터등사용사기죄)의 해석론과 문제점, 형사 법연구 제17호, 2002

이정훈, 편의시설부정이용죄- 컴퓨터등사용사기죄와의 관계를 중심으로 -, 비교형사법연구 제4권 제2호, 2002

이정훈, 형법상 문서와 전자기록과의 관계, 비교형사법연구 제5권 제2호, 2003

이준우, 인터넷 관련 법률의 정비방안 -인터넷 범죄관련 법률 정비방안-, 국회보, 2000. 9.

이 철, 컴퓨터범죄의 법적 규제에 관한 연구, 경희대 박사학위논문, 1991.

이 철, 법무부의 정책과제와 입법적 대응, -컴퓨터범죄를 중심으로-, 정 보화사회의 발전과 입법적 대응, 현행법제개선방안연구(Ⅰ), 한국법 제연구원, 1992.

이형국, 사이버범죄와 법적 대응, 수사연구, 2000. 6.

임승철, 박동선, 정보통신개론, 형설출판사, 1999.

임양운, 신용카드범죄의 실무상 문제, 저스티스 제29권 제3호, 96/12.

임　웅, 신용카드 부정시용행위의 형사책임, 저스티스 제34권 제2호.

임채호, 향후 사이버공간에서의 해킹·바이러스 범죄의 전망과 대책, 검찰
　　　(통권 제111호), 대검찰청, 2001.

장영민, 개정형법의 컴퓨터범죄, 고시계 1996. 2.

장영민, 형법개정안의 컴퓨터범죄, 형사정책연구 제3권 제2호, 1992.

장영민, 정보사회에서의 법의 변용, 정보사회에 대비한 일반법 연구(Ⅱ),
　　　정보통신정책연구원, 1998.

전수아, 정보사회의 화폐: 전자화폐, 정보사회의 새로운 화폐와 화폐금융
　　　정책, 정보통신정책연구원, 1998.

전지연, 컴퓨터범죄에 대한 형법적 대응, Juris Forum, 1998 창간호, 충북대
　　　법학연구소.

전지연, 컴퓨터범죄에 대한 형법적 대응방안, 한림법학 Forum 5, 한림대학교
　　　법학연구소, 1996.

전지연, 독일 형법에서의 컴퓨터사기죄, 중봉김선수교수정년퇴임기념논문집,
　　　1996.

전지연, 사이버공간에서의 신종범죄에 대한 형법적 대응 −음란정보의 인
　　　터넷서비스제공과 링크의 경우를 중심으로−, 한림법학 Forum 9,
　　　한림대학교 법학연구소, 2000.

정대관, 컴퓨터등사용사기죄에 대한 고찰, 유일당오선주교수정년기념논문집,
　　　형설출판사, 2001.

정상조, 지식·정보의 침해와 형사적 제재, 검찰(통권 제111호), 대검찰청,
　　　2001.

정영진, 신용카드의 유형과 제재, 재판자료 제64집, 1994.

정 완, 국제조직범죄 및 하이테크범죄 대책을 위한 G8 장관회의, 형사정
      책연구소식 제57호, 2000.

정 완, 하이테크범죄대책에 관한 국제동향, 형사정책연구 제10권 제4호,
      1999.

정완용, 전자화폐에 의한 전자결제제도, 경희법학 제33권 제2호, 1998.

정진섭, 한국 컴퓨터범죄 수사의 실태와 방향, 검찰(통권 제111호), 대검찰청,
      2001.

정진섭, 형법개정작업의 경과, 사법행정, 1989. 3.

정진섭, 정보사회의 컴퓨터범죄 동향, 동암이형국교수화갑기념논문집, 1998.

조병인, 하이테크범죄에 관한 연구, 형사정책연구 제10권 제3호, 1999.

차용석, 컴퓨터범죄에 관련된 범죄와 형법, 한양대 법학논총 6, 1989.

천종필, 현행 형법상 컴퓨터범죄 관련규정의 해석상의 문제점, 연세법학연구
      제4집, 1997.

최병헌, 한·미컴퓨터범죄에 관한 비교연구, 경북대 석사학위논문, 1998.

최영호, 개정형법과 컴퓨터관련 범죄 현상, 법조 96년 5, 6, 7월호.

하태훈, 인터넷과 형법의 변화, 인터넷법률, 법무부, 2000 창간호.

하태훈, 정보사회에서의 형법의 임무와 과제, 현대형사법의 쟁점과 과제,
      동암이형국교수화갑기논문집, 1998.

하태훈, 현금자동인출기 부정사용에 대한 형법적 평가, 형사판례연구 [4],
      박영사, 1996.

하태훈/강동범, 정보사회에서의 형법의 임무와 대응방안, 정보사회에 대비한
      일반법 연구(Ⅰ), 통신개발연구원, 1997.

하태훈, 정보사회에서의 형법의 임무와 과제, 동암이형국교수화갑기념논문집,
      1998.

한국정보산업연합회, 일본의 부정액세스행위 금지법 개요와 과제, 정보산업,

2000.

한봉조, 형사사법징보밍의 헌황과 진망, 검찰(통권 제111호), 대검찰청, 2001.

허일태, 결제능력없이 신용기드로 현금지동지급기에서 현근인출한 행위가 사기죄에 해당되는가?, 저스티스, 1996/9.

Wolfgang Heinz, Computerkriminalität und Computerstrafrecht, 한양대 국제학술대회 세미나 자료, 2000.

Eric Hilgendorf, Kriminalität im Internet, 한양대 국제학술회의 세미나 자료, 2000.

2. 외국문헌

(1) 미 국

[단행본]

Buck BlomBecker, Spectacular Computer Crimes, What they are and how they cost american business half a billion dollars a year!, Business One Irwin, Homewood, Illinois 60430, 1990.

Charles Platt, Anarchy Online, HarperPrism, 1997.

Chris Reed, Computer Law Third Edition, Blackstone Press Limited, 1990.

Donn B. Parker, Crime by Computer, Charles Scribner's sons, New York, 1976.

Donn B. Parker, Fighting Computer Crime, John Wiley & Sons, 1998.

Douglas Thomas/Brian D. Loader, Cybercrime: Law enforcement, security and surveillance in the information age, Routledge, 2000.

Eoghan Casey, Digital Evidence and Computer Crime, Academic Press, 2000.

Geoffrey H. Wold, Robert F. Shriver, Computer Crime Techniques Prevention, Bankers Publishing Company, 1989.

Gordon Hughes, Essays On Computer Law, Longman Professional, 1990.

John Q. Newman, Identity Theft: the Cybercrime of the Millennium, Loompanics Unlimited, 1999.

Jonathan Rosenoer, Cyber Law The Law of the Internet, Springer, 1997.

Joseph Waldron, etc, Microcomputers in Crimnial Justice: Current Issues & Applications, Criminal Justice Studies Anderson Publishing Co., 1987.

Lilian Edwards, Charlotte Waelde, Law and the Internet, Regulating Cyberspace, Hart Publishing, 1997.

Martin Wasik, Crime and Computer, Clarendon Press · Oxford, 1991.

M. Ethan Katsh, Law in a Digital World, Oxford University Press, 1995.

Raymond A. Kurz, Internet and the Law, Legal Fundamentals for the Internet User, Government Institutes, Inc. 1996.

Raymond T. Nimmer, The Law of Computer Technology, Warren, Corham, & Lamont, 1985.

Richard C. Hollinger, Crime, Deviance and The Computer, Dartmouth, 1997.

Richard Power, Tangled Web: Tales of Digital Crime from the Shadows of Cyuberspace, Que Corporation, 2000.

Ulrich Sierber, The International Handbook on Computer Crime, John Wiley & Sons, 1986.

William C. Boni, Gerald L. Kovacich, I-Way Robbery: Crime on the Internet, Butterworth Heinemann, 1999.

[논 문]

David L. Gripman, The doors are locked but the thieves and vandals are still getting in: A proposal in tort to alleviate corporate america's cyber-crime problem, The John Marshall Journal of Computer & Information Law, Vol. XVI, 1997.

Frank P. Andreano, The Evolution of Federal Computer Crime Policy: The Ad Hoc Approach to an Ever-Changing Problem, AM. J. CRIM. L. Vol 27, 1999.

Michael Hatcher, Jay McDannel and Stacy Ostfeld, Computer Crimes,

394

American Criminal Law Review, Summer 1999, V.36 i3.

William Mock, ON the centrality of information law: A ratonal choice
discussion of information law and transparency, The John Marshall
Journal of Computer & Information Law, Vol. XⅦ, 1999.

(2) 독 일

[단행본]

Christian K. Bschorr, Computer-Kriminalität, Gefahr und Abwehr, ECON
Verlag, 1987.

Herbert Schmitz, Detlef Schmitz, Computerkriminalität, Ein Leitfaden für
die Praxis, Forkel-Verlag Wiesbaden, 1990.

Ingeborg Schulze-Heiming, Der Strafrechtliche Schutz der Computerdaten
gegen die Angriffsformen der Spionage, Sabotage und des
Zeitdiebstahls, Waxmann Münster/New York, 1995.

Klaus Tiedemann, StGB Leipziger Kommentar 11.Auflage, 1998.

Schönke-Schröder, Strafgesetzbuch Kommentar, 25.Auflage, C.H.Beck,
1997.

Theodor Lenckner, Computerkriminalität und Vermögensdelikte, C.F.
Müller Juristischer Verlag, 1981.

Ulrich Sieber, Computerkriminalität und Strafrecht, Carl Heymanns
Verlag KG, 1980.

Ulrich Sieber, The International Handbook on Computer Crime,- Computer-
related Economic Crime and the Infringements of Privacy, JOHN
WILEY & SONS, 1986.

Ulrich Sieber, Informationstechnologie und Strafrechtsreform, Carl Heymanns

Verlag KG, 1985.

Wolfgang Freund, Die Strafbarkeit von Internetdelikten, WUV universitätsverlag, 1998.

[논 문]

Caroline Beatrix Rossa, Mißbruch beim electronic cash, CR 4/1997.

Christoph Wagner/Janusz-Alexander Lerch, Mandatsgeheimnis im Internet? Zur Zulässingkeit anwaltlicher E-Mail-Korrespondenz im Hinblick auf straf-und standesrechtliche Vorgaben, NJW-CoR 6/96.

Claus D. Müller-Hengstenberg, Nationale und internationale Rechtsprobleme im Internet, NJW 28, 1996.

Eric Hilgendorf, Grundfälle zum Computerstrafrecht, JuS 1996, Heft 6, 509-512/Heft 8.

Eric Hilgendorf, Überlegungen zur strafrechtlichen Interpretation des Ubiquitätsprinzips im Zeitalter des Internet, NJW 29, 1997.

Frank Arloth, Computerstrafrecht und Leerspielen von Geldspielautomaten -BGHSt. 40, 331-, Jura 1996 Heft 7.

Franz C. Mayer, Recht und Cyberspace, NJW 28, 1996.

Fritjof Haft, Das Zweite Gesetz zur Bekämpfung der Wirtschaftskriminalität (2.WiKG), NStZ 1987, Heft 1.

Gerd Roellecke, Den Rechtsstaat für einen Störer! -Erziehung vs. Internet?, NJW 28, 1996.

Haft, Das Zweite Gesetz zur Bekämpfung der Wirtschaftskriminalität, NStT, 1986.

Irini E. Vassilaki, Strafrechtliche Verantwortlichkeit durch Einrichten und

396

Aufrechterhalten von elektronischen Verweisen(Hyperlinks), CR 2/1999.

Karl-Friedrich Lenz, Strafrecht und Internet, In: Festschrift für Haruo Nishihara, 1998.

Klaus Tiedemann, Der Bekämpfung der Wirtschaftskriminalität durch den Gesetzgeber, JZ, 19/1986.

Lampe, Die strafrechtliche Behandlung der sog. Computer-Kriminalität, GA, 1975.

Lenckner/Winkelbauer, wistra 1984, Heft 3.

Martin W. Huff, Die Strafbarkeit im Zusammenhang mit Geldautomaten, NStZ 1985, Heft 10.

Michael Berghaus, §263a StGB und der Codekartenmißbrauch durch den Kontoinhaber selbst, JuS 1990, Heft 12.

Möhrenschlager, Computerstraftaten und ihre Bekämpfung in der Bundesrepublik Deutschland, Wistra 1991, Heft 9.

Möhrenschlager, Das Zweite Gesetz zur Bekämpfung der Wirtschftskriminalität (2.WiKG), wista 1986, Heft 4.

Otfried Ranft, Der Bankomatenmißbrauch, wistra 1987, Heft 3.

Otfried Ranft, Zur "betrugsnahen" Auslegung des §263a StGB, NJW 1994, Heft 40.

Paul Günter Pötz, Ist die Bedienung von Bargeldautomaten unter mißbruchlicher Verwendung fremder Codekarten strafbar?, GA, 1985.

Theodor Lenckner, Strafrehctliche Probleme im modernen Zahlungsverkehr, wistra 1984, Heft 3.

Tiedemann, Der Bekämpfung der Wirtschaftskriminalität durch den

Gesetzgeber, JZ 1986.

Ulfrid Neumann, Unfaires Spielen an Geldspielautomaten OLG Celle, NStZ 1989, 367, JuS 1990, Heft 7.

Ulrich Conrade/ Uwe Schlöme, Die Strafbarkeit der Internet-Provider, NStZ 1996, Heft 8/Heft 10.

Ulrich Sieber, Internationales Strafrecht im Internet, Das Territorialitätsprinzip der §§ 3, 9 StGB im globalen Cyberspace, NJW 29/1999.

Ulrich Sieber, Computerkriminalität und Informationsstrafrecht, CR 2/1995.

Ulrich Sieber, Strafrechtliche Verantwortlichkeit für den Datenverkehr in internationalen Computernetzen(1), JZ, 9/1996/(2), 10/1996.

Ulrich Sieber, Der strafrechtliche Schutz der Information, ZStW 103 (1991) Heft 3.

Wolfgang Mitsch, Rechtsprechung zum Wirtschaftsstrafrecht nach dem 2.WiKG, JZ 18/1994.

(3) 일 본

[단행본]

菅野文友,『コンピュータ犯罪のからくり』, コロナ社, 1989.

菅野文友,『コンピュータ犯罪のメカニズム』, 日科技連出版社, 1989.

高橋和之, 松井茂記編, インターネットと法, 有斐閣, 1999.

吉岡一男, 刑事學各論の研究, 成文堂, 2000.

大谷 實, 新版 刑法講義各論, 成文堂, 2001.

森本益之 外編, 大野眞義先生古稀祝賀, 刑事法學の潮流と展望, 世界思想史, 2000.

398

西田典之・山口厚 譯, 『コンピュータ犯罪と刑法 Ⅱ』, 成文堂, 1988.

米澤慶治 編, 『刑法等一部改正法の解說』, 立花書房, 1988.

不正アクセス對策法制硏究會編著, 『逐條 不正アクセス行爲の禁止等に關する法律』, 立花書房, 2000.

西原春夫, 宮澤浩一 譯, 經濟犯罪と經濟刑法, 成文堂, 1990.

神山敏雄, 日本の經濟犯罪, 日本評論社, 1996.

日本辯護士聯合會, 刑法改正對策委員會 編, コンピュータ犯罪と現代刑法, 三省堂, 1990.

日弁連刑法改正對策委員會, 『刑法改正問題の十三年』.

的場純男, 河村博, コンピュータ犯罪Q&A, 三協法規出版株式會社, 1988.

前田雅英, 刑法各論講義, 東京大學出版會, 1999.

町野 朔, 犯罪各論の現在, 有斐閣, 1996.

中山硏一, 神山敏雄, コンピュータ犯罪等に關する刑法一部改正(註釋), 成文堂, 1989.

中山硏一, 神山敏雄, 齊藤豊治, 經濟刑法入門 [第3版], 成文堂, 1999.

衆議院法務委員會會議錄 第4号(昭和六十二年五月二十二日).

衆議院法務委員會會議錄 第21号(平成十三年六月二十二日).

參議院法務委員會會議錄 第3号(昭和六十二年五月二十五日).

芝原邦爾 編, 刑法理論の現代的發展－各論, 日本評論社, 1996.

板倉宏, 現代社會と新しい刑法理論, 勁草書房, 1980.

[논 문]
加藤幹之, 河野誠, 米國におけるインターネットをめぐる法律問題の動向, ジュリスト No.1151.

米澤慶治, 「刑法等の一部改正法の論点」, 判タ 640号.

米澤慶治, 刑法等一部改正法の概要, ジュリスト No.889.

山口厚, 電子取引と刑法, ジュルスト No.1183.

山口厚, 「財産的情報の刑法的保護 −立法論の見地から−」, 刑法雑誌 30卷1号.

山本有一, 電子商取引に係る犯罪防止のための警察のセキユリテイ對策について, ジュルスト No.1183.

山中敬一, 「情報化社會と犯罪」 堀部政男・永田眞三郎 編著 『情報ネットワーク時代の法學入門』, 三省堂, 1989.

小林敬和, コンピュータ犯罪に關する立法上の問題点, 德山大學總合經濟研究所 紀要 10호.

西田典之, コンピュータの不正操作と財産犯−改正案二四六條ノ二の檢討, ジュリスト No.885.

西原春夫, コンピュータの導入と刑事法上の諸問題, ジュリスト No.484.

神山敏雄, コンピュータと財産犯, 刑法基本講座(제5권), 1996.

神山敏雄, コンピュータ犯罪立法の判的 考察, 法律時報 60卷 1号.

林陽一, 「財産的情報の刑法的保護 −解釋論の見地から−」, 刑法雑誌 30卷 1号.

的場純男, 河村博, 刑法等の一部改正について, 法律のひろば, 第40卷 第9号.

的場純男, 刑法等一部改正法概説(五), 警察學論集 第40卷 第12号.

中森喜彦, 「コンピュータと文書犯罪」, 刑法雑誌 28卷 4号.

芝原邦爾, クレじっとカードの不正使用と詐欺罪, 法學セミナ, 334호.

川崎友巳, サイバーポルノの刑事規制, 同志社法學 五一卷 六号.

河村博, コンピュータ−犯罪, 特別註釋刑法 補卷(1), 1990.

鶴田六郎, コンピュータ關聯犯罪と刑法の一部改正, 商事法務 1113호.

横鼻祐介, コンピュータ關聯犯罪に對處するための刑法の一部改正の概要, NBL 382호.

400

曾根威彦,「コンピュータとデータの保護」, 刑法雑誌 28卷 4号.

荒川雅行, 情報と財産犯, 刑法基本講座(제5권), 1996.

荒川雅行, 情報刑法の現代的課題 －いわゆる電子マネ－を中心として－, 中
　　山研一先生古稀祝賀論文集 第2卷 經濟と刑法, 成文堂, 1997.

後藤啓二, インターネット上の誹謗中傷, 詐欺, その他違法・有害情報の現狀
　　と對策(下), ジュルスト, No.1160.

後藤啓二, インターネット上の誹謗中傷, 詐欺, その他違法・有害情報の現狀
　　と對策(上), ジュルスト, No.1159.

• 저자 •

이정훈　　• 약 력 •
(李政勳)
　　　서울대학교 법과대학 법학과 졸업
　　　서울대학교 대학원 법학석사
　　　서울대학교 대학원 법학박사

　　　대법원 판례심사위원회 조사위원
　　　울산대학교 법학과 전임강사
　　　2010 게임산업 전략위원회 분과위원
　　　중앙대학교 법과대학 조교수

　　　• 주요논저 •
　　　「최근 형법개정조문(컴퓨터등사용사기죄)의 해석론과 문제점」
　　　「편의시설부정이용죄」
　　　「사이버공간과 형법」
　　　「형법상 문서와 전자기록과의 관계」
　　　「온라인도박의 형사책임 - 온라인보드게임을 중심으로- 」
　　　「사이버범죄조약에 대처한 실체법적 대응방안의 모색」
　　　「인터넷 민원서류 위·변조 행위에 대한 형사책임」
　　　「컴퓨터등장애업무방해죄의 성립 요건」
　　　『법률정보검색방법론』(공저)
　　　『법률정보와 생활』(공저)
　　　『법학방법론 연구』(공저)
　　　『Cybercrime and Jurisdiction』(edited by Bert-Jaap Koops and Susan W. Brenner)
　　　외 다수

컴퓨터등사용사기죄 -이론과 적용-

• 초판 인쇄	2006년 11월 30일
• 초판 발행	2006년 11월 30일
• 지 은 이	이정훈
• 펴 낸 이	채종준
• 펴 낸 곳	한국학술정보㈜
	경기도 파주시 교하읍 문발리 526-2
	파주출판문화정보산업단지
	전화　031) 908-3181(대표)·팩스　031) 908-3189
	홈페이지　http://www.kstudy.com
	e-mail(출판사업부)　publish@kstudy.com
• 등　록	제일산-115호(2000. 6. 19)
• 가　격	36,000원

ISBN　89-534-6018-2 93360 (Paper Book)
　　　　89-534-6019-0 98360 (e-Book)